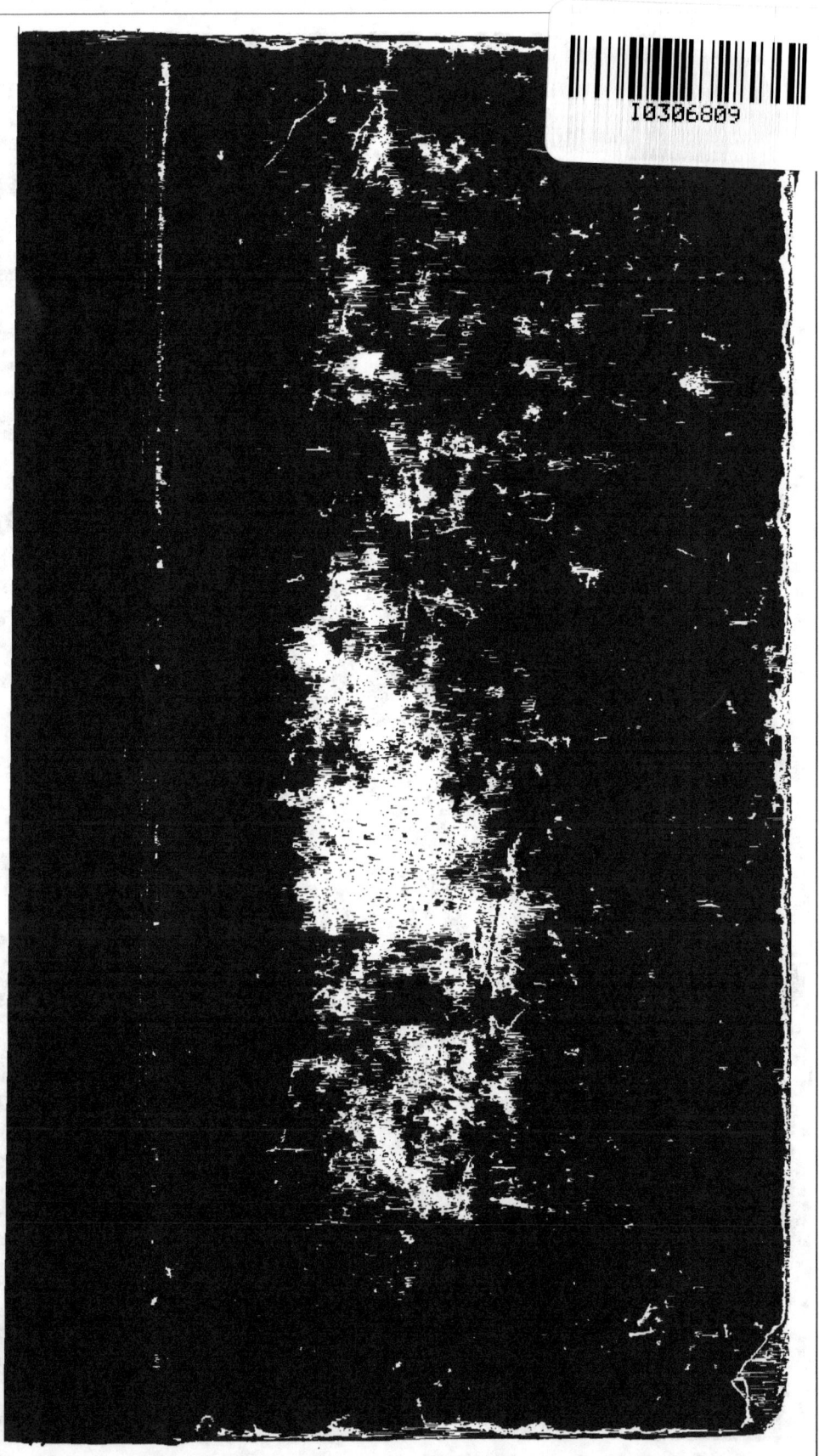

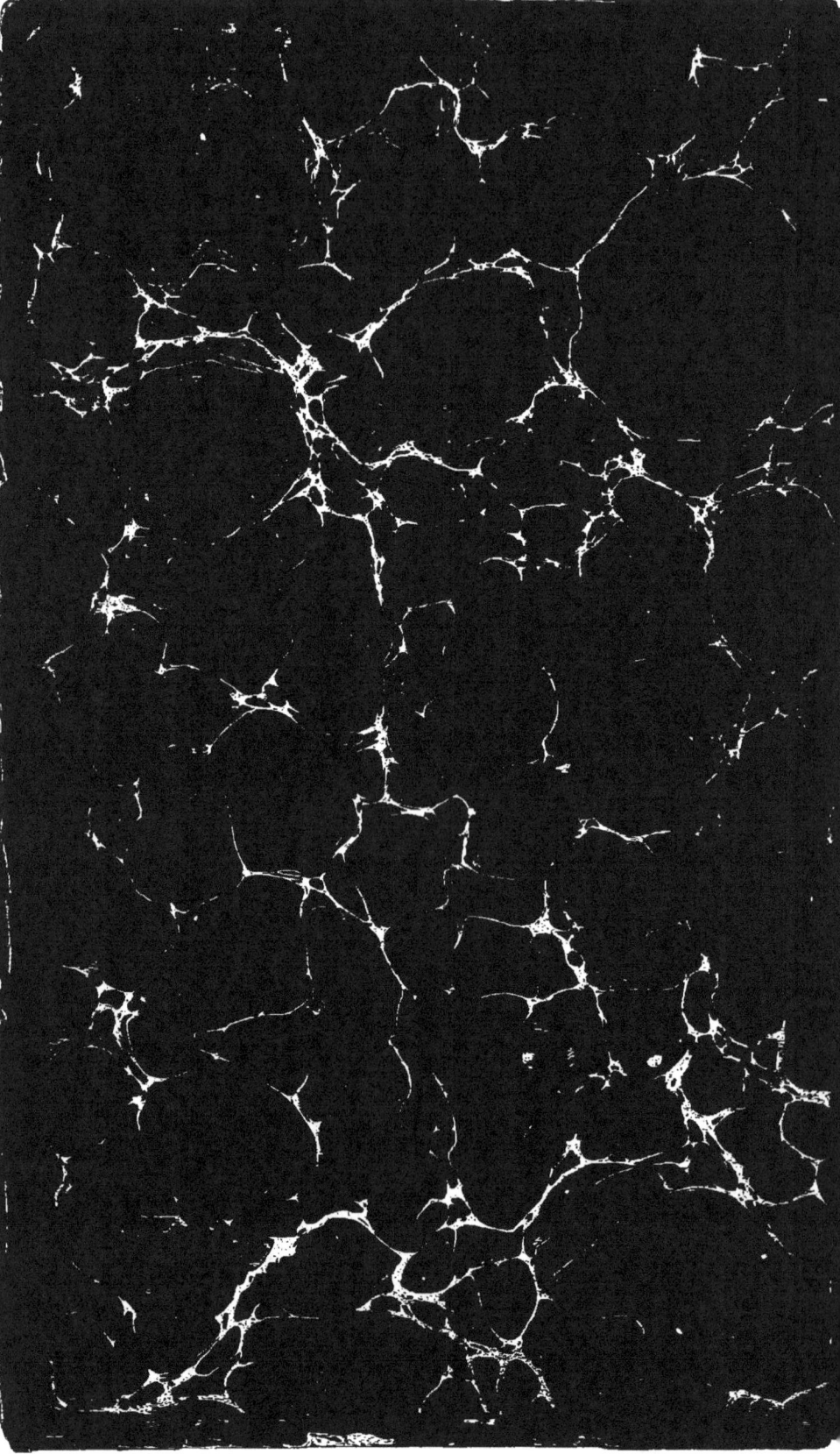

MARC-ANTOINE MURET

TOULOUSE. — IMPRIMERIE A. CHAUVIN ET FILS, RUE DES SALENQUES, 28.

MARC-ANTOINE MURET

UN

PROFESSEUR FRANÇAIS EN ITALIE

DANS

LA SECONDE MOITIÉ DU XVIe SIÈCLE

PAR

Charles DEJOB

ANCIEN ÉLÈVE DE L'ÉCOLE NORMALE SUPÉRIEURE
PROFESSEUR DE RHÉTORIQUE AU COLLÈGE STANISLAS A PARIS

PARIS
ERNEST THORIN, ÉDITEUR
Libraire du Collège de France, de l'École normale supérieure
des Écoles françaises d'Athènes et de Rome
7, RUE DE MÉDICIS, 7
—
1881

PRÉFACE

Universellement admiré de son temps pour son érudition et son éloquence, Muret est dédaigné aujourd'hui comme un philologue superficiel et un beau parleur; et, comme la plupart n'ont guère retenu de sa biographie que sa condamnation à Toulouse et son apologie de la Saint-Barthélemy, on conclut que le cœur, chez lui, valait encore moins que l'esprit, et l'on applaudit à l'oubli où est tombé ce nom jadis si célèbre.

Sans nier les vices de sa jeunesse, sans pallier les complaisances de son âge mûr, sans surfaire le mérite de ses travaux philologiques, nous voudrions réclamer pour lui un peu d'estime, montrer qu'il fut un professeur non seulement brillant, mais dévoué à son métier, adversaire souple mais constant des mauvaises méthodes d'enseignement, auxiliaire infatigable de Ramus et de

Cujas, ses contemporains ; que durant plus d'un quart de siècle il représenta en Italie le bon sens et l'esprit français, retardant pour sa seconde patrie une décadence intellectuelle qu'il prévoyait ; que l'âge, qui apaisa ses passions, mûrit et fortifia son esprit ; qu'il ne fut pas dupe de son talent oratoire ou poétique.

Chemin faisant nous rencontrerons les Italiens célèbres dont Muret fut le rival ou l'ami ; nous les comparerons à lui et à leurs prédécesseurs pour connaître le milieu où devait s'écouler sa vie et l'originalité de son rôle. Les difficultés qu'il trouva dans l'application de ses méthodes nous montreront que si l'orthodoxie et la soumission préservaient les hommes prudents du bûcher, elles ne sauvaient pas les hommes intelligents des tracasseries ; les mêmes personnages qui brûlent Aonio Paleari chicanent leur protégé Muret sur ses théories pédagogiques, sur ses textes d'explication, sur ses lectures particulières.

Enfin, nous prouverons que Muret n'a pas été seulement un professeur, un érudit, un latiniste, mais un écrivain véritable, un homme d'esprit qui, dans la polémique, sait se respecter même quand il ne respecte pas les autres, qui est toujours de bonne compagnie, même quand il n'est pas de bonne foi.

Nous n'accorderons pas d'ailleurs qu'un homme qui a aimé sa profession, ses amis, ses élèves, ait été un égoïste.

Mais d'abord hâtons-nous d'exprimer notre gratitude pour les bons offices qui nous ont été rendus.

Les archives et les bibliothèques d'Italie nous ont fourni beaucoup de documents relatifs à Muret et aux universités de l'Italie au seizième siècle. La bienveillante recommandation de M. le commandeur Barozzi a facilité nos recherches aux archives de Venise. Celles de l'université de Padoue nous ont été ouvertes avec une courtoisie charmante par M. Giovanni Giudice, directeur du secrétariat. A Rome, M. Geffroy nous a procuré l'accès de la Vaticane, de la bibliothèque de l'Université et des archives nationales.

En France, un des érudits les plus sagaces et les plus heureux, M. Tamizey de Larroque, a bien voulu témoigner pour cette thèse un intérêt soutenu. Entre autres documents, il nous a communiqué une biographie manuscrite de Muret qui indique ses relations avant et pendant son exil avec nombre de littérateurs français, et fournit même quelques spécimens de ses essais dans la poésie française. Quand il nous a fallu apprécier sommairement les travaux juridiques de Muret, M. Gide, de la Faculté de droit de Paris, est venu au secours de notre incompétence, à la prière de notre ancien et cher maître, M. Boissier ; il nous a procuré une obligeante communication d'un autre savant jurisconsulte, M. Rivier, professeur à l'université de Bruxelles.

Nous voudrions que notre étude ne fût pas trop indigne des encouragements qu'elle a rencontrés.

MARC-ANTOINE MURET

CHAPITRE PREMIER.

Sommaire :

Naissance de Muret. — Sa famille. — Ses études capricieuses. — Son admiration pour J.-C. Scaliger. — Ses débuts dans l'enseignement. — Il mène de front les plaisirs, la poésie et l'étude. — Muret à Bordeaux et à Paris.

Marc-Antoine Muret naquit à Muret, dans le Limousin, le 12 avril 1526 (1). D'après son oraison funèbre par son ancien élève, Benci, il sortait d'une famille qui avait possédé la bourgade dont il por-

---

(1) Lettres de Muret, 1ᵉʳ vol., 36ᵉ lettre. — J.-J. Scaliger se trompe évidemment quand il donne Muret pour un concitoyen de ce curé de Muret (Languedoc) qui faisait par supercherie pleurer un crucifix (2ᵐᵉ *Scaligerana*). Son épitaphe qui est de lui, au témoignage de Vittorio Rossi (Nicias Erythræus), l'appelle *Lemovix*.

tait le nom, et qui, quatre cents ans auparavant, avait produit saint Etienne, le fondateur de l'abbaye de Grandmont, d'abord établie au village de Muret. Il prend la particule nobiliaire dans les deux ouvrages français qu'il a composés, et Ronsard, Grévin, Scévole de Sainte-Marthe la lui accordent publiquement (1). Jamais d'ailleurs il ne tire vanité de son origine. Il nous apprend que son père n'était pas fort riche,

ἀγαθός περ ὢν αὐτός τε κα'ξ ἀγαθῶν γέγως,

(Vers 203 de ses sentences grecques, Frotscher, II, p. 395.)

Ce père, jurisconsulte suivant Benci, lui inspira l'amour de la science; Muret le reconnaissait en 1554, quand il proclamait qu'il avait été stimulé à l'étude par des exemples domestiques : *Domesticis excitatus exemplis* (2). La rhétorique et la philosophie le captivèrent sans peine (3), ainsi que la ju-

---

(1) V. Muret : *Commentaires sur les amours de Ronsard* et *Chansons spirituelles*, mises en musique par Cl. Goudimel; Ronsard, *Chants sur les îles Fortunées*; Scévole de Sainte-Marthe, dans ses *Eloges des hommes illustres*, de même Guill. Colletet en tête de sa biographie manuscrite. On pourrait citer aussi un passage des *Juvenilia* de Muret, où il semble dire qu'il était parent de son compatriote Dorat (*Sim licet et fide pridem tibi et communitate sanguinis et patrine alligatus*, 1re ode), car Dorat lui aussi revendiquait le titre de noble.

(2) V. le 2e discours de Muret.

(3) Il dit dans son 4e discours qu'il les étudia *ab ipso ætatis principio*.

risprudence. Mais, écolier capricieux et dédaigneux, il s'instruisit à sa manière, et risqua son avenir de savant avec la même légèreté qui, plus tard, lui fit souvent compromettre sa vertu. « Je puis t'affirmer sans mentir, avoue-t-il à son neveu, que depuis l'âge de douze ans je n'ai, pour aucune étude, employé le secours d'aucun professeur public ou privé. A Poitiers, où mes parents m'avaient envoyé pour cultiver mon esprit, j'allais parfois écouter les cours de droit civil, mais bien rarement, et moins pour y apprendre quelque chose que pour contenter mes parents qui m'avaient voué à cette étude. Une indomptable bizarrerie, une humeur rebelle m'empêchaient de supporter trois jours aucun professeur (*Eveniebat id mihi indomita quadam perversitate ac pervicacia ingenii ut nullum doctorem triduum ferre possem*); dispositions mauvaises qui, par la suite, m'ont coûté un profond et durable repentir (1). »

La pauvreté avait contraint Ramus à étudier tout seul; Joseph Scaliger quittera bientôt le cours de Turnèbe pour s'enfermer dans sa chambre, quand il s'apercevra qu'il n'est pas encore de force à le suivre; Muret se forma seul, mais parce qu'il le voulut. De là le célèbre anagramme : *Nature droict m'a men* (mené). L'âge, le commerce du monde

---

(1) Préf. des *Sentences grecques*, Frotscher, II, 385.

adoucirent cette humeur rebelle, dont on reconnaîtra toujours les vestiges dans les qualités de Muret comme dans ses défauts.

Il est probable néanmoins qu'il n'avait pas perdu son temps, puisque vers 1545 il était en état d'enseigner (1). D'ailleurs s'il ne suit régulièrement les leçons d'aucun maître, il prend souvent, vers l'époque où il va professer, les conseils de Jules-César Scaliger. La *Nouvelle biographie générale* mentionne deux voyages de Muret à Agen où habitait le célèbre érudit. Joseph Scaliger en admet davantage, mais chaque fois Muret séjournait fort peu : *In tribus profectionibus vix septem dies Aginni substitit* (*Confutatio fabulæ Burdonum*, p. 394). Le premier de ces voyages : *Julii salutandi causa*, est daté par Joseph Scaliger de la dix-huitième année de Muret ; le deuxième, de sa vingtième année : cette fois le jeune homme était déjà professeur et amenait ses élèves avec lui : *Eosque pueros cum Mureto Josephus meminit domi vidisse se annos natum sex*. Muret et J.-C. Scaliger étaient de plus en correspondance (*litterarum commercio*).

---

(1) Dans son 2ᵉ discours (1554), il déclare qu'il y a neuf ans qu'il parle en public et enseigne. — Il avait peut-être complété ses études dans la maison paternelle; car il dit dans la 77ᵉ épigr. qu'il vit à la campagne dans des études honnêtes; mais nous ne connaissons pas la date de cette épigr. Dans la 10ᵉ élégie, adressée à un chanoine de Limoges, il dit qu'à des professions brillantes, mais dangereuses, il préfère la vie tranquille de la campagne.

L'admiration qu'inspire à Muret le patriarche d'Agen est très vive; bientôt il lui adressera des éloges dont les expressions hyperboliques n'affaiblissent pas la sincérité. En le suppliant d'abaisser ses regards sur des vers dictés par l'amour, il rappellera ce qu'il doit à ses conseils (*dux olim et princeps, nunc mihi pœne Deus*) (1). Il le mettra au-dessus de Catulle, son concitoyen; il exaltera sa science médicale : *Tant de milliers d'existences sont redevables d'elles-mêmes à Jules-César! Par lui la barque du Styx est plus souvent oisive* (2). Sa joie et sa reconnaissance ne connaîtront plus de bornes, quand J.-César aura lu ses vers :

> Tunc meos versus voce ut laudaveris illa,
> Quam stupet et qua nil grandius orbis habet!

Il s'appellera son plus grand admirateur : *Tui mirator maximus*, et, s'il l'osait, son adorateur : *Si liceat, tibi templa simul positurus et aras* (3). Touché de ses hommages, J.-César souffrait qu'il se nommât le frère de ses enfants et l'appelait son fils : « *Muretus*, dit Joseph Scaliger, *me vocabat patrem, quia pater illum vocabat filium* (4). » Muret joue sur cette parenté imaginaire dans sa 82e épigramme,

---

(1) 1re Epigramme.
(2) 18e Epigr. A la même épigr. appartiennent les vers *Tunc meos...* ci-dessous mentionnés.
(3) 31e Epigr. — V. encore les épigr. 19, 20, 30, 33.
(4) P. 234 du 2e *Scaligerana*, éd. de 1668.

où il se plaint qu'Euterpe se soit étonnée qu'il l'ait appelée sa sœur : n'est-il pas fils de J.-César Scaliger?

Il n'était donc nullement incapable de reconnaître et d'admirer chez autrui la supériorité du talent. Peut-être goûtait-il peu les méthodes d'enseignement qui étaient alors en usage. Il allait bientôt avoir l'occasion de s'en former une nouvelle, car dès 1545 il monta en chaire. Il inaugurait à dix-neuf ans sa carrière de professeur qu'il devait poursuivre presque sans interruption pendant quarante années d'épreuves et de gloire. On l'avait pressé de préférer le barreau, où son talent de parole lui eût procuré une réputation prompte et lucrative. Mais tout en admirant les travaux des jurisconsultes qu'il devait un jour partager (1), il éprouvait le dégoût de Douaren pour la chicane, et l'aversion plus singulière de Cujas pour le droit français (2). Il essayait déjà sa malice sur les *verbeux ouvrages de Baldus le hérissé*. Les Institutes mêmes et les Pandectes l'effrayaient : il n'osait se donner tout entier à une science austère où rien ne lui eût parlé des plaisirs de la jeunesse qu'il entendait, nous le ver-

---

(1) Il célèbre dans la 81ᵉ épigr. les commentaires sur le droit civil de François Connan, qui avaient failli, dit-il, coûter la vie à leur auteur et allaient lui donner l'immortalité.

(2) « Cujas connaissait peu la pratique, et eût voulu même oublier ce qu'il en savait pour ne pas être distrait du droit romain » (p. 86 du 2ᵉ *Scaligerana*, édit. de 1666).

rons bientôt, concilier avec l'étude. Les grâces passionnées de Properce et de Tibulle étaient pour quelque chose dans sa vocation littéraire : il se croyait plus sûr d'être payé de ses peines auprès de maîtres qui enseignaient si bien à jouir de la vie (1). Du reste, nous ne savons pas jusqu'où il avait alors poussé ses études de droit : d'après Joseph Scaliger, même à l'époque de son séjour à Toulouse (1554), il n'avait pas encore pris tous ses grades en droit; il aurait attendu quelque vingt ans (*Confutatio fabulæ Burdonum*) pour se mettre en règle.

Nous n'avons aucun renseignement sur les autres grades universitaires de Muret. Nous savons qu'il débuta dans l'enseignement à Auch (2) vers 1545. Il expliqua, au collège de l'archevêque, Cicéron et Térence, et publia sa tragédie de *Jules César* et ses églogues aujourd'hui perdues en l'honneur du cardinal d'Armagnac (3). C'est peut-être

---

(1) « Ergo ego ut hirsuti verbosa volumina Baldi
   Ut discam leges, Justiniane, tuas,
Dediscam teneri modulamina blanda Properti,
Dediscam numeros, culte Tibulle, tuos? »
                    (10e élégie, à F. V. Lomenius.)

(2) Toutefois, Benci dit qu'il avait débuté à Limoges ; mais nulle autre indication ne se rapporte à ce fait. — Il avait peut-être professé à Agen, comme le veut Benci. Joseph Scaliger le nie dans la *Confut. fab. Burd.*, et l'affirme dans les 2es *Scaligerana*. Tous deux confondent peut-être avec Villeneuve-d'Agen.

(3) *Confut. fab. Burd.* — Plusieurs des collègues de Muret, à Auch, furent ses amis et figurent dans les *Juvenilia*. V. sur ces professeurs,

— 8 —

alors qu'il connut l'évêque de Lectoure, Guillaume de Montbas (*Guillelmus Montbasius*), qui tenait sa noblesse de ses ancêtres, sa richesse de la fortune, sa prestance de la nature, mais ne devait sa vertu qu'à lui-même (1). Mais comme ce prélat était poitevin, ses relations avec Muret ont pu aussi commencer un peu plus tard, à Poitiers.

Muret quitta Auch, — à quelle époque, nous l'ignorons (2), — pour Villeneuve-d'Agen, où un riche marchand, nommé de Brévant, lui confiait l'éducation de ses enfants, et où il expliqua les auteurs latins à l'école publique de la ville (3).

à la biblioth. Mazarine, le petit poème fort rare, intitulé : *De collegio Auscitano Bern. Podii Lucensis carmen ad posteritatem* (Toulouse, 1551). Muret y occupe une place d'honneur ; Apollon l'appelle *sædi gloria vera sui* et ajoute : *Solus enim rerum proprias discernere causas, et quod ter centum non potuere potest... Ille est... mea maxima cura... Dicere qui regum clara trophæa potest... Ille incrementum Jovis est ; virtutibus auctus, de me, si servent fata, secundus erit.* Une des épigraphes amicales qui ouvrent le volume est de Muret; elle n'a pas été recueillie dans ses œuvres, et n'a pas du reste grand mérite. Le poème de Du Poey m'a été indiqué par M. Tamizey de Larroque, qui a publié sa biographie composée par Colletet.

(1) 27ᵉ Epigr. de Muret. Je tire les détails sur Montbas de notes marginales, probablement de la main de Baluze, qu'on trouve dans un exemplaire des *Juvenilia* de Muret (Bibliot. nat., sous la mention Y, 2513), p. 76. « Gul. Montbazius, Lectoriensis episcopus vivebat anno 1567. Fuit autem patria Picto, Ortus e Barthonibus (?) qui alio nomine Mombasii dicuntur. »

(2) Toutefois, Joseph Scaliger, en parlant de la visite que Muret fit alors à son père avec ses élèves, dit qu'il avait vingt ans; ce serait donc en 1546.

(3) *Confut. fab. Burd.*

D'accord avec Ménage, Niceron dit que de Villeneuve il vint à Paris (1). Le fait me paraît peu vraisemblable. Dans son commentaire des *Catilinaires*, publié en 1556, Muret nous apprend que dix ans plus tôt il régentait à Poitiers, c'est-à-dire vers 1546. C'est bien assez qu'en deux ans au plus il ait professé dans les villes relativement voisines d'Auch, de Villeneuve-d'Agen, et qu'il soit arrivé à Poitiers. Si capricieuse qu'ait été l'humeur des savants au seizième siècle, il semble difficile d'admettre ces déplacements si rapprochés : il aurait passé presque autant de temps sur les grandes routes que dans sa chaire. Puis à Poitiers, Muret, tout en donnant ses leçons, a repris ses études de droit; c'est Niceron qui l'affirme, d'après de Thou. Il est donc vraisemblable que son séjour dans cette ville a eu quelque durée; or nous verrons qu'en 1547 il était déjà à Bordeaux (2).

A Poitiers où il arriva en 1546, la vie de Muret est plus connue. C'est peu sans doute pour l'histoire du développement de ses idées que de savoir qu'il y expliqua l'*Amphytrion* (3) et probablement quelques autres pièces de Plaute (4), et, comme nous

---

(1) Ménage, *Anti-Baillet*; Niceron, 27ᵉ vol. des *Mémoires pour servir à l'histoire des hommes illustres*.

(2) A l'appendice A, nous examinerons plus en détail l'assertion relative au séjour de Muret à Paris, en 1546.

(3) Comment. de M. sur Catulle.

(4) *Variæ lectiones*, de Muret, III, 9.

le disions à la page précédente, qu'il y étudia le droit. Mais nous le voyons à cette époque entrer en relations avec quelques personnages marquants de la contrée, et même avec un des membres les plus distingués de la pléiade J. du Bellay (1). Dans les heures de loisir que lui laissait le collège de Sainte-Marthe, il écoutait P. Fauveau, qui lui lisait des tragédies imitées de Sénèque; à son tour, il lui confiait des poésies amoureuses, et Fauveau se déclarait son rival poétique. Un jour Joachim du Bellay, qui avait quitté l'université de Paris pour les jurisconsultes de Poitiers, entra en lice avec ses deux amis. A qui décerner la palme? On s'en remit au poëte latin Salmon Macrin, qui déclara Fauveau vainqueur (2). La commune défaite de Muret et de Du Bellay fut un des premiers liens du jeune professeur avec les rénovateurs de la poésie française. C'est sans doute aussi à Poitiers qu'il se lia avec le médecin Crusèle (*Cruselius*), auteur d'une édition des lettres de Cicéron à Atticus, citée par Simon

---

(1) Sa liaison avec Jean de la Péruze remonte probablement à la même époque.

(2) V. Ste-Marth., *Éloges*, au mot *Fauveau*. C'est peut-être en souvenir de relations personnelles que, quelques années plus tard, dans la dédicace des *Juvenilia*, il nomme seulement Macrin parmi les poètes latins modernes. Fauveau, d'après Ste-Marthe, fut une des premières victimes des discordes religieuses : il périt dans une *sédition enragée*. Macrin ne fut guère plus heureux : il perdit un fils à la Saint-Barthélemy.

Dubois (1); avec de Loménie, chanoine de Limoges et ami de Simon Dubois (2); avec J. Vermélian d'Ussel (3). Enfin c'est probablement à Poitiers qu'il connut Margaris. Il semble lui donner le Poitou pour patrie, quand il écrit dans sa sixième élégie :

> Nam te Pictonicæ retinent felicia terræ
> Oppida, qua Clanus pinguia culta secat.

D'après la quatrième élégie; elle était noble :

> Nobilitent licet ipsa (stemmata), licetque a sanguine claro,
> Et non obscura sit tibi stirpe genus.

Muret dit qu'elle lui fit connaître les souffrances de l'amour. Dans la sixième épigramme, il déclare qu'il ne peut taire sa passion et que ses aveux redoublent sa souffrance. Mais d'ordinaire son langage est plus sensuel. Nous le montrerons plus loin, en appréciant le recueil où figurent ses poésies amoureuses. Etait-il payé de retour?

Ronsard semble dire le contraire (4), et dans la neuvième élégie Muret se demande comment Margaris, plus froide que la neige, a pu l'enflammer.

---

(1) Simon Dubois, en latin : Bosius, Sylvius, exerçait à Limoges la première charge de judicature.

(2) Voir les notes de Baluze auxquelles nous renvoyons ci-dessus, p. 8, note 1.

(3) V. Baluze.

(4) Dans un passage, que nous citerons, des *Iles Fortunées*.

Mais ailleurs (1) il décrit les jeux peu innocents auxquels il se livre avec elle.

Fut-elle sa seule passion? Ce n'est pas vraisemblable. D'abord on trouve dans les *Juvenilia* des vers qu'il adresse à Paula, à Galla dont il brigue les faveurs dans une langue assez libre, à Phyllis (2).

Tous ces noms désigneraient-ils la seule Margaris? C'est peu probable. D'ailleurs, d'après une des pièces amoureuses où il ne nomme pas Margaris (3), ses plaisirs sont bien bruyants pour un amant fidèle; et que dire de cette déclaration qu'on lit dans son commentaire des amours de Ronsard? De ce que les sonnets sont adressés à différentes dames, Muret « *collige* (c'est-à-dire conclut) *que les poètes ne sont pas toujours si passionnés ni si constants en amour comme ils se font.* » Malgré leurs beaux serments « *quand ils rencontrent chaussure à leur pié, leur naturel n'est pas d'en faire grande conscience. Aussi ne faut-il. Une bonne souris doit toujours avoir plus d'un trou à se retirer* (4). » Que dut penser Margaris?

La jalousie sépara Muret de sa maîtresse (5).

---

(1) 8ᵉ Elégie; 8ᵉ, 9ᵉ, 10ᵉ épigr.
(2) Voir les épigr. 24, 17, 21.
(3) 2ᵉ Elégie.
(4) V. l'édition séparée de ce commentaire, qui figure à la réserve de la Bibliot. nat.
(5) *Me... invidiæ procul a te dentibus actum* (6ᵉ élégie).

Nous ignorons le motif de cette jalousie, et ne pouvons dire si c'était le brillant professeur ou l'heureux amant d'une noble dame que l'on évinçait. Il ne l'oublia pas tout de suite (1) ; mais, nommé professeur à Bordeaux, il ne devait plus revoir Poitiers.

D'après Niceron (2), c'est Gélida, principal du collège de Guyenne, qui aurait appelé Muret à Bordeaux. Qu'il l'eût connu ou non à Paris, il est possible que Muret soit entré au collège de Guyenne sous son administration, puisque Gélida, qui avait autrefois professé à Bordeaux (1536), remplaça, en 1547, André de Gouvéa, qui partait pour Coïmbre, et que c'est à cette année que de Lurbe (3) rapporte le brillant succès des leçons de Muret à Bordeaux. Il est vrai que Gélida, jusqu'au mois de novembre, dut disputer la direction à Antoine de Gouvéa, le célèbre jurisconsulte, frère d'André. Depuis le mois d'avril, le collège manquait de principal régulièrement investi ; et André avait emmené avec lui Jean de Costa, Elie Vinet, Jacques de Terpe, Nicolas de Grouchy, Guill. Guérente, Arnaud Fabrice de Bazas, et Antonio Mendès, ce dernier Portugais, comme les Gouvéa. Muret put avoir pour collègues, à Bordeaux, Jérôme de Costa,

---

(1) 4e, 5e, 6e élégies.
(2) *Mémoires pour servir à l'histoire des hommes illustres*, 27e vol.
(3) *Chronique bourdeloise*, à l'année 1547.

Ant. de Gouvéa, Bernard de Vignau, Elie de Mazaublanc, le Parisien Jean Hervé, ancien élève du collège ; Blondus, qui professait la seconde ; l'Allemand Horstanus, qui fut précepteur de Montaigne et qui régentait les *primani* (rhétoriciens). Ajoutons, à partir de 1550, Elie Vinet, qui reprit alors sa chaire de mathématiques au collège (1). On ne sait quelle classe fut confiée à Muret.

Une simple ligne de la *Chronique bourdeloise*, écrite à la fin du seizième siècle par Gabr. de Lurbe (2), nous apprend qu'en cette année 1547 Muret professait à Bordeaux avec un grand succès. M. Gaullieur lui attribue l'honneur d'avoir relevé le collège.

Ce fut un beau succès, pour un jeune homme de vingt et un ans, de briller dans une maison où, suivant de Thou, Grouchy, naguère, attirait des auditeurs de Paris par l'éclat de ses leçons sur Aristote. Nous ne savons quels auteurs Muret interpréta à Bordeaux. Sa tragédie de *Jules César* y fut jouée par un écolier qui, devenu plus tard un grand écrivain, n'oublia pas pour cela son ancien

---

(1) Les noms de ces professeurs, et en général la plupart des documents relatifs au collège de Guyenne, sont empruntés à l'intéressante histoire du *Collège de Guyenne*, de M. Gaullieur.

(2) Auquel on doit aussi un opuscule fort sec : *De scholis litterariis omnium gentium*, Burdigalæ, 1592.

maître, par Michel Montaigne (1). Mais si, comme le dit M. Gaullieur (2), Montaigne avait quitté le collège en 1546, il faut, ou bien que Muret soit arrivé à Bordeaux avant 1547 (et son séjour à Poitiers se réduit à une brièveté invraisemblable), ou bien qu'on ait joué sa tragédie avant son arrivée à Bordeaux, hypothèse qui ne me semble pas impossible. Quant aux leçons données par lui à Montaigne, La Monnoye les appelle des instructions particulières qu'il allait régulièrement lui donner en la maison de son père (3). En effet, Montaigne l'appelle, ainsi que Buchanan et Guérente, ses *précepteurs domestiques* (4), et Buchanan lui avait donné des leçons pendant une épidémie qui avait chassé le célèbre Ecossais de Bordeaux (5). Il est vrai que Montaigne avait eu aussi au collège des *précepteurs de chambre*, c'est-à-dire des répéti-

---

(1) *Essais*, I, 25. Dans ce même chapitre publié du vivant de Muret, il est dit que celui-ci est reconnu par la France et l'Italie pour *le meilleur orateur du temps*. Le maître et l'élève se revirent à Rome; Muret assistait au dîner où l'on prouva à Montaigne que les contre-sens d'Amyot n'étaient pas toujours aussi véniels qu'il l'avait cru (édit. des *Voy.* de Mont. de 1794, 2ᵉ vol., p. 9). Notons, toutefois, que Montaigne fut en correspondance avec J. Lipse et non avec Muret. Nous signalerons dans la suite, ne fût-ce qu'à titre de curiosités, quelques idées communes à Muret et à Montaigne.

(2) *Collège de Guyenne*, p. 186.

(3) *Obs. sur l'Anti-Baillet de Ménage*, p. 182, note 1. C'est aussi l'avis de M. Dezeimeris (*La renaissance des lettres à Bordeaux*, p. 26, note 3).

(4) *Essais*, I, 25.

(5) *Nouv. biog. gén.*, au mot *Buchanan*.

teurs *suffisans* (1). Mais s'il quitta le collège à treize ans, on peut croire que son père lui fit continuer son éducation chez lui.

M. Gaullieur pense que Muret passa plusieurs années au collège de Guyenne. Il conjecture qu'il put être le régent chargé, vers le mois d'avril 1551, de représenter Gélida, malade, dans la séance d'examen où le professeur Pierre Dufour, accusé d'incapacité par ses élèves, justifia de son savoir devant deux conseillers au Parlement, Léonard Amelin et Arn. du Ferron (2). Il est possible que le séjour de Muret à Bordeaux se soit prolongé jusqu'à cette époque, puisqu'il y avait si bien réussi. Sans doute les sévères règlements de la maison devaient un peu le gêner : « Les dits régents porteront chapperons et robes tallaires, et seront autant obéissants au dit Principal, comme les dits escoliers, et vivront honnestement et en bonnes mœurs afin qu'ils soient exemples de vertu aux disciples et étudians » (traité passé entre Gélida et les jurats, le 7 nov. 1547, cité par M. Gaullieur, p. 221). Mais la pièce de vers qu'il adresse au Bordelais Moncaud prouve bien que ses goûts n'étaient pas devenus plus austères. Avec quel enthousiasme il admire des vers lascifs que Mon-

---

(1) *Essais*, I, 25.
(2) En vertu d'un arrêt du Parlement du 17 avril 1551.

caud lui a confiés la veille et qu'il a relus mille fois (1)! Le seul fait d'avoir été lié avec Moncaud, *le poète crotté de ce temps-là* (2), est déjà compromettant. M. Dezeimeris a signalé la violente satire de Jos. Scaliger contre Moncaud.

Moncaud et un certain Stephanus Alisius sont, parmi les correspondants poétiques de Muret, les seuls dont nous puissions affirmer qu'il les connut à Bordeaux. Encore n'avons-nous pas le mérite d'avoir découvert leur pays : c'est lui qui les appelle Bordelais.

Quant à ses collègues, le seul dont il prononce le nom dans les *Juvenilia* est Antoine de Gouvéa (3). Il parle de lui avec la plus grande déférence et lui soumet ses poèmes, prêt à les détruire si Gouvéa les désapprouve : « O le plus grand des poëtes qu'ont produits nos générations...... reçois ces vers....; leur maître veut qu'ils subissent ta lime; s'ils te plaisent, ce que j'oserais à peine espérer, ils croiront pouvoir un jour se montrer à la

---

(1)   Illos versiculos perelegantes,
    Illos versiculos perimpudicos,
    Nec castos nimis, et nimis venustos,
    Molles, improbulos, libidinosos,
    Effrontes, pathicos, Catullianos...

Et l'on n'oserait pas citer toute la pièce (32e épigr., p. 280, 2e vol., Frotscher).

(2) V. encore sur Moncaud, 2e *Scaligerana*, édit. 1668, p. 20.

(3) Ant. de Gouvéa avait alors environ quarante-cinq ans. Il est né en 1505 et mort en 1555.

lumière ; sinon, je les condamne tous à une nuit éternelle, trop heureux d'avoir paru devant un si grand homme (1). »

Plus tard, dans ses scolies sur Térence, il citera plusieurs fois l'édition de l'*Andrienne*, publiée à Lyon (1541) par Ant. de Gouvéa, quelquefois pour s'en séparer, mais toujours avec de grands égards, et, adoptant une des leçons de Gouvéa (2), il dira : « Divine hunc versum jampridem restituerat homo ingeniosissimus, Ant. Goveanus, qui, etiam si præterea aliud nihil præstitisset, est tamen cur ei Terentii amatores multum se debere fateantur. »

S'il est possible que Muret ait encore appartenu au collège de Guyenne à la date du 17 avril 1551, il est invraisemblable qu'il y ait achevé l'année. M. Gaullieur pense que le mérite de ses leçons fut un des attraits qui décidèrent Jules-César Scaliger à envoyer trois de ses fils, Joseph, Léonard et Constant, au collège de Guyenne. La supposition paraît inadmissible, car les enfants partirent, nous dit-on, d'Agen le 4 juin 1552, et le 16 septembre 1551, nous voyons Muret dédier, à Paris, ses notes sur l'*Andrienne* et l'*Eunuque* de Térence à Jean

---

(1) 2e Epigr., Frotscher, II, p. 393.
(2) *Œuvres de Muret*, édit. Ruhnken, II, 668 (l'édition Frotscher ne contient que les discours, les lettres, les poésies, les *Variæ lectiones* et les *Observationes juris*).

Costecandus, absent, à qui il a expliqué en particulier ces deux comédies *annum abhinc alterum*. Que Costecandus ait été son élève en 1550 à Bordeaux ou à Paris, Muret semble fixé dans cette dernière ville dans la seconde partie de l'année 1551.

D'après Benci, il aurait professé au collège royal, c'est-à-dire au collège de France. D'après Joseph Scaliger, il n'aurait jamais enseigné que dans les collèges particuliers. Ce point n'ayant pas d'importance pour l'histoire de l'esprit et des théories de Muret, nous en renvoyons la discussion à l'appendice B.

D'après Benci, l'enseignement de Muret à Paris aurait excité l'enthousiasme le plus vif : « Un nouveau Démosthène semblait s'être élevé dans l'Athènes chrétienne (1). » Quand il allait commencer une leçon, toutes les places dans le collège étaient occupées ; on ne lui laissait même pas un libre passage ; c'est sur les épaules des auditeurs qu'il s'acheminait à sa chaire : *ita per illorum humeros quasi per undas gradiebatur ad suggestum.*

Comme le dit Lazeri, si ces détails sont vrais, Muret aurait pu et dû être compté par Jean Burchardt-Mencke parmi les professeurs *quibus singu-*

---

(1) *Comme si quelque nouveau Démosthène ou si un nouveau Cicéron fût arrivé dans la Grèce chrétienne...* répète Colletet, biogr. manuscrite de Muret.

laris quidam ac insolitus auditorum applausus contigit. De fait, le mérite et la reconnaissance de deux brillants élèves qui suivirent alors les cours de Muret prouvent que si Benci exagère, au fond il ne ment pas. « Jacques Grévin, dans son *Discours du théâtre*, qui sert de préface à sa tragédie française de *Jules César*, advoue ingénument, s'il se trouve dans ses œuvres quelque trait digne d'être loué, qu'il est sans doubte de Muret, adjoutant qu'il avoit été quelque temps son précepteur ès-lettres humaines, et qu'il lui debvoit tout ce qu'il avoit de meilleur....... La Fresnaye Vauquelin (Vauquelin de la Fresnaye), dans ses *Satyres françoises*, se glorifie hautement d'avoir autrefois esté disciple de Muret, qu'il appelle l'Horace français :

> Puis devenu tout grand sous le grand Tournèbe (1),
> Aux ruisseaux d'Hélicon tout altéré je bu,
> Et soubs Muret encor qui des Odes d'Horace
> En nos beaux vers français nous rapportait la grâce (2).

Pendant son séjour à Paris, outre le *De divinatione* de Cicéron, Muret expliqua, vers 1551, la *Morale à Nicomaque* d'Aristote, car, en 1559, il dira : *Memini me, octo abhinc annos, quum eum librum* (la *Morale à Nicomaque*) *Lutetiæ publice interpretarer* (3).

---

(1) Colletet, que nous citons ici, détruit la rime par inadvertance : Vauquelin de la Fresnaye avait écrit *Tournebu*.
(2) Colletet, biogr. manus. de Muret.
(3) *Var. Lect.*, de Muret, VIII, 13.

Il fit même imprimer son commentaire vers 1553, puisque la seconde édition, qui date de 1565, est donnée comme postérieure de douze ans à la précédente (1). C'était son premier ouvrage sur la littérature grecque. Il ne serait pas surprenant que jusque-là il se fût appliqué presque exclusivement au latin. Le collège de Guyenne même ne lui avait pas donné pour collègues d'hellénistes distingués (2). A Paris et en face de Turnèbe, qui eût osé ignorer le grec ?

Pour nous, les trois ouvrages les plus intéressants de Muret pendant son séjour à Paris sont : le *Discours sur l'excellence de la théologie* (3), les *Juvenilia*, que, le 24 novembre (VIII *kal. dec.*), il dédiait à Jean Brinon, conseiller au Parlement de Paris, et qui parurent en 1553; enfin le *Commen-*

---

(1) Nous avons vu qu'à Paris, il publia aussi des scolies sur Térence.

(2) Grouchy était parti quand il y arriva, et Vinet est plutôt un mathématicien et un archéologue. Gélida le principal et les jurats, attachaient une grande importance à ce cours de grec, dont nous avons parlé, qui devait être public et fait *aux heures vagues* (c'est-à-dire dans les moments où les autres professeurs ne donnaient pas de leçons) : mais Grouchy parti, on n'avait pu bien le remplacer. Pierre Dufour, dont les Montaigne n'avaient pas voulu pour précepteur, parce qu'il ne savait pas le grec, était obligé de se servir d'un texte latin pour commenter Aristote. Un précepteur des enfants de J.-C., Scaliger, prévint le père que ses fils ne *peuvent profiter en grec, à Bordeaux, à cause qu'on y en faist moins de profession que je ne voudrois escripre* (V. M. Gaullieur).

(3) Prononcé le 5 février 1552.

taire sur les amours de Ronsard, dont le privilège est du 18 mai 1553.

Le premier de ces ouvrages nous montrera la netteté, l'ouverture, et, dans un sens que nous expliquerons, la hardiesse d'esprit qui feront l'originalité de Muret; nous devons au second le tableau de sa jeunesse; le troisième est un gage de son admiration pour l'œuvre de Ronsard. Nous parlerons d'abord de ce dernier.

CHAPITRE II.

SOMMAIRE :

Muret et les chefs de la Pléiade. — Lacunes, originalité, mérite de son *Commentaire sur les amours de Ronsard*. — Muret poëte érotique. — Netteté du plan, originalité d'une des idées de son discours sur la précellence de la théologie. — Muret esprit hardi et ferme à sa façon.

En arrivant à Paris, Muret n'était pas un inconnu pour la Pléiade naissante.

Joachim du Bellay, qu'il avait connu à Poitiers (1), où Dorat, dont il était au moins le compatriote (2), l'eut bientôt mis en rapport avec les poètes de la nouvelle école. La conformité de l'âge, un égal amour pour les plaisirs, un égal enthousiasme pour l'antiquité les rapprochaient. En 1551, Muret avait vingt-cinq ans, Ronsard et Du Bellay vingt-sept, Ant. de Baïf et Jodelle dix-

(1) V. ci-dessus, p. 10.
(2) V. ci-dessus, p. 2, note 2.

neuf (1). Muret semble avoir été très avant dans leur intimité. Il écrit à Baïf (2) :

« Jane, mei cordis longe pars maxima, quocum
Dulcè mihi est totos crebro componere soles. »

Il lui laisse composer sa *Thisbé*, en se réservant les humbles sujets :

Carmine nos humili...
Omnia nos hæc
Parvula inaudaces ; tibi fas majora parare (3).

Compagnon d'études de Jodelle, il partageait toutes les illusions de la Pléiade : « O Jodelle ! les Muses et le divin Bacchus nous captivent. Quand, de sa lumière nouvelle, le dieu de Délos éclaire l'univers, quand il cache l'or étincelant de sa chevelure dans les flots tremblants, il nous voit attachés à l'étude et appliqués au labeur. Mais toi, ta vertu et l'ardeur vivante de ton âme t'emportent bien loin au delà de tes compagnons (4). »

---

(1) « Dans l'armée romantique, comme dans l'armée d'Italie, tout le monde était jeune. Les soldats, pour la plupart, n'avaient pas atteint leur majorité, et le plus vieux de la bande était le général en chef, âgé de vingt-huit ans. C'était l'âge de Bonaparte et de Victor Hugo à cette date » (Théophile Gautier, *Histoire du romantisme*, p. 11).
(2) 2ᵉ Epître.
(3) 2ᵉ Epître.
(4) « Nos, Musæ, Jodelle, tenent genitorque Lyæus...
Nos et luce nova lustrat dum Delius orbem,
Et jubar auricomum tremulis dum fluctibus abdit,

Les vers de Jodelle lui semblent dictés par les Muses et par Apollon. Déjà la Seine est fière de Jodelle, à qui Muret promet l'immortalité. Il proteste contre l'injustice du siècle qui ne récompense pas équitablement les travaux de Dorat. Ce n'est pas la communauté du sang et de la patrie qui l'abuse. De la bouche divine de Dorat coule un miel inconnu aux siècles passés (1).

Il met hors de pair Ronsard, le premier sans contredit des poètes français (2); il se compte parmi les vieux amis qui soupirent après le retour de Ronsard, parti pour revoir son pays : « Quel jour tissé d'un fil aussi blanc que la neige te rendra aux vœux qu'un regret ininterrompu de ta présence nous inspire ?... Quoi que tu fasses en attendant, pense du moins à nous ! Qu'à ce prix, sur son char d'or, la Renommée, qui brille comme le diamant, te promène dans les airs limpides et que les peuples te contemplent (3) ! »

> Addictos studiis videt intentosque labori,
> Sed tua te virtus, animi te vividus ardor
> Æquales longe ante alios unum abripit... »
> (3ᵉ Epître.)

Ces derniers vers expriment assez bien la verve endiablée qui distinguait Jodelle, même parmi des écrivains qui ne connurent jamais la sage lenteur des poètes classiques.

(1) V. la première ode de Muret, à J. Dorat, *très docte dans les deux langues.*
(2) V. la suscription de la 4ᵉ ode.
(3)   « Ronsardi, Aonii pectinis arbiter...

Il était payé de retour : non seulement Antoine de Baïf, Jodelle, Dorat composaient des épigraphes grecques et latines pour ses *Juvenilia*, mais il était admis dans le Cénacle. Le *Scaliger hyperbolimœus* (1) et le dithyrambe sur le fameux épisode d'Arcueil (qu'il soit ou non de Ronsard) le font figurer dans la cérémonie, où, pour fêter les triomphes dramatiques de Jodelle, un bouc fut immolé à Bacchus. Ronsard lui adressait l'élégie qui commence par ces mots :

Non, mon Muret, ce n'est pas d'aujourd'hui...

et lui dédiait son poème sur les *Iles Fortunées* (2).

Il l'y engage à fuir ce monde de guerres sanglantes et d'injustices, où les bons esprits, *comme*

> Quando te reducem Vindocino ex agro
> Cernemus, veterum turba sodalium ?
> Quis te, quis niveo vellere conditus
>   Nobis restituet dies ?
> Qui desiderio perpete nunc tui,
> Heu quæ non facimus vota ?...
> O saltem interea quidquid agis, memor
> Nostri vive : Ita te curribus aureis
> Rumor per liquidum gemmeus aera
>   Spectandum populis vehat ! »
>   (4ᵉ Ode.)

(1) C'est la violente satire de Gasp. Schopp (*Scioppius*) contre J. Scaliger.

(2) C'est Colletet, qui a relevé le premier ces témoignages de l'amitié de Ronsard pour Muret.

coquins, de pauvreté frissonnent ; il lui demande de s'interdire toute pensée de retour :

> Avant que de mettre
> Ta voile au vent, il te faudra promettre
> De ne vouloir en France revenir...

avant que le Maure et le Français n'échangent leur teint. Par une attention délicate, il n'oublie pas les objets de l'affection de son ami. Parmi la foule des beaux esprits qui s'apprêtent à les suivre aux îles Fortunées : *Voici*, lui dit-il, *d'une autre part ton Frémiot* (1), et, sur cette terre bienheureuse, il lui promet l'amour de sa maîtresse :

> Là ne sera comme en France dépite (courroucée)
> Encontre-toi ta belle Marguerite.
> Ains d'elle-même à ton col se pendra.

C'est Muret qui charmera les loisirs de la docte compagnie :

> Divin Muret, tu nous liras Catulle,
> Ovide, Galle, et Properce, et Tibulle,
> Ou tu joindras au sistre Teïen
> Le vers mignard du harpeur Lesbien ;
> Ou, feuilletant un Homère plus brave,
> Tu nous liras d'une majesté grave.

Tous écouteront les chants de Muret :

> ...et, dansant au milieu,
> Tu paraîtras des épaules un dieu
> Les surpassant...

---

(1) Nous retrouverons bientôt ce personnage qui n'était pas encore tristement célèbre.

Ce poème de Ronsard fut publié avec le commentaire de Muret sur les amours du poète (1), et en était sans doute la juste récompense.

Ce pouvait être une tâche brillante et noble que celle de commenter à cette date les poésies de Ronsard. Ne demandons pas à un contemporain, à un érudit, que le culte de l'antiquité aveugle sur les dangers d'une imitation trop fidèle, d'ouvrir les yeux sur les défauts de l'auteur des *Amours*. Tenons-le quitte des conseils salutaires que nous eussions discrètement insinués à Ronsard, et n'exigeons pas qu'il revendique pour son ami une indépendance d'inspiration dont celui-ci ne veut pas, qu'il défende son originalité contre lui-même. Mais en épousant toutes les folles espérances de son auteur, ne pouvait-il trouver précisément dans son enthousiasme la pensée de quelques pages brillantes où il aurait montré les beautés inconnues à Marot, dont Ronsard enrichissait la poésie française? Avec un peu de parti-pris (on le lui pardonnerait aisément), à la Muse d'hier, gracieuse et espiègle, qui de la douleur ne connaît que la mélancolie, à qui l'injustice ne peut arracher qu'une épigramme, ne pouvait-il opposer la Muse d'aujourd'hui, dont l'âme plus complète offre un écho à tous les sentiments virils? A la prudente

---

(1) P. 254 et suiv., de l'édit. de 1553.

modestie de cette poésie, qui ne quitte pas, et pour cause, les petits sujets, il aurait comparé la généreuse ambition du *Pindare*, de l'*Homère* moderne ; il aurait hardiment préféré au dessin élégant mais un peu sec de Marot, le coloris éclatant de Ronsard. Bref, en accomplissant avec une intempérance éloquente le travail où, de nos jours, Sainte-Beuve a porté tant de mesure (1), il aurait retrouvé, pour célébrer la victoire de la Pléiade, l'accent patriotique dont quatre ans auparavant Du Bellay l'avait annoncée.

Hélas ! son commentaire est conçu dans un bien autre esprit. Il est écrit, de son aveu, pour éclaircir les difficultés amoncelées dans les vers de Ronsard par une érudition indigeste. La phrase est célèbre : « Il n'y a pas de doute que chacun auteur ne mette quelques choses en ses écrits, les quelles lui seul entend parfaitement. Comme je puis bien dire qu'il i (*sic*) avoit quelques sonnets en ce livre qui d'home n'eussent jamais esté bien entendus, si l'auteur ne les eût ou à moi ou à quelque autre familièrement déclairés (expliqués) (2). » Certes, le secours que Muret offre aux lecteurs de Ronsard n'est pas superflu ; mais est-ce à un ami de l'avouer si crûment ? Que dirait-il de plus, s'il en-

---

(1) Dans son *Tableau de la poésie française au seizième siècle*.
(2) Préface de son *Commentaire des amours*.

treprenait d'élucider la *Cassandre* de Lycophron? Il est vrai que, d'après lui, *l'obscurité* que les critiques de Ronsard *prétendent n'est qu'une confession de leur ignorance*. Mais est-ce bien là ce Muret qui montrera plus tard un sentiment si français du ridicule? Ne songe-t-il pas qu'en ce moment même il fait imprimer une épigramme contre le poète qui remplit ses vers de mots inusités, et *se plaît à être obscur*, si bien qu'il faut un truchement pour traduire ses pensées (1)?

Laissons donc les éclaircissements mythologiques et l'interprétation de la pensée de chaque sonnet (Muret, *injurieux ami* sans le savoir, explique même ce qui est clair). Mais s'il est oiseux pour nous d'apprendre que Muret connaît tout au long l'histoire des Gorgones ou de Bellérophon, il ne l'est pas de constater que ce commentateur des classiques anciens, cet homme qui à vingt-sept ans compte déjà sept ou huit ans de professorat, connaît toutes les œuvres des poètes français de son temps. Ici c'est Du Bellay qu'il loue et dont il cite un sonnet; un peu plus loin vient l'éloge de

---

(1) V. la 71ᵉ épigr. des *Juvenilia*. Le zèle de Muret rappellera le pavé de l'Ours. Disons pour sa décharge que les amis de Ronsard reconnaissaient tous l'obscurité de ses vers et lui en faisaient un titre de gloire, sans arrière-pensée. Dorat, dans trois distiques grecs, loue l'auteur des *Amours* et le commentateur : le premier avait écrit des choses, σοφὰ, ἀλλ'ἀσαφῆ ; grâce à Muret, les vers de Ronsard sont maintenant aussi clairs que beaux.

Mellin de Saingelais (*sic*), de Pontus du Thyard, de Jean-Ant. de Baïf surtout, son *frère d'alliance* (1); et il n'est pas moins versé dans la poésie italienne. A la page 4 entre autres, il rapproche des expressions de Pétrarque et de Ronsard; à la page 12, il cite encore Pétrarque; à la page 73, il mentionne un sonnet de Bembo. A la page 14, où il nous apprend que le vers de Ronsard : *Allège-moi, douce plaisant'brunette*, n'est autre chose que le commencement d'une vieille chanson rajeunie par Clément Marot, il ajoute que Pétrarque a mis dans ses vers non seulement des chansons de Cino, de Dante, de Cavalcante, mais encore *une de je ne scay quel Limousin*. Il en cite un exemple et ajoute : « Ce que si quelqu'un osoit faire en français, Dieu scait comment il seroit receu par nos vénérables Quintils ! »

Dans cette phrase, qui débute par un tour latin, notons, outre l'irrévérence qui raille si cavalièrement la critique accréditée, la vivacité de l'idiotisme français : « Dieu sçait... » Il y avait alors quelque mérite à un savant de profession à employer des expressions non calquées sur le latin. Dans cet ouvrage, le seul que Muret ait composé en prose française, on trouverait bon nombre de phrases écrites de ce style dégagé où l'élégante

(1) V. p. 70, 101, du Commentaire.

malice du Gaulois apparaît sans la gravité et l'ampleur de la période latine. Les érudits du seizième siècle, quand ils daignaient s'exprimer dans leur langue maternelle, parlaient d'un autre style : témoin une préface de Nicolas Grouchy que M. Gaullieur cite intégralement dans son *Histoire du collège de Guyenne* (1) : « Le bon et sain jugement qui est en nous pour juger quel et combien utile peult être un livre escrit en notre langue françoise, l'ayant leu, sera cause que je m'arresteray à vous descrire les louenges de ce premier livre de l'histoire et descouvrement de l'Inde, sachant que déja vous avez prins la peine de le lire. » Telle est non pas la plus embarrassée, mais simplement la première phrase d'une page signée par l'érudit de mérite qui a écrit le *De Comitiis* et tenu tête à Sigone.

Cette préface de Grouchy, qui respire l'honnêteté et la modestie, forme contraste avec le tour avantageux et aisé de Muret. Certains avaient prétendu que Muret s'était fait aider pour l'indication des imitations de Ronsard ; il leur répond : « Et comme en ceus-là (les passages dont Ronsard lui avait expliqué le sens) je confesse avoir usé de son aide, aussi veus-je bien qu'on sache qu'aux choses qui pouvoient se tirer des auteurs grecs ou latins, j'ai

---

(1) P. 12. C'est une préface pour l'*Histoire des Indes*, traduite en français par Grouchy, du texte de Lopez de Castanhedo.

usé de ma seule diligence. » Il rappelle qu'il a déjà prouvé et affirme qu'il prouvera mieux plus tard de quoi il est capable.

Cette confiance en soi-même qui n'est pas la vanité naïve ou l'orgueil grossier, cette malice qui s'affinera bientôt et deviendra de l'esprit d'excellent aloi, voilà l'explication de l'aisance qui frappe dans le style français de Muret. Le commentaire de Ronsard nous ouvre une échappée sur son caractère. Les deux traits que nous venons de signaler, le deuxième surtout, nous aideront à marquer, dans la suite de notre étude, la physionomie de Muret. Ce n'est pas le moment d'y insister. Notons seulement, pour le regretter, que chez lui la malice est et restera grivoise. La poésie de Ronsard est parfois un peu bien libre. Dans les endroits les plus hasardeux, Muret, de peur que quelque gaillardise ne soit perdue, a soin de nous avertir qu'il y a anguille sous roche (1), et il ne le fait pas avec la candeur de l'érudit qui veut épargner la peine du lecteur ; il semble regretter de n'être que le commentateur des propos lestes, et s'empresse d'y tenir son rôle (2).

Les *Juvenilia*, qui parurent à peu près en même temps que le commentaire, comprennent les poésies latines composées à différentes époques par Muret.

---

(1) V. p. 84, 85, 86.
(2) V. par exemple le passage cité plus haut, p. 12, de notre Thèse. Cf. les vers à Moncaud, ci-dessus, p. 17, texte et note 1.

3

— 34 —

Presque tous les érudits s'essayaient en latin à la poésie aussi bien qu'à l'éloquence. Muret fit comme eux ; mais si la plupart de ses vers ne sont pas beaucoup plus originaux que ceux de ses confrères, il en est qu'on ne lit pas sans plaisir ni sans profit, parce qu'ils font connaître à la fois la personne et le talent de l'auteur.

Le recueil contient la tragédie de *Jules César*, dix élégies, deux satires, cent sept épigrammes, trois épîtres, cinq odes.

Muret n'avait ni l'expérience ni la gravité nécessaires au poète satirique. Ses deux satires, à part quelques vers bien frappés et quelques portraits piquants, ne sont que des amplifications d'école. Les épîtres et les odes sont plus fermement écrites et plus intéressantes, à cause des rapports qu'elles nous montrent entre Muret et les poètes de la Pléiade. Le style de la tragédie de *Jules César* est pur, mais sans éclat, et on ne cherchera pas sans doute des conceptions originales dans ce drame de collège (1). Ses épigrammes satiriques roulent trop souvent sur des thèmes traditionnels : le pédant, l'auteur vaniteux, l'avare ; pourtant elles sont parfois assez divertissantes, par exemple la jolie fantaisie sur le nez bourgeonné d'un ivrogne (2).

---

(1) Le 4ᵉ acte est le moins ennuyeux.
(2) « Le nez de Pompilius a trois coudées de long et une de large ;

Mais la meilleure inspiration de Muret, ce fut alors le plaisir. Ses élégies, d'un ton assez réservé, ne sont qu'élégantes, mais ses épigrammes érotiques ont un accent personnel. On n'ose appeler amour le sentiment qui les a dictées; la sensualité y parle bien plus haut que la passion. Un juge sévère reprocherait à l'auteur de profaner Catulle, quand il imite son chef-d'œuvre en atténuant la mélancolie du modèle au profit du libertinage. Il y a pourtant une grâce langoureuse et poétique dans cette lascive paraphrase du poëte de Vérone qui forme la vingt-troisième pièce des *Juvenilia* (1). Voici d'ailleurs, avec moins de mollesse, plus d'invention et d'originalité dans le style : « Laisse voir tes yeux, laisse voir l'éclat de ton front étoilé (*pande oculos, pande stellatæ frontis honorem*) que Vénus ne regarderait pas sans douleur ni envie; laisse-les voir, je t'en prie, folâtre enfant! Pourquoi, ô pourquoi cacher ce sourcil dont les mouvements agitent mon cœur! Mais quoi! même tes

---

un triple mur l'environne. On y voit des tours que Bacchus a élevées lui-même et parées d'un vermillon éternel. De plus ce nez possède un merveilleux privilège : son ombre met les coupes à sec. Que dis-je? A-t-il quelque part flairé du vin ? Il l'attire, comme l'aimant attire le fer. L'autre jour j'étais à table, j'avais soif, et me disposais à boire. Pompilius s'arrêta devant la porte fermée (je vais chanter un prodige, mais un prodige véritable), son nez attira aussitôt le vin que je m'étais versé » (82e épigr.).

(1) 10e Epigr., 23e pièce des *Juvenilia*.

mains! cruelle, même tes mains! (*Ah! etiamne manus, sæva etiamne manus!*) Eh bien, à mon tour, je ne veux plus rien voir; moi aussi je ferme mes yeux, je les ferme pour toi. Allons, beauté du jour, allons, beauté de la lumière, adieu, car vous voir et ne pas voir ma maîtresse, c'est un supplice. Ma déesse m'entendit et se jeta dans mes bras, et d'un baiser me rouvrit les yeux » (*Reclusitque oculos applicito ore meos*) (1). De même dans cette autre pièce : « Quand je veux t'embrasser, Margaris, mes yeux aussitôt sont jaloux de mes lèvres et ne veulent pas renoncer à ton aspect. Si je prétends les enchanter par ta vue (*contuitu beare*), mes lèvres réclament aussitôt, attirées, entraînées par la blancheur où se baignent les roses de ton visage (*candor purpureo natans in ore*). O pouvoir superbe de la beauté parfaite qui me met en désaccord avec moi-même (2)! » Enfin il y a de la couleur et du mouvement dans cette dernière : « Courage! Les tendres amours se repaissent de batailles. Que tes ongles furieux assaillent mon visage!

Invade insanis unguibus ora mihi!

Dérange, audacieuse, et arrache mes cheveux; re-

---

(1) 15ᵉ épigr., 28ᵉ pièce des *Juvenilia*.
(2) 8ᵉ Epigr., 21ᵉ pièce des *Juvenilia*.

pousse mes baisers par le rempart de ta main. Ma volupté n'est-elle pas cent fois plus parfaite quand tu as voulu refuser ce que tu désirais! » (*Illa etenim o quanto magis est perfecta voluptas, Quæ cupiente quidem sed renuente venit*) (1)!

Plus d'un poëte de la Pléiade eût gagné à porter dans notre langue la grâce facile et harmonieuse du poëte latin, et à user aussi sobrement des souvenirs antiques qu'un érudit de profession.

Par un mot de Vauquelin de La Fresnaye (2) nous savons déjà que Muret s'était aussi exercé à la poésie dans sa langue maternelle. On peut conjecturer que la muse du plaisir lui inspira des élégies et l'amitié des épîtres. Mais comme il ne se donna pas la peine de recueillir ces productions, peu nombreuses sans doute, nous ne pouvons juger de son talent pour la poésie française que par quelques odes et sonnets dont, à diverses époques de sa vie, il ornait les œuvres de ses amis. Guillaume Colletet a relevé ces rares spécimens d'une élégante facilité en tête des œuvres de Jean de la Péruze, de Gaspard d'Auvergne, d'Olivier de Magny, de Jacques Gohorry. Nous citerons dans l'appendice C tous les vers de Muret qui nous sont parvenus. Ils prouveront que ni la grâce, ni la fermeté du style,

---

(1) 9e Epigr.; 22e pièce des *Juvenilia*.
(2) V. ci-dessus, p. 20.

ni le goût ne l'abandonnent quand il passe du latin au français. Muret avait aussi composé en français pour Goudimel (1) des poésies religieuses ; pour celles-ci, il les recueillit et les fit publier à Paris, en 1555, alors qu'il avait déjà quitté la France. C'étaient des chansons spirituelles, au nombre de dix-neuf ; et Cl. Goudimel, *cet excellent ami de l'harmonie*, comme dit Colletet, les avait mises en musique à quatre parties. Mais je n'ai pu, même à la bibliothèque du Conservatoire, trouver un exemplaire de ces chansons.

En somme, les débuts poétiques de Muret étaient propres à l'encourager. Pourtant, après ses *Juvenilia* et ses chansons spirituelles, il ne composera plus guère de vers latins ou français qu'à son corps défendant, sauf quand il voudra donner un témoignage public de son retour à la piété et à la vertu (2). Content d'avoir montré qu'il pouvait être poète, il restera professeur.

En attendant, l'homme qui allait publier le *Commentaire sur les amours de Ronsard* et les *Juvenilia* sem-

---

(1) Goudimel était un lettré ; ses lettres à Paul Mélissus sont écrites dans un latin élégant et pur. Il a mis en musique les odes d'Horace. — *Les chansons spirituelles de Marc-Antoine de Muret mises en musique à quatre parties* furent imprimées par Nic. Duchemin. Suivant Fétis, les vers en sont fort mauvais, et la musique lourde quoique bien écrite (*Biogr. univ. des Musiciens*, IV, pages 66, 68).

(2) En 1575, quand il fera imprimer ses *Poemata varia*.

blait singulièrement choisi pour célébrer, devant un pieux auditoire, la « précellence de la théologie. » On n'y regardait pas de si près à cette époque. L'intrépide Muret ne montra d'ailleurs, en cette occasion, qu'un embarras de bon goût et suppléa à la compétence par l'intelligence. Après s'être excusé d'aborder un sujet que l'assistance connaît mieux que lui et d'imiter le sophiste qui prétendait enseigner l'art militaire à Annibal, il propose une division fort nette : la théologie comprend la loi et l'Evangile ; la loi qu'elle nous enseigne vaut mieux que celles des hommes, car elle est plus morale et n'émane pas d'une autorité humaine ; et l'Evangile nous offre l'exemple de la bonté incomparable d'un Dieu qui se sacrifie pour notre salut. Par cette division, Muret, qui ne prétend pas traiter didactiquement un sujet infini, n'a pas épuisé son discours. Il suggère une autre considération à ses auditeurs : appliquant à son propos une expression de Platon, il avance que la théologie comprend la fleur (*florem*) de toutes les connaissances, que toutes les autres sciences n'en possèdent que la lie (*fœcem*). C'est ici que, faisant un pas de plus dans l'intimité de Muret, nous allons pour la première fois découvrir en lui, non pas certes un penseur, mais un homme d'une intelligence pénétrante. Après avoir tancé avec assez d'impertinence les philosophes anciens qui n'ont su que balbutier, Epicure, qui veut que les âmes meurent, pour ne pas différer en cela des pourceaux avec lesquels il a tant de rapports (1), et Aristote, qui ne se prononce pas nettement sur la condition des âmes, et Platon, qui n'est qu'un poète philosophe, après avoir conclu que le théologien est le plus grand des philosophes, il affirme que les études théologiques offrent même à la curiosité profane une ample satisfaction. Ici, il devance Herder et son célèbre ouvrage, *De l'esprit de la poésie hébraïque*. Toutes les beautés littéraires que pendant près de deux siècles le goût classique empêchera de sentir, ou que la piété n'osera signaler dans des ouvrages sacrés, il les proclame. La Bruyère s'excusera, dans une note, de compter Moïse parmi les hommes *qui ont écrit*. Muret n'a pas ici de ces scrupules. La majesté des Ecritures lui apparaît tout entière, et le caractère sacré de ces beaux livres ne l'empêche pas d'en goûter la poésie : « Quel grand poète ne perdra tout son prix (*non sordeat*), si on le compare à David (2) ? Quoi ! il y aurait plus de charme à écouter Orphée, Homère, Pindare, discourir d'ordinaire sur les moindres bagatelles, que

---

(1) *Nefas ratus quum tam multa sibi cum porcis convenirent, in hoc uno ab iis interesse.* — Muret, plus tard, sans être moins dédaigneux pour ses adversaires, sera plus fin.

(2) Pourquoi, au prix de semblables hyperboles, n'a-t-il pas écrit sur ce ton son *Commentaire des amours de Ronsard* ?

David, ce roi cher à Dieu, tantôt chanter les louanges de Dieu dans des paroles pleines d'allégresse, tantôt implorer son secours dans ses dures épreuves, tantôt poursuivre les méchants, tantôt célébrer les bons, tantôt dépeindre à nos yeux les événements qui sont arrivés plusieurs siècles après lui, mieux qu'aucun Apelle n'eût pu le faire? » Toute la littérature des Hébreux n'est pas dans les psaumes de David, et il est fâcheux que Muret passe aussitôt à la moralité plus haute qu'offre l'histoire des Israélites comparée à celles des autres peuples, et omette Isaïe et Jérémie. Mais sans rien exagérer, tenons compte à Muret d'un aperçu si juste. Il conviendra de nous rappeler cette glorification d'une poésie où des millions de lecteurs n'avaient vu que de pieuses prières, quand nous l'entendrons réhabiliter les écrivains de la décadence latine. La même sûreté de coup d'œil, la même largeur de goût, la même hardiesse lui feront devancer les jugements de la critique moderne.

Il semble étrange de vanter la hardiesse d'esprit d'un homme que nous verrons toujours si soigneux de se mettre en règle avec les puissants, et qui trouvait plus sûr de renier ses amis persécutés que de les défendre. On nous dira qu'on nous accorde sans peine qu'au moment où l'Inquisition rallumait ses bûchers, le futur apologiste de la Saint-Barthélemy a eu le facile courage de renchérir sur les louanges traditionnelles de la théologie. Muret n'en a pas moins droit à l'éloge que nous faisions de l'indépendance de sa pensée. Nous le verrons en donner des preuves plus décisives. Non pas qu'en matière de foi il ait jamais rompu avec l'orthodoxie, ou qu'il ait jamais souffert pour des opinions peu en faveur. Muret est aussi peu héroïque que possible. Il a pourtant un genre de courage dont il ne faut pas trop médire, malgré des défaillances que nous ne pallierons pas. Le courage, chez lui, ce sera la souple ténacité d'un professeur qui a foi dans l'excellence de méthodes nouvelles et suspectes, et qui les applique sous les yeux même des défenseurs de la routine dont il a l'adresse de se faire des amis. Si, dès maintenant, j'annonce ces opinions arrêtées dont Muret ne nous a pas encore donné signe, c'est qu'à l'époque de sa vie où nous sommes parvenus, il semble au contraire figurer dans le camp des conservateurs de l'ancienne méthode. M. Waddington, dans son ouvrage sur Ramus, le compte parmi les adversaires de l'illustre professeur, qui fut, suivant le mot de Pasquier, *grandement désireux de nouveautés*. A la page 270, M. Waddington écrit : « Marc-Ant. Muret, le digne ami de Charpentier (1)...... » A la

---

(1) On sait que Charpentier se vengea par un assassinat de

page 282, il appelle Charpentier le digne ami des Muret, des Duchêne, des Vigor, des de Sainctes, et de tout ce qu'il y avait alors de malfaisant. Le savant écrivain ne cite pas les documents sur lesquels il fonde cette inimitié de Muret et de Ramus. Est-ce bien Marc-Ant. Muret qui se joignit à Charpentier contre l'éloquent et hardi novateur ? Du Boulay, dans son *Histoire de l'Université* de Paris, parle bien d'un certain Muret qui s'entendit avec Charpentier pour persécuter Ramus; mais il le qualifie de docteur en médecine, grade que je ne vois nulle part attribué à notre humaniste. Pourtant il n'est pas inadmissible que Muret se soit déclaré contre Ramus, l'ancien détracteur d'Aristote, même dans une question où, quelques années plus tard, il épousera toutes les opinions qu'on persécutait alors. Charpentier et ses amis avaient vu d'un mauvais œil Ramus substituer à un enseignement sec et froid de formules et de procédés un enseignement plus vivant qui conviait les écoliers à l'étude des chefs-d'œuvre de la littérature antique (1). Il est vrai qu'au fond l'au-

---

l'homme qui avait dénoncé sa stérile faconde et son impudente ignorance.

(1) La foi de Ramus n'était pas encore suspecte. Jusqu'en 1561, il fut très attaché au catholicisme, et obligea tous les maîtres et élèves de son collège à entendre la messe chaque jour (V. l'ouvrage de M. Waddington).

torité avait donné raison à Ramus (1). Mais Muret put se dire que l'amitié des rois était plus inconstante que la haine des ennemis du progrès. Il entendait bien, nous espérons le montrer, servir la cause du progrès dans le cercle de ses attributions, mais à sa manière, c'est-à-dire sans bruit, sans provocations imprudentes, en plaisantant ses adversaires juste assez pour amuser ses élèves et les mettre de son côté ; enfin, en déployant assez d'adresse pour rendre ses innovations efficaces et pour ne pas s'exposer. Il ne demandait pas mieux que d'avoir des collaborateurs dans cette tâche, et n'imitait pas Jules-César Scaliger, qui criait qu'on lui volait ses idées, quand on s'avisait de les soutenir. Mais c'était à ses collaborateurs à user des mêmes précautions que lui. Si leur maladresse ou leur courage leur attirait quelque fâcheux démêlé, il était homme à ne plus les connaître. Allait-il plus loin, et, semblable aux aventuriers qui achèvent leurs compagnons blessés pour ne pas être

---

(1) Le Parlement, saisi par Charpentier, ordonna à Ramus (17 février 1551) d'expliquer Aristote, ce qu'il faisait ; mais en le laissant complètement libre pour les deux cents jours fériés et même pour les autres jours, sauf les heures régulières de classe, de donner tel enseignement qu'il voudrait. En même temps Henri II, grâce au cardinal de Lorraine, créait, pour Ramus, au collège de France, une chaire d'éloquence et de philosophie, en lui écrivant une lettre flatteuse (V. M. Waddington).

trahis par eux, se joignait-il à leurs persécuteurs ?
Je l'ignore (1).

(1) Un ami de Muret, Dorat, écrira, en 1567, contre Ramus, une violente satire, intitulée : *Decanatus* ; il était peut-être déjà brouillé avec Ramus au temps où Muret professait à Paris. Un autre ami de Muret, Ant. de Gouvéa, avait été un des tenants d'Aristote dans la lice où Ramus succomba sous le nombre. Tous deux purent exciter Muret contre le hardi novateur. Mais c'est une simple conjecture.

CHAPITRE III.

Sommaire :

Muret emprisonné à Paris. — Il professe prématurément le droit à Toulouse, mais dès lors Douaren fait fond sur lui. — Condamnation scandaleuse à Toulouse. — Pourquoi l'innocence de Muret est invraisemblable. — Sa fuite en Italie.

Si Muret se laissa entraîner pour quelque raison que ce soit à tourmenter Ramus, il eut bientôt à éprouver lui-même des rigueurs peut-être moins imméritées. Dans la préface de son *Commentaire sur les amours de Ronsard* (1), il dit qu'il a hésité à entreprendre ce travail, *étant journellement sollicité de se retirer de cette ville* (Paris) *par les commandements de ceux auxquels après Dieu il doit le plus d'obéissance, et tellement pressé qu'il lui fallait presque à toute heure penser de son départ.* Voilà des protecteurs fort pressants! Est-ce bien leur affectueuse volonté qui le détermina, vers la fin de 1553, à

(1) Adressée à J. Brinon, conseiller au Parlement de Paris.

quitter Paris? Non : une accusation qui, par malheur, n'est pas sans fondement, l'y obligea. On lit, dans le manuscrit de Colletet (1), que Muret jouissait paisiblement de sa renommée lorsqu'il *tomba malheureusement dans une abomination qui sembloit la détruire, ou du moins comme l'ombre suit le soleil et l'envie accompagne la gloire, ses lasches adversaires l'ayant accusé de ce crime capital qui a fait autrefois embraser de sulphre et de bitume des citez entières, obligèrent le magistrat de se saisir de sa personne, et par leurs ardantes poursuites le firent mettre prisonnier au Chatelet de Paris et dans un cachot même*....... que là, *au rapport d'un auteur moderne qui dict l'avoir appris de la bouche de Jean Dorat, sentant le ver de sa conscience, ou plustot appréhendant que ses ennemis ne lui prononçassent une mort honteuse, il se résolut de se laisser mourir de faim;* mais quelques-uns de ses doctes amis...... *moyennèrent sa liberté*. Colletet ajoute que, comme d'après Jos. Scaliger et Janus Nicias Erythræus (2), cette disgrâce lui advint *en la ville de Tholose* (Toulouse), et que, d'autre part, il fut accusé d'avoir tué un homme, il incline à croire *que ce fut pour ce dernier fait qu'on l'emprisonna à Paris, et que ce fut pour l'autre accusation*

_____

(1) Biogr. inéd. de Muret.
(2) Nous avons déjà cité ce Giov. Vittorio Rossi († 1647), qui a publié, en 1643, une *Pinacotheca virorum illustrium*, sans beaucoup de valeur.

qu'il fut en peine à Tholose. Un homicide s'accorderait mal avec le caractère de Muret, qui n'était pas violent (1). L'autre imputation, sans pouvoir aujourd'hui être établie avec certitude, est moins invraisemblable. Mais il sera temps d'examiner ce point quand l'accusation sera formellement énoncée contre Muret, c'est-à-dire à la fin de son séjour à Toulouse.

Ce fut en effet à Toulouse qu'il passa au sortir de Paris. Il ne paraît pas y avoir enseigné les humanités (nous le montrerons à l'appendice D). Il semble plutôt s'y être appliqué à l'étude et à l'enseignement du droit. N'ayant pas encore tous les grades nécessaires (2), il ne fut pas professeur en titre. Il expliquait, nous dit Jos. Scaliger, les Institutes pour s'exercer. Il aurait donc été comme un *privat docent*, un maître de conférence, ou, pour employer l'expression du temps, un *hallebardier* (3).

---

(1) Il est dit également dans les *Naudæana* (p. 41) que Muret dut quitter la France pour avoir tué un homme; seulement aux additions et corrections (p. 69) on dit que ce meurtre ne fut pas la cause de la fuite de Muret.

(2) D'après Jos. Scaliger, il ne les prit qu'en Italie, dans la ville d'Ascoli, au temps où L. de La Rochepozay était ambassadeur de France auprès de Grégoire XIII; cette ambassade dura de 1576 à 1581. — Ménage pense que ce fut seulement le grade de docteur qu'il prit à Ascoli.

(3) C'est Du Verdier qui, dans sa bibliothèque, nous apprend le sens universitaire de ce mot (Article consacré à Cujas).

S'il faut en croire Christ. de Cheffontaines (1), il n'aurait pas eu un grand succès : « L'insuffisance du maître fit rire les auditeurs à ses dépens. Il s'en aperçut, et, après avoir donné en peu de jours la mesure de sa faiblesse, déclara qu'il n'était point en état de professer la jurisprudence, ne l'ayant pas encore assez apprise. »

Ce fâcheux accueil n'empêchait pas qu'à la même époque, un des jurisconsultes les plus estimés du temps comptât sur Muret pour la rénovation de l'étude du droit. Que la lettre de Douaren, datée de Bourges, *ipso Hilarium die*; 1553, soit allée trouver Muret à Paris ou à Toulouse, c'est ce qu'il est difficile de savoir (2). Pourtant, on y voit que Muret venait de traverser Bourges et d'écrire à Douaren sous l'empire du chagrin que lui causait un récent déplacement (3). Ce chagrin si profond est causé, d'après la consolation qu'offre Douaren, par l'obligation de vivre parmi des hommes attachés à des méthodes surannées; il pourrait y entrer aussi, à défaut de remords, quelque inquiétude. Malheureusement, Douaren ne désigne pas

---

(1) *Christophorus a Capite fontium, Fidei majorum nostrorum defensio*, édit. Plantin, 1575, p. 165, cité par Lazeri.

(2) C'est, dans les Œuvres de Muret, la 24ᵉ lettre du 1ᵉʳ livre.

(3) *Verum hoc mihi aspersit molestiæ Epistola tua quod dolorem illum aut gravissimum mœrorem potius non obscure testetur, quem tibi ista peregrinatio attulit.*

clairement la ville où réside alors Muret (1). Toujours est-il qu'il le compte parmi ceux qui pourront faire prévaloir dans l'enseignement du droit les nouvelles méthodes : « Dieu, je pense, te réserve intacte cette moisson de gloire : les ennemis que nous n'avons pu qu'aborder et provoquer seront par toi mis en déroute et chassés des domaines de la jurisprudence, et, vainqueur, tu célébreras un splendide triomphe (2). »

Il est vrai que Muret lui semble avoir besoin de se mieux préparer encore pour la lutte : « Ce triomphe, je le pressens, je crois le voir d'avance, si aux talents dont tu es comblé tu en ajoutes d'autres un peu plus solides et plus exercés auxquels tu parviendras très facilement, si tu y appliques ton énergie (3). » Ce conseil, cette restriction mise aux éloges ne diminuent pas la portée du témoignage que rendait Douaren au talent d'un jeune homme de vingt-sept ans.

---

(1) Il dit bien que vingt-deux ans auparavant il a éprouvé lui-même « istorum scytharum σκυθρωπίαν et barbariem. » Mais nous ne savons où était Douaren en 1531. La *Nouvelle biographie générale* dit seulement qu'il professait à Paris en 1536.

(2) *Hanc... segetem gloriæ integram tibi Deus, opinor, reservat, ut... splendidum aliquando triumphum agas.*

(3) *Id* (la victoire) *quod jam præsentire ac prospicere mihi videor, si ad eas copias quibus abundas, alias paulo firmiores atque instructiores accesserint, quas tibi parare, si nervos in ea re contendas tuos, perfacile est.*

On sait quel motif abrégea le séjour de Muret à Toulouse. Malheureusement, c'est le point le plus connu de sa biographie : « Cette année 1554, Marc-Antoine Muret, Limosin, qui a laissé ses doctes livres à la postérité, et du depuis à Rome orateur du pape, fut brûlé en effigie avec un Memmius Frémiot, de Dijon (1), pour être huguenot et sodomiste, en la place Saint-Georges, par sentence des capitoux (sic) confirmée par arrêt. » Ménage, après avoir cité, dans son *Anti-Baillet*, ce passage des registres journaux de la ville de Toulouse, objecte que la confirmation de l'arrêt des capitouls ne put avoir lieu, d'une part Muret ayant été jugé par contumace, et, de l'autre, le ministère public n'ayant pu appeler *a minima* d'une condamnation capitale. Il n'en reste pas moins une sentence judiciaire qui flétrit le nom de Muret. Etait-il coupable ? Oui, répondent les écrivains protestants, Théodore de Bèze, Joseph Scaliger. Non, répondent les écrivains catholiques, Guill. Colletet, Lazeri. Théodore de Bèze dit irrévérencieusement que Muret fut plus tard accueilli à Rome pour le vice qui l'avait fait chasser de France ; Jos. Scaliger (2)

---

(1) C'est celui que Ronsard place auprès de Muret dans ses *Iles Fortunées*.

(2) Une note de l'édition des discours de Muret, publiée par Tauchnitz (p. IX), dit que certains ont suspecté l'impartialité de Jos. Sca-

dit : « *Muretus fugit Tholosa ; venit Venetias, sed quia primæ nobilitatis filios volebat comprimere, ideo fugit Romam......* On ne l'a pas voulu endurer à Venise *ob pæderastiam* (1). » Par contre, nous avons entendu plus haut (2) les explications bienveillantes, mais plus emphatiques qu'affirmatives, de Colletet. Lazeri est plus décidé : il croit que la fin de la vie de Muret, sa liaison avec Manuce et d'autres hommes honnêtes, la franchise même avec laquelle, dans une dédicace à Frémiot (3), il proclame son affection pour ce jeune homme *dont une honteuse conspiration l'a séparé* (4), protestent de son innocence. Il croit, peut-être à la légère, que des lettres de Pierre Morin et du cardinal d'Este, que nous analyserons plus tard, prouvent que du moins, en Italie, Muret fut accusé injustement, et il en conclut que sans doute, en France, Muret n'avait pas été plus coupable (5). D'ailleurs, il lui en coûte de revenir, après tant d'autres, sur cette controverse (*ea refricare*). Après une demi-page, il laisse la question de côté : *Sed ista omittamus!*

---

liger à l'endroit de Muret. Nous montrerons que le soupçon n'est pas fondé quand nous étudierons les rapports de ces deux hommes.

(1) 2ᵉ *Scaligerana*, p. 234 de l'édition de 1668.
(2) P. 47.
(3) En tête de sa traduction du 7ᵉ liv. des *Topiques* d'Aristote, à la date du 1ᵉʳ juillet 1554.
(4) *Flagitiosa illa nos quorumdam conjuratio distraxit.*
(5) *Nonne idem de Tholosana illa (criminatione) par est judicare?*

Le principal intéressé, comme on vient de le voir, impute sa condamnation à la calomnie. Déjà, dans ses *Juvenilia*, il prétendait avoir été en butte à ses traits (1). Il n'est pas impossible, en effet, qu'on ait abusé contre lui des marques d'ardente affection qu'il donnait à ses élèves ou à ses compagnons d'étude. L'amitié passionnée qu'il témoignait dans l'ode à Daniel Schleicher, son *fils très chéri* (*filii longe dulcissimi*), étrange expression si l'on songe à l'âge de Muret, prêtait à de fâcheuses interprétations (2). Les mœurs faciles dont Muret semblait se faire gloire disposaient mal contre lui les juges austères ; enfin, par la précocité de son talent, par l'éclat de son enseignement à Paris, sinon à Toulouse, il avait pu exciter la jalousie, et Dieu sait si la haine des gens de lettres était alors

---

(1) 3ᵉ ode, p. 302 du 2ᵉ vol. de l'édition Frotscher.

(2) « Sic ipse postquam desiero tui
Aspectu amato atque expetito
Posse animum exsatiare vultus...
Quam sæpe te ut spectare possim,
Morte mea cupiam pacisci ! »

Frotscher, II, 300. Ed. du Monin, cité par Colletet, compte Schleicher parmi les beaux jeunes hommes qui présentèrent à des philosophes l'image sensible de l'idéale beauté :

En tel miroir jadis, le pudique Platon
Mira l'eternel beau au beau fils d'Agathon.
Je croy que Scalichier (Schleicher) fut en telle lunette
Pour aider à voir Dieu à la muse Murette (Muret).
(Poème du *Triple amour*.)

Du Monin cite aussi l'affection de Bèze pour Audebert.

inventive. Il suffit de parcourir les deux volumes où M. Ch. Nisard réunit un choix d'invectives, d'accusations scandaleuses que se renvoyaient les érudits de la Renaissance, pour se convaincre qu'alors le moindre grief, que dis-je? le moindre dissentiment littéraire, semblait autoriser les plus monstrueuses calomnies (1).

Toutefois, d'où vient que cette terrible accusation qui a peut-être chassé Muret de Paris, qui l'a certainement chassé de France, le bannisse encore de Padoue quatre ans plus tard? Ils sont donc bien acharnés, ces calomniateurs? Ils se multiplient donc contre lui? Et comme ces fausses imputations se propagent! Comme on les accueille même dans un monde où d'ordinaire Muret jouit d'une grande faveur! Quatre ans après son départ de France, nous verrons que les théologiens veulent obliger Lambin à effacer d'un de ses livres le nom de Muret. Puis, ces calomniateurs, il ne les nomme nulle part : lorsque, bien accueilli à Venise, il est à la fois hors de leur portée et sans doute tout exaspéré de leur perfidie, c'est à peine si, en passant, il se plaint de leur injustice. Comment! point d'apologie! point de factum contre eux! *Cette honteuse conjuration*, il se contente de ne pas lui par-

---

(1) *Les gladiateurs de la république des lettres aux quinzième, seizième, dix-septième siècles.*

donner, de la narguer, si l'on veut, en envoyant par delà les Alpes des paroles de tendresse au complice qu'elle lui a imaginé! Singulière discrétion, étrange clémence! Sans doute, il ne sera jamais de ces gladiateurs infatigables de la république des lettres pour qui l'escrime à coups de plume est le délassement favori. Mais pour une cause si chère, celle de son honneur, ne se devait-il pas de mettre l'épée au vent? — Mais de vertueux personnages lui ont accordé leur amitié. — Pourquoi ne l'ont-ils pas défendu? Témoins de sa vie, pourquoi n'ont-ils pas publié son innocence? On calomnie Muret, et Ronsard se tait! On le condamne à une mort ignominieuse, et Dorat garde le silence (1)! Quatre années d'enseignement public à Venise, d'intimité avec Manuce ne lui procureront pas un seul défenseur! Je regrette de n'avoir pu trouver l'*Apologia pro Mureto criminis sodomiæ postulato* que J. Voigt publia au siècle dernier (2); mais je regrette encore plus pour Muret que pas une seule apologie signée de sa main ou d'une main amie n'ait paru de son vivant.

Sans rien affirmer, nous avouerons que l'innocence de Muret nous est fort suspecte. Il a regretté

---

(1) Muret enverra plusieurs fois indirectement ses compliments à la Pléiade. Sa correspondance ne contient pas une seule lettre de Ronsard, de Dorat, de Du Bellay, de Baïf, de Jodelle.

(2) Dans l'*Apparatus societatis colligentium*, I, p. 93-616.

plus tard, quelquefois avec émotion, les désordres de sa jeunesse. Comme il ne s'explique pas, dans ces passages, sur les fautes qu'il avait commises, on ne doit pas tirer parti contre lui de ses remords. Une ou deux fois ses travaux philologiques l'ont amené à parler du vice qu'on lui avait attribué : chaque fois il l'a flétri (1). On regrette pourtant que là au moins il ne renonce pas au ton de plaisanterie grivoise qu'il prend volontiers dans ses écrits, comme beaucoup de ses confrères (2). Les plaisanteries licencieuses, à cette époque, ne tiraient pas à conséquence sous la plume des écrivains dont la vie, de l'aveu de tous, était sans tache. Muret aurait pu se les interdire : tout à l'heure il nous semblait trop libre; il nous paraît maintenant trop assuré.

L'arrêt de Toulouse condamnait Muret non seulement comme sodomiste, mais comme huguenot. Ce deuxième chef d'accusation paraît beaucoup moins fondé. C'est ici que Lazeri serait en droit de

---

(1) V. ses *Variæ lectiones*, liv. XV, le titre du 4ᵉ chap. : « Quid sit apud Ciceronem amor amicitiæ, et cur idem in flagitiosi amoris mentione dixerit : more Græcorum, » et le courant du chapitre. Voir aussi le même ouvrage, XVIII, 6.

(2) « Les philosophes grecs, dit Muret, disaient que, dans leurs jeunes auditeurs, ce qu'ils aimaient, c'était leur esprit : *Ea tamen ingenia fere potissimum amabant quæ bene habitarent* » (*Var. lect.*, XV, 4). Notez que Muret avait cinquante-quatre ans quand parut ce livre XVᵉ.

dire que la vie de Muret proteste contre cette imputation. En 1554, Muret n'a pas encore fait l'apologie de la Saint-Barthélemy, et, en tête des *Juvenilia*, il a laissé Buchanan écrire quelques vers à sa louange. Mais déjà son éloge de la théologie a marqué ses bons rapports avec l'Eglise établie. Deux petites pièces des *Juvenilia* sont en l'honneur d'une sainte (1), et, ce qui est bien plus notable, parmi tous ces vers satiriques, une seule pièce est dirigée contre un moine (2). Dans un siècle où certains vices qu'on imputait au clergé formaient un des lieux communs de la satire, cette réserve indique une prudence qui, chez Muret, précéda de longtemps, sinon la sincérité des convictions, du moins l'austérité des mœurs. Dans ses pérégrinations de professeur, il avait dû fréquenter bien des protestants, outre Buchanan (3). Mais si enclin à se compromettre par ses mœurs, il a toujours eu pour principe arrêté de ne pas se compromettre par ses opinions. En vain les villes de Bordeaux et de Toulouse s'ouvraient sous ses yeux à la Réforme (4) : le prudent Muret était à l'épreuve du

---

(1) Frotscher, II, p. 291.
(2) *Id.*, p. 285.
(3) On trouvera dans l'ouvrage précité de M. Gaullieur des détails sur les progrès du protestantisme parmi les professeurs et élèves du collège de Guyenne.
(4) En 1553, le Parlement de Toulouse condamne plusieurs protestants, et notamment un jeune homme qui avouait revenir de Ge-

plus persuasif des convertisseurs. Il est probable que l'accusation d'hétérodoxie aura été ajoutée comme supplément à la première, et que, de ce qu'il était sodomiste, les pieux magistrats auront conclu qu'il était huguenot.

Muret était probablement perdu si on l'eût pris. Heureusement pour lui, tandis qu'un des capitouls se préparait à se transporter nuitamment chez lui, un autre, dit-on, l'avertit par un billet où il avait simplement écrit le vers de Virgile : « *Heu, fuge crudeles terras, fuge littus avarum.* » Muret put fuir, ainsi que son complice présumé (1). Jugés par contumace, ils furent, aux termes de l'arrêt, brûlés en effigie sur la place Saint-Georges (2). Outre le capitoul qui avait fait parvenir à Muret un avis officieux, un autre ami l'aida dans sa fuite (3). Pour l'amour du grec et du latin, on passait alors sur

---

nève avec des livres protestants et dans l'intention de convertir sa famille (La Faille, *Annales de Toulouse*).

(1) Quelques vers de ce Frémyot, insérés dans les *Deliciæ Poetarum Gallorum* et dans les éditions de Muret, une sèche mention de Georg. Mathias Kœnig (*Biblioth. vetus et nova*, p. 529), une conjecture plausible de Papillon (*Biblioth. des auteurs de Bourgogne*, I, p. 230), qui soupçonne qu'il était fils de Jean Frémyot, conseiller au Parlement de Dijon ; voilà tout ce qu'on sait sur le compte de ce complice.

(2) La Faille, *Annales de Toulouse*.

(3) C'était le père de Cl. Garnier, le poète, dont le fils l'avait raconté à Colletet ; ce Cl. Garnier n'était pas le poète tragique, qui s'appelait Robert et était né à La Ferté-Bernard.

bien des peccadilles. Muret, sauvé, partit pour l'Italie (1). « Il s'en allait errant et vagabond par le monde..... » dit Colletet. Nous voilà loin de l'arrivée triomphale que Muret, au dire de ses panégyristes, aurait faite en Italie. En style d'oraison funèbre, le contumace qui va mettre les Alpes entre lui et ses juges est un bienfaiteur de l'humanité qui, *après avoir éclairé son pays, veut répandre ses lumières sur les nations voisines*. Ainsi parlait-on au lendemain de sa mort (2). Un siècle après, un traducteur des *Juvenilia* (3), plus modeste pour l'auteur qu'il interprète, maintient au moins, dans sa préface, que c'est de son plein gré qu'il quitta la France : « Muret, peu satisfait de sa fortune, passa en Italie, où il trouva de justes estimateurs de son mérite. » La réalité est moins brillante.

Muret s'en allait donc à travers le monde, comme dit Colletet (4), « lorsque, dans une ville de Lombardie, il tomba dans une troisième disgrâce, puisqu'il s'y vit encore au hasard de perdre

---

(1) Niceron et Lazeri nient avec raison un voyage à Paris que Du Verdier et Ménage placent à cette époque.

(2) « Vita M. Ant. Mureti, J. C. presbyteri et civis romani, ex scriptis ejus et funebri oratione Franc. Bencii... » dans Frotscher, I, 105.

(3) P. Maret, contrôleur général des finances de Montauban, qui traduisit en vers français les *Juvenilia* (Paris, 1682).

(4) L'épisode qui va suivre se trouve aussi dans le *Ménagiana*, p. 302, et dans plusieurs autres ouvrages.

la vie. Les longues traittes de chemin qu'il avoit faictes, et la plus part du temps à pied, jointes aux ennuis qu'il concevoit de son infortune, luy causèrent une fievre ardente et continue » qui l'obligea à se remettre entre les mains des médecins, « et pource que Muret estoit fort mal vestu, s'estant alors déguisé, et que son *visage grossier et couperosé presque partout* n'eust jamais faict soupçonner que soubs ce corps couvert de haillons fust contenu un si bel esprit, » un d'eux proposant « un remède hasardeux et extraordinaire, ils ne se gênèrent pas pour conclure tout haut dans une langue qu'ils croyoient inconnue de leur malade : « *Faciamus periculum in corpore vili!* » Muret, guéri par la peur, s'échappa de leurs mains. J'admire Colletet qui, dans son verbeux récit, oublie le trait le plus intéressant. D'après les autres narrateurs de cet épisode, un des deux médecins avait dit : « *Faciamus experimentum in anima vili,* » et Muret lui avait répliqué par cette éloquente apostrophe : « *Vilem animam appellas pro qua Christus non dedignatus est mori.* »

Nous avons choisi toutefois le récit de Colletet, à cause de quelques traits qui nous font bien connaître la triste situation où se trouvait alors Muret, et qui semblent exacts. Ce qu'il dit notamment du visage de Muret est confirmé par Du Verdier (1),

---

(1) *Prosopographie,* liv. 8.

qui donne à Muret un *visage assez grossier, coupe-rosé*. Si l'on compare le portrait de Muret qui se trouve en tête des *Juvenilia* avec celui qui le représente dans un âge plus avancé, à l'époque où il professait à Rome, on trouvera que physiquement il a gagné à vieillir (1). Cette grossièreté de visage dont parlent Du Verdier et Colletet n'est plus que de la rudesse. L'expression de la figure est intelligente et un peu bourrue. Chose étrange ! le style de Muret n'est pas seulement de la meilleure latinité, il est de la meilleure compagnie, et ses traits ont toujours gardé quelque chose d'un paysan du Danube (2).

Pauvre, malade, banni, coupable peut-être, Muret payait bien peu de mine quand il passa les Alpes : il paya d'audace. Nous le verrons bientôt collègue et rival des plus fameux savants de l'Italie. Encore quelques années, et, à force de travail et de talent, le bruit de ses mésaventures se perdra dans les applaudissements universels.

---

(1) En attendant, il cherchait à se rajeunir, puisque sur son portrait de 1553 il se donne vingt-cinq ans au lieu de vingt-sept.

(2) Dorat était aussi *vultu subrusticano* (Papyre-Masson, *Elogia*, tome II, p. 288, cité par M. Marty-Laveaux, dans sa *Notice sur Dorat*, en tête de son édition des poésies françaises de Dorat, 1875).

CHAPITRE IV.

Sommaire :

Vettori, Sigone, Manuce comparés à Politien, Sadolet, Bembo. — L'Italie, au temps de Muret, possède de savants érudits, mais n'a plus de grands esprits. — Muret subit son influence dans la composition de ses ouvrages, mais résiste comme professeur.

On sait que l'Italie, après avoir donné, au quinzième siècle, le signal de la Renaissance, après avoir glorieusement enseigné au monde, dans le siècle suivant, par les œuvres d'Arioste et du Tasse, de Raphael et de Michel-Ange, ce que pouvait la pensée moderne mise à l'école de la beauté antique, entra au dix-septième dans une période de décadence d'où elle ne devait sortir qu'à l'approche de sa régénération politique. Pour ce qui nous concerne exclusivement, pour l'étude des littératures classiques, il est facile, dès l'époque où Muret lui demandait un asile, de prévoir ce déclin. Elle peut alors montrer avec orgueil trois hommes dont l'érudition est assurément supérieure à celle de leurs devanciers : on ne saurait comparer Ange Politien, Bembo et Sadolet (1), pour la connaissance de la langue et des institutions antiques, à Paul Manuce, le savant commentateur de Cicéron, l'auteur du *De legibus Romanorum*, du *De civitate*, au laborieux et consciencieux Pietro Vettori (P. Victorius), à Carlo Sigonio ou Sigone (Sigonius), que peut-être Niebuhr et M. Mommsen ont seuls surpassé dans l'étude de l'ancienne constitution de l'Italie. Mais Politien, Sadolet et Bembo n'étaient pas uniquement des érudits : ils s'intéressaient aux arts et aimaient les artistes. Bembo, de même que Sannazar et l'Arioste, figurait dans un tableau de Titien aujourd'hui détruit (2); Politien composait des vers italiens qui comptent parmi les plus beaux de son siècle; Bembo écrivait dans la langue nationale *Le Prose* et *Le Rime;* ils continuaient la tradition de Dante, de Pétrarque, avec moins de génie sans doute, mais avec autant de patriotisme. Manuce et ses contemporains aussi sont patriotes ; ils ont même les peti-

---

(1) Bembo et Sadolet, morts en 1547, appartiennent à la première partie du seizième siècle, et c'est dans la seconde que se marque l'approche de la décadence.

(2) C'était une scène de l'histoire de Barberousse et d'Alexandre III. — Un autre érudit et professeur célèbre de la première moitié du seizième siècle, Sabellico, était ami du peintre Giov. Bellini (*Hist. des peintres*, de M. Ch. Blanc).

tesses de cette vertu : Manuce croit volontiers que les Italiens sont seuls capables de bien écrire dans la langue de leurs ancêtres, et Sigone, dans une lettre à Panvinio, qui se trouvait à Rome au moment d'un conclave, s'écrie : « Gardez-vous de faire un pape ultramontain ! » (c'est-à-dire français ou allemand) (1). Mais ils condamnent le génie national à pâlir à tout jamais sur les manuscrits, à vieillir sur les bancs de l'école. Puis, quelle différence entre ces hommes honnêtes, mais timides ou insouciants, qui, cloîtrés dans leurs travaux philologiques, n'entendent pas le bruit des querelles fécondes de leur temps, et ces esprits généreux et tolérants, sympathiques à la vertu même hétérodoxe, blessés des désordres que leurs collègues se faisaient un point d'honneur de dissimuler, et qui, sous la pourpre romaine, réclamaient la répression des abus ecclésiastiques ! C'est Sadolet qui, traversant Sienne en qualité de légat, détruit les préventions de l'archevêque contre le noble Paleari, en assurant le prélat qu'il s'est entretenu à Rome avec l'éminent professeur, et qu'il l'a toujours vu tenir pour la doctrine *quæ firmissima semper est habita* (2). Non content d'avoir sauvé sa vie,

---

(1) « Fate questo Papa che vi venga il bene, et guardatevi di farlo Oltramontano, et poi fate come volete » (15 déc. 1559).

(2) Son intervention est d'autant plus méritoire que les réformes préconisées par Paleari dépassaient ses propres vœux.

il cherche à le protéger contre l'imprudence de son zèle (1), à le tourner vers l'étude de questions moins brûlantes (2).

La génération d'érudits italiens au milieu de laquelle Muret va passer le reste de sa vie était honnête, disions-nous. Elle n'eût même pas mieux demandé que de montrer quelque libéralité d'esprit, s'il eût fallu moins de hardiesse. Vettori, le plus ferme des trois hommes que nous avons choisis pour la représenter, fort de son extraction nobiliaire (3),

---

(1) Je ne connais point de page où l'éloquence du cœur soit plus touchante que la lettre de Sadolet à Paleari, accusé à Sienne. Sa délibération avec Bembo sur les moyens de rendre plus efficace le témoignage qu'il envoie en faveur de Paleari, l'émotion que lui a causée l'apologie de Paleari par lui-même, la distinction ingénieuse, que, pour le disculper d'avoir fait l'éloge de Bernardino Ocelli, il établit entre le passé et le présent d'Ocelli, le désir qu'il montre de trouver son ami innocent, enfin le conseil qu'il lui donne, en son nom et en celui de Bembo, de traiter des questions moins brûlantes par ce temps de calomnies, rachètent bien l'inoffensive manie de l'imitation classique. Que de noblesse dans ces dernières paroles : « *Qui* (Bembo et lui) *studia, vitam, mentem, voluntatem tuam tam novimus quam qui semper vixerunt tecum, nunquam auderemus ea legere aut attingere in quibus de nobis perhonorifice scribis et amicissime opinaris, si te desereremus.* »

(2) Il lui proposa l'étude de la morale pythagoricienne ; c'est ainsi que l'abbé Renaudot, protégé de Bossuet, proposait d'occuper la science turbulente de Rich. Simon en lui confiant la traduction de vieux hérétiques orientaux dont les opinions singulières n'étaient plus dangereuses pour l'orthodoxie. Les défaillances qu'une critique sévère reproche à Bembo et à Sadolet (Maccrée, *Réforme en Italie*, cité par Tiraboschi, *Hist. de la litt. italienne*, VII, p. 313-315) sont fort rares.

(3) Un de ses parents commanda la flotte pontificale.

parle d'un ton assez libre devant des cardinaux qui viennent d'élire Jules III (1). Encore, dans ce même discours, montre-t-il une singulière admiration pour le nouveau pape, *dont les locutions proverbiales faisaient cependant parfois bien rougir* (2). « Les méchants s'amenderont, s'écrie-t-il, quand ils verront ta sainteté ! (*quum sanctitatem tuam videbunt.*) » De plus, ce jour-là, il parle au nom de Cosme Ier. En toute autre circonstance, il ne se permet pas d'intervenir dans les affaires de son temps. Il s'y était risqué à l'époque de sa jeunesse, dans la première moitié du siècle; il avait combattu les Médicis par la parole et la plume. Mais son ardeur républicaine n'avait pas tenu contre l'offre d'une chaire d'éloquence latine et grecque à Florence. Lorsque Cosme Ier mourut, *le républicain P. Vettori ne manqua pas de faire à son magnifique souverain un ample et éloquent panégyrique* (3). Depuis longtemps il s'était résigné à tout (4). Manuce et Sigone s'enfoncent encore plus profondément

---

(1) Edition des discours et lettres de Vettori de 1586, X^e disc., p. 35.

(2) Léop. Ranke, *Hist. de la papauté*, trad. par Saint-Chéron, 2e édit., I, 296.

(3) « *Il repubblicano Pieri non ommesse di fare al suo magnifico principe una diffusa ed eloquente orazione* » (*Memorie per servir alla vita del senator Pier Vettori*, par Bandini).

(4) Il garde l'esprit assez libre pour entretenir des rapports littéraires avec les protestants d'Allemagne, qui le tenaient pour l'homme le plus φιλογερμάνος de son temps (Jean Chessel, en latin *Caselius*, dans la dédicace du *Recueil des lettres* adressé par Vettori à d'illus-

dans l'étude. Ce ne sont pas eux qui pressentiront la décadence imminente de leur pays.

Pour être équitables, notons que la situation des érudits en Italie changea beaucoup dans la seconde moitié du seizième siècle. En apparence ils ne sont pas moins considérés, surtout Vettori (1). Mais on ne leur confie plus que des missions purement honorifiques, des harangues officielles à prononcer, un personnage de distinction à promener parmi les curiosités d'une ville (2). Mais le temps est passé où la science conduisait aux plus hautes dignités, où un Æneas Sylvius Piccolomini était élevé à la papauté, Bembo et Sadolet au cardinalat, où la protection des lettres était la grande occupation de Léon X (3). Des papes habiles ou rigi-

---

tres Allemands). Mais les hommes de la génération précédente s'expliquaient sur le fond même des questions religieuses : en quoi Vettori ne les imite pas. Tenons-lui compte cependant de sa collaboration à une édition des œuvres expurgées de Boccace ; il s'entremit aussi pour la publication des œuvres de Machiavel *purgate et corrette da tutto ciò che poteva dispiacere alla santa romana Chiesa*.

(1) Voir sa biographie par Bandini, ou simplement la *Nouvelle biog. générale*. Les princes, le saint-siège, les académies rivalisent pour lui offrir des titres et des présents.

(2) Vettori fut appelé de sa maison de campagne, où il se reposait des chaleurs de l'été, pour promener un duc d'Urbin (V. lett. de Vettori, 8 cal., oct. 1584).

(3) Nous verrons que les hautes dignités ecclésiastiques sont encore l'objet, dans la seconde moitié du siècle, de l'ambition des érudits ; mais alors elles ne seront plus dévolues qu'à des savants d'un mérite secondaire, comme Sirleto ou l'ancien professeur de Bologne, Grégoire XIII. Les plus grands n'y auront point part.

des vont se succéder à Rome, et ceux des savants qu'on ne persécutera pas seront l'objet de grâces qui ne leur conféreront aucune autorité, et qui récompenseront moins encore leur talent que leur docilité : la faveur pontificale réserve de tristes déceptions aux dernières années de Paul Manuce.

Cet exposé rapide prépare à juger avec plus d'indulgence l'érudit de vingt-huit ans qui, au mois de mai 1554 (1), arrivait en Italie. Ce n'est pas en vain qu'il aura quitté la patrie des Turnèbe, des Ramus, des Lambin, des Joseph Scaliger, où florissaient alors, avec les profondes études, les graves croyances, où se perpétuait l'érudition sagace et divinatrice, où le protestantisme se recrutait en attendant que le catholicisme s'y régénérât. Il va vivre dans une société où l'on ne respire pas l'héroïsme, où les hommes les plus éminents ont un vif désir *de se tenir à leur place*, où les érudits se cantonnent dans leurs bibliothèques. Sa prudence native sera fortifiée par l'exemple, et s'il fait de plus grandes concessions que les autres, c'est qu'il sera plus en vue. D'autre part, il va se trouver que ses rivaux seront de bonnes gens, d'humeur pacifique, plus diserts la plume à la

(1) C'est Lazeri qui indique le mois (V. la *Diatriba de vita et scriptis M. Antonii Mureti* qu'il a insérée dans ses *Miscellanea ex manuscriptis libris Bibliothecæ Collegii Romani Societatis Jesu*, et que Frotscher a réimprimée dans son édition de Muret).

main que dans leurs chaires (1). Muret, avec sa verve, sa parole facile et brillante, admirée même des cicéroniens d'Italie, se sentira trop à l'aise dans sa patrie d'adoption. Il ne se relâchera pas de ses habitudes laborieuses ; mais avec une lecture immense, d'innombrables observations de détail, il ne composera jamais une œuvre savante à laquelle son nom demeure attaché. Sur ce point, il sera inférieur à Manuce, à Sigone, à Vettori. Il subira plus qu'eux l'influence du dilettantisme littéraire qu'il a raillé sous la forme ridicule du cicéronianisme (2). Il parle, écrit, compose dans le goût italien : Joseph Scaliger l'a dit avec raison. Mais s'il se laisse séduire comme écrivain, il résiste comme professeur ; il pense et professe d'après les méthodes françaises. Comme érudit, c'est un esprit curieux, qui a tout lu, qui sur tout auteur offre des conjectures souvent heureuses, des remarques judicieuses, et qui rend la philologie attrayante. Par ses théories pédagogiques et littéraires, il est le digne contemporain et compatriote de Cujas et de Ramus, et, sur la terre d'exil, il a le mérite, sinon de souffrir, au moins de lutter pour les idées de son pays.

(1) Jo. Bissonerius écrit à Muret à propos de Sigone : « *Ad scribendum, non ad docendum natus.* » Nous verrons plus loin la timidité de Sigone et de Vettori devant Muret.

(2) Nous l'entendrons bientôt poursuivre les cicéroniens de ses brocards.

CHAPITRE V.

Sommaire :

Muret à Venise. — Tolérance religieuse du sénat. — Muret admis à demander une chaire. — Examen imposé aux candidats. — Discours d'épreuve de Muret. — Quelle chaire il semble avoir occupée à Venise.

Après avoir franchi les Alpes, Muret se dirigea vers Venise. C'était montrer qu'il ne connaissait pas moins bien l'Italie que la langue italienne. Avec ses antécédents, Venise était pour lui la ville la plus sûre. Depuis le jour où un de ses fils avait prononcé le mot célèbre : « *Siamo Veneziani, poi Christiani,* » la sage république s'était montrée tolérante. Nous n'avons pas à rapporter les documents que M. J. Bonnet (1) et d'autres ont donnés sur les progrès du protestantisme en Italie à cette époque, et sur l'indulgence qu'il rencontre à Venise. A l'appendice E, nous montrerons avec quelle

(1) V. ses *Derniers récits du seizième siècle.*

sollicitude la république protégeait la liberté de conscience des nombreux étudiants de Padoue. Elle n'était pas beaucoup plus rigoriste pour ce qui touchait à la vie privée. On connaît la réponse de ses magistrats à une dénonciation contre Galilée, qui avait un enfant naturel : ils augmentèrent ses appointements pour lui permettre de faire face à l'accroissement de sa famille, l'engageant seulement à être bon ménager de la munificence vénitienne.

Muret pouvait donc être sûr qu'à Venise on ne lui demanderait pas compte de son passé. Mais si hospitalière que soit une ville, l'étranger qui vient se mettre sur les rangs pour obtenir une place a besoin de quelque recommandation qui lui permette de produire son mérite. Son nom ne devait pas encore être connu hors de France, et la promptitude de son départ ne lui avait pas laissé le loisir de se munir de lettres de créance (1). Mais il put s'en passer, grâce à l'amabilité que tous ses contemporains lui ont reconnue et à son talent. Ce fut Girolamo Ferri (*Hieronymus Ferrus*) qui aplanit devant lui les obstacles. Muret se présentait pour obtenir une chaire à Venise. Or, les nobles Véni-

---

(1) Les érudits qui voyageaient à l'étranger se faisaient quelquefois donner par un écrivain en renom une lettre-circulaire de recommandation pour tous les savants des pays qu'ils devaient traverser. — J. Lipse a écrit quelque part une lettre de ce genre.

tiens, qui voyaient avec joie les savants étrangers solliciter des chaires dans la ville de Padoue, comprise dans le territoire de la République (1), qui s'interdisaient depuis 1479 d'y professer, tenaient à honneur d'enseigner à Venise : trois Bragadini, deux Foscarini, un Cornaro, un Giustiniani, un Trivisani, un Mocenigo donnaient l'exemple (2), et la tradition persista, puisque au dix-huitième siècle trois des bibliothécaires de Saint-Marc furent doges. On comprend comment, dans une ville où le professorat était si fort en honneur, le président Du Ferrier, ambassadeur de France sous Charles IX, se laissa entraîner à faire quelques leçons publiques (3). Les nobles vénitiens ne s'étaient pas fait une loi de n'admettre que des concitoyens dans les chaires de la *cité dominante* (*città dominante*); mais ils désiraient qu'au moins les candidats fussent Italiens. Ils n'étaient pas loin, ces temps où

---

(1) Ils réservaient même d'ordinaire les premières chaires de Padoue aux étrangers afin de les attirer (Ant. Riccoboni, *De gymnasio Patavino*, Padoue, 1598; cet ouvrage, que nous citerons souvent, a été réimprimé dans le VIe vol. du *Thesaurus antiquitatum Italiæ*, de Grævius).

(2) Sur les professeurs patriciens voir l'appendice F.

(3) Il est vrai que Brantôme et la cour de France n'en furent pas fort satisfaits : « Cela dérogeait fort à sa charge, dit Brantôme, et à 'autorité du roi, qui ne le trouva pas bon et ne lui en fit bonne chère à son retour » (*Mémoires*, tome Ier). Les détails donnés dans notre texte sur les patriciens professeurs sont tirés de l'*Histoire de Venise*, de Daru, chap. 40.

les Italiens formaient une ligue pour refuser le titre de cicéronien à tout étranger, pour empêcher que dans les universités on ne lût Erasme ou Budé, où Christ. Longueil, venu pour mendier le droit de cité romaine, avait dû rétracter ses éloges des savants transalpins, attendre quarante jours et prononcer deux apologies. Muret nous apprend que sa qualité d'homme nouveau et d'étranger indisposait contre lui (1). Girolamo Ferri, un des trois membres de la commission d'instruction publique, qu'on appelait *riformatori dello studio di Padova*, ou, en latin, *Patavini gymnasii tres viri* (2), fut seul (3) à appuyer Muret auprès de ses collègues.

Grâce à l'intervention bienveillante de Ferri, Muret se trouva dans la condition de tous les candidats aux chaires de Venise et de Padoue : il n'eut qu'à sortir victorieux de l'examen qui leur était imposé. La république, en matière d'enseignement comme en toute chose, entendait être bien servie. Elle ne reconnaissait que les grades qu'elle avait conférés elle-même par l'intermédiaire de juges éprouvés. Daru (4) l'a dit avec raison, et

---

(1) *Quum et novitati a nonnullis et peregrinitati invideretur meæ* (V. la préface de Muret pour ses trois discours *De studiis litterarum* ; la préface est adressée à Gir. Ferri).

(2) V. à l'appendice G un décret sur l'élection de ces *tres viri*.

(3) V. la préface des discours *De studiis litterarum*.

(4) *Histoire de Venise*, chap. 40.

Riccoboni a cité la mesure du sénat qui, en 1489, avait interdit l'enseignement à des professeurs que les comtes palatins s'étaient imaginé de créer docteurs par décret ; le sénat avait maintenu les droits des docteurs de l'Université. Nous verrons, dans l'appendice H, comment il accueillait les candidats incapables qui se permettaient de réclamer contre les justes décisions des examinateurs, comment même les magistrats ne faisaient pas difficulté de revenir sur des lettres d'admission qu'ils s'étaient laissé surprendre au détriment de l'autorité universitaire, et de casser les nominations irrégulières.

Les candidats aux places de professeurs devaient se faire inscrire d'avance, et, après l'examen, le sénat prononçait sur leur sort à la pluralité des voix (1). Toutefois, l'épreuve de l'examen n'était pas absolument imposée à tous : quand un homme avait déjà fait ses preuves dans une ville d'Italie, ou que sa réputation de savant était bien établie, le sénat le choisissait d'emblée. Muret ne pouvait réclamer la faveur d'une telle exception : le second de ses trois discours *De studiis litterarum* nous apprend qu'il fut soumis à l'examen (2).

---

(1) V. encore l'appendice H.
(2) « *Quum ego pro virium modulo specimen ingenii mei jubentibus vobis* (les sénateurs, *patres amplissimi*, auxquels il s'adresse) *dedissem, visusque essem adhibita diligentia navare aliquid posse.* » Cer-

L'épreuve imposée à Muret me paraît avoir été la composition et le débit d'un discours en latin (1), et je crois que ce discours, nous l'avons, que c'est le deuxième de l'édition Frotscher, celui qui porte la mention *habita Venetiis mense octobri, anno* 1554. Je ne me fonde pas sur la présence des patriciens auxquels il s'adresse : des personnages de marque avaient coutume d'assister aux leçons des professeurs célèbres, surtout aux séances de rentrée, et un discours prononcé au mois d'octobre pourrait n'être destiné qu'à inaugurer une année scolaire. Mais je ne crois pas non plus que la présence d'étudiants (2) doive faire écarter notre hypothèse. Les Vénitiens tenaient grand compte de l'opinion du jeune auditoire que le professeur devait instruire. Dans plusieurs des arrêtés qui confèrent à des professeurs des congés ou des augmentations d'appointements, on trouve des mentions comme celles-ci : « L'excellent J.-B. Rosario, qui a sans interruption fait ce cours, à sa grande gloire et à la très grande satisfaction des écoliers.... » (*con grandissima satisfatione de' sco-*

---

tains professeurs, comme par défiance des lumières des sénateurs, dit Muret, les avaient engagés à ne pas choisir un étranger.

(1) Un élégant discours latin semblait alors une sûre preuve de capacité.

(2) « *Dici profecto non potest, adolescentes nobilissimi, vos enim mea jam compellabit oratio...* »

lari (1); « L'excellent Messire Ch. Sigone lisant la dite lecture devant de nombreux écoliers et à leur grande satisfaction.... » (*con molta frequentia et satisfattion de' scolari*) (2). « Le révérend docteur Bapt. Egnazio professant avec un grand concours d'écoliers, à leur grande satisfaction et profit » (*con grande concorso, satisfation et utilità de' scolari*).... (3). Rappelons-nous d'ailleurs que les étudiants de Padoue avaient eu longtemps pleine liberté pour le choix de leurs professeurs; qu'en 1445 le sénat leur avait enlevé le droit d'élection, mais pour le leur rendre ensuite, obligeant seulement les élus à prêter serment à la république (*se obstringere Venetæ reipublicæ*). Il est vrai que dès lors cette liberté de choix avait été soumise à diverses restrictions; mais ce n'est qu'en 1560 que le sénat se réserva l'élection de tous les professeurs, sauf ceux du troisième rang (4). Donc, il est vraisemblable qu'à Venise aussi les sénateurs voulaient au moins connaître l'impression des étudiants avant de procéder entre eux à l'élection. On

---

(1) Archives des Frari, à Venise, registro terra 43, c^{te} 147, à la date du 1er décembre 1561, *in Rogatis*, c'est-à-dire dans le conseil des Pregadi.

(2) Archives des Frari, senato I, reg° 39, terra 1553-1554, à la date du 18 janvier 1553.

(3) Archives des Frari, reg° terra n° 26, c^e 77, à la date du 23 nov. 1530, *in Rogatis*.

(4) Riccoboni, *Gymn. Pat.*, liv. I, chap. 3.

peut même l'affirmer, si l'on tient compte d'un mot de Sigone qui rappelle à ses élèves que le sénat l'a nommé, ratifiant une sorte de prérogative des étudiants (*vestram quasi prærogativam*).

Voici les motifs qui me font prendre ce discours pour le chef-d'œuvre (au sens propre de l'expression) que Muret a dû fournir avant d'être admis. D'abord, le ton de l'exorde semble indiquer que l'orateur parle pour la première fois à Venise (1). Puis il déclare que c'est lui qui a sollicité la faveur de prononcer cette harangue. Si son discours déplaît, il n'aura pas la ressource de dire qu'on l'a obligé à prendre la parole. Dans aucun passage du discours, il ne parle en homme revêtu du droit d'enseigner. Les remerciements qu'il prodigue au sénat, dans un discours dont nous avons déjà fait usage et sur lequel nous reviendrons, n'ont cette fois pour objet que la permission qu'on lui accorde de se faire entendre en ce jour. Il marque très clairement qu'il ne sait pas encore quel accueil on lui fera, si l'on n'accusera pas sa témérité (*accusandam nostram temeritatem*) (2) ; et dans la péroraison,

---

(1) Il insiste sur la majesté de la ville où il parle (*Venetiis dicimus*), de l'auditoire composé des soutiens de la République, des ornements de l'Italie, *firmamenta reipublicæ*, *ornamenta Italiæ*, de ces sénateurs qui lui semblent un conseil de rois (*consessum principum*).

(2) C'est ici qu'il rappelle adroitement qu'il a étudié depuis sa jeunesse, *domesticis excitatus exemplis*, et qu'il parle et enseigne depuis neuf ans.

quand il a prié avec instance (*etiam atque etiam*) le sénat, au cas où sa parole n'aurait pas été digne de lui et de l'auditoire, de ne pas pour cela désapprouver son désir de lui plaire, il ajoute : « Pour moi, si je ne suis pas jugé indigne par vous d'être plus souvent entendu, j'aurai lieu de me féliciter grandement ; si par hasard..... mais je veux m'arrêter et ne pas donner à croire que j'augure mal de mes espérances ; pourtant, écouté avec tant de bienveillance par une réunion si nombreuse, si illustre, je reçois aujourd'hui de votre bonté le fruit non seulement de ma peine présente, mais de toute ma vie passée. » Il nous semble que c'est bien là le langage pressant et digne d'un homme qui attend la décision de ses juges, et se ménage, au cas échéant, une retraite honorable.

Il n'était pas indifférent de chercher à établir que ce discours est bien une épreuve ; car dès lors, en l'analysant, on se fera une idée des qualités jadis requises d'un professeur de littérature. Le sujet en est fort banal et ne ressemble guère à ceux que l'on propose, de nos jours, aux examens de licence ou d'agrégation. Le voici : « Les lettres sont pour un État bien réglé non seulement une parure, mais un appui. » L'orateur, après s'être recommandé à l'attention silencieuse de ses auditeurs, pose, en principe, que le bonheur public est le but de tous nos efforts, et qu'il suppose la vertu. Or, la vertu suppose l'éducation littéraire. Celle-ci sert à tous les âges, stimule l'enfant, réfrène le jeune homme. On oublie tout pour la science, témoin Archimède et Solon. Elle est indispensable pour l'homme d'Etat qui se respecte et ne veut pas se décharger de sa tâche sur un autre, dans la paix ou dans la guerre. Venise est redevable à la philosophie de sa prospérité, de la paix dont elle jouit pendant une guerre générale.

Tel est (1) le spécimen qui valut à Muret d'être agréé par le sénat. Avouons qu'aujourd'hui on ne se contenterait pas à si peu de frais. Des idées justes mais communes, un plan clair dans un sujet où il eût été difficile d'être obscur, une incontestable élégance de style sans rien d'original, en somme un discours où l'érudition est aussi vulgaire que l'éloquence (2), voilà l'œuvre à laquelle Muret fut reconnu capable de former les esprits des jeunes Vénitiens. Mais ne nous y trompons pas : Muret n'a pas ce jour-là donné sa mesure ; et le sénat lui-même, quand il trace des programmes aux professeurs, par exemple pour son école de chancellerie (3), se montre autrement judicieux et sévère.

(1) Avec un exorde et une péroraison déjà résumés.
(2) En effet, Muret n'a pas plus honte de citer les lauriers de Miltiade qui empêchent Thémistocle de dormir, que de traiter *in extenso* le lieu commun sur les villes prises d'assaut.
(3) Voir l'appendice I.

En fait, s'il n'exige pas, le jour de l'épreuve, des qualités bien solides, son indulgence apparente l'entraîne rarement à de mauvais choix, parce que, dans ces discours d'apparat, les candidats d'un esprit à la fois brillant et sérieux conservent leurs avantages. Il y a loin des qualités que nous couronnons dans les lauréats du concours général à celles que nous réclamons des écrivains, et pourtant combien de fois les seconds ne se sont-ils pas recrutés parmi les premiers !

Je n'ai pu retrouver aux archives des Frari l'arrêté de nomination de Muret. Il faudra nous contenter de son discours de remerciement (1). Muret y exprime la crainte que ses paroles ne puissent marquer toute sa reconnaissance : si jadis les athlètes se réjouissaient d'une couronne accordée à leur vigueur musculaire, Muret a bien plus le droit d'être heureux de l'honneur et du bienfait dont il est redevable aux patriciens de Venise. L'ensemble du discours est dirigé contre ceux qui auraient voulu qu'on l'écartât comme étranger, sous prétexte que l'art de bien dire est le privilège des Italiens. Muret, mieux inspiré que Christ. Longueil, ne renie pas sa patrie. Il prouve par la mythologie gauloise, par la réputation d'Ausone, qu'il

---

(1) C'est le deuxième des trois discours prononcés à Venise *De studiis litterarum*, et publiés par Muret, in-4°, chez les Alde, en 1555.

ne sort pas d'un pays barbare. D'ailleurs, jamais Rome ni Athènes n'ont écarté les étrangers. Maintenant que le choix s'est arrêté sur lui, il convie ses auditeurs, nobles ou non, à travailler, de concert avec lui, à honorer leur glorieuse cité (1).

A deux reprises, dans ce discours, Muret nous avertit qu'il parle dans un lieu consacré. Il professait en effet à Venise dans le couvent de San-Francesco della Vigna (2), pieuse maison où, dit-il, on réunissait la science et la vertu.

Une ordonnance rendue trois ans auparavant par le Conseil des *Pregadi* (3) explique comment Muret a pu professer dans ce couvent : elle porte que comme l'instruction est un des grands soucis des Etats bien policés, et que Venise ne possède qu'un professeur public d'humanités, qui lit à Saint-Marc (4), comme les habitants des quartiers éloignés ne peuvent venir l'entendre à l'heure fixée, et, ce qui importe fort, n'ont pas de maîtres qui leur enseignent la grammaire, fondement et

---

(1) A Venise, toutes les péroraisons des discours d'ouverture font appel au patriotisme des élèves (V. les discours de Muret, de Sigone, de Sabellico). La République voulait qu'on lui formât des citoyens.

(2) Ghilini, *Teatro degli nomini letterati*, p. 165, cité par Lazeri : le couvent et l'église de San Francesco della Vigna sont situés entre la fameuse église San Zanipolo et l'arsenal.

(3) Comité de soixante membres nommés par le grand Conseil et que les doges étaient censés prier de délibérer avec lui.

(4) Dans la bibliothèque.

principe de toutes les études littéraires, les réformateurs devront au plus tôt se pourvoir de quatre bons et capables professeurs, outre Robortello et un autre qui sont déjà en fonctions. Chacun d'eux pourra toucher jusqu'à deux cents ducats par an, et comme Robortello lit à Saint-Marc, les cinq autres seront répartis entre cinq quartiers; les réformateurs choisiront les lieux les plus commodes et les heures les plus convenables; ils trouveront également six bons professeurs de grammaire, dont chacun pourra recevoir jusqu'à soixante ducats par an. L'ordonnance fixe ensuite les moyens financiers de pourvoir à ces nominations. L'article que voici est instructif : « Et parce que pour le révérend clergé de cette illustre cité, on paie six maîtres, un par quartier, chargés d'instruire ceux qui se destinent à l'état ecclésiastique et qui servent l'Eglise, et qu'à cause de la bonté de ceux qui prennent ce soin, ils seront contents que les honoraires qu'ils paient à cet effet soient appliqués à ces maîtres que nous allons nommer (*a questi nostri maestri*), dont ils peuvent être certains de tirer un meilleur profit, en conséquence cet argent aussi sera imputé à cet usage qui est commun aux clercs et aux laïques (1). » Puis il était dit que la mesure

---

(1) Ramus (*Advertissement sur la réforme de l'Université de Paris*, 1562) proposera que les professeurs publics, dont il demandera l'institution, soient payés sur les revenus des moines de Paris. Comme

serait appliquée immédiatement par les soins des magistrats compétents, deux nobles et un *contadino* par quartier, chargés d'exhorter, d'exciter les enfants à fréquenter les écoles, de visiter celles-ci, de rendre compte de la diligence de chacun (1).

Muret occupa sans doute une des six chaires d'humanités créées par l'ordonnance de 1551.

Venise, il voulait que les chaires publiques fussent mises au concours. Pour le sénat de Venise, notons d'autre part qu'il ne se refusait pas à contribuer pour certains besoins du culte. Le 25 janvier 1551, il avait voté des fonds pour continuer l'église du couvent de Saint-François de la Vigne (Arch. des Frari, senato I, reg. 40, terra 1555-1556, p. 84).

(1) Arch. des Frari, Busta 343 S., p. 309.

CHAPITRE VI.

Sommaire :

Muret se lie avec Manuce. — Comment il convient de lire ses discours d'ouverture. — Sa déclaration de guerre aux scolastiques et aux cicéroniens. — Vettori, Sigone, Paleari sont des érudits consciencieux, professeurs sans vocation. — Muret, plus professeur qu'érudit, prend la peine de se former des méthodes d'enseignement et combat pour les défendre.

Muret, une fois installé dans sa chaire, ne tarda pas à être intimement mêlé à la vie littéraire de Venise. Dès son arrivée en Italie, il obtint l'amitié de Manuce (1), et le savant imprimeur, *dont la parole possédait un charme divin*, le détermina à publier ses remarques sur quelques poètes latins. De

---

(1) Lazeri croit, d'après une lettre de Statius à Muret (23 juin 1555; *Miscell.*, de Lazeri, 2ᵉ vol., 39ᵉ lett.; la suscription porte : *In casa del. sig. Paolo Manutio*), que Muret demeurait chez Manuce. Celui-ci habitait rue San Paterniano ou tout auprès (Renouard. *Annales des Aldes*) ; en tout cas, le 21 décembre (xii. cal. janv.) 1557, Morin adresse une lettre à Muret : *A calle Mocenigo appresso San Samuele* (45ᵉ lett., 2ᵉ vol., *Miscell.* de Lazeri).

là son *Commentaire sur Catulle*, fait en moins de trois mois (1). Nous avons peu de détails sur les relations de Muret et de Manuce pendant le séjour du premier à Venise : habitant la même ville, les deux amis ne s'écrivaient pas. Nous trouvons pourtant, dans le deuxième volume des *Miscellanea* de Lazeri, un billet daté du 23 sept. (ix. cal. oct.) 1556, que Manuce écrit de sa main (*ex œdibus meis*), pour demander à Muret une fidèle copie d'un manuscrit d'Euripide. Leur correspondance, à partir de 1558, nous montrera la vive amitié qui les unissait.

Fort de la décision du sénat et de l'affection de Manuce, Muret se mit à l'œuvre. Il ne justifia pas seulement sa nomination par les grâces de sa parole : du premier jour il poursuivit l'application d'une excellente méthode d'enseignement. C'est lui faire tort que de considérer une à une ses leçons d'ouverture, surtout les premières, qui n'ont pas individuellement la valeur de celles qu'il prononça dans sa maturité; et c'est peut-être pour ne pas les avoir étudiées dans leur suite qu'on a réduit Muret au rang d'un homme disert qui exprime en bon latin les pensées de tout le monde. Muret a un plan d'éducation dont nous allons lui voir tracer

---

(1) C'est encore Manuce qui l'engagea à préparer une édition de Térence (Préface de cette édition publiée en 1555).

les premières lignes à Venise et qu'il complètera plus tard ; il connaît tous les dangers des systèmes pédagogiques de son temps et travaille à les conjurer.

D'après lui, deux choses sont nécessaires pour achever une éducation : la science, qui nourrit et guide l'esprit ; les lettres, qui échauffent le cœur et donnent à l'homme les moyens de persuader et de plaire. La première, à elle seule, ne formerait pas d'esprits déliés et aimables ; la rhétorique, sans le contre-poids de la philosophie, ne formerait que d'agréables et frivoles discoureurs. Muret se propose donc d'offrir à ses auditeurs un enseignement aussi substantiel qu'attrayant. Non seulement il alternera le commentaire des œuvres philosophiques et l'explication des œuvres oratoires, mais il éclaircira les unes par les autres, et son idéal serait de présenter des idées que Platon ne désavouerait pas dans un langage que Cicéron approuverait.

Cette méthode, qui aujourd'hui ne paraît plus originale parce qu'elle a triomphé, n'était pas alors du goût de tous les hommes instruits. Muret va prendre à partie les adversaires de ses innovations, soit dans le courant de ses leçons, soit dans les séances solennelles de rentrée, où l'usage imposait aux professeurs l'éloge de l'objet de leur enseignement. Son discours de 1555, celui de 1557 (nous n'avons pas celui de 1556) sont des œuvres de polémique. Dira-t-on que c'est un artifice d'orateur, que, pour réveiller l'attention de ses élèves, il combat des ennemis imaginaires, auxquels il prête des opinions insoutenables pour le plaisir d'en triompher? L'histoire des persécutions de Ramus est là pour répondre.

Dans la méthode de Muret, le lecteur a sans doute reconnu celle que Ramus avait eu l'honneur d'inaugurer au collège de l'*Ave Maria*, celle qu'il proclamait en 1544, en 1546, dans ses discours d'ouverture à ce collège (1). Or, c'est pour avoir substitué cette méthode à l'enseignement exclusif d'Aristote que Ramus fut poursuivi devant le Parlement par P. Galland, par Charpentier (2). On voit que nous n'avions pas tort de dire que Muret a pu être un ennemi personnel de Ramus, mais qu'il partageait beaucoup de ses opinions. On voit aussi quelle opposition ces opinions rencontraient alors. A coup sûr, dans la libre et calme Venise, Muret, à défendre les mêmes idées que Ramus, ne courait pas les mêmes dangers. Il n'entendait pas

---

(1) C'est dans ce collège et du temps de Ramus que pour la première fois on expliqua du grec et du latin dans une même classe, qu'on joignit l'étude de l'éloquence à celle de la philosophie, qu'on expliqua à la fois des poètes et des orateurs : innovations qui obtinrent un grand succès (V. l'étude de M. Waddington, p. 32-33).

(2) V. le liv. de M. Waddington, p. 66, 67, 73, 78.

résonner à ses oreilles les sinistres prophéties que Dorat faisait retentir contre l'illustre principal du collège de Presles (1). Mais si le courage de Muret est moins méritoire, son intelligence et, en une certaine manière, sa ténacité, ne sont pas moins frappantes.

Il y a plus : quand on examine, à quelques siècles d'intervalle, les querelles qui ont passionné nos ancêtres, on sourit d'abord de leur apparente futilité : réalisme ou nominalisme au moyen âge, distinction du droit et du fait au temps d'Arnaud et de Nicole, querelle des trois unités, se peut-il que des hommes d'esprit aient consumé leur talent dans ces controverses ? Ne faut-il pas de plus graves intérêts pour nous occuper aujourd'hui ? Mais quand on y regarde de plus près, on voit que sous des formes passagères, parfois futiles, on traitait, à chacune de ces époques, des questions d'un intérêt éternel et que le temps n'a pas toutes résolues. Au fond de cette querelle, à propos de l'union de la philosophie et de l'éloquence, on retrouve la querelle séculaire que les préjugés ont souvent allumée entre les sciences et les lettres, et qui, de nos jours, mit aux prises l'esprit mordant de François Arago et l'éloquence de Lamartine. Seule-

---

(1) V. la notice en tête de l'édition de Dorat, par M. Marty-Laveaux (1875).

ment, au temps de Muret, les sciences au nom desquelles certains dédaignaient comme facile et inutile l'enseignement des lettres, n'étaient pas les mathématiques ou la physique, mais plutôt la philosophie, surtout la philosophie scolastique (1).

Arrivons aux deux discours de Muret.

Dans l'exorde du premier (2), Muret déclare que la reconnaissance l'oblige à défendre les études qui lui ont valu, à Venise comme ailleurs, un peu de renom (3). On compare, dit-il, les services rendus par les professeurs de belles-lettres à ceux des jurisconsultes, des dialecticiens, des philosophes; et l'on prétend que nous ne savons enseigner que des fables poétiques, des artifices de langage; on exalte les autres sciences ; et voilà Muret qui,

---

(1) Les détracteurs des lettres n'étaient pas alors plus sensibles aux beautés sévères des sciences exactes. On sait comment Charpentier avouait qu'il n'entendait rien aux mathématiques qu'on venait de le charger d'enseigner au collège de France et se faisait fort de les apprendre en trois mois ; il ajoutait que ce n'était qu'un jeu auprès de l'étude de la métaphysique, et que d'ailleurs *les mathématiques étaient une fange où un porc seul pourait se complaire*. L'arrêt scandaleux qui lui donna gain de cause faisait également fi d'une science *où l'éloquence n'était pas si avant requise, mais plutôt une marque et signe de doigt avec un crayon* (V. M. Waddington, p. 168-177).

(2) Prononcé le 8 oct. (*postrid. non. oct.*) 1555 ; c'est le 3ᵉ du 1ᵉʳ liv.

(3) *Quæ mihi studia celebritatis aliquid quum in aliis locis, tum hac ipsa in civitate pepererunt, a quorum ego veluti fontibus ad hanc quantulamcunque profluxi hominum famam.* Ce ne sont pas seulement les expressions, mais la manière d'intervenir de sa personne dans le débat que Muret emprunte à Cicéron.

avec une malice aussi redoutable pour ses confrères que pour les détracteurs des lettres, après un brillant éloge de la philosophie que les philosophes lui envieront, se couvre de leur autorité, pour décocher des brocards aux mauvais professeurs d'humanités : « Qu'ils paraissent maintenant, ces maîtres de mots et de syllabes, ces interprètes de fables, ces architectes de bagatelles! Qu'ils secouent toute pudeur, si c'est encore à faire, et qu'ils se comparent, sur quelque point que ce soit, aux professeurs de philosophie! Quand ils ont pu découvrir une expression un peu obscure, un terme qu'on ne rencontre pas tous les jours, une fable qui n'est point trop connue, ils se croient dignes d'une statue dorée; parfois même, pour de semblables bagatelles, ils ferraillent entre eux avec une si belle ardeur qu'on croirait qu'ils livrent bataille pour leurs autels et leurs foyers (1). » Après avoir bien montré que certains de ses confrères immédiats, les professeurs de rhétorique, sont ridicules, il entreprend de prouver que sa profession ne l'est pas. Il établit que les fables renferment un enseignement moral de l'aveu des philosophes anciens, rappelle l'utilité sociale de l'éloquence, soutient que les professeurs de belles-lettres sont tenus, pour l'intelligence d'auteurs qui ont écrit sur

---

(1) Edition Frotscher, p. 133, du 1er volume.

les matières les plus diverses, de posséder des connaissances presque universelles, tandis que toute autre science a un objet limité et n'exige que des connaissances spéciales. Par exemple, Muret a, l'année précédente, expliqué les *Verrines* : il lui a fallu redresser de nombreuses erreurs où ses devanciers étaient tombés par ignorance du droit civil ; cette année il commentera le *De finibus*, et il lui faudra tirer des éclaircissements de toutes les parties de la philosophie. Ajoutez qu'on passe aux professeurs des autres sciences leur latin barbare, tandis qu'on réclame un style fleuri des professeurs de belles-lettres, même dans la conversation. Que les patriciens de Venise continuent donc à protéger ceux-ci malgré les clameurs de la sottise et de l'envie (1) !

Le discours d'ouverture prononcé par Muret l'année suivante (oct. 1557) roule sur l'union de la philosophie et de l'éloquence. Il commence par constater que, tandis que ses collègues (*ordinis mei homines*) se bornent à expliquer des discours et des poèmes, et croient devoir à peine aborder, devant leur auditoire, les traités philosophiques où sont agitées des questions difficiles, il les recherche soigneusement. Convaincu dès sa jeunesse (*ab*

---

(1) *Vocem stultitiæ atque invidiæ indicem.* Ces mots sont un peu vifs ; mais il y avait alors de la courtoisie à s'en tenir là.

ipso ætatis principio) qu'il faut mener de front l'étude du beau langage et l'étude des idées, il a toujours conseillé à ceux qui se remettent entre ses mains de pratiquer cette méthode de tout cœur (*toto pectore*). C'est pourquoi, depuis qu'il professe à Venise, il a expliqué alternativement un discours oratoire et un traité philosophique de Cicéron (1). Cette année il va exposer les opinions des anciens sur l'âme; il ne s'épargnera pas pour traiter ce beau sujet. Mais il lui faut répondre à ceux qui, au lieu de le féliciter, ne craignent pas de l'accuser (2), qui crient qu'il faut enfermer chaque professeur dans ses attributions (3), qu'il ne faut pas souffrir (4) d'empiétement. Il répondra d'abord aux beaux parleurs, petits enfants gâtés qu'effraie l'aspect rébarbatif de la philosophie (5). Il leur dira que l'homme placé entre les purs esprits et les brutes est destiné à la possession de la vérité, qu'il ne peut cependant saisir d'un seul élan. La parole communique aux contemporains les connaissances acquises; les lettres les transmettent à la postérité.

---

(1) La première année (1554-1555) quelques *Verrines*, la deuxième le *De finibus*, la troisième les *Catilinaires*.

(2) *Reprehendere nos atque incusare non verentur.*

(3) *Clamant regendos esse professionum fines, suisque quemque limitibus ac terminis coercendum.*

(4) *Neque patiendum.*

(5) *Quos perinde ac parvos puerulos severa et torva quodammodo philosophiæ facies ita deterret ut ad eam propius accedere non audeant.*

La parole n'est donc que l'interprète de la vérité. Or, toute vérité vient des philosophes : ce sont eux qui nous enseignent à parler avec ordre, netteté, qui nous enseignent la physique, la morale; ils nous apprennent à convaincre, à plaire, à toucher (1). Enfin, aucun des grands orateurs n'a cru que la rhétorique se suffît à elle-même. On dit que la philosophie est aride. Et quand cela serait? Mais cela n'est pas; car les philosophes oublient tout pour leurs travaux.

La deuxième partie du discours répond aux philosophes qui prétendent n'avoir que faire de l'éloquence. Parmi eux, les uns disent que la philosophie peut se passer de l'éloquence; soit! Mais pourquoi s'en passerait-elle? Que serait la civilisation, si l'on se tenait au strict nécessaire? Les autres disent que la philosophie doit se passer de l'éloquence. Ceux-là, dans leur amour pour la barbarie, se vautrent avec délices dans la grossièreté de leur langage, comme des pourceaux dans la fange. (Elle est de Muret, cette expression d'une brutalité pittoresque : *Ut sues in luto ac cœno, sic ipsi in orationis sordibus volutentur.*) Ces philosophes crasseux rappellent les cyniques, secte d'insensés qui, sales, affreux, couverts de haillons, jamais

---

(1) Un des besoins les plus vifs de notre nature étant celui de savoir, la philosophie, dépositaire de la vérité, est sûre de nous plaire en nous la révélant.

débarbouillés, jamais rasés, jamais peignés, grâce à leur négligence, à leur mépris pour leur corps, acquéraient auprès du vulgaire le nom de philosophes (1). La philosophie repousse les ornements d'un langage affecté ; mais celui dont le langage barbare fait croire qu'on entend non pas un homme parler, mais un âne braire (2), celui qui souille ainsi la majesté des plus hautes vérités, n'a pas le droit de dire que c'est là parler en philosophe (3). D'autres disent qu'il est impossible d'unir la science et l'éloquence. Pour eux, peut-être. Mais voyez tous les grands philosophes. Conclusion : le passé de Venise indique à Muret et à ses auditeurs leur devoir.

Les idées si justes de Muret en matière d'enseignement étaient à coup sûr partagées par les illustres savants qui professaient alors en Italie. Mais il y a cette différence que pour les Vettori, les Sigone, occupés à des travaux de longue haleine et dont l'objet n'était pas dans le cadre des études scolaires, le professorat était un dérangement importun imposé par la nécessité de gagner le pain

---

(1) « *Qui pedore ac squalore horridi, pannis obsiti, semper illoti, semper intonsi, semper impexi illo ipso incultu ac neglectu corporis philosophorum nomen in vulgus assequebantur.* » On reconnaît à ce dédain l'élégant épicurien qui composait les *Juvenilia* et le *Commentaire des amours de Ronsard*.

(2) *Non hominem loqui, sed asinum rudere.*

(3) *Philosophice loqui.*

quotidien. On se figure sans peine Sigone, par exemple, travaillant à ses traités : *De nominibus Romanorum*, *De republica Atheniensium*, et songeant tout à coup à l'heure de la classe qui approche, à un discours de Cicéron, à une page d'Aristote qu'il faut expliquer après vingt autres commentateurs, à une interprétation vingt fois donnée, et qu'il lui faut répéter à son tour, sous peine de faillir à son devoir. Aujourd'hui il ne connaîtrait plus cet ennui : du haut d'une de nos chaires de Faculté, il traiterait un sujet à sa convenance et l'approfondirait à loisir. Alors l'érudit le plus illustre n'avait guère plus de liberté dans le choix de ses textes que n'en possède de nos jours un professeur de l'enseignement secondaire. Quand on lui permettait d'expliquer un auteur moins couramment étudié (1), il n'échappait pas à la tyrannie de l'explication suivie qui oblige aux remarques vulgaires. Aussi les plus éminents collègues de Muret avouent-ils nettement leur peu de goût pour le professorat. C'est *la malignité de la fortune qui a réduit* Vettori *au métier désagréable et odieux* de professeur de belles-lettres (2). L'éloquent et généreux Aonio Paleari,

---

(1) Nous verrons combien ces permissions s'obtenaient malaisément.

(2) « *Antequam iniquitate fortunæ in hoc molestum odiosumque genus litteras docendi detrusus sum* » (lett. de Vettori du 10 fév. 1544, p. 18 de l'édit. de 1586).

qui pourtant prenait tant à cœur tout ce qu'il faisait, nous dit, à peu près dans les mêmes termes, que c'est pour soutenir sa famille qu'il a embrassé ces fonctions. Il se compare à l'esclave antique qui tourne la meule du moulin (1) : c'est un métier obscur et bas (*obscuram et sordidam*) pour ceux qui pourraient mieux faire, et qui, plongés dans l'explication des ouvrages d'autrui, sont réduits à un métier servile (2). « Je me suis vendu, dit-il, à des études qui m'ont toujours répugné..... J'ai accepté des obligations que je trouve dures, pénibles et même odieuses; car il me faut parler chaque jour et improviser, et c'est là surtout le rôle d'un sophiste (3). » On ne trouverait pas d'expressions aussi fortes dans Sigone; mais on voit que la préparation de ses cours entravait ses recherches scientifiques. « Pour l'heure, écrit-il, j'ai laissé les études historiques et je m'applique à la rhétorique, et cela à cause des leçons à préparer; mais dans un mois, si je ne suis pas nommé à la chaire de

---

(1) « In quas (interpretationes) velut in pistrinum detrusi me » (lett. à Barthol. Riccius, 7 octob., sans indication d'année ; citée par Lazeri dans ses *Miscellanea*).

(2) « Quasi servitia ancillentur » (*Ibid.*).

(3) « *Mancipavi prope me his studiis a quibus semper abhorrui... Accepi conditionem duram mihi et asperam et vero etiam odiosam; dicendum enim est quotidie et ex tempore, quod in primis est sophistæ* » (Dans la lettre citée ci-dessus. p. 129, note 1).

Padoue, il me faudra revenir à Tite-Live et aux fragments (1). »

Muret, au contraire, composait au jour le jour des livres qui souvent ne sont autre chose que ses leçons mêmes. Il n'avait jamais sur le métier de grands ouvrages qu'il lui fallût abandonner pour ses cours.

Il édita bien quelques auteurs qu'il n'avait jamais expliqués à ses élèves; mais quand on a terminé en trois mois une édition de Catulle, on est bien sûr de trouver toujours quelques loisirs après l'achèvement de la besogne journalière, et l'on n'a pas d'humeur contre sa profession. D'ailleurs, Muret aimait sérieusement son métier. Il avait connu à Toulouse les épreuves du professorat; et nous entendrons de sa bouche le récit des dégoûts dont son auditoire l'abreuve dans ses dernières années. A peine pourtant un mot de plainte lui échappa-t-il avant le jour où il demanda sa retraite. Il avait une ardeur pour les réformes universitaires, qui n'est pas sans doute le signe exclusif de la vocation, mais qui préserve efficacement contre les défaillances. C'est parce qu'il avait, en matière d'enseignement, l'amour du bien, qu'il éprouvait

---

(1) « Per ora ho lasciati i studi delle antichità et attendo a Rettorica, et questo per le lettioni ; mà fra un mese, se io non andassi a Padoa, mi bisognerà ritornare a Livio et ai fragmenti » (Lettre du 21 oct. 1559. V. aussi la lettre du 7 du même mois).

le désir du mieux. Il s'intéressait plus vivement que d'autres à sa profession, parce que le libre choix d'une méthode mettait en jeu son amour-propre. Vettori et Sigone sont bien moins explicites sur l'esprit de leurs cours ; ils vont bien plus à l'aventure, et quand ils affichent un plan utile aux élèves, on est tenté de soupçonner une ruse d'érudit qui veut rattacher son cours à des travaux de cabinet. Vettori, par exemple, a bien un plan : celui d'étudier simultanément les auteurs grecs et les auteurs latins. Mais quels rapprochements établira-t-il entre les écrivains des deux nations classiques ? Il prendra chaque fois un poète et un prosateur. Il expliquera, dans une même année, Cicéron... et l'*Œdipe à Colone* (1), ou bien les *Géorgiques* de Virgile et la *Rhétorique* d'Aristote (2), ou bien Horace et Démétrius de Phalère (3). Ne serait-ce pas qu'il a en poche ou qu'il prépare de savants commentaires sur certains de ces auteurs moins souvent expliqués dans les universités, et qu'il introduit dextrement dans un programme arrangé pour la circonstance ? Muret, quand ses idées s'étendront avec les années, adoptera le système des explications alternées ; mais chaque fois il s'appliquera à choisir deux auteurs du même ordre pour suggé-

(1) V. son premier discours.
(2) V. son deuxième discours.
(3) V. son quatrième discours.

rer la comparaison de leurs mérites. Vettori pourrait dire que la variété des sujets n'offre pas moins d'intérêt que la comparaison des talents. Il ne le dit pas, et c'est parce qu'il ne défend pas sa méthode avec beaucoup d'ardeur qu'on peut craindre qu'il n'y croie pas. Sigone, sous couleur d'unir les études historiques et oratoires, à la faveur de cette observation, fort juste d'ailleurs, que la pratique de l'histoire romaine est indispensable pour la connaissance de la langue latine, amène ses élèves à écouter l'interprétation de ces annales du passé qu'il connaît si bien (1). Artifice bien pardonnable! Vettori et lui n'ont pas tort de faire entrer des auteurs nouveaux dans un cercle d'études élargi : le grand mal serait qu'ils expliquassent à contre-cœur des textes traditionnels. Tout ce que je veux dire, c'est que les illustres contemporains de Muret sont moins exclusivement préoccupés que lui de leurs fonctions de professeurs. On voit bien que Vettori, dès avant Muret, veut qu'on ne sépare pas les vastes connaissances et le beau style ; mais c'est dans une lettre particulière qu'il nous l'apprend (2). Sigone, plus explicite, a deux fois (3) défendu les lettres contre les amateurs exclusifs de la philoso-

---

(1) V. le discours qu'il prononça la 6me année de son enseignement à Venise, c'est-à-dire probablement en 1557.
(2) Lettre du 28 nov. (iv kal. déc.) 1546.
(3) Discours d'ouverture de 1554 et de 1559.

phie, et l'a fait à peu près avec les mêmes arguments que Muret; mais on reconnaît seulement, dans ses deux harangues, l'homme obligé de défendre la dignité de l'art qu'il professe (1). On n'a plus affaire, comme avec Muret, à un homme voué à la pratique et à la théorie de son métier, et préoccupé d'établir devant ses élèves ce qu'il y a de fondé, ce qu'il y a de faux dans les méthodes opposées à la sienne. En particulier, le discours où Muret combat tour à tour les philosophes qui ne sont que philosophes et les beaux parleurs qui font fi de la philosophie, rappelle certains discours où Bourdaloue, le professeur de christianisme par excellence au dix-septième siècle, prémunit, dans la deuxième partie de son sermon, contre les conséquences exagérées que l'on pourrait tirer de la première partie (2). Les discours d'ouverture de Muret ne sont donc pas si vides qu'on voulait bien le dire. Dès maintenant nous en comprenons la portée; ils nous expliqueront le plan de ses cours, et ils nous réservent d'autres témoignages en sa faveur.

(1) On voudra bien, dans l'intérêt de la brièveté, nous dispenser de prouver cette assertion. Nous renvoyons à ces deux discours qui portent les n°s III et VII dans les œuvres de Sigone.
(2) V. sur Bourdaloue la thèse de M. A. Feugère.

CHAPITRE VII.

SOMMAIRE :

Travaux publiés par Muret à Venise. Ses dédicaces. Il oppose la gloire durable des restituteurs de texte à la réputation éphémère des poètes ou orateurs latins modernes. Ses relations avec les patriciens de Venise. Rapports conservés avec la France. Il se lie avec Lambin.

Les éditions publiées par Muret n'offrent pas en général, à beaucoup près, le même intérêt que ses discours. Elles ne sont pas liées à l'histoire de sa vie. Pour ces deux raisons, nous nous proposons de les étudier plus tard et toutes ensemble. Notons seulement que, pendant son séjour à Venise, il donna, avec des commentaires, une édition de Catulle (1554); la même année, une traduction latine du septième livre des *Topiques* d'Aristote, avec le commentaire d'Alexandre d'Aphrodisias. En 1555, il publia une édition d'Horace et une de Térence, toutes deux avec des commentaires.

Cette même année, il faisait imprimer les trois discours qu'il avait prononcés à Venise sur les belles-lettres, *De studiis litterarum*. En 1556, il donna une édition également annotée des *Catilinaires*. Toutes ces œuvres sortaient des presses de son ami Manuce. En 1557, il publia un *Commentaire sur la première Tusculane*. On verra que, sans être méprisables, ces travaux n'avaient pas dû coûter à leur auteur de profondes méditations. Ici, nous en feuilleterons seulement les préfaces, pour apprécier la finesse, la solidité de son esprit, et pour connaître les relations qu'il s'était faites dans le monde vénitien.

Dans les siècles où la nécessité oblige les écrivains à s'assurer des patrons puissants ou généreux, une préface est une dédicace : quand on a composé son ouvrage pour le public, et, s'il se peut, pour la postérité, on se met en quête d'un personnage de marque, et on invente un prétexte pour le lui offrir. Aussi le moindre défaut des dédicaces est-il d'ordinaire l'insignifiance. Au contraire, plusieurs, parmi celles de Muret, sont fort instructives.

La dédicace de son *Catulle* ne contient pas seulement des considérations sur la rareté des bons poèmes ou sur les causes de la décadence de la poésie latine : Muret y prouve son bon goût, en ne souffrant pas qu'on préfère Lucain à Virgile et

Martial à Catulle, en rendant hommage au vieil Ennius (1). Il s'honore surtout en ne se bornant pas à exalter l'illustration des Loredani, et les vertus, la science du jeune Bernard : le meilleur moyen de légitimer son épître dédicatoire était d'entretenir de littérature ce noble lettré qui avait, dit Muret, donné de belles espérances aux Vénitiens par son éloge funèbre d'Ant. Trivisiani.

La préface de l'édition de *Térence* nous montre que malheureusement Muret, qui reconnaît aux langues modernes le droit à la poésie, ne leur accorde pas le droit à l'éloquence. Il partage le préjugé des érudits de son temps contre la prose vulgaire. Parmi les causes du petit nombre de bons écrivains latins de son siècle, il signale la préférence de plusieurs auteurs pour l'italien. Si cette erreur (*perversa opinio*) se répand, c'est fait chez les Italiens de l'éloquence latine. Il semblerait même, par le passage qui vient ensuite, qu'il exige des modernes latinistes l'imitation exclusive de Cicéron; mais nous aurons occasion de montrer que ce jour-là il a dépassé sa pensée.

Il prend sa revanche dans la préface générale du *Commentaire sur les Catilinaires* (2). L'idée qu'il y

---

(1) Il est vrai qu'il fait tort à Lucain par esprit de représailles en le mettant au-dessous non seulement d'Ennius, mais de Furius.

(2) Outre cette préface, il y a une dédicace pour chacune des *Catilinaires*; toutes les quatre sont adressées au même personnage.

développe, et dont on aurait peine à trouver l'expression dans n'importe quel écrivain antérieur (nous sommes en 1556), fait le plus grand honneur à sa clairvoyance : le travail difficile de l'épuration des textes anciens procure, selon lui, une gloire plus durable que la composition de discours ou de poèmes grecs et latins. La pureté si vantée des latinistes de l'âge antérieur est devenue fort suspecte (1). Qui est-ce qui ne se moque des poèmes, discours, lettres en style affecté, publiés il y a quelque soixante ans? Et ce ne sont pas seulement les mauvais poètes ou orateurs modernes dont la gloire le trouve incrédule : Bembo, Bembo lui-même ne sauvera pas de l'oubli ses vers ni sa prose oratoire. Combien peu les lisent aujourd'hui (2)! Au contraire, on lit avec plaisir les annotations de ces mêmes écrivains sur les auteurs anciens.

Qui tient ce langage d'un bon sens alors si nouveau? Est-ce un érudit dont on suspecte la latinité, qui ne compose que pour obéir à l'usage d'ennuyeuses harangues ou des vers pénibles ? Est-ce

---

(1) « *Quam multa barbara vocabula, quam multa vitiosa genera loquendi propter librorum corruptionem usurparunt ii qui se nostra patrumque memoria Ciceronianos dici volebant !* » (c'est la *première aux Cicéroniens* : Muret ne les tient pas quittes.) « *Quantularum rerum ignorantia quantas tenebras sæpe in omne litterarum genus invexit !* »

(2) « *Bembi... aut versus aut orationes quotusquisque hodie legit!* »

un Joseph Scaliger ? Est-ce un Turnèbe ? Non : c'est Muret qui, même dans son siècle, doit surtout sa réputation à ses poésies et à ses discours. Je sais bien que, plus indulgent que nous pour ses éditions philologiques, il croit avoir le choix entre les divers titres à la renommée. Mais ne faut-il pas encore un singulier courage pour sacrifier de gaieté de cœur la part la plus incontestée de sa gloire? Ne devait-il pas être bien vigoureux, ce bon sens qui impose silence à l'amour-propre?

La préface de la deuxième *Catilinaire* prouvera encore l'indépendance d'esprit de Muret. Il y signale une contradiction des anciens rhéteurs, qui voulaient que l'orateur possédât toutes les sciences, tous les arts, et qui l'enfermaient dans les trois genres consacrés (1). Ces deux propositions, qui s'accordent si mal, sont de plus, suivant Muret, également fausses. Quoi! parce que l'orateur aura un jour un mot à dire sur un point d'architecture ou de médecine, il devra en parler sur le ton de la compétence ou parer sa discussion des ornements de la rhétorique! Il ne réussira qu'à se rendre ridicule. Le domaine de l'orateur, ce sont les vérités générales, comme l'a dit Aristote. Ce sont les stoïciens qui, en attribuant tout au sage, ont amené les rhéteurs à tout réclamer pour l'ora-

---

(1) Le genre délibératif, le genre judiciaire, le genre démonstratif.

teur, et Vitruve à tout revendiquer pour l'architecte. D'autre part, si le genre délibératif comprend les discours qui conseillent ou dissuadent, le genre judiciaire ceux qui accusent ou défendent, le genre démonstratif ceux qui louent ou blâment, auquel des trois genres rapportera-t-on une exposition astronomique (puisqu'on prétend que tout est du domaine de l'orateur) et les trois premières *Catilinaires*, dont l'une est destinée à étourdir Catilina, à le chasser de Rome, dont les deux suivantes racontent les mesures prises par Cicéron, la quatrième seule étant délibérative? « Ne cherchons donc point, dit-il, à quel genre, à quelle espèce de causes se rapportent ces discours. Laissons ces débats aux éditeurs qui ont poussé la sottise au point de discuter non seulement à propos des lettres de Cicéron, mais à propos des comédies de Térence, le genre et l'espèce de la cause. »

D'après ses panégyristes, Muret était si fort honoré et estimé par les nobles vénitiens qui acceptaient ses hommages littéraires, qu'il s'éleva entre les Loredani, les Bembo, les Contarini, les Soriani, une aimable rivalité à qui *l'aimerait et l'admirerait davantage* (1). Les dédicaces de Muret prévinrent

---

(1) *Vita Mureti ex scriptis ejus et funebri oratione Bencii ab And. Schotto collecta.*

quelquefois ces marques d'amitié : il n'eut d'autre raison d'offrir son *Catulle* à Bernardo Loredano que le mérite de celui-ci et l'éloge que Manuce ne cessait de faire de lui. Mais la famille de Giacomo Soriani lui avait dès le premier jour témoigné une vive affection (1). Il conversait tous les jours avec Leonardo Mocenigo, avant de lui dédier son édition des *Catilinaires* (2). Nous connaissons ses obligations à Girolamo Ferri, auquel il dédie les trois discours *De studiis litterarum* et auquel il annonce la dédicace du commentaire de Jean le grammairien sur les premiers *Analytiques*. Quant à Bernard Loredano, qui s'était laissé prévenir par ses hommages, il ouvrit aussitôt à Muret sa bibliothèque et mérita d'être recommandé par lui à la reconnaissance de la jeunesse studieuse (3).

Les services que Muret rendit comme professeur aux étudiants vénitiens, durent aussi le mettre en relation avec plusieurs familles. Mais, parmi ses correspondants, je ne vois que deux hommes dont on puisse affirmer qu'ils furent ses élèves à Venise :

---

(1) « *Tota me vestra domus admirabili quodam amoris ardore complexa est* » (Préface des *Commentaires sur Térence*).

(2) Il dit en effet dans sa dédicace : « *Me sæpe in quotidiano sermone deplorantem audire potuisti.* »

(3) V. la 2ᵉ préface de l'édition d'Horace et le *Commentaire sur Térence*. Loredano donna à Muret un manuscrit d'Horace et une vie encore inédite du poète.

Antonio Zeno (1) et Riccoboni. Plus tard, ce dernier, professeur à son tour, lui rappelait (2) qu'il avait assisté à ses leçons chez les Frères mineurs, dans une vaste salle à peine suffisante pour le nombre des auditeurs, que Muret avait encouragé ses compositions oratoires, ses satires imitées d'Horace, qu'il l'avait admis dans son intimité. L'affabilité de Muret, pour ses élèves et ses amis, formait un piquant contraste avec la malice dont ses collègues firent souvent l'épreuve (3).

Un esprit si judicieux, si indépendant, si malicieux ne pouvait, même dans l'exil, oublier une patrie qu'il rappelait par des qualités si brillantes. Mais il se trouvait bien en Italie, et il comprenait que de longtemps il ne fallait pas se hasarder à revenir en France, ni même à en solliciter la permission (4). On regrette, pour la justification de ses mœurs, de ne pas le trouver en correspondance avec ses illustres amis d'autrefois, les chefs de la Pléiade, ou avec Jules-César Scaliger, qui ne meurt

---

(1) V. une let. de Muret à Ant. Zeno datée du 14 juill. 1560, au 1ᵉʳ vol. de Frotscher, p. 449.

(2) Lettre de Riccoboni à Muret datée du 1ᵉʳ déc. 1583, et insérée dans le *Gymnasium Patavinum* de l'auteur.

(3) Outre les textes que nous avons mentionnés, Muret, d'après la lettre de Riccoboni, aurait expliqué à Venise les Partitions oratoires, les *Olynthiennes* et beaucoup d'autres ouvrages : cela paraît invraisemblable.

(4) V. la 4ᵉ lettre de la correspondance de Muret et Lambin.

qu'en 1558. Du moins, il conservait des relations avec les écrivains d'un ordre inférieur. L'année même de sa fuite (1554), François Le Duchat lui adressait une pièce de ses *Préludes poétiques*, en latin (1). En 1555, on publiait ses chansons spirituelles, mises en musique par Goudimel (2). En 1557, le traducteur du Xe livre d'*Amadis*, le naturaliste, historien et poète, Jacques Gohorry, se recommandait devant ses lecteurs d'une ode française de la composition de Muret (3). Comme pour tâter l'opinion de ses compatriotes et la ramener à lui, Muret avait, en 1555, dédié son commentaire sur Horace à Jean d'Avançon, seigneur de Saint-Marcel, président du grand conseil de Henri II, qui, depuis 1550, était ambassadeur de France à Rome (4). Il ne l'avait pas connu personnellement avant son arrivée en Italie, mais il savait que d'Avançon était, à la cour, le protecteur de ses amis. Puis, dans un voyage qui l'avait amené à Venise, l'ambassadeur lui avait prodigué les offres de service (5). Un ami de Muret, Olivier de Magny,

(1)   *O quantum est hominum venustiorum*
         Venustissime sæculi poeta
         Hujus quod tulit oppido multos... (Cité par Colletet.)
(2) V. ci-dessus, p. 38.
(3) V. l'appendice C.
(4) Ces dates sont données dans la *Bibliothèque choisie des poètes français antérieurs à Malherbe*, IV, p. 63.
(5) « *Quam prolixe detuleris quicquid a te mea causa fieri posset* » (V. toute cette préface).

le poète, attaché à la personne de d'Avançon, ne manquait pas, sans doute, d'entretenir les bonnes dispositions de son maître. Muret allait même bientôt éprouver plus efficacement les bons effets de la confraternité littéraire : un cercle de nouveaux amis allait se former autour de lui et prendre soin de sa fortune.

C'était déjà quelque chose que l'affection du savant portugais Achille Estaço (en latin *Statius*), le futur secrétaire de Pie IV, de Pie V, de Grégoire XIII (1). Mais l'année 1556 amena une liaison qui devait marquer davantage dans la vie de Muret. Désireux, comme nous l'avons dit, de se rappeler au souvenir de ses compatriotes, il avait écrit à un certain Nicolas Magnus, secrétaire de d'Avançon, pour savoir quels Français étaient alors à Rome. On lui avait répondu : Joachim du Bellay, Lambin et quelques autres. Muret avait alors, dans une lettre au même Magnus, envoyé des compliments pour Lambin. Celui-ci en avait été un peu surpris : il ne connaissait Muret que pour avoir entendu parler de lui dans des termes affectueux et honorables (*amanter et honorifice*), par Ronsard, Dorat, Brinon (2), et ce dernier, peu de jours

---

(1) V. sa let. du 24 juill. 1555 (c'est la 39ᵉ des let. de ou à Muret, dans les *Miscellanea* de Lazeri). V. aussi les scolies de Muret sur Horace.

(2) Les hommes qui dans l'intimité témoignent de leur estime

avant sa mort, lui avait communiqué le *Catulle* de Muret. Mais, dès ce premier jour, touché des avances de Muret, il lui parle à cœur ouvert. Il lui exprime son dissentiment sur quelques points de philologie, lui annonce que, si son cardinal (1) le lui permet, il ira lui soumettre, ainsi qu'à Manuce, sa traduction de l'*Ethique*. Il lui laisse même entendre quelques plaintes sur la vie qu'il mène : il a entrepris un commentaire sur Horace; mais il perd la meilleure part du jour à figurer dans la suite du cardinal (2). Un voyage qu'il fit à Venise noua entre eux des relations plus étroites (3). Il allait bientôt trouver l'occasion de prouver, par de bons offices, la sincérité de son amitié.

Cette ville de Venise, où nul n'avait demandé à Muret d'explication sur son passé, où de son propre aveu on goûtait son talent, il songeait à la quitter ; du moins, il prêtait l'oreille à des offres brillantes, à de pressantes sollicitations. Etait-ce

---

pour Muret craignaient-ils donc de se compromettre en lui écrivant ? — Quant à Lambin, il était parti de Toulouse avec le cardinal de Tournon au milieu de l'année 1549, et il se trouvait à Rome en 1550. Revenu en France vers 1553, il était reparti avec le cardinal pour l'Italie en 1556 au plus tard.

(1) Le cardinal de Tournon.

(2) « *Totius diei meliores horas in deducendo et reducendo cardinali perdimus* » (V. la 31e lettre de la correspondance de Muret dans les *Miscellanea* de Lazeri).

(3) V. la 45e let. de la correspondance de Muret dans les *Miscellanea* de Lazeri.

prudent à lui? Sans doute, il avait le droit de chercher l'emploi le plus avantageux de son mérite; mais retrouverait-il ailleurs l'indépendance dont il jouissait à Venise? Il faudrait donc quitter ces patriciens si bienveillants pour lui, ces étudiants dont Sigone vantait la discipline, fruit du bon esprit de Venise et de son sage gouvernement! Là, « les cours sont paisibles (1), » « le professeur n'est pas troublé par les étudiants comme dans les autres villes (2). » Il est vrai qu'on lui proposait de le soustraire aux fatigues du professorat, et qu'on lui offrait l'hospitalité des princes les plus magnifiques de l'Italie (3).

(1) « *La lettura è quieta* » (Let. de Sigone à Panvinio du 25 mai 1560).
(2) « *Il lettore non vien disturbato da' scolari, come negli altri luoghi* » (Let. de Sigone à Vinc. Pinello du 10 nov. 1578).
(3) Peut-être avait-il admis pour la première fois l'idée de quitter Venise pendant une épidémie qui en fit fuir momentanément plusieurs professeurs, parmi lesquels Sigone. Celui-ci avoue avec une bonne grâce ingénue (discours de 1556) qu'il s'était plus d'une fois blâmé de n'être pas resté pour partager le sort des Vénitiens, mais qu'il se félicite à présent de s'être réservé pour l'utilité de tous, et, ne pouvant alors s'occuper des autres, de s'être comme il a pu occupé de lui-même. Si nous n'avons pas le discours d'ouverture de Muret pour 1556, c'est peut-être qu'il n'était pas revenu à temps.

CHAPITRE VIII.

SOMMAIRE :

Muret négocie pour entrer dans la maison du cardinal d'Este. Il quitte Venise. Fâcheux bruits sur ce départ. Hésitation du cardinal. Muret professeur particulier à Padoue. Ses travaux. Bons offices de Lambin. Mauvais bruits qui courent à Padoue. Désespoir de Muret. Il s'arrange toutefois avec le cardinal.

Le cardinal de Ferrare, Hippolyte II d'Este, frère du duc Hercule II, et un des chefs du parti français en Italie (1), avait autorisé le polyglotte Pierre Morin à essayer d'attirer à sa cour plusieurs savants français et italiens. La plus ancienne des lettres où nous rencontrons les propositions adres-

---

(1) C'était sur les instances de François 1er qu'il avait été promu au cardinalat (1539). Muratori (*Antichità estensi*, II, p. 378) dit qu'en 1552 il était considéré comme *uno de' più rilevanti ministri del re di Francia e da lui operato ne' suoi più confidenti affari*; à la page 380, il rappelle que le cardinal fut pour la France gouverneur de Sienne et lieutenant du roi. Il dit que Pierre Strozzi, l'allié des Français, fut battu pour n'avoir pas écouté ses conseils.

sées à Muret date du 7 juin 1557 (1). Morin s'y plaint qu'on retienne Muret à Venise ; en même temps, il lui demande la réponse de Douaren à l'invitation de venir auprès du cardinal, que Nicetus l'avait chargé de transmettre (2). Dans une lettre du 21 décembre (*XII kal. janv.*), il est dit que le cardinal a quelque espoir de s'attacher Sigone, et qu'on est certain à Ferrare d'avoir le poète Gambara (3). Je ne sais si Gambara vint en effet, mais Douaren demeura en France, et le prudent Sigone, qui ne se déplaçait pas à la légère (4), ne vint pas davantage. Muret lui-même se faisait prier. La deuxième des lettres de Morin (5) porte la mention *subito subito* (*très pressée*). Les amis de Muret venaient de se décider à exposer au cardinal les conditions de son consentement. La seule

(1) La lettre ne mentionne pas l'année, de même que la plupart de celles qui ont trait à cette négociation. Mais comme ces lettres sont adressées à Venise, que Muret quitta au plus tard au commencement de 1558, et comme les négociations avec Ferrare n'ont pas dû se prolonger durant des années, la date de 1557, proposée par Lazeri, doit être acceptée. — C'est dans ses *Miscellanea* qu'on trouvera les lettres de Morin et du cardinal relatives à ces pourparlers.

(2) Ce Nicetus ou Nichettus est un Français, l'abbé Nichette.

(3) Il paraît que Muret avait exprimé dans un style rabelaisien son peu d'estime pour le talent de Gambara ; le P. Sirmond affirmait avoir lu un distique écrit de sa main que nous préférons ne pas reproduire (V. Ménage, *Anti-Baillet*, p. 220).

(4) Voir sa correspondance, à l'époque où on voulut l'attirer à Rome.

(5) C'est la lettre précitée du 21 déc.

qui soit articulée ici est la faculté de rester en Italie (*in Italia manendi potestatem*) dans le cas où Hippolyte ferait un voyage en France (1). Ainsi, trois ans après son départ de France, Muret prenait des précautions pour n'être pas obligé de revoir son pays ! Mais passons. Constatons même à son avantage que les propositions les plus séduisantes ne lui font pas perdre le souci de sa liberté. Avant l'arrangement définitif, il écrira à Lambin : « Pour moi, les chaînes, même dorées, me font peur (2) ; » il l'informera que dans une lettre à Hippolyte il a usé de toute la franchise permise : « Que voulez-vous ? Je ne puis contraindre mon naturel pour ne pas exprimer librement ce que je pense (3). » Morin, dans cette même lettre, ajoute qu'on attend Muret à Ferrare avec une grande impatience, et conseille, pour conclure l'affaire, d'obtenir, par l'entremise d'un certain Villarius, que le cardinal de Tournon écrive au cardinal de Ferrare. Morin écrit lettres sur lettres pour presser Muret. Il l'avertit qu'une lettre du cardinal de Tournon est bien venue à Ferrare, mais qu'elle ne parle pas de lui. Pour-

---

(1) Morin déclare qu'Hippolyte y consent.
(2) 4 février (*prid. non. febr.*) 1558. La lettre porte 1557, erreur évidente puisqu'elle est datée de Padoue où Muret ne s'installa qu'en 1558. C'est, dans Frotscher, la première lettre de la correspondance de Muret et de Lambin.
(3) 13 février (*id. febr.*) 1558.

tant l'appartement de Muret est prêt : deux chambres pour lui, une pour ses serviteurs. Il est vrai que ces pièces ne sont pas meublées ; qu'il apporte donc son mobilier ! Tout, sauf les vêtements de soie, est moins cher à Venise qu'à Ferrare (1). Muret n'a cependant pas besoin d'apporter une batterie de cuisine, car il mangera à la table du cardinal, et ses domestiques avec les gens de service. Qu'il ait seulement de quoi se faire servir dans sa chambre les jours où il n'en pourra sortir ! Qu'il ne se charge pas outre mesure de bagages, car il pourra voyager avec le cardinal et ce sera bien assez alors d'avoir à transporter ses livres. Qu'il apporte un seul lit ! En *post-scriptum*, il avertit Muret que son appartement n'est pas précisément dans le palais, mais il en est plus près que l'église de Saint-Paternien ne l'est de la maison de Manuce (2).

Mais, fâcheux contretemps ! des indiscrétions sont venues aux oreilles d'Hippolyte. Que lui a-t-on appris? Sont-ce les péchés déjà expiés dont Muret va encore porter la peine? A-t-il de nouveau donné prise contre lui? La lettre de Morin (3) n'est pas explicite ; elle parle seulement de mauvais bruits, et dit qu'une lettre du cardinal de Tournon les a

---

(1) 30 déc. (III *kal. janv.*), dans Lazeri.
(2) 4 janv. (de l'année 1558), dans Lazeri.
(3) 11 janv. (3 *id. janv.*), dans Lazeri.

confirmés. Morin conseille à Muret de faire en sorte que Tournon écrive à Hippolyte *quam bene de te existimet, quam suum numeret, quam sibi purgatus sis, quid spei porro habeat*, et cela suffira. Une traduction en français des paroles que nous citons leur donnerait une précision que Morin, dans une matière si délicate, ne s'est pas soucié d'y mettre. Sans vouloir charger Muret, il est difficile de conclure avec Lazeri que son correspondant est convaincu de son innocence : l'expression *purgatus* s'applique parfaitement à un accusé qui s'est justifié, mais les mots *quid spei porro habeat* indiquent plutôt que l'on compte sur le ferme propos d'un coupable qui s'est amendé.

Sur ces entrefaites, dans l'intervalle du 11 janvier 1558 au 4 février (1), au milieu de l'année scolaire que Muret avait inaugurée au mois d'octobre 1557 par son discours sur l'union de l'éloquence et de la philosophie, il quitta Venise et s'installa à Padoue. Ceux qui penseraient que les mauvais bruits mentionnés dans la lettre de Morin sont relatifs à de nouveaux désordres de Muret pourront tirer un argument de cette résolution imprévue. Sans doute, par une interprétation plus charitable, on peut supposer qu'il est descendu volontaire-

---

(1) Le 11 janvier, Morin lui écrivait à Venise; le 4 février (*prid. non. febr.*), Muret va écrire de Padoue à Lambin.

ment de sa chaire pour reprendre sa liberté en vue d'un arrangement avec Hippolyte, ou que Venise, informée de ses démarches, l'a mis en demeure de les interrompre ou de partir. Le malheur est qu'il soit si sujet à caution. Cependant ses négociations avec le cardinal d'Este n'étaient point rompues, et il ne voulait pas accepter sans conditions les bienfaits d'Hippolyte : c'est dans cette même année 1558 qu'il s'exprimait dans les termes que nous avons rapportés (p. 115) sur les *chaînes dorées*.

La négociation avec le cardinal d'Este fut laborieuse. Pour savoir la vérité, Hippolyte chargea l'abbé Nichette d'avoir une entrevue avec Muret et interrogea le cardinal de Tournon. Muret, informé de l'enquête, y fit face par lui-même ou par ses amis. Il prit ses dispositions pour être averti sur-le-champ de l'arrivée de Nichette (1) et fit sa conquête en une heure d'entretien (2). Le cardinal de Tournon n'avait peut-être pas été d'abord aussi bien disposé (3); mais Lambin était là, et le cardinal finit par croire de Muret tout le bien que son entourage

---

(1) « *Jamjam puerum ad eum mittam, qui ἐπισταθμίᾳ præest, ut quum primum venerit ille, scis quem dicam, mihi significet* » (Frotscher, 1re let. de la correspondance de Muret et Lambin).

(2) « *Paucissimis verbis confecta res est : ita cum a me dimisi ut ipse quoque fateretur, nullam omnino in me hærere culpam* » (2e let. de la correspondance de Muret et Lambin, dans Frotscher).

(3) V. la lettre précitée de Morin du 11 janvier.

disait de lui (1). Dès le 13 février, *la grandeur de ses bienfaits frappait Muret de stupeur* (2). Toutefois les négociations n'avançaient point : Hippolyte ne se prononçait pas, Muret se tenait sur la réserve. Tournon l'approuvait, et ses familiers se réjouissaient que Muret « n'eût pas livré sa liberté à un homme qui, après lui avoir fait les avances les plus empressées, les offres les plus honorables, l'avait presque dédaigneusement écarté, puis changeait d'avis et le rappelait. » Tournon se déclarait même prêt à intercéder pour rouvrir la France au malheureux banni (3), lorsque, le 20 février, Hippolyte se décida à offrir définitivement son hospitalité à Muret. Il avouait qu'on l'avait prévenu contre lui : « Il est bien vrai que durant nos pourparlers on me glissa *un mot de certaines choses ; mais ces choses ne furent point suffisantes pour me faire quitter la bonne opinion que j'avais de vous* (4). » En attendant qu'il se décidât, Muret, nous allons le voir, avait pris des arrangements qui le retenaient

---

(1) Sur cet entourage, V. les *Miscellanea* de Lazeri.

(2) V. la 2ᵉ let. déjà citée de la correspondance de Muret et de Lambin, dans Frotscher.

(3) V., dans Frotscher, la 3ᵉ lettre de la correspondance de Muret et de Lambin.

(4) Nous traduisons exactement : « Ben è vero che fra tanto mi fù gettato un motto sopra alcune cose : ma esse non furon però bastanti a rimmovermi punto da quella buona opinione, che di già havevo di voi. »

à Padoue pour le reste de l'année. Le cardinal, dans sa lettre, l'en excusait, tout en exprimant ses regrets, avec l'espérance qu'une fois sa parole dégagée, Muret entrerait à son service (*a mio servizio*) ; cet espoir le ferait patienter jusque-là, et il signait : « Votre tout dévoué, Hippolyte, cardinal de Ferrare (1). » Cette fois, on pouvait compter sur sa parole : Muret n'avait plus qu'à justifier le cardinal de Tournon d'avoir répondu de lui devant son illustre collègue (2). En recevant ses remerciements chaleureux, Tournon dit : « Muret serait bien coupable s'il me trompait. » Lambin rapporta le mot à son ami en ajoutant : « Je lui ai donné toute assurance. » Muret aura-t-il la force d'accomplir tant d'engagements contractés en son nom ?

Tandis qu'Hippolyte hésitait encore, Muret avait pris des mesures pour n'être pas à sa merci. Il s'était fait recommander par le cardinal de Tournon aux Réformateurs de l'université de Padoue (3), et il surveillait les vacations éventuelles des chaires d'humanités (4). En attendant, battant monnaie avec sa réputation déjà établie, il s'était fait professeur particulier et avait pris des élèves chez lui.

(1) V. les *Miscellanea* de Lazeri.
(2) V., sur l'intervention de Tournon, la correspondance de Muret et Lambin.
(3) V., dans Frotscher, la 2ᵉ lettre de la correspondance de Muret et Lambin.
(4) Voyez la correspondance de Muret et Manuce.

Au seizième siècle, quelques-uns des plus illustres érudits, même parmi ceux qui n'étaient pas attachés à des collèges, ne dédaignaient pas de recevoir chez eux des élèves qui vivaient de leur vie. C'était le cas de Juste Lipse, lorsque (1) il écrivait à Henry Cuychius : « Je vis à Louvain simple particulier, dans mon repos et ma solitude, sauf que je me suis laissé entraîner bien malgré moi, par des personnages de condition, à ouvrir ma maison et mon intimité à plusieurs écoliers : je ne sais si ce n'était pas mon intérêt, je sais bien que ce n'était pas mon désir. » Cette existence en commun ne semble pas convenir outre mesure à J. Lipse, mais les exigences de la vie sont plus fortes que ses goûts. Il paraît que quelquefois des engagements par écrit étaient pris réciproquement par les familles et les professeurs. Paganus Paganius voulant se charger d'une éducation particulière ou d'un cours public, ou faire l'un et l'autre, Aonio Paleari lui conseille de s'entendre d'abord avec les particuliers, parce que si on demande d'abord pour lui une chaire publique et qu'on ne l'obtienne pas, il est à craindre que les pères de famille ne retardent et ne diffèrent la signature du contrat (2). C'est sans doute un engagement de ce

---

(1) 24ᵉ lettre de la 7ᵉ centurie à la date du 18 septembre 1596.
(2) « *Differre ac procrastinare incipiant syngraphæ subscriptionem* »

genre qui empêchait Muret de se rendre auprès d'Hippolyte aussitôt après la lettre du 20 février. Lambin parle également d'un séjour d'un an que son ami s'était obligé à faire à Padoue (1).

Muret avait choisi à Padoue, pour y recevoir ses élèves, une installation assez luxueuse. Sigone, naguère son collègue à Venise, l'en complimentait (2). Muret, dans le premier chapitre du troisième livre des *Variæ lectiones*, où il raconte les tours de force de mémoire accomplis par un jeune Corse qui étudiait le droit à Padoue, dit que ce jeune homme venait presque tous les jours chez lui vers le soir, pendant l'été, et que, *comme la maison était assez vaste et bien exposée*, il s'y divertissait à causer avec des jeunes gens de son âge, ou se reposait de ses travaux dans l'honnête récréation du saut, de la lutte, de la paume. Une semblable installation lui était vraisemblablement imposée par la condition des élèves qu'il recevait : ce sont sans doute ses élèves qu'il cite comme témoins des faits merveilleux qu'il rapporte au chapitre précité des *Variæ lectiones* : « J'oserais à peine rapporter

---

(Lettre sans date, p. 181 de l'édition des lettres et discours de Paleari publiée en 1552).

(1) « *Annua mora, tempus præstitutum* » (V., dans Lazeri, la 33ᵉ lettre de la correspondance de Muret).

(2) « Intendo che vi sete accomodato da Signore e me ne rallegro con voi » (Lettre du 16 février 1558; c'est la 40ᵉ lettre de la corresp. de Muret dans les *Miscell.* de Lazeri).

ces prodiges, si je n'avais pour témoins Nic. Lipomani, fils de P. Alessandro ; Laz. Mocenigo, fils de François ; Giov. Malipieri, fils de Nicolas ; Georg. Cantareni, fils de Laurent, patriciens de Venise, et d'autres innombrables. » Du moins, il n'y a aucun doute pour Lazare Mocenigo et pour Franc. Molini, dont il se promettait des merveilles (1). Il habitait alors *in casa della Fortuna, contrada di san Pietro, dietro la chiesa* (2).

Morin et Lambin n'étaient pas seuls à s'intéresser à l'avenir de Muret. Un autre ami, qui n'était point en position de le servir auprès des cardinaux de Tournon et de Ferrare, Manuce, prenait non moins à cœur sa réputation. On croit entrevoir que Manuce n'approuvait qu'à demi les négociations engagées avec Hippolyte, et que Muret, peu sûr de son approbation, ne l'informait pas exactement de ce qui s'y rapportait. Leur correspondance durant cette année est très active, et pourtant trois ou quatre lettres à peine traitent des pourparlers entamés. Quelquefois il semblerait que Muret manque de franchise. Le 2 juin, c'est-à-dire plus de trois mois après l'arrangement définitif, il lui écrit :

---

(1) V., pour Fr. Molini, les *Var. lect.*, III, 1 ; pour Laz. Mocenigo, le même passage, et, de plus, une lettre de Muret à Manuce du 18 mai (XII *kal. jun.*).

(2) V., dans Lazeri, la suscription de la lettre de Lambin à Muret du 15 mars (*idib. martiis*).

« Quant au cardinal de Ferrare, ce que l'on vous à dit n'est point une pure fable, et pourtant je ne suis pas encore résolu (1). » Manuce lui avait conseillé d'accepter les propositions, quoiqu'il lui en coûtat de le voir s'éloigner (2) ; il lui faisait pourtant observer qu'on l'accuserait de mobilité s'il quittait si tôt Padoue (3). C'était seulement par une lettre de Muret à Lambin qu'il avait appris la conclusion de l'affaire. Il eût préféré le voir se mettre sur les rangs pour obtenir une chaire à Padoue (4). D'ailleurs Muret eût peut-être accepté (5) ; le 25 août il faisait même des vœux pour être choisi (6). Manuce pouvait donc espérer le retenir dans une profession où il l'avait vu briller durant quatre ans. Il stimulait son ardeur au travail. Muret avait un instant souffert des fièvres à son arrivée à Padoue ; à peine remis, Manuce lui demanda une deuxième édition de son *Catulle* pour le 1er avril (7). Il voulait publier ensemble Catulle, Tibulle et Properce annotés par Muret ; les deux amis se faisaient bien l'objection que

---

(1) (4 *non. jun.*, 13ᵉ lettre du 1ᵉʳ liv., dans Frotscher).
(2) Lettres de Manuce, III, 13.
(3) *Ibid.*, III, 24.
(4) *Ibid.*, III, 6.
(5) V. Frotscher, lettre de Muret, I, 13, à la date du 2 juin ; I, 18, à la date du 4 septembre.
(6) Lettres de Muret, III, 1.
(7) Lettres de Manuce, III, 7.

c'était là une chose insolite, mais ils se disaient que l'ouvrage se vendrait mieux. Le *Catulle* de Muret n'ayant pas été prêt pour le 1ᵉʳ juillet, Manuce dut mettre autre chose sous presse. Il lui demanda aussi une édition de Térence (1). Une autre fois, pour attendre Muret, il laissa reposer une de ses deux presses (2). Il le gronde quand les feuilles manuscrites s'égarent en route. Il voudrait d'ailleurs que son ami travaillât aussi vite que bien (3); mais le moyen? Muret n'a pas tort quand il se plaint de la rapidité des ouvriers de Manuce, ces *Pégases*. Il constate sur une seule épreuve de son Tibulle neuf fautes d'impression. Il y avait pis : En le forçant, la main haute, à travailler sous son amicale mais impitoyable férule, Manuce l'encourageait dans son goût pour le travail superficiel. Combien plus n'avait-il pas dû le tourmenter pendant qu'il le tenait auprès de lui à Venise? Quand Muret, en s'éloignant, recouvrera un peu de liberté, le pli sera pris. Allons au fond : c'est toujours un malheur quand les relations commerciales se mêlent aux rapports affectueux. Manuce n'était certes ni égoïste, ni cupide, mais il eût mieux valu qu'il ne fût pas à la fois pour Muret un imprimeur et

---

(1) Lettres de Manuce, III, 2.
(2) *Ibid.*, III, 22.
(3) *Ibid.*, III, 11, 14.

un ami. Ceci soit dit sans méconnaître la sincère tendresse de Manuce pour Muret (1), ni l'heureuse influence qu'à la longue la gravité des mœurs du premier put exercer sur le second. Ce sont de nobles paroles que celles-ci : « Non seulement mon caractère, mais mon âge m'interdisent les badinages et les jeux de l'amour; je suis plus voisin de la vieillesse que de la jeunesse. Ecartez donc, je vous prie, dans les lettres que vous m'adresserez, les plaisanteries érotiques que Platon cependant paraît avoir aimées (2). » Un jour Muret lui avait demandé à qui dédier un ouvrage ; Manuce l'encouragea dans la pensée de dédier plutôt ses livres à des savants qu'à des nobles orgueilleux « qui sont assez insensés, qui se connaissent assez mal eux-mêmes et se croient assez peu connus des autres pour se congratuler dans leur âme, comme s'ils étaient tels que nous les dépeignons quand nous les parons des qualités qui leur manquent pour leur adresser une leçon et non un panégyrique (3). »

Notons en passant que par les deux éditions nouvelles que Muret donna en cette année 1558,

---

(1) Nous en relèverons des marques touchantes.
(2) Lettre de Manuce à Muret; c'est dans la correspondance de Muret, la 11e du 3e livre. Il est difficile de donner plus délicatement une leçon de convenance à un ami.
(3) Lettres de Manuce, III, 19.

il chercha à s'attirer deux nouveaux protecteurs : Torquato Bembo, à qui il dédia le 7 mai son *Tibulle*, comme au fils de l'illustre savant dont il aimait à contempler le portrait, et Franc. Gonzague, fils du duc Ferdinand, à qui il dédia le 1er août son *Properce* (1). La deuxième des deux dédicaces est la plus intéressante. Comparant Properce et Tibulle, il démêle finement les deux qualités généralement inconciliables qui distinguent le premier : la vigueur du style et le goût de l'érudition.

Il avait aussi écrit une sorte de préface pour la traduction de l'*Ethique à Nicomaque* par Lambin (mars 1558) (2). Ils étaient alors dans les meilleurs termes. Muret lui écrivait : « Ma propre cause vous est plus chère qu'à moi-même (3). » Un jour, il avait dit en parlant de plusieurs Français, dans une lettre à Lambin : « les hommes de votre pays ; » celui-ci le revendiqua aussitôt pour compatriote avec une vivacité affectueuse, saluant dans un candide enthousiasme « cet homme que, durant quatre années, Venise avait vu si réservé,

---

(1) Remarquons que ces deux dates sont postérieures à l'arrangement définitif avec Hippolyte. Innocent ou coupable, Muret était encore une fois rentré en grâce avec l'opinion publique.
(2) Il loue Lambin de traduire fidèlement et dans un latin pur.
(3) V., dans Frotscher, la 1re lettre de la correspondance de Muret et Lambin.

si sage, si intègre, si religieux, si pur ; que des princes et des ministres de Dieu souhaitent d'avoir pour hôte et pour commensal (1), » et Muret déclarait que l'amitié de Lambin lui était tous les jours plus utile et plus agréable (2). Lambin l'avait servi de tout son pouvoir auprès du cardinal de Tournon pendant ses négociations avec le cardinal d'Este. Il lui témoigna encore la plus grande confiance, quand de nouveau de méchants bruits coururent sur son compte. Décidément Muret avait le malheureux privilège de faire naître les soupçons sous ses pas.

Dans le courant du mois d'août 1558 (3), Lambin informa Muret d'un entretien qu'il venait d'avoir avec un théologien qui revenait de Padoue. Celui-ci lui avait déclaré que Muret avait quitté Padoue pour Venise pendant quelques jours, qu'il en était revenu, mais que sa maison n'était plus aussi fréquentée qu'auparavant, et qu'on interprétait mal ce changement. On racontait, par jalousie sans doute (4), que quelques jeunes Vénitiens *pudentes* et *boni* qui vivaient avec Muret s'étaient re-

---

(1) V., dans Frotscher, la 3e lettre de la correspondance de Muret et Lambin.

(2) V. la 5e lettre de la même correspondance.

(3) V., dans Frotscher, la 11e lettre de la même correspondance et, dans Lazeri, la lettre de Lambin datée du 3 sept. (3 *non. sept.*). Frotscher donne cette 2e lettre (avec la date du 18 août), mais il l'écourte.

(4) « *Ab invidis, opinor, hominibus.* »

tirés chez eux; que Muret les avait suivis pour se justifier, qu'il était revenu *triste* et *abattu* (1), qu'il avait quitté son ancienne habitation (2) et en avait loué une autre plus étroite (3). On a dit à Lambin que la plupart des élèves de Muret ont été écartés (*abalienatis*) par un certain acte ou une certaine parole de leur maître. Et sur ces entrefaites, voilà les théologiens de Paris qui défendent d'insérer dans la traduction de l'*Ethique* la lettre et les épigraphes composées par Muret en l'honneur du traducteur! Lambin hésite à croire que cette défense émane réellement des théologiens; c'est plutôt un trait de l'envie (4). Le motif ou le prétexte de la mesure n'en était pas moins douloureux pour Muret. Comme un homme dont une nouvelle blessure rouvre les anciennes cicatrices, il voyait un nouveau scandale ranimer d'anciens griefs. Déjà proscrit par sa patrie, il n'était donc même plus oublié d'elle! Et le pays qui lui avait accordé l'hospitalité allait peut-être s'en repentir! Sa réponse à la première lettre de Lambin sur ce lamentable sujet est écrite sans beaucoup de suite et sur un

---

(1) « *Tristis ac demissus.* »
(2) « *Prioribus ædibus in quibus laxissime habitabat, relictis.* »
(3) « *Angustiores.* »
(4) « *Theologorum Parisiensium severitate, seu potius (non enim puto hæc Theologis curæ fuisse) inimicorum et invidorum tuorum acerbitate.* »

ton de découragement qui d'ailleurs ne prouve rien pour ou contre l'innocence de Muret. Il n'a pas, dit-il, quitté Padoue, sauf un voyage pour affaires à Venise. (Mais où a-t-il pris qu'on lui eût parlé d'un voyage d'agrément?) Tous ses élèves sont près de lui, sauf trois que les fièvres ont obligés à retourner chez eux. « Oui, mon cher ami, une destinée singulière me désigne aux coups de la jalousie. » A Lambin de voir s'il doit permettre ou non d'effacer de ses œuvres le nom de Muret. Avant son départ de Venise, Muret a laissé pour lui un exemplaire de son *Catulle*. Il songe à s'exiler dans quelque coin écarté. On lui fait de belles offres pour l'attirer en Grèce. Pourquoi n'irait-il pas? « Que faire, quand, sans offenser personne, je suis en proie à tous les envieux, à tous les méchants? J'en suis presque à haïr la vie (1). »

Il nous est impossible, cette fois encore, de justifier ou de ruiner les allégations contre lesquelles Muret se débat. Nous voyons bien qu'Alexander Roscius lui écrit de Venise le 30 septembre 1558, non plus à l'adresse indiquée ci-dessus (2), mais *al borgo Santa-Croce, nella casa del magnifico*

---

(1) V. la 12º lettre de la correspondance de Muret et Lambin. Elle est datée du 27 août (*VI kal. sept.*). C'est ce jour-là seulement, dit Muret, que lui est arrivée la lettre de Lambin datée du 12.

(2) Page 123.

Messer Daniel Foscarini. Mais pourquoi avait-il déménagé ? A quel titre était-il chez un Foscarini ? A-t-on perfidement abusé contre lui du départ de trois de ses élèves, de son voyage à Venise ? Questions difficiles à trancher, mais qui reviennent trop souvent dans sa biographie. Quant à croire, comme Lazeri, que les lettres reçues par Muret à cette époque, surtout celles de Morin et d'Hippolyte prouvent que sa conduite en Italie fut irréprochable, c'est aller trop loin. Les lettres de Morin et d'Hippolyte sont antérieures aux bruits relatés par Lambin dans le courant du mois d'août, et dont on ne voit pas qu'Hippolyte ait eu connaissance. De son côté, Lambin, après avoir hésité dans sa première lettre et laissé percer la crainte d'avoir à regretter l'appui prêté à Muret auprès du cardinal de Tournon (1), se déclare, dans la seconde, convaincu de son innocence, promet de s'efforcer que la traduction de l'*Ethique* ne soit pas imprimée aux conditions réclamées par les théolo-

---

(1) Après de vives instances pour être éclairci sur ce qu'on venait de lui rapporter, il ajoutait : « *Meministi commendationem nostram tibi ad amicitiam et gratiam cardinalis colligendam magno adjumento fuisse. Si ea de te audiet quæ nos rubore perfundunt, quid nobis miserius ? Non enim jam nobis erit integrum Horatio obtemperare illa præcipienti et monenti* : « *Qualem commendes, etiam atque etiam aspice, ne mox incutiat...* » « *Tenes cetera. Piget me plura hac de re scribere. Vehementer sollicitus sum : valde hoc nuntio territus.* » Lettre du 12 août, c'est la 11e de la correspondance de Muret et Lambin.

giens de Paris, et le met en garde contre un faux ami, contre les jaloux qui poursuivront partout son mérite ; il promet que lui et ses amis s'emploieront pour que ces vains bruits (*sermones illi vanissimi*), qui ne sont pas encore venus aux oreilles du cardinal de Tournon, n'y arrivent pas. Mais cette grande confiance repose sur les dénégations de Muret, qu'il s'agissait de contrôler. Il faut reconnaître que les lettres de Manuce ne cessent pas, à cette époque, d'être pleines d'estime et d'affection pour Muret. Mais elles ne font aucune allusion aux mauvais bruits qui couraient. Manuce, comme le cardinal de Tournon, comme Hippolyte, semble les avoir absolument ignorés (1). Serait-il téméraire de supposer que l'indulgente et prudente Venise avait étouffé l'affaire, et que ses patriciens ont voulu payer encore une fois à Muret le prix de ses leçons et de ses dédicaces ?

L'épreuve, méritée ou non, avait été rude pour Muret : au retour d'un voyage à Venise, il tomba

---

(1) Le 26 août, Muret, encore sous le coup de la lettre de Lambin, écrit à Manuce qu'il sort à peine d'un accès de misanthropie sans lui en mentionner la cause : « Votre lettre me rappelle à la vie. Dans tout ce qui me concerne, je suis aussi peu que possible enclin à l'espérance : mais, ces jours derniers, j'avais été si indigné à certain sujet (*ex indignatione quadam superioribus diebus concepta*) que ma défiance naturelle était accrue, et que je paraissais à tous âpre, morose, inabordable, bien plus, que je devenais odieux et insupportable à moi-même. »

malade. Mais sa robuste constitution triompha de ses chagrins (1).

(1) V., dans Frotscher, la 43e lettre du livre 1er.

CHAPITRE IX.

SOMMAIRE :

Hippolyte II comprend le rôle de protecteur des gens de lettre. Néanmoins Muret a perdu en quittant Venise et Padoue pour Ferrare. Il publie la 1ʳᵉ partie de ses *Variæ Lectiones*. Tendresse de Manuce pour Muret.

Le temps que Muret devait passer à Padoue s'étant écoulé, ou ayant été abrégé, je l'ignore, il put, vers la fin de 1558 ou au commencement de 1559, se rendre auprès du cardinal d'Este (1). Depuis longtemps, la maison de Ferrare se faisait gloire d'attirer les savants et les poètes. Alphonse Iᵉʳ avait même aimé les lettres d'instinct et sans les connaître (2). Les princes de cette fa-

---

(1) Dans la correspondance de Muret, telle que nous l'avons, la 1ᵉʳᵉ lettre qui lui soit adressée à Ferrare est du 3 février 1559 (l'autographe porte 1558 ; mais c'est qu'elle est de Manuce, qui, comme l'a remarqué Lazeri, conserve le vieux style); la dernière qui lui soit adressée à Padoue est datée du 30 septembre 1558. C'est, dans Frotscher, la 43ᵉ du livre 1ᵉʳ.

(2) Tiraboschi, *Littér. ital.*, 7ᵉ vol., 1ʳᵉ partie, p. 42.

mille, que les dignités ecclésiastiques devaient consoler de leur titre de cadets, ne le cédaient pas à leurs aînés dans le goût pour les beaux esprits : le cardinal Hippolyte Ier, frère d'Alphonse Ier, avait attaché Arioste à sa personne. Il est vrai qu'il obligeait trop strictement le poète à prendre au sérieux ses fonctions d'écuyer et de valet de chambre (1). Le neveu d'Hippolyte Ier, Hippolyte II, frère du duc Hercule II, se montrait plus digne du rôle de Mécène. Il comprenait mieux que son oncle que si l'on passe au protecteur d'Horace son impatience accaparante, c'est que, modérée par le tact et l'estime, elle respectait la dignité, sinon la liberté de son protégé. Il sentait que l'on s'acquitte malaisément envers les hommes de génie à qui on a eu l'honneur de faire du bien, et l'histoire le compte parmi ceux qui rougissaient pour Ferrare du tombeau mesquin élevé à l'Arioste (2). Son goût pour les lettrés n'avait rien d'égoïste ; il jouissait avec délices de leur société, mais il savait s'en priver pour leur complaire. On se souvient qu'il avait promis à Muret de ne pas l'emmener en France malgré lui ; plus tard, il lui permettra d'accepter une chaire à Rome. Il a droit à ce rare

---

(1) V. les *Satires* de l'Arioste.
(2) *Album estense*, pour l'illustration de l'histoire de Ferrare, par Frizzi, p. 122.

éloge : nul ne se repentit d'avoir accepté ses faveurs.

Muret, en particulier, n'eut qu'à s'en applaudir. La maison d'Este était alors dans une conjoncture assez fâcheuse ; elle venait d'être obligée de supprimer momentanément les traitements universitaires (1) pour se mettre en mesure de résister à une attaque éventuelle que méditaient les Espagnols. Bientôt la mort du roi de France, son allié, allait raviver les inquiétudes. Mais la puissance, l'opulence d'un prélat comme Hippolyte, qui outre l'archevêché de Ferrare, finit par posséder ceux de Milan, de Lyon, d'Auch ; qui était frère d'un des plus brillants souverains de l'Italie, et s'asseyait dans les conseils du saint-siége, sortaient toujours intactes de ces crises. Malheureusement Ferrare n'offrait pas alors à Muret le commerce des grands hommes qu'elle avait possédés naguère, ou qu'elle allait bientôt attirer. Arioste était mort ; Titien, qui s'était lié avec lui à la cour ducale (2), était retourné à Venise, et le Tasse ne viendra s'attacher au neveu d'Hippolyte qu'en 1565, après le départ de Muret. Muret, si enfoncé qu'il fût alors dans l'étude de l'antiquité, eût gagné dans l'inti-

---

(1) Vers 1558.
(2) Hippolyte II avait été un de ses protecteurs ; il lui avait fait peindre Charles-Quint à Bologne, et s'était fait représenter par lui couvert d'une armure en 1532.

mité de ces grands hommes, qui sans doute n'eussent pas dédaigné de l'y admettre, non pour le seul amour du grec ou du latin, mais par égard pour l'amabilité de son esprit et l'élégance de sa parole. Titien, qui était orateur latin à ses heures (1), l'aurait pour son bien tancé vertement, dans la langue et au nom même de Cicéron, pour l'irrévérence avec laquelle il traitait la peinture (2); et si Muret avait balbutié qu'il préparait un compliment poétique pour Raphael (3), et qu'il prononcerait au moins une fois le nom de Titien dans ses vers (4), le noble peintre eût répondu, en modifiant un mot des *Philippiques* de Cicéron : « *Nobiscum, ut voles : cum pictura redi in gratiam* (5). » Le Tasse, qui en 1574 figurera sur le registre de l'université de Ferrare comme professeur de mathematiques (6), eût-il cru s'abaisser pour s'entretenir avec un homme que Ronsard avait honoré de son amitié? Non sans doute, puisqu'il accordera quelques vers à sa mé-

(1) On a de lui une harangue latine prononcée en 1575 devant le doge Louis Mocenigo.
(2) Nous parlerons plus loin de cette erreur de Muret.
(3) V. les *Poemata varia* de Muret, I, 48, p. 336 du 2ᵉ vol. de Frotscher. Dans ses scolies sur la *Rhét.* d'Aristote, voulant citer un homme qui surpasse tous ses rivaux, Muret dit : « Ut Mich. Ang. Bonarotus in pictura aut statuaria. » (Ruhnken, III, 764.)
(4) *Poem. var.*, I, 47, p. 335 du 2ᵉ vol. Frotscher.
(5) *Nobiscum, ut voles; cum republica redi in gratiam* (*Philipp.*, II, 46).
(6) « *Sphæræ et Euclidis lector.* »

moire. Muret aurait peut-être confié au Tasse quelques essais poétiques, que celui-ci eût encouragés tout juste autant qu'il le fallait; mais surtout Muret eût gagné dans ses entretiens ce qu'un homme d'esprit rapporte de la société d'un homme de génie. Mais non : le judicieux érudit ne connaîtra pas personnellement le grand poëte, et tout ce que la postérité saura de leurs relations, c'est une réflexion malheureuse de Muret durement relevée par le Tasse. Un jour qu'on accusait Dante de vanité et qu'on citait le vers : « *Si ch'io fui sesto fra cotanto senno,* » et une note marginale où Muret s'écriait : « Col malanno che Dio ti dia ! (1), » le Tasse en colère s'écria que Muret était un pédant, qu'il ne lui appartenait pas de prononcer en pareille matière, que le poète était chose divine..... — Il convenait au Tasse de venger Dante, mais s'il avait pratiqué Muret, il l'eût simplement accusé ce jour-là de légèreté et non de pédantisme (2).

(1) Le vers de Dante est au 4ᵉ chant de l'*Enfer* et veut dire : « Si bien que je fus sixième parmi tant de génies (parmi Virgile, Homère, Horace, Ovide et Lucain). » L'exclamation de Muret signifie à peu près : « Que le ciel te confonde ! »

(2) V. cette anecdote dans Valery, *Curiosités et anecdotes italiennes.* Le Tasse et Muret eurent cependant une occasion de se connaînaître. Le Tasse n'accompagna pas Louis d'Este au conclave où Pie V fut élu ; mais de janvier 1572 jusque peut-être au mois d'avril de la même année, il logea dans le palais d'Hippolyte (V. sa biographie, par Serassi, 1ʳᵉ partie). Malheureusement, nous ne savons s'ils eurent alors quelques relations. Plus heureux que Muret, Sigone est

Non seulement les grands hommes, mais les hommes vraiment distingués manquaient alors à Ferrare (1). A l'exception du Français P. Morin, qui l'y avait introduit, et qui surtout plus tard fit preuve d'une vaste érudition (2), Muret n'y rencontra que des hommes complètement oubliés aujourd'hui. Il se lia avec plusieurs d'entre eux, avec Ant. Montecatini (3), surtout avec Paul Sacrato, de la famille de Sadolet; mais si son esprit progressa durant le séjour qu'il fit dans le duché, ce fut spontanément. Diverses causes avaient empêché Sigone et Paul Manuce de se rendre à l'invitation d'Hippolyte. Point de rival donc dans la faveur du maître, mais aussi plus d'émule à ses côtés.

Il lui restait ses amis absents : mais la première année de son séjour à Ferrare faillit voir sa rupture avec Lambin; toutefois ce ne fut alors qu'un nuage bientôt dissipé. Leur amitié venait d'être cimentée par le zèle déployé par Lambin auprès du

---

l'objet d'un éloge emphatique du Tasse, en 1562 : Le poète cite dans la préface de son *Renaud* la *Poétique* d'Aristote, « *la quale ora con gloria di se e stupore ed invidia altrui espone in Padoa l'eloquentissimo Sigonio.* »

(1) Un peu plus tôt, Muret y aurait au moins trouvé des écrivains aux talents multiples et justement renommés, comme Célio Calcagnini, mort en 1541, comme Lilio Gregorio Giraldi, mort en 1552.

(2) A Rome, dans le Commentaire des textes sacrés.

(3) Versé dans le grec, le latin et l'hébreu, plusieurs fois chargé d'ambassades.

cardinal de Tournon, et le 20 juillet (XIII *kal. Sext.*) 1559, Muret lui écrivait encore : « Mon cher Lambin, le premier de mes amis, aimez-moi et soyez sûr que vous êtes gravé dans mon cœur. » Il le plaisantait agréablement sur la cure qu'il faisait alors à Lucques, et lui envoyait le fruit des loisirs dont il lui était en partie redevable : huit volumes de *Variæ lectiones*, l'avertissant qu'en trois endroits il le citait honorablement. Mais cet ouvrage, qui portait la marque de sa reconnaissance, manqua les brouiller. De Lucques même, le 1er août (1), Lambin l'accusa d'avoir poussé le manque d'égards envers lui jusqu'à l'indélicatesse et au plagiat. A l'entendre, non seulement Muret avait mal agi, en ne s'interdisant pas toute scolie sur Horace dont il savait que Lambin préparait une édition, mais, par un surprenant abus de confiance, il s'était approprié des leçons qu'il tenait de la bouche de son ami. Lambin citait les passages et les témoins de ses conversations avec Muret : « Voilà, lui disait-il, mes griefs; vous ne paraissez pas avoir agi là avec les sentiments d'amitié, ni même de sincérité, de franchise, de loyauté dont je fais profession (2). »

Lazeri estime que Muret n'était pas coupable de

---

(1) V. 15e lettre de la correspondance de Muret et Lambin; p. 18 du 2e vol. de Frotscher.

(2) « *Non enim mihi videris in his, non dico amici, sed viri simplicis et aperti et candidi qualis ego et esse et haberi volo, officio functus esse.* »

plagiat; que Lambin et lui ont pu de bonne foi se croire, chacun de son côté, l'auteur des mêmes commentaires. Cette explication est admissible. Il est certain que les mêmes passages difficiles exerçant la sagacité de tous les érudits, et leur conversation roulant de préférence sur leurs travaux philologiques, il a dû arriver souvent que deux critiques se rencontrassent dans une même conjecture, ou que, longtemps après un entretien oublié, l'un d'eux prît une réminiscence pour une idée originale. Tous en ce siècle ont été tour à tour, dans un pareil débat, accusateurs et accusés. Nous verrons Muret se plaindre des larcins de Juste Lipse. Lambin, après le premier mouvement, jugea-t-il qu'il n'y avait pas là matière à rupture? Muret lui fournit-il des explications satisfaisantes? Nous l'ignorons, n'ayant sur toute cette affaire d'autre document que la lettre accusatrice que nous avons analysée. En tous cas, les deux amis resteront deux années encore dans les meilleurs termes.

L'ouvrage qui avait pensé les brouiller était le plus important de tous ceux que Muret avait encore publiés. Nous en renvoyons l'examen au chapitre spécial où nous parlerons de ses travaux philologiques. Notons seulement que les *Variæ lectiones* parurent à Venise chez Giordano Zileto, avec une dédicace datée du 1er mai et adressée au cardinal d'Este. La dédicace honore Muret et Hippolyte; le premier, qui y déclare que pour aucun bien terrestre il n'abandonnerait ses études chéries; le second, qu'elle nous montre si ménager des précieux loisirs de ses doctes hôtes : « Je peux vous affirmer sans mentir, dit Muret, que si un dieu m'offrait tous les trésors, tous les biens, toute la puissance du monde, à la condition que j'abandonnasse mes études et le peu de lettres qui ont nourri ma jeunesse et fidèlement accompagné toutes les vicissitudes de ma vie (1), jamais je ne le ferais, et qu'aucune fortune ne me paraîtrait mériter que je consentisse à m'arracher à une société, à des embrassements si doux (2)..... Souvent, dans votre affabilité, vous m'avez affirmé que je ne saurais vous offrir de témoignage plus agréable de mon respect, qu'en consacrant à mon gré tous mes instants aux lettres, en produisant assidûment ce dont je serais capable, pour ma propre réputation, pour l'utilité des autres et pour votre plaisir. » Voilà bien, pour parler comme Boileau, *ce commode maître*, né pour rendre heureux de laborieux serviteurs. Le deuxième Hippolyte d'Este valait mieux que le premier.

Muret était allé à Venise surveiller le travail de l'imprimeur; il y reçut du cardinal une aimable

---

(1) » *Has qualescumque litterulas, altrices adolescentiæ meæ fidissimas meorum omnium temporum comites.* »

(2) « *A suavissimo earum amplexu et contubernio.* »

réponse à son épître dédicatoire. Hippolyte lui disait qu'avant de le remercier il avait voulu montrer l'ouvrage à quelques amis, que tous l'avaient approuvé, ce qui n'était pas surprenant, puisque le livre venait de pareilles mains, « *venendo dalle mani vostre;* » il était d'autant plus sensible, disait-il, aux compliments de l'auteur, d'autant plus tenu de les reconnaître en toute manière, qu'il les méritait moins. Enfin il pressait Muret de revenir près de lui (1).

De ce que les *Variæ lectiones* ne parurent pas chez Manuce, il ne faudrait pas conclure que l'amitié de celui-ci pour Muret fût refroidie. L'illustre imprimeur était alors fort embarrassé dans ses affaires; le 11 février 1559, il écrivait à Muret que pour sa sûreté il se tenait dans l'enceinte de l'église San-Zanipolo, chez Sisto de' Medici (2), et qu'il attendait avec anxiété l'issue d'un procès. Il n'en félicitait pas moins son ami sur son installation à Ferrare, ajoutant que le bonheur de celui-ci ne devait pas être troublé par son malheur, puisque la prospérité de

---

(1) « Starò aspettando che ve ne torniate quanto prima » (La lettre est datée du 27 juin 1559. V. la correspondance de Muret dans les *Miscellanea* de Lazeri, n° 54).

(2) Célèbre professeur qui enseignait à Venise depuis 1553; il était lié aussi avec Muret qu'il appelle *excellentissimus vir;* ils avaient collationné ensemble un manuscrit de la *Politique* d'Aristote (Agostini, *Istoria degli scrittori veneziani*). Muret parle de lui (*Var. lect.*, VII, 17).

Muret faisait la consolation de Manuce. Le 10 mars, comme il avait été question du départ d'Hippolyte et de Muret pour la France, il lui envoyait un touchant témoignage d'affection : après l'avoir assuré qu'à se voir dépassé par lui en tant de points, il éprouvait l'allégresse qu'il aurait ressentie à se voir vaincu par son fils, il ajoutait : « Ce passage de votre lettre (où Muret lui parlait des bruits de départ) m'a arraché des pleurs, et je ne croyais certes pas vous aimer tant ; pour ma propre infortune, qui me privera de ma patrie et d'une grande partie de mes biens, pour la mort de mon frère Antoine, je n'ai pas versé une larme, ni même poussé un gémissement ; et en vous voyant partir pour la France avec la pensée d'y rester, je me suis senti arracher le cœur de ses racines, et des torrents de larmes ont couru sur mon visage. Ainsi, fort et inébranlable quand je suis seul en cause, je suis faible quand il s'agit de vous (1). » C'est, conti-

---

(1) Le texte de la lettre est moitié italien moitié latin : « *Illa tuarum litterarum pars mihi lacrimas excussit; e non credeva certo di amarvi tanto, che per quella mia sciagura, la quale mi priverà della patria e di gran parte della mia facoltà, e per la morte di M. Antonio mio fratello... non ho gittato lagrima, ac ne gemitum quidem : vedendovi partir per Francia con pensiero di rimanervi, mi ho sentito sveglier dalli radici il cuore, e sono mi corse in un tratto copiosissime lagrime su la faccia. Itaque ego ille fortis et infractus in me ipso, mollis in te sum.* » On remarquera que, comme il est naturel, les expressions les plus touchantes sont dans les passages où Manuce veut bien employer sa langue maternelle.

nuait il, qu'il aime Muret plus que soi-même; il l'engage à bien réfléchir avant de quitter l'Italie; il y laisserait des amis plus dévoués que ceux qu'il trouverait en France. Un tel langage, même dans une bouche aussi pure que celle de Manuce, n'est pas un argument irréfragable en faveur de la vie privée de Muret. Mais quels qu'aient été les vices de Muret, il n'a pu inspirer une si vive tendresse sans posséder de sérieuses qualités morales : l'esprit et le talent n'y auraient pas suffi. Peut-être, quand par sa biographie complète nous aurons pénétré le fond de sa nature, réussirons-nous à expliquer comment l'homme qui, plusieurs fois, a encouru un juste mépris a pu mériter d'être aimé.

CHAPITRE X.

Sommaire :

Muret devient l'orateur officiel de la France auprès des papes. — Importance relative de ses harangues. — Il accompagne le cardinal d'Este en France au début des guerres de religion. — Sa tranquillité d'esprit, ses loisirs, ses travaux pendant son séjour en France. — Procédé indélicat de Lambin. — Haine mortelle que lui voue Muret.

Le départ pour la France, dont la pensée affligeait Manuce, ne s'accomplit pas aussitôt. Il fut précédé d'un autre voyage. La mort du pape Paul IV (18 août 1559) détermina la réunion d'un conclave. Muret suivit à Rome le cardinal d'Este qui venait y soutenir les intérêts de la France, sans oublier les siens, et ceux de son neveu, le duc de Ferrare (1). Quelques pages publiées au dix-septième siècle sous le titre de *Discours sur l'élection de Pie IV* en tête des lettres du cardinal à Pie IV et à saint

---

(1) Alphonse II, fils d'Hercule II.

Charles Borromée (1) donnent de curieux détails sur les intrigues d'Hippolyte dans le conclave. Il commença par s'entendre avec le duc de Toscane et Guido Ascanio Sforza, camerlingue et chef de la faction espagnole, pour faire écarter la candidature du cardinal Carpi (2). Il promit, au nom des cardinaux de son parti, de voter pour le cardinal de Médicis (celui qui allait être Pie IV) ou pour le cardinal de Mantoue. Mais une fois Carpi écarté, *le vieux désir qu'Hippolyte avait eu de s'élever au Pontificat commença de s'éveiller en lui plus fort que jamais* (3). Il prétexta qu'il fallait attendre le cardinal de Bourbon, puis le cardinal de Guise. Mais il en fut pour ses frais de diplomatie, et Muret n'eut pas la bonne chance d'être le favori d'un pape : le cardinal Farnèse enleva l'élection du cardinal de Médicis.

Muret ne nous dit nulle part qu'il ait été employé dans ces négociations. C'est peut-être par discrétion. Car il nous apprend dans ses *Variæ lec-*

(1) Paris 1560.
(2) On ne devinerait pas pourquoi le camerlingue ne voulait pas que Carpi fût élu. Le frère d'Asc. Sforza devait épouser une sœur de Carpi ; le camerlingue craignit que celui-ci, devenu pape, ne fît rompre l'union projetée, comme trop peu brillante pour une si proche parente d'un souverain pontife.
(3) Pallavicini a dit du cardinal d'Este : « Uomo riputatissimo di prudenza, per la quale era stato più volte prossimo a venire eletto supremo Rettor della Chiesa » (*Histoire du concile de Trente*, liv. XV, chap. 12, n° I).

tiones que « son noble et excellent maître s'ouvrait à lui fort souvent sur les choses les plus importantes (1), » et nous le verrons servir de secrétaire à Hippolyte dans des affaires assez graves, courir même pour lui à travers l'Italie. Il est donc possible que le cardinal ait employé son habileté et la séduction de son beau langage dans une affaire qui lui tenait au cœur. En ce cas, lorsque plus tard, entré dans les ordres, Muret exhorta un conclave à fuir l'esprit de cabale, il n'eut, pour se représenter ce fléau, qu'à chercher dans ses souvenirs. Mais en somme, et conformément même aux intentions d'Hippolyte, il consacra aux lettres une bonne part de son temps. Même lorsque le cardinal l'employait, c'était surtout à ses talents d'orateur qu'il faisait appel. Ainsi, lors de l'exaltation de Pie IV, Muret composa au nom d'Alphonse II, frère d'Hippolyte, un discours de félicitations qui ne fut point prononcé, mais qu'on peut lire dans ses œuvres (2). A l'occasion du même événement, le roi de France avait envoyé comme ambassadeur extraordinaire le frère de l'évêque d'Angoulême, son ambassadeur ordinaire : les relations du cardinal avec la cour de France firent encore charger Muret

---

(1) « Optimus et humanissimus princeps sua mecum gravissimis de rebus consilia sæpenumero communicabat » (*Variæ lectiones*, XVI, 4).
(2) C'est le XIe du 1er liv. V. Frotscher, I, p. 192.

des compliments à offrir au nouveau pontife. De là son discours du 2 mai 1560, où il complimente le pape sur ses vertus, et exprime l'espoir que son pontificat verra l'extinction de l'hérésie, la guerre n'obligeant plus les princes à fermer les yeux (1) sur les désordres intérieurs. Il prélude à son apologie de la Saint-Barthélemy par une peinture énergique du zèle des princes pour l'extirpation du protestantisme (2). Enfin il offre le concours de François II et de Catherine de Médicis, sa digne mère (3), pour le cas où le pape, comblant les désirs du roi de France, voudrait recourir à l'efficacité souvent éprouvée d'un concile convoqué suivant les rites (4).

A partir de ce jour, Muret devint l'orateur officiel de France auprès des papes (5). On se tromperait en croyant qu'un tel rôle se réduisait à présenter de banales félicitations dans des circonstances solennelles. La cour de France, suivant les fluctuations de sa politique, profitait de ces occasions

---

(1) « *Connivendi necessitatem.* »

(2) « .., *fore ut ... ad purgondas provincias suas et ad omnes impiorum dogmatum fibras elidendas, omnes radices evellendas atque excidendas toto pectore incumbant.* »

(3) « *Lectissimam omnique laude ac prædicatione dignissimam feminam.* »

(4) Nous examinerons plus loin le talent oratoire de Muret.

(5) Outre le discours prononcé pour François II, il en a prononcé deux pour Charles IX, et un pour Henri III, sans compter un discours pour le roi de Navarre, et l'oraison funèbre de Charles IX.

pour émettre des déclarations plus ou moins sincères, mais souvent fort importantes. Ainsi aujourd'hui, par la bouche de Muret elle menace les protestants, un autre jour nous verrons qu'elle les rassure par sa bouche. La simple demande d'un concile n'était pas pour plaire à tout le monde. Plusieurs fois donc, l'orateur officiel est devenu pour un instant un agent diplomatique. La preuve, c'est que la publication de ces harangues est parfois interdite, au moins provisoirement, par les puissances qui le font parler ou qui l'écoutent. Tantôt l'ambassadeur de France défend à Muret de montrer le manuscrit d'un discours qu'il vient de prononcer pour le roi avant que le texte en ait été lu et approuvé au Louvre (1); tantôt le pape prohibe l'impression d'un discours qu'il lui a pourtant permis de prononcer (2). Il nous sera donc permis d'indiquer à chaque fois l'importance de ces harangues, qui ne sont pas de purs développements oratoires.

Par exemple, était-ce chose indifférente pour la cause catholique que d'accroître, par l'éclat de sa parole, la solennité des hommages qu'à la fin de la même année 1560, Antoine de Bourbon, roi de

---

(1) V. la 15e lett. du 3e liv., à la date du 12 oct. 1566. 2e vol. de Frotscher, p. 167.
(2) V. la let. de Muret à Ciofano 4 juill. 1576. 2e vol de Frotscher, p. 407.

Navarre, et Jeanne d'Albret, son épouse, offraient au saint-siège? Ce prince hésitait entre le catholicisme et le protestantisme ; sa femme s'était depuis quatre ans déclarée publiquement en faveur de la réforme. Or, à ce moment, contrainte peut-être par son versatile époux, ou cédant à des considérations politiques, Jeanne assurait le pape, dans une lettre autographe, qu'elle était catholique et qu'elle ne s'écarterait jamais de l'obédience du saint-siège. Du moins, c'est Muret qui le dit en publiant son discours (1), heureux de constater que l'héroïne du calvinisme avait été hypocrite ou parjure. Le cardinal d'Este, dont bientôt la mission en France aura en partie pour objet de retenir Ant. de Bourbon dans le catholicisme (2), dut être fort heureux de prêter Muret au roi de Navarre pour une telle circonstance et applaudir aux paroles suivantes : « L'ordre ecclésiastique a perdu bien des ornements de sa dignité, bien des gages de stabilité : pour les recouvrer, le pape usera à son gré des souverains de la Navarre, et trouvera en eux, comme il est juste, des fils très soumis de

---

(1) « *Oratio habita*, dit-il, *quo tempore Johanna missis ad summum pontificem litteris sua manu subscriptis se et catholicam esse profitebatur, et nunquam a S. R. E. obedientia descituram pollicebatur.* »

(2) H. Martin, *Hist. de France*, IX, p. 95 ; V. les lett. du cardinal à saint Charles Borromée du 10 et du 17 janvier 1562 ; dans la seconde de ses lettres, il expose que pour complaire au roi de Navarre et prendre ascendant sur lui il l'a accompagné au prêche.

l'Eglise, qui se rendront toujours très volontiers à l'autorité des pontifes ; ils en font le plus saint des serments. »

Les tentatives pour ramener les calvinistes dans le sein de l'Eglise, auxquelles Muret s'était ainsi mêlé, furent pour lui l'occasion d'un retour momentané dans sa patrie. Par amour pour l'Italie ou par prudence, il n'avait pas voulu prendre l'engagement de suivre son maître dans le cas où celui-ci partirait pour la France. Mais quand il fut sûr de n'être pas inquiété par les théologiens qui naguère voulaient effacer son nom des œuvres de Lambin, le désir de revoir ceux qui l'avaient aimé, le plaisir de donner à ses amis la joie, à ses ennemis le dépit de le voir en faveur auprès d'un des princes les plus généreux de son temps, le décidèrent à accompagner le cardinal nommé légat à l'occasion du colloque de Poissy.

Hippolyte fut nommé légat le 2 juin 1561 ; le 26, les formalités étaient accomplies (1). Le 23 juillet, il arrivait à Ferrare. Après avoir résigné à son neveu Louis d'Este, cardinal depuis le 26 février de la même année, une pension de dix mille *scudi*, il s'achemina vers la France avec six cents cavaliers, emmenant avec lui Jacq. Laynez, général des jésuites, théologien espagnol très instruit, dont

---

(1) Pallavicini, *Hist. du conc. de Trente*, liv. XV, chap. 12, n° 1.

il voulait avoir les conseils (1). Nous ne savons si Muret partit en même temps, ni quand il arriva à Paris. Nous voyons seulement que dès le 9 août, Manuce lui écrivait de Rome : « A votre arrivée à Paris, je me figure votre allégresse, puisque vous êtes si différent de ce que vous étiez à votre premier séjour dans cette ville (2). Il le charge de compliments pour Turnèbe, auprès duquel il lui donne une commission où le nom de Henri Estienne est mêlé, et pour Danès ; il met à sa disposition son cousin Bernard Torresani. Ainsi Muret allait retrouver ses amis de France sans perdre ceux d'Italie ; nous avons deux autres lettres de Manuce qui datent de la même époque (3).

Il paraît que Muret ne répondait pas fort régulièrement, car Manuce lui dit : « Vos lettres se font rares (4). » Pourtant il devait avoir des loisirs pour l'étude et pour ses amis ; bien que les lettres de Manuce lui soient adressées *à la cour de l'illustrissime et révérendissime cardinal de Ferrare*, il ne semble pas avoir toujours vécu auprès de son maître pendant son voyage en France. La correspon-

---

(1) Muratori, *Antichità estensi*.
(2) « *Nell' arrivar a Parigi mi pare di vedere l'allegrezza vostra conoscendovi tanto dissimile da quello che eravate quando vi foste un' altra volta.* » On sait qu'au dire de Manuce, le bon goût et le bon style ne s'acquéraient qu'en Italie.
(3) 20 sept. 1561 ; 12 fév. 1562.
(4) « *Rare appariscono vostre lettere.* »

dance du cardinal avec Rome, du 4 novembre 1561 au 4 mars 1562, est datée de Saint-Germain, et, dans l'intervalle, en janvier 1562, on voit Muret acheter des livres à Paris ; le 16 mars, le 15 mai il fait encore des acquisitions pour sa bibliothèque (1). Il est vrai que depuis le milieu d'avril le cardinal est à Paris ou à Monceaux, et que, de Saint-Germain même, Muret aurait pu facilement rendre visite aux libraires de Paris. Mais ce qui est plus concluant, c'est le ton d'indifférence dont Muret parle des terribles événements de cette époque, dans quatre lettres à Giacomo Canani, qui me semble avoir été attaché à la personne du cardinal comme médecin pendant ce voyage (2). Ces lettres écrites en septembre, octobre, novembre et décembre 1562, sont datées de *Carolilocus;* la ville qu'il appelle ainsi serait, d'après Frotscher (3), Charlieu ou Cherlieu ; mais les dictionnaires géographiques n'indiquent à ces noms qu'un chef-lieu de canton du département de la Loire, arrondissement de Roanne. Ce ne peut être de là que Muret écrit (4); d'ailleurs, Lazeri

---

(1) V. p. 17 et 18 du 1er vol. de Frotscher, les documents fournis par Lazeri.

(2) Il avait soigné Muret à Ferrare.

(3) V. une note de la p. 62, du 2e vol. de Frotscher. Ces lett. sont la 26e, la 27e, la 28e, la 29e du 1er liv.

(4) En effet, la première nouvelle de la bataille de Dreux qui fit naître une panique à Carolilocus et détermina plusieurs ecclésiasti-

nous apprend que la lettre de Morin, du 29 juillet de cette année, est adressée à M. Muret, à Charly (1). Serait-ce Charly près de Château-Thierry ? En tous cas, c'est un endroit désert où la suite du cardinal n'a de nouvelles que celles qu'envoie Canani (2). Muret en prend d'ailleurs son parti, étant de sa nature peu porté à se tourmenter pour ce qui ne le regarde pas ; pourtant, les renseignements qu'on lui envoie sont bienvenus ; il s'intéresse à cette guerre si désastreuse (3). Mais cet intérêt ne trouble pas son repos. En bon catholique, il regrette qu'en reprenant Bourges aux protestants, on leur ait promis amnistie et liberté de conscience. Mais il conclut ainsi : « Quand donc verrons nous le terme d'un voyage si désagréable (4) ? » Il soupire après les bords de l'Eridan ou du Tibre, craignant seulement d'être obligé de faire la route à pied, car un pervers, qu'il maudit, aurait, dit-on, fait main basse sur tous les chevaux. En attendant il s'ennuie dans ces bois où il lui faut vivre (5) ; pourtant, il finit par

---

ques à fuir n'aurait pas causé un tel émoi aux environs de Roanne.
(1) C'est, dans les œuvres de Muret, la 70e du livre I.
(2) « *Quum in hac solitudine novi nihil nisi ea quæ istinc afferantur audiamus.* » 29e lett. du 1er liv. Frotscher, I, 65.
(3) « *Libenter tamen intelligo progressus istius calamitosissimi belli.* »
(4) « *Qui tandem finis hujus tam molestæ peregrinationis futurus est ?* »
(5) « *Horum quidem nemorum jam pridem tædet.* »

s'y arranger un train de vie fort agréable : « Ici, Pet. Normésinus et moi, nous menons une vie charmante : on chasse, on fait la guerre aux oiseaux, on pêche et, ce qui vaut mieux, on cause (1). » Il faut toutefois s'entretenir dans le beau style : voici la blessure mortelle d'Antoine de Bourbon, qui vient à point fournir à Muret l'occasion de rappeler Etéocle et Polynice, de célébrer les héros qui meurent pour le Christ, de nous ouvrir le séjour des bienheureux, d'où le roi de Navarre harangue son auguste famille : « Vous voyez, s'écrie Muret, combien j'ai de loisirs et combien je vous en suppose, puisque, à la manière des poètes, je vous raconte ce qui se passe dans le ciel et que je m'imagine que vous avez le temps de me lire (2). » Il y a bien des moments d'inquiétude quand on croit la bataille de Dreux perdue, mais, une fois rassuré, comme on plaisante gaiement à table sur le théologien qui, à la première alerte, a fait ses malles et est parti en compagnie de deux abbés (3)! Avec quelle bonne humeur on complimente Muret qui, envoyé à Beauvais deux jours auparavant par

(1) « *Hic ego et Pet. Normesinus suavissime vivimus, venatu, aucupio, piscatu, et, quod caput est, bonis sermonibus.* »

(2) « *Vides quam et ipse otiosus sim et esse te putem, qui et tecum, poetarum more, de iis quæ aguntur in cœlo fabuler, et tibi ad hæc legenda tempus etiam suppetere existimem.* »

(3) « *Hilaratis omnium animis, multum inter cœnam risimus; multa in eos qui remanserant, plura in eos qui fugerant, jocati sumus.* »

le cardinal (1), n'a appris les mauvaises nouvelles que quand elles étaient controuvées !

Ce voyage de deux jours est, pour cette époque, la seule mission dont il nous soit parlé. Muret a pu servir de secrétaire à Hippolyte dans les affaires religieuses de ce temps, si Sacrato ne se trompe pas en expliquant par là le peu de lettres que ses amis d'Italie reçoivent de lui (2). Mais les lettres d'affaires d'Hippolyte ne mentionnent pas Muret : elles indiquent comme intermédiaire, entre le pape et le légat, l'abbé Nichette, que nous avons déjà cité (3). Muret jouit d'une grande liberté durant l'ambassade d'Hippolyte; c'est alors, sans doute, qu'il trouva le manuscrit de Victorinus, que le 9 août 1563 il dira avoir découvert en France ; c'est alors qu'il fit imprimer son édition des *Philippiques* de Cicéron, qu'il avait préparée en Italie. Il la dédia à Turnèbe (4) *comme un monument de leur vieille amitié (monimentum aliquod veteris amicitiæ*

---

(1) « *Biduo ante Bellovacum profectus eram, quo me cardinalis miserat.* »

(2) « *... Quod amplissimus cardinalis noster in hac turbulenta ob hæreses tempestate opera tua uti maxime velit* » (Let. du 15 déc. 1561).

(3) Le traducteur des lettres d'Hippolyte ne donne en entier le nom de cet abbé qu'en marge, *parce qu'il sonne trop mal en notre langue.*

(4) La dédicace est datée de Paris, 15 mars 1563; Manuce avait conseillé à Muret de se hâter pour n'être point devancé par l'édition de Gab. Faerni.

nostræ), et comme un hommage au plus célèbre érudit de la France.

Singulière contradiction, et qui montre bien comment il faut se garder des jugements absolus! L'égoïste épicurien de tout à l'heure est ici un soldat enthousiaste de la science, qui a fait le siège d'une petite bibliothèque de Rome où il savait qu'existait un manuscrit de Cicéron, dont rien n'a épuisé la patience, et qui nous raconte comment il a enfin conquis le droit de l'étudier à loisir. « Du jour où j'ai pu étancher ma soif ardente, je me suis mis à le feuilleter si avidement que, ni la maladie, ni le besoin des aliments, ni le sommeil qui dompte toute chose, comme disaient les Grecs, n'ont pu m'arracher à une occupation si douce. » Certes, l'amour de la patrie devrait primer celui de la science, et quand la guerre civile allait déchirer la France, on voudrait voir Muret discuter avec moins de sang-froid les règles de l'orthographe latine. Mais le dévouement est chose si belle, qu'il faut l'estimer même quand il se trompe d'adresse. Si nous admirons d'Andelot, lorsque, malgré la fièvre quarte, il dirige la défense d'Orléans contre François de Guise, méprisera-t-on Muret, qui en proie aux mêmes souffrances, les oublie dans les obscures fatigues du déchiffrement d'un manuscrit? Quand protestants et catholiques se dédommagent après les combats par l'horrible divertissement du massacre, ne gourmandons pas trop sévèrement Muret, contraint d'hiverner loin des bibliothèques, son champ de bataille à lui, pour avoir savouré quelques pièces de gibier avec une complaisance inopportune, mais inoffensive, et pour avoir plaisanté sur des périls où, en somme, il pouvait laisser sa vie comme tant d'autres. D'ailleurs, il était moins indifférent qu'il ne le paraissait aux querelles théologiques. Mais, par bon sens, par amour pour l'étude, autant que par prudence, il préférait à la polémique l'étude silencieuse des questions controversées. Il consacrait alors ses loisirs forcés à la théologie, enseignant le grec par manière de retour au savant qui la lui apprenait (1), détermination doublement importante, car elle va accroître le riche fond de ses connaissances, et l'acheminer vers la piété expiatoire dans laquelle Il terminera sa vie.

Il attendit encore quelque temps avant de revoir le Tibre; Hippolyte ne partit que quand le traité d'Amboise (mars 1563), eut rendu sa présence inutile (2). Le séjour de Muret en France, sous les auspices d'un si grand personnage, avait effacé tout souvenir de ses anciens égarements. Déjà, avant son arrivée, son ancien élève Jacques Grévin,

---

(1) V. dans les œuvres de Muret la 28e lett. et la 70e du 1er liv.
(2) Pallavicini, *Hist. du concile de Trente*, liv. 21, chap. 1, n° 8.

l'auteur estimé de la *Trésorière* et de *Jules César*, en se défendant d'avoir copié cette dernière pièce dans la tragédie latine de *Marc-Antoine de Muret*, avait osé ajouter : « Je ne veux pourtant nier que s'il s'y trouve quelque traict digne d'être loué, il ne soit de Muret, lequel a été mon précepteur quelque temps ès-lettres humaines, et auquel je donne le meilleur comme l'ayant appris de lui. » A Paris, en 1562 et en 1563 (1), Muret renoua ses anciennes amitiés, autant du moins que la guerre civile le lui permit. Ronsard, en ce moment lancé à corps perdu dans une guerre de plume contre les protestants, trouva peut-être peu de loisirs pour causer avec lui ; il cherchait alors moins des disciples que des alliés ou de dignes adversaires (2). Mais Turnèbe, Dorat lui firent bon accueil ; chez le second, il connut Canter, alors âgé de vingt ans, bientôt célèbre. Enfin, vers la même époque, il dut être en relation avec Amyot (3).

Il retrouva également, pendant son voyage, Denis Lambin ; mais s'ils se témoignèrent encore beaucoup d'amitié dans leurs entrevues, un d'eux tout au moins en sortit la rage dans le cœur. Voici

---

(1) La présence de Muret à Paris, au commencement de 1563, est attestée par la date de l'acquisition de certains livres de sa bibliothèque (V. la dissertation de Lazeri dans ses *Miscellanea*).
(2) M. Lenient, *Satire en France au XVIe siècle*, p. 234 et suiv.
(3) V. *Lettres* de Muret, I, 70.

ce qui s'était passé. Soit qu'il gardât rancune à Muret de ses plagiats réels ou imaginaires, soit tout autre motif, Lambin se trouvant à Lyon en 1564, remit à l'imprimeur Sébast. Gryphius la correspondance qu'il avait eue avec Muret en Italie (1). Ces lettres furent aussitôt imprimées. On conçoit les angoisses et l'humiliation de Muret. Cette correspondance ne contenait pas seulement le détail des démarches qu'il avait faites pour entrer dans la maison du cardinal d'Este, elle relatait les accusations terribles portées en Italie contre ses mœurs; on y lisait, dans la lettre du 27 août 1558 (2), l'expression d'un désespoir où la malignité pouvait voir un aveu. Ce n'avait donc pas été assez pour Lambin de lire une pareille lettre, de la tenir en son pouvoir : il la publiait ! Etait-il assez naïf pour croire une telle publication indifférente à Muret? S'était-il cru en droit de venger après deux ans des griefs plus ou moins fondés? Il était assurément naïf et bon (3); mais son langage manquait un peu

(1) Ce sont les *Epistolæ mutuæ Mureti et Lambini* qu'on trouve dans les œuvres de Muret. Lambin, si peu soucieux de la volonté et des intérêts de Muret, avait eu soin de ne pas comprendre dans la publication celles de ses propres lettres où il se plaignait de sa condition et indirectement du cardinal de Tournon.

(2) C'est la 12ᵉ lett. de cette correspondance. V. ci-dessus, p. 129, 130.

(3) V. son discours du 14 décembre 1562, où il raconte tout au long à ses auditeurs du collège royal comment la maladie lui a enlevé un jeune parent qu'ils avaient vu venir l'accompagner à ses cours, comment il s'est trouvé le premier au chevet de l'enfant, dont

de dignité, et l'admiration s'expliquait parfois sous sa plume par des hyperboles qui pouvaient sembler suspectes (1). Il ne faudrait pas s'étonner qu'à la nouvelle de la publication de Gryphius, en relisant les lettres de Lambin, Muret l'ait jugé sournois, et que plusieurs maladresses de son correspondant lui aient paru calculées. Est-ce par scrupule d'homme vertueux que, tout en acceptant l'amitié de Muret, Lambin s'était cru tenu de glisser à son adresse quelques paroles propres à le mortifier (2)? Est-ce pour se donner une satisfaction timide que le jour où il accusait et pardonnait tout à la fois, il lançait une plaisanterie équivoque où La Monnoye et Frotscher ont vu une mordante allusion (3)? La publication d'une correspondance intime dut inspirer à Muret le soupçon, la certitude qu'il avait été victime d'un abus de confiance, qu'on l'avait flatté pour se

---

une cloison seule le séparait, tandis que la domestique couchait à l'étage inférieur, dans la cuisine, comment en vain il l'a conduit à la campagne, payant des femmes pour le garder, des médecins pour le soigner, etc.

(1) V. quelques citations et quelques remarques de M. Jac. Bernays, p. 164 et 165 de son étude sur Jos. Scaliger.

(2) Dans la 3ᵉ lett. de cette corresp. il témoigne à Muret une affection enthousiaste. Mais après avoir dit qu'il croit qu'en 1554 on l'a condamné à tort, il ajoute que le Card. de Tournon lui procurera l'absolution du pape pour le cas où il aurait commis quelque faute (*si quid forte abs te peccatum est*).

(3) V. le passage de la 15ᵉ lett. où il le menace de la colère des femmes (Frotscher, II. p. 24).

faire livrer des armes contre lui. Cet homme qui, le 1ᵉʳ août 1559, à propos des commentaires sur Horace, s'excusait presque d'avoir osé se plaindre (1), livrait aujourd'hui aux curieux au moins des commencements de preuve du déshonneur de Muret! Et que faire? Comment répondre? Se fâcher, c'était légitimer les inductions défavorables qu'on tirerait de ces lettres. Déclarer la correspondance apocryphe? Mensonge évident que Muret risqua seulement sept ans après la mort de Lambin (2). Sous l'empire de la peur et de la haine, Muret se laissa aller à une conduite plus sûre, mais plus lâche : il continua de voir Lambin, de lui faire bon visage, exigea même, avant de retourner en Italie, que Lambin lui réservât la dédicace d'un des livres de son édition de *Lucrèce*, mais il lui voua secrètement une inimitié acharnée. Il attisa plus tard contre lui la colère de Van Giffen (Giphanius ; voir la correspondance de Giphanius avec

---

(1) Muret, écrivait-il, se réconciliera avec lui aux conditions qu'il voudra ; en attendant, Lambin ne cessera pas de l'aimer. Il terminait ainsi : « *Vale et me, ut soles, ama, et facito ut intelligam te libera amicorum oratione offendi non solere.* »

(2) V. la 1ʳᵉ lett. du 1ᵉʳ liv. Il prétend que Lambin avoua en pleurant devant Turnèbe et Dorat qu'il avait fabriqué les lettres publiées par Gryphius. Mais quand il citait ces deux témoins, l'un, Turnèbe, était mort, l'autre, Dorat, était trop lié avec Muret pour être impartial. Du reste, l'authenticité de ces lettres est évidente par elles-mêmes et par leurs rapports avec les lettres de Morin, qui, n'étant pas alors publiées, n'auraient pu guider un faussaire.

Muret dans les œuvres de ce dernier); et Herc. Ciofani, J. Lipse lui-même ne connaissent pas de meilleur moyen de lui faire leur cour que de déchirer Lambin (1). Enfin, quand celui-ci est mort, Muret invente la scène de la rétractation de Lambin, et désormais ses ouvrages portent la marque de son implacable ressentiment (2). Lazeri, dans sa naïveté officieuse, nous dit que si Muret attendit, pour riposter, la mort de son accusateur, c'est que, *homme doux et honnête, il ne voulait pas engager un débat pour une chose qui n'en valait pas la peine* (3). Autant dire que, par charité, on peut tuer traîtreusement son adversaire, pour lui épargner la tentation de se défendre. Pardonnons toutefois à Lazeri cette naïveté monstrueuse par où il ressemble quelquefois à l'interlocuteur de Louis de Montalte (4). Nous devons à sa loyauté, ou, si c'est trop dire, à sa candeur, des preuves curieuses de l'acharnement de Muret. Il a relevé les notes marginales injurieuses dont Muret avait chargé ses

(1) V. la 65ᵉ lett. de la corresp. de Muret dans Lazeri.
(2) V. les passages auxquels Frotscher renvoie dans sa note de la page 25 du 2ᵉ vol.
(3) « *Noluit vir probus et mitis litem de eo intendere quod non tanti esse ducebat.* »
(4) Chez Lazeri, l'aberration du sens moral nuit moins à la franchise qu'à la logique. L'article de ses *Miscellanea*, qu'il consacre à Paleari, offre des passages où presque en même temps il justifie la sentence de l'Inquisition et montre combien les motifs en étaient futiles ou du moins combien la victime était noble.

exemplaires des ouvrages de Lambin (1). Ici Lambin avait raillé certains personnages sots et ridicules. Muret écrit en marge : « Il ne comprend pas. C'est toi qui es sot et ridicule. » Là Lambin a omis le mot ἐπιστήσασιν ; c'est, d'après Muret, « parce qu'il ne comprenait pas. » Ailleurs Lambin a fait une citation ; Muret renvoie au passage pour que le lecteur se convainque « qu'on n'est pas plus inepte qu'un tel commentateur (2). » Quelquefois une main étrangère, peut-être, dit Lazeri, celle de Lambin même, glisse une réponse aux violentes observations de Muret, mais celui-ci réplique aussitôt (3).

Cette haine que ni la vieillesse ni la dévotion n'apaisent, et qui survit à l'ennemi, fait sans doute peu d'honneur à Muret ; mais les commentateurs qu'elle a choqués à bon droit tiennent trop peu de compte de la divulgation de ses lettres confidentielles. On peut assurément interpréter cette haine par le concours de toutes ses mauvaises qualités et y voir une sorte de preuve des plus graves imputations dirigées contre lui ; il peut y avoir dans cet

---

(1) Nous choisirons les exemples tirés précisément de la traduction de l'*Ethique* que Muret avait appuyée de son suffrage public.

(2) « *Non intelligit ; stultus tu ipse et ridiculus... quod non intelligebat... ut intelligas hoc homine nihil esse ineptius.* »

(3) Judicieux jusque dans ses emportements, il défend avec raison contre Lambin des expressions qui, pour ne pas se trouver dans Cicéron, n'en sont pas moins latines. — Nous reviendrons sur ce point.

acharnement quelque chose de la fureur de l'homme pris par un ami en flagrant délit d'indélicatesse, du dépit rancuneux du coupable qu'on a jadis aidé à cacher son déshonneur; quand il se venge par la calomnie d'une injure dont il n'ose se plaindre, on reconnaît cette méprisable prudence qui conduit dans les circonstances moins importantes à la pusillanimité, dans les plus grandes à la lâcheté. Mais le vrai tort de Muret est de s'être mal vengé d'une impardonnable offense. Si l'on objecte que c'est lui qui a donné à Lambin l'exemple de l'abus de confiance, nous répondrons, sans examiner si ses plagiats étaient bien prouvés, que c'est Lambin qui lui a enseigné à ne pardonner que des lèvres (1).

(1) Muret était quitte envers Lambin des services qu'il avait reçus de lui, car il l'avait aidé assidûment dans la collation des manuscrits de Lucrèce, et, mettant toute sa pénétration à son service, il lui avait souvent signalé les véritables leçons recélées dans des caractères presque effacés. Lambin lui-même le proclame (V. la 16ᵉ lettre de leur correspondance).

CHAPITRE XI.

Sommaire :

Muret professe à Rome. — Obscurité de ses collègues. — Il a l'instinct, non les préjugés de sa profession. — Ses divers succès. — Il passe à l'enseignement du droit. — Comment il comprend l'étude de la législation romaine. — Muret et Cujas. — Grâce à Muret, les Italiens appellent la nouvelle méthode la méthode française. — Adresse du discours qui inaugure son enseignement du droit.

La vocation de Muret était l'enseignement. De retour à Rome avec le cardinal en 1563, il s'y remit aussitôt sur l'invitation de Pie IV, sans doute avec l'agrément d'Hippolyte. En tête des feuilles blanches qu'il avait insérées dans l'édition de la *Morale à Nicomaque*, publiée par Vettori en 1560, et où il écrivait son interprétation du texte, on lit : « J'ai commencé à expliquer ces livres à Rome, le 16 novembre 1563, sur l'ordre du pape Pie (1). »

---

(1) « *Incœpi explicare hos libros Romæ XVI die mensis novembris anno MDLXIII, Pii pontificis maximi jussu.* »

La volonté du pape s'était exprimée par un décret du Sénat (1). Muret fut nommé professeur de philosophie morale avec un traitement de cent écus d'or (2). Rome ne recrutait pas ses professeurs comme Venise, par le concours : les papes y songèrent pourtant quelques années après; le 16 août 1570, devant les cardinaux Sirleto, Alciati et d'autres juges nommés par ces deux prélats, eut lieu un concours imposant auquel étaient seuls dispensés de paraître les candidats qui auraient déjà professé en Italie; le pape voulait même qu'on y soumît les professeurs italiens dont le talent ne serait pas notoire (3). Mais d'ordinaire l'autorité ecclésiastique choisissait sans ouvrir de concours. L'université de Rome était administrée, au temps de Muret, par un recteur dont les avocats consistoriaux avaient la nomination (4). Ce recteur s'appelait alors Camillus Peruscus, évêque d'Alatri, près de Frosinone; sous Grégoire XIII, le recteur sera Annibal de Grassis, en même temps consulteur du saint Office et juge des confidences. De plus, la haute surveillance de l'université était confiée à une commission de cardinaux (5). L'Eglise enten-

---

(1) Renazzi, *Hist. de l'univ. de Rome*, 1803-1805, 2e vol., p. 137.
(2) Jos. Carafa, *De gymnasio romano*, Rome, 1751, 2e vol., ch. 2.
(3) Renazzi.
(4) Carafa, liv. 1er, chap. VIII, 8.
(5) *Ibid.*

dait donc diriger et non pas seulement protéger l'université de Rome. Pie IV alla plus loin : par une bulle, il imposa à tout maître de l'université, comme à tout dignitaire ecclésiastique, une profession de foi d'après la formule dictée par lui (1).

La liste des professeurs de l'université de Rome, que l'on trouve au deuxième volume de son histoire par Carafa, n'offre guère, pour cette époque, d'autres noms connus que celui de Muret. Tandis que les Vettori, les Sigone, les Robortello, les Fallopio, les Vesale (2) soutiennent encore aujourd'hui l'honneur des écoles de Florence, de Padoue, de Venise, de Bologne, Rome, malgré tout l'attrait de ses souvenirs, ne réussissait à s'attacher que des hommes voués à un prompt oubli. Ce n'était pas qu'elle ne tentât de dérober aux universités des villes du nord les savants dont elles s'enorgueillissaient. Elle venait de faire une grande conquête sur Venise. En 1561, Pie IV avait déterminé Manuce à venir exercer sa noble profession dans le palais du Capitole, avec une pension annuelle de cinq cents écus. Le savant Sirleto, déjà protonotaire apostolique et qui, quatre ans plus tard, allait être promu au cardinalat, ne lui avait pas fait

---

(1) Renazzi, qui nous l'apprend (vol. II, p. 137), ajoute que de son temps encore tous les professeurs de l'université prêtaient ce serment le 4 novembre.

(2) Nous ne citons ici que des contemporains de Muret.

moins bon accueil que Gab. Faerno, Panvinio, Latino Latini, et l'aidait de son érudition justement vantée. Mais le professseur, l'écrivain ont besoin de certaines conditions morales moins nécessaires pour l'homme à qui l'on ne demande que d'éditer avec soin les manuscrits qu'on lui indiquera; et c'était là ce qu'on attendait de Manuce. Encore Manuce ne se réjouit-il pas toujours d'être venu à Rome; au bout de neuf ans il en partit à bout de patience. Quant aux professeurs, ils témoignaient peu d'empressement. Sigone venait de refuser trois cents écus d'or qu'on lui offrait pour enseigner dans cette ville, où pourtant il aurait trouvé écrite en caractères vivants l'histoire d'un passé qu'il déchiffrait si péniblement dans les manuscrits. Les difficultés que Muret rencontrera dans la capitale de l'Eglise justifieront le refus de Sigone mieux que les mauvaises raisons dont le savant archéologue se payait (1).

Mais imitons pour l'instant la confiance de Muret; en somme, l'autorité ecclésiastique se montrait bienveillante pour les beaux esprits. Une chaire venait d'être confiée au brillant improvisateur en langue vulgaire, Silvio Antoniano, et Muret était au comble de ses vœux, puisque le cours dont on

---

(1) Ses lettres expriment seulement la crainte que les papes ne se montrent pas généreux pour les savants.

le chargeait lui permettait d'appliquer sa méthode favorite, d'unir la rhétorique et la philosophie. Il retrouvait son cher Manuce; il était à portée de la riche bibliothèque du Vatican où les papes n'entendaient pas laisser dormir les manuscrits dans la poussière, puisque dès 1539, ils avaient formé le vaste projet de publier tout ce qu'elle contenait en matière de grec (1). Il était déjà connu personnellement du pape; quand il aurait fixé sa faveur par son talent et ses services, que ne pourrait-il pas espérer ?

Il inaugura son enseignement à Rome, en abordant le commentaire de l'ouvrage le plus difficile et le plus élevé de tous ceux qu'il a jamais expliqués : la *Morale à Nicomaque*, à laquelle il se consacra durant quatre années. Nous avons les discours d'ouverture qu'il prononça, le 16 novembre 1563, sur les louanges de la philosophie morale, le 7 novembre 1564, sur la nécessité de cette même philosophie; le 10 novembre 1565, sur la connaissance de soi-même et les facultés de l'âme humaine (il nous manque son discours d'ouverture de 1566), sans compter un éloge de la justice prononcé le 8 mars 1565, au moment où il commençait l'explication du cinquième livre. Les séances de ren-

---

(1) V. une lettre de cette année écrite par Manuce au cardinal Michel Cervin.

trée étaient solennelles : un professeur, de préférence un de ceux qui enseignaient l'éloquence, prononçait une harangue dans l'église de Sant'-Eustachio, en présence des conservateurs de Rome, des magistrats académiques, de tous les corps de l'université, au milieu d'un grand concours d'élèves et de lettrés. Puis chaque professeur faisait dans sa chaire un discours spécial. Les cardinaux assistaient à ces cérémonies (1) ; le premier jour où Silvio Antoniano expliqua le *Pro Marcello,* vingt-cinq d'entre eux étaient présents (2).

Nous n'analyserons pas les discours de Muret que nous venons de citer : il n'avait ni la profondeur ni la compétence nécessaire pour présenter avec originalité l'éloge périodique de la philosophie morale. Il faut pourtant savoir gré à cet homme, dont on voudrait ne faire qu'un orateur, de son peu de goût pour le lieu commun. Il sent qu'en obligeant chaque professeur à exalter la science qu'il enseigne, on discrédite son autorité, car les auditeurs cessent d'avoir confiance dans ces louanges banales, dans cette supériorité de convention que les maîtres, suivant l'occasion, attribuent tour à tour à toutes les sciences (3). Il connaît la malignité de son jeune auditoire, qui n'ignore pas

---

(1) Renazzi, 2ᵉ vol., p. 145-146.
(2) Carafa, II, 1.
(3) V. l'exorde du VIIᵉ discours du 1ᵉʳ livre.

que le professeur de philosophie est exposé à enseigner un jour l'éloquence, quand il ne lui arrive pas de quitter Platon et Cicéron pour Euclide (1). Quelle fête pour ces jeunes sceptiques, lorsque le maître brûle ce qu'il adorait hier et adore ce qu'il a brûlé! A ce souci de l'autorité nécessaire au professeur, on reconnaît la vocation de Muret. Il faut pourtant qu'il obéisse à la coutume. Mais son expérience d'homme du métier l'avertit qu'au lieu d'un panégyrique, il vaut mieux faire l'apologie de la science qu'il enseigne. Il sait que la paresse des écoliers et les préjugés des gens du monde sont coalisés contre lui, que l'élève lui arrive pourvu d'arguments commodes dont il autorisera sa nonchalance. C'est pourquoi il réfute ceux qui prétendent que la philosophie morale est inutile, sous prétexte que chacun connaît ses devoirs, et que d'ailleurs, pour les connaître, on n'est pas plus sûr de les pratiquer (2).

Muret a le goût de sa profession; il n'en épouse pas les préjugés. Nous savons déjà ce qu'il pense

---

(1) Muret, qui n'était pas des plus volages, a tour à tour professé la philosophie morale, le droit, l'éloquence.

(2) Faut-il voir un souvenir douloureux de ses fautes, une réponse à quelque allusion méchante dans ces mots : « *Utinam tale esset* (il parle du reproche adressé aux philosophes, de vivre aussi mal qu'ils parlent bien) *ut id nobis infitiari liceret! Est enim acerbissimum negare non posse quod sit turpissimum confiteri?* » (V. le 8e discours du 1er livre).

de l'avenir réservé à la célébrité présente des modernes orateurs latins. Dans son discours sur les facultés de l'âme humaine, il note en passant la pauvreté de la technologie philosophique des Romains, les sots et les maladroits scrupules de ceux qui n'osent y suppléer par des néologismes précis : « Parce que dans le latin d'autrefois nous ne trouvons pas de terme pour exprimer ces idées (1), et qu'un scrupule sot et insensé, à parler sincèrement, nous interdit ceux qui ont été créés plus récemment, nous sommes contraints de délayer une seule idée en plusieurs mots. » Puis, après une citation d'Aristote, il ajoute : « Il est impossible d'exprimer en latin ces idées avec la même aisance et, si je puis ainsi parler, la même rondeur ; mais rien n'est difficile à celui qui aime ; j'affronterai ce péril et bien d'autres pour mériter votre reconnaissance (2). » Voilà encore un avertissement aux puristes et aux éplucheurs de mots.

L'enseignement de Muret à Rome fut très goûté. On avait écrit à son ami Paolo Sacrato, que des personnes de tout âge, de toute condition venaient l'entendre. Muret confirme le fait (3). Tout en s'appliquant à conserver cette popularité, il travaillait

---

(1) Il parle de celles qu'expriment les mots grecs τὸ θρεπτικόν, τὸ αὐξητικόν, τὸ γεννητικόν (V. le 8ᵉ disc. du 1ᵉʳ liv. Frotscher, I, 185).

(2) V. le 10ᵉ disc. du 1ᵉʳ liv. Frotscher, I, p. 187.

(3) Lett. du 15 janvier 1564 ; c'est la 13ᵉ du 3ᵉ liv.

à une édition d'un ouvrage inédit de Victorinus (1) et faisait espérer une édition de Plaute (2). Ces travaux, s'ils ont été achevés, ne sont pas parvenus jusqu'à nous. L'Espagnol P. Perpinianus, professeur d'éloquence au collège romain des Jésuites, promettait, à un tiers, des vers de Muret, sur le temple de Notre-Dame de Lorette, et pressait son ami de faire honneur à sa parole (3). Une autre fois, il fallait que Muret s'excusât auprès d'un certain Paganucci, à qui il avait envoyé des vers qui s'étaient égarés en route; il le dédommagea en lui envoyant trois de ses discours.

Les événements politiques le disputaient aussi à la science : Pie IV était mort le 9 décembre 1565; Pie V l'ayant remplacé le 7 janvier 1566, il prononça des harangues de compliment au nom d'Alphonse II d'Este, de Charles IX de France, de Sigismond de Pologne (4). Nous ne signalerons dans ces discours que la franchise avec laquelle il reconnaît que de pareilles harangues tiennent du lieu commun (5) et l'âpreté des passages relatifs

---

(1) 12e lett. du 3e liv., datée du 9 août 1563.
(2) *Lett.* de Muret, 45e du 1er liv., 1er décembre 1564.
(3) Muret a composé une pièce sur ce sujet, mais en 1572.
(4) Lazeri signale aussi un fragment de discours préparé pour Paul de Foix, l'ambassadeur de France.
(5) V. l'exorde du 1er de ces discours, qui est le 12e du 1er livre, dans les œuvres de Muret.

aux hérétiques (1). Le fanatisme lui ôte parfois le tact et l'esprit : rien de plus naïf que la page où il insiste à plaisir sur les ruines que l'intolérance amoncelle sur la France. Le gouvernement français, alors en paix avec les huguenots, ne pouvait avouer une harangue qui les eût trop clairement menacés ; aussi est-ce pour ce discours que Muret reçut l'ordre mentionné plus haut, de ne pas le publier avant l'agrément du roi. Une lettre d'Hippolyte d'Este (2) nous apprend que le protecteur de Muret avait trouvé bonne la première rédaction du discours, mais qu'il approuva aussi les corrections faites sur l'avis de « monsignore illustrissimo Vitelli » et de l'ambassadeur de France. Hippolyte, ajoutait que c'était cette deuxième rédaction qui serait envoyée à la reine, et qu'on ne laisserait pas paraître de reproductions non conformes. A la violence du discours qui nous est parvenu, on peut croire que nous possédons la première rédaction.

Ces tâches officielles, ces besognes d'un jour ne le distrayaient pas des plans qu'il s'était tracés. Ce ne fut pas par l'effet d'un caprice qu'en 1567 il échangea l'enseignement de la philosophie morale

---

(1) Il loue Pie V de son énergie *ad obstinatos et pertinaces exterminandos*, Charles IX et sa mère d'avoir lutté contre l'acharnement d'une secte opiniâtre qui répandait la désolation et la terreur dans le pays, et d'avoir, pour la réduire, ravagé leur propre royaume.

(2) V. la 55e des lettres publiées par Lazeri dans ses *Miscellanea* ; elle est datée du 27 oct. 1566.

pour celui du droit. Nous sommes déjà bien loin du temps où il méritait les éloges de Douaren. On aurait pu croire qu'il les avait oubliés : il n'en était rien. Depuis trois ans, il s'était remis à la jurisprudence (1). Notons cette consciencieuse préparation : les éditions de Muret furent souvent préparées trop vite, jamais ses cours.

La rhétorique l'avait enlevé à la jurisprudence, la philosophie l'y ramena ; parlons mieux : il n'avait jamais vu autre chose dans l'éloquence que le talent d'exposition nécessaire aux propagateurs des sciences, et il ne lui a manqué que l'imagination forte de Bossuet pour dire de l'éloquence comparée à la science ce que l'illustre orateur disait de la grandeur comparée à la bonté : « Elle n'est faite que pour l'aider à se communiquer davantage comme une fontaine publique qu'on élève pour la répandre. » Mûri par quatorze années de réflexions sur l'antiquité, la psychologie, la morale, il va interroger de nouveau les grands jurisconsultes romains, dont sa téméraire jeunesse avait cru trop tôt comprendre la réponse. Il est vrai que si, en principe, il subordonne la jurisprudence comme l'éloquence à la philosophie, il ne prévoit pas la réforme philosophique de la législation qui est l'honneur du dix-huitième

---

(1) Lett. de Mart. Belliviceius ou Berzevicæus à Muret, dans les *Lettres* de Muret, I, p. 45.

siècle. A l'école des anciens, il a appris que la loi était fondée sur le droit. Mais, trop fidèle ici au culte de l'antiquité, il ne soupçonne aucune imperfection dans le savant édifice de la législation romaine; il ne se dit pas que, construit pour une société qui reposait sur le principe de l'esclavage, de l'autorité paternelle illimitée, de l'hostilité permanente avec l'étranger, puis accommodé aux besoins de sa décadence, à ce despotisme que le christianisme ne tempère pas encore, à cet épuisement physique et moral d'où la foi nouvelle ne peut encore tirer le monde, il n'offre plus le caractère d'une imposante unité, et surtout ne répond plus aux exigences des générations modernes. Il n'est sans doute pas plus engoué de Tribonien que d'Aristote, et sait que le compilateur des *Pandectes* a réuni les fragments des vieux jurisconsultes, à sa manière, c'est-à-dire sans aucun ordre et sans beaucoup de jugement (1), mais il ne s'associe pas à l'entreprise hardie de Franç. Hotman contre la législation justinienne (2). Il se borne à en épurer et à en expliquer les textes. Qu'on ne se récrie pas que ce n'était point la peine d'avoir médité tant

---

(1) « In iis veterum jurisconsultorum fragmentis, quæ more suo, sine ordine ullo et sine magno judicio Tribonianus in hos libros congessit » (*Comment. in titulos ad materiam jurisdictionis pertinentes.* V. l'édition de Ruhnken, IV, p. 288).

(2) *L'Anti-Tribonien* d'Hotman est de 1567.

d'années sur les principes de la philosophie morale pour rectifier une mauvaise leçon de Gaïus ou expliquer une phrase d'Ulpien ! L'étude, même exclusive, de l'antiquité a été, au seizième siècle, d'une fécondité admirable. Outre ses fruits immédiats, elle a préparé l'avenir par le dédain du présent et l'enthousiasme du passé. Laissez faire au temps, et le commerce de l'antiquité suffira pour ranimer, chez les érudits les plus retenus, des besoins que le monde ne connaissait plus; les *Institutes*, pas plus que les *Philippiques*, ne se commentent impunément ; des deux principes républicains, la législation romaine n'a retenu que le deuxième, l'égalité, du moins l'égalité sous un maître : elle en inspirera le goût aux héritiers de Cujas.

Il convient de prononcer ici ce grand nom, puisque le rénovateur de la jurisprudence a borné sa gloire à l'explication des lois romaines (1). Expliquer les institutions civiles des anciens par l'histoire, la philosophie, la langue même, telle est la tâche que ce grand homme n'a pas crue indigne de son génie. D'ailleurs, c'était alors une nouveauté qui ne manquait pas de hardiesse. L'école des bartholistes était encore en possession de nombreuses chaires en France, en Italie (2); beaucoup conti-

---

(1) V. ci-dessus le texte et la note 2 de la page 6.
(2) Une des chaires de Padoue, en particulier, était consacrée à expliquer *glossam, textum et Bartollum.*

nuaient de jurer sur la parole des anciens commentateurs ou d'argumenter sur les lois, comme leurs amis, les scolastiques, sur les entités. Alciat, mort en 1550, venait à peine d'inaugurer, en opposition à leur dialectique ignorante, l'érudition vaste, sagace, élégante d'un esprit vraiment cultivé. Ce n'est donc pas un médiocre honneur pour Muret d'avoir été l'allié de Cujas, comme il l'avait été de Ramus : au fond, ce sont ses anciens ennemis qu'il combat sur un nouveau terrain.

Nous disons qu'il fut pour Cujas un allié et non un disciple. Il a pu connaître Cujas à Toulouse (1), mais son séjour dans cette ville fut bien court, et son temps bien occupé sans doute par l'enseignement; puis Douaren, dans la lettre que nous avons analysée, lui parlait, en 1553, comme à un homme acquis depuis un certain temps aux nouvelles méthodes. Or le bon sens suffit pour embrasser les idées d'un homme illustre alors qu'elles ont triomphé; mais les concevoir en même temps que lui, dût-on ne pas les approfondir également, n'est pas donné à tout le monde. Que dire si l'intelligent collaborateur de l'homme de génie répand à l'étranger ces idées nouvelles qui ne lui appartiennent pas moins à l'origine qu'à son glorieux associé, si,

---

(1) Quand Muret arriva à Toulouse, Cujas y donnait des leçons particulières depuis six ou sept ans.

grâce à Muret, l'Italie oublie Alciat, si les nouvelles méthodes sont dites les méthodes françaises? C'est ce qui arriva : en Italie, du jour où Muret fit mine de revenir à la jurisprudence, son nom fut indissolublement lié à celui de Cujas. Sans doute il ne faut pas abuser de ce rapprochement trop flatteur : on doit faire la part de la politesse de ses correspondants, de l'illusion produite par son talent de parole. Mais n'est-ce pas déjà pour lui un singulier honneur qu'on lui ait écrit ces paroles enthousiastes : « C'est, je crois, la faveur de la Providence qui vous a conduits, Cujas et vous, Français tous deux, au point où vous êtes parvenus dans les études de la sagesse (1). » Son correspondant ajoutait que tel était l'avis du jurisconsulte hollandais Van Giffen. L'année 1578 nous apportera un témoignage plus décisif encore : *la nation allemande* de l'université de Padoue essaiera d'attirer Muret, et lui écrira qu'elle voudrait un professeur qui n'enseignât pas « d'après la méthode barbare et inculte, mais d'après la méthode française, c'est-à-dire d'après celle qu'approuvent tous les hommes sensés (2). » Elle affirmera que parmi tous les jurisconsultes qu'elle

---

(1) « Quod Cuiacius et tu, homines Galli, in studiis sapientiæ consecuti estis, id non sine munere divino vobis evenisse credo » (V. *Lett.* de M., I, 45 ; p. 83 du 2ᵉ vol. Frotscher).

(2) « *Non more illo barbaro et incondito, sed gallico, hoc est omnium recte sentientium judiciis comprobato* » (*Lett.* de M., III, 69 ; p. 212, 2ᵉ vol. Frotscher). Nous reviendrons sur cet épisode.

connaît de réputation en Italie, nul ne peut être préféré ni même égalé à Muret.

Avec un peu de complaisance, Muret pouvait se croire un Cujas : jamais il ne s'est bercé d'une telle illusion. Lui qui, dans ses *Variæ lectiones* relève si hardiment Erasme, Turnèbe, qui poursuit avec tant de malignité les erreurs de Vettori, il ne parle jamais que sur le ton du plus grand respect du maître de Bourges. Nous avons une lettre qu'il lui écrivait le 26 janvier 1579 (1), un an seulement après la démarche des étudiants de Padoue : les familles de deux jeunes gens l'avaient consulté sur l'éducation de leurs enfants, et il les avait déterminées à les envoyer à Paris pour y réapprendre le grec et la philosophie (2) et à se persuader que quant au droit civil, on ne pouvait bien et véritablement l'apprendre qu'en France, et en France auprès de Cujas (3). Il pensait que celui-ci le distinguait parmi ses amis (4); au nom de cette affection, il le priait de s'ingénier à donner aux deux jeunes gens, qui déjà ont dû lui plaire, une nouvelle preuve de bienveillance : « Pour moi, dit-il, je vous aime entre tous, et, autant que je le peux,

---

(1) *Lett.* de M., I, 67 ; p. 104 du 2ᵉ vol. Frotscher.

(2) « *Se græcarum litterarum et philosophiæ magistris recoquendos darent.* »

(3) « *Jus civile... neque usquam hodie nisi in Gallia neque in Gallia nisi a Cuiacio recte ac vere disci posse sperarent.* »

(4) « *Puto me a te non vulgariter amari.* »

je pousse tout le monde à lire vos ouvrages et à reconnaître l'excellence de votre doctrine. Il est juste que vous fassiez aussi quelque chose pour moi, et vous ne pouvez rien faire qui me touche plus que de témoigner à ces deux jeunes gens que ma recommandation a eu quelque poids auprès de vous. » Les anciens rhéteurs auraient cité cette lettre comme un exemple de ce qu'on appelle la convenance du style : c'est un homme distingué qui écrit à un homme supérieur, et qui reconnaît cette supériorité sans faire litière de sa propre réputation. Les imaginations impétueuses, et aussi les hypocrites de modestie, ne gardent pas cette dignité dans la déférence. La lettre que nous venons d'analyser témoigne en faveur de l'élévation d'esprit de Muret, non moins qu'en faveur de son bon jugement. On aime d'ailleurs à voir ce Français vanter aux Italiens la suprématie de ses compatriotes, de leurs méthodes, et les envoyer chercher au delà des Alpes un enseignement dont, par ses propres leçons, il leur a donné le goût. Nous l'avons dit, seul de tous les érudits du seizième siècle, Cujas impose à sa malicieuse indépendance de jugement, preuve aussi concluante de son admiration sincère que les éloges par lesquels il le met hors de pair (1). Dans l'intimité, il n'était pas moins expli-

---

(1) Au 1er chap. du XIIe liv. des *Var. lect.*, il l'appelle « *princeps*

cite. M. Tamizey de Larroque veut bien me signaler une note marginale écrite par Muret sur une lettre de Cujas à Du Puy alors à Rome : « Monsieur Du Puy, il me semble que nos livres disent *emptorem familiæ* et non *coemptorem*. Et ne me souviens d'avoir jamais leu *coemptorem familiæ*. Vous qui avez plus leu et retenu que moi, pensés i, et m'en advertissés. *Aut etiam oraculum ipsum, id est Cuiacium, consule.* De Rome, ce 14 d'avril 1571. Votre serviteur, MURET. »

Admirer Cujas, courir la même carrière que lui, la postérité n'en blâmera certes pas Muret. Mais enfin hier encore il était professeur de philosophie morale. Les partisans du *chacun chez soi* ne lui passaient qu'à grand'peine ses excursions alternatives sur les domaines de l'éloquence et de la philosophie. Que diraient-ils si Muret s'adjugeait encore une nouvelle province? Dans son discours d'ouverture de 1567, dédaigneux de leur répondre, il se borne à expliquer pourquoi il revient à la jurisprudence. Le sujet de ce discours révèle l'homme du métier; il sait combien tout auditoire aime les anecdotes, les confidences : il raconte ses débuts dans la science du jurisconsulte. Avec une bonne

---

et nostræ et superioris memoriæ jurisconsultorum. » Voyez encore ses *Observationes juris*, chap. 8, où il n'est pas d'accord avec lui sur une leçon, et, même ouvrage, chap. 5.

grâce charmante, une verve spirituelle, il fait sourire ses jeunes auditeurs aux dépens de sa présomption juvénile. Un peu de grammaire, de rhétorique, de dialectique, point de philosophie, ni de grec ni d'histoire, nulle connaissance de l'antiquité, nulle expérience; voilà le léger bagage avec lequel il s'était jadis aventuré dans la jurisprudence. Et, comme il était devenu un bavard intrépide, un disputeur opiniâtre, on s'extasiait sur son talent. Il avait de bons poumons, la voix forte; il était capable de débiter d'une seule haleine les premiers mots de beaucoup de lois, de citer une foule de noms de glossateurs, d'indiquer les lignes, les pages, les colonnes. On lui avait appris non pas à bien penser, mais, ce qui pour ses maîtres revenait au même, à beaucoup oser et à bien crier : on lui prédisait le plus brillant avenir... La Providence lui ouvrit les yeux; des écrits de Budé et d'Alciat tombèrent entre ses mains et le firent rougir de son ignorance (1). Il fut comme un pauvre hère qui, en songe, se serait paré de pourpre et de diamants, et qui, au réveil, verrait sa maison pleine de toiles d'araignées. Mais il sut prendre son parti : il recommença ses études littéraires, sans oublier la

---

(1) Muret fait preuve d'équité en rappelant les services d'Alciat aux Italiens qui l'oublient presque pour Cujas. Remarquez aussi que d'après son témoignage ce n'est pas Cujas, mais le précurseur Alciat qui lui a dessillé les yeux.

jurisprudence à laquelle il se proposait de revenir un jour, pour la parer, comme une épouse longtemps abandonnée, des connaissances qu'il aurait acquises. Aujourd'hui le voilà de retour d'un long voyage à travers l'antiquité grecque et latine. Par où va-t-il revenir à la jurisprudence? Par un humble sentier, par la petite porte. Ses collègues les professeurs de droit sont de profonds légistes, versés dans toutes les difficultés de la science ; malheureusement la plupart des élèves leur arrivent sans la préparation nécessaire. La tâche modeste à laquelle ils ne peuvent s'abaisser, celle d'expliquer tous les termes de droit, Muret va s'en charger; c'est à cet effet qu'il va commenter les Pandectes : travail utile et dont des hommes tels qu'Ulpien, Paul, Gaïus, Marcellus ont donné l'exemple.

Outre l'esprit qui anime tout ce discours, comme on y reconnaît le professeur expérimenté, qui sait combien l'ignorance des éléments est générale et nuisible, combien la culture littéraire est nécessaire aux études spéciales! Et quel dévouement, chez ce professeur déjà célèbre, qui consent à distribuer lui-même ces humbles connaissances! D'autre part, quel art pour faire le procès des élèves sous couleur de raconter sa propre histoire, pour glisser des vérités désagréables sous une confession piquante, enfin pour désarmer la jalousie de collègues ombrageux, tout en relevant, par l'autorité des maîtres de la science, l'apparente vulgarité de l'enseignement qu'il va donner!

CHAPITRE XII.

SOMMAIRE :

Emplois délicats confiés par le card. d'Este à Muret. — Avilissement des grades universitaires en Italie. — Affection du cardinal pour Muret. — Pourquoi Muret interrompt un instant son cours. — Le *Bidello puntatore* et le coadjuteur du recteur de l'université de Rome.

La suscription de la lettre de remerciement que le cardinal d'Este écrivit lors de la dédicace des *Variæ lectiones* porte ces mots : « Al magnifico messer Ant. Mureto, mio segretario carissimo. » La fonction de secrétaire n'était pas une sinécure. Si ménager que le cardinal se montrât des loisirs de Muret, on n'a pas à sa disposition un homme intelligent et sûr sans céder au désir de l'employer en mainte circonstance. Outre les harangues officielles qui prenaient beaucoup de temps à Muret (1), Hippolyte lui confia quelquefois des missions qui

(1) V. la 16ᵉ lettre du 3ᵉ livre.

l'obligèrent à quitter Rome. Ainsi, Joseph Scaliger, en 1566, rencontra dans les montagnes de Toscane, Muret, qui était chargé d'une affaire par son maître (1), et qui devait ensuite aller retrouver le cardinal, occupé à Ferrare de l'administration des Etats de son neveu (2). Peut-être s'agissait-il d'une mission politique. Le cardinal se servait également de lui dans des questions d'administration ecclésiastique, obligé qu'il était de gouverner de loin ses nombreux diocèses. Le 10 mars 1568, il signait une lettre composée par Muret et portant nomination d'un théologal pour le diocèse d'Auch, en faveur d'un certain Sorbin (3). Les manuscrits de la bibliothèque Barberini, à Rome, nous montrent Muret mêlé à des affaires plus importantes : il rédige, sans doute, au nom du cardinal, une note destinée à être mise sous les yeux du pape, et où l'on recommande un candidat à un siège épiscopal ; on y fait valoir sa haute naissance, gage précieux, sinon infaillible, de la générosité de ses sentiments, les grands emplois qu'il a remplis en partie dans la ville même qu'on voudrait aujourd'hui confier à sa direction spirituelle, sa popularité. Il n'est, à la vérité, ni docteur en théologie ou en droit canon,

---

(1) « *Negotii nescio cujus curandi causa missus.* »
(2) *Confut. fab. Burd.*, p. 341 et suiv. de l'édition de la Bib. nat., qui contient aussi deux satires de Scaliger.
(3) V. la 86ᵉ lettre du 1ᵉʳ livre.

ni recommandé par le suffrage d'aucune université; mais le concile de Trente, quand il réclamait ces titres des candidats, avait en vue l'évêque idéal. Si l'on exigeait des évêques la réunion de tous les dons de l'esprit et de toutes les qualités du cœur, bien des diocèses demeureraient dépourvus de pasteurs. La sainteté des mœurs, voilà le titre le plus précieux à l'épiscopat, l'arme la plus redoutable pour combattre l'hérésie. C'est par elle, plus que par l'éloquence, que le monde a été converti. Il est piquant de voir Muret, même comme simple interprète d'un cardinal, faire bon marché de la science (1). Mais, au fond, il avait l'esprit assez large, et non pas seulement assez souple pour soutenir, sans scrupule, que la mission de l'évêque n'est pas celle du docteur en Sorbonne, et que, pour convertir les âmes, la charité vaut mieux que la scolastique. Néanmoins, il est curieux de l'entendre, dans une autre note en faveur du même candidat, réduire à leur juste valeur les grades académiques de son temps. Après avoir dit que, pour le salut de son peuple, un évêque peut recourir à la science d'autrui, mais non à la sainteté, à l'autorité, à la popularité d'autrui; il ajoute : « Du reste, si nous voulons apprécier les choses en elles-mêmes

---

(1) Le card. de Bérulle n'avait pas encore dit que pour un prêtre *la science était un huitième sacrement.*

et ne pas nous régler en tout sur l'opinion, qui ne sait combien il est facile aujourd'hui, pour peu qu'on connaisse les premiers éléments, de parvenir au doctorat? A nous entendre, on croirait que nous ignorons que tous ces titres sont à vendre, comme s'il n'y avait pas d'exemples d'hommes promus docteurs en des facultés dont ils auraient à peine su prononcer correctement les noms ; si notre candidat avait voulu les imiter, il lui était apparemment bien difficile de trouver, pour un peu d'argent, des hommes qui l'auraient décoré de ce grade ! Il a mieux aimé agir franchement et loyalement ; par là, je le juge plus digne de notre faveur. On trouve facilement des docteurs, Saint Père ; des hommes vraiment vertueux et graves, des hommes qui imposent, comme on nous dépeint celui dont nous parlons, on n'en trouve pas facilement (1). »

L'avilissement des grades universitaires en Italie, était un des symptômes de la décadence où les études allaient tomber dans ce pays, Muret qui avertira souvent les Italiens du péril, avait dû en noter tous les avant-coureurs. De son temps, la complaisance ou la vénalité des examinateurs était déjà de notoriété publique : un jeune Ecossais, en

---

(1) A l'appendice J, on trouvera le texte des principaux passages de ces deux notes.

1581, dans une déclamation prononcée chez le noble vénitien Daniele Priuli, soutiendra que les docteurs Italiens sont composés de boue et d'argile; Aless. Maranta développera, il est vrai, contre cet audacieux, *dix-huit mille conclusions* et, après un tournoi public de huit jours, l'obligera à se rétracter (1). Mais les dictons moqueurs n'en courent pas moins toute l'Italie; car c'est probablement à cette époque que remontent les plaisanteries recueillies par Ant. Magliabecchi (2), puisqu'elles se trouvent parmi les faits qui se rapportent à Pietro Angeli di Barga, contemporain de Muret, et à Sannazar, qui appartenait à la génération précédente: *Dottore di Pisa, cosa di risa*, était passé en proverbe; à propos d'un docteur, Rustici, qui, durant le mois où il avait exercé, dans une université, les fonctions de *prieur*, avait reçu vingt-deux docteurs, on disait : « Prætor rusticus ebbe in uno mese venti due dottori : prætor urbanus ne havrà il doppio. » On avait bien pris quelques mesures pour prévenir les admissions scandaleuses. Renazzi mentionne deux bulles de Jules III, destinées à cet effet (3).

---

(1) *Diction. alphab. des notions scientifiques et littéraires*, manuscrit signalé par *l'Indice dell' archivio Mediceo* à Florence.

(2) Bibliot. nat. de Florence, fonds Magliabecchi, 75e manusc. de la VIIIe classe, p. 70, 71, 73.

(3) *Hist. de l'université de Rome*, II, p. 134. — Nous avons déjà annoncé qu'à l'appendice H on verrait comment Venise réprimait les désordres de cette nature.

Mais ces règlements n'eurent pas grande efficacité (1).

La plus grave affaire à laquelle Muret ait été mêlé, comme secrétaire d'Hippolyte, est celle du célibat ecclésiastique. On sait que l'empereur Ferdinand Ier (2), avait déclaré au Saint-Siège qu'il lui était impossible de trouver dans ses Etats un nombre suffisant d'ecclésiastiques qui en observassent la règle, et que, estimant que la prescription de la continence absolue mettrait les prêtres dans l'alternative du cynisme ou de l'hypocrisie, il en demandait la suppression. D'àprès le *codex* de la bibliothèque Barberini (XXX, 32, p. 83), Muret fut chargé de rédiger pour le pape une réponse négative.

---

(1) Nous n'avons pas trop le droit de crier à la corruption italienne ; car, au dix-septième siècle, les grades s'obtenaient en France à peu près par les mêmes moyens. On connaît le récit de Ch. Perrault sur sa propre réception : rien n'y est exagéré. Quand une commission, dont Bossuet faisait partie, fut chargée de réformer l'université de Douai, le recteur remit un mémoire, où, après avoir constaté l'incapacité et l'inexactitude des professeurs de théologie, il ajoutait que les étudiants abandonnaient des professeurs de médecine capables et zélés, qui les astreignaient à des examens sérieux, pour aller « *à quelque université peu fameuse en France, où, dès le jour même de leur arrivée, et, s'ils le veulent, sans sortir de l'hôtellerie, ils obtiennent des lettres de licenciés et de docteurs en médecine, en vertu desquelles ils viennent exercer la médecine dans les pays conquis.* » « *Il y va*, disait le recteur, *de la santé et de la vie des hommes de remédier à cet abus.* »

(2) Empereur de 1556 à 1564.

Si le cardinal Hippolyte l'employait dans l'administration de ses diocèses, s'il le prêtait au pape dans des circonstances délicates, à plus forte raison se servait-il de lui dans ses relations personnelles avec ses illustres amis. La bibliothèque Barberini (**XXX**, 32, p. 115 et suiv.), contient trois lettres écrites en son nom par son secrétaire : l'une à l'empereur Ferdinand, l'autre à une reine qui est évidemment Marie Stuart; la troisième à un pape, dont je ne pourrais indiquer le nom, la lettre n'étant pas datée; la lettre à Ferdinand félicite l'empereur qui a écrit au cardinal, sur le ton de la confiance, et témoigne du zèle pour accroître la dignité de l'Eglise; elle lui offre les services d'Hippolyte. La lettre à Marie Stuart promet à la princesse, qui vient d'écrire au cardinal sur les malheurs de son pays, et l'assure de son dévouement, qu'Hippolyte lui obéira toujours *avec le même zèle et le même empressement... que si elle était encore assise sur le trône de France.* La troisième lettre remercie le souverain pontife pour un bienfait dont le cardinal se sent comme accablé.

La position de Muret était assez enviable : attaché à une des maisons les plus illustres de l'Italie, secrétaire d'un prince de l'Eglise, son confident pour d'importantes affaires, correspondant (anonyme, il est vrai), des papes et des empereurs, il pouvait se reporter avec complaisance au temps de son arrivée en Italie et mesurer le chemin qu'il avait parcouru. Les égards, l'affection du cardinal lui conféraient une sorte de dignité. Il n'était pas, pour Hippolyte, un simple expéditionnaire, un simple traducteur chargé de mettre en beau latin des idées sur lesquelles il lui fût interdit d'exprimer son opinion. Surtout pendant les mois d'été, durant les vacances universitaires qu'il passait avec son maître à Tivoli, après le repas, où la conversation avait été générale entre Hippolyte et les érudits ses commensaux, Muret était d'ordinaire appelé dans l'appartement du cardinal, et là plusieurs heures s'écoulaient dans des entretiens qui roulaient, non pas tant sur la littérature que sur la morale, sur la vie humaine (1). Hippolyte n'y conservait que l'autorité de l'âge et de l'expérience ; il se plaisait à interroger Muret, lui permettant de le

---

(1) Il n'est pas sûr qu'Hippolyte ait été fort savant. Qu'il ait écrit en italien et non en latin les deux lettres à Muret que nous possédons, cela est peu concluant. Mais dans la délicate négociation qui devait introduire Muret dans sa maison, un de ses familiers recommande à celui-ci d'écrire au cardinal en langue vulgaire. Muret a employé le latin dans la dédicace des *Var. lect.*, qui lui est adressée, mais c'est là une lettre d'apparat. On se rappelle qu'avant de féliciter Muret sur l'ouvrage, Hippolyte requit les lumières d'autrui. Enfin Muret ne cite jamais une opinion de lui en matière d'érudition, honneur qu'il n'eût pas manqué de faire à son protecteur. Au 15e chap. du XXe liv. des *Var. lect.*, après lui avoir fait une citation de Platon, il la lui traduit. D'ailleurs nous entendrons un témoignage de Muret.

contredire, le faisant profiter de précieuses observations que, plus tard, Muret regrettait fort de n'avoir pas toutes notées immédiatement. Les *Variæ lectiones* nous ont conservé un résumé de deux de ces entretiens : dans l'un, Muret cite et Hippolyte accueille avec grande joie des passages de Plutarque, d'Horace, de saint Jean Chrysostôme, sur la franchise dont il faut user envers un ami; il paraît que le cardinal prenait feu (*prope excandesceret*), quand on disait devant lui qu'il fallait tout pardonner à un ami; il estimait que rien n'était plus sot, plus opposé à la nature du véritable ami que cette condescendance; en homme qui connaissait les courtisans, il ajoutait qu'il fallait seulement se défier des flatteurs qui censurent un léger défaut pour se donner le droit de fermer les yeux sur un vice. L'autre entretien ne fait pas moins d'honneur à l'élévation d'esprit et de cœur du cardinal, et marque mieux la place à part que Muret occupait chez lui : on avait discuté à table la conduite d'un très haut et puissant prince qui s'était toujours montré un modèle d'intégrité et qui, élevé au pouvoir sur le retour de l'âge, châtiait les fautes avec plus de sévérité que la corruption du siècle ne semblait en comporter. Les assistants s'étaient partagés, et le cardinal, après avoir écouté tout le monde avec patience et même avec plaisir, avait conclu en disant que cette sévérité pourrait être blâmée si le prince ne l'avait exercée qu'aux dépens d'autrui, mais qu'elle était irréprochable chez un souverain qui se soumettait le premier à ses propres arrêts. Mais après le départ des convives, il appela Muret et lui témoigna que ce rigorisme exagéré ne lui plaisait pas, qu'un homme vertueux ne faisait pas nécessairement un bon prince; que ne pas vouloir passer sur une faute légère, c'était quelquefois contraindre le coupable à une faute plus grande, qu'il fallait désirer la conversion, non la mort du pécheur, et que celui qui ne supporterait aucun vice ne supporterait aucun homme. Ce sont là de belles paroles : peut être le souverain que Muret n'ose désigner est-il le pape Pie V? J'aurais seulement peur, en ce cas, que la sévérité dont on se permettait de le blâmer fût celle dont il usait non pas contre les hérétiques, mais contre les abus du clergé. Quoi qu'il en soit, c'est devant Muret qu'Hippolyte exposait ses véritables sentiments sur le souvrain que, par bienséance, il avait dû excuser devant ses autres familiers (1).

Tant de confiance n'accroissait pas, il s'en faut, les loisirs de Muret; mais la préparation de ses

---

(1) Pour ces deux entretiens de Muret et d'Hippolyte, voir dans les *Var. lect.* le 15e ch. du XIe liv. et le 4e du XVIe. — C'est évidemment grâce à son crédit auprès d'Hippolyte qu'il pouvait rappeler si nettement à la probité l'évêque de Vérone ; ce prélat ne payait pas aux neveux de Sadolet des pensions qu'il leur devait (V. la 84e lett. du 1er liv.).

cours, surtout depuis qu'il était revenu à la jurisprudence, les diminuait encore davantage. Un instant, à la fin de l'année 1568, il s'inquiéta pour l'avenir de son nom : à la fois professeur public et secrétaire, quel temps lui restait-il pour composer un ouvrage qui l'assurât contre l'oubli? Depuis ses *Variæ lectiones* il n'avait publié, dans une période de neuf années, que la traduction latine du cinquième livre de la *Morale à Nicomaque*, dédiée à ses auditeurs en 1565. Etait-ce assez pour sa réputation, et la libéralité d'Hippolyte ne pouvait-elle être employée d'une manière plus fructueuse? Au commencement de l'année scolaire 1568-1569, il laissa ses collègues reprendre sans lui le cours de leurs travaux, afin que le fruit de ses loisirs ne fût pas seulement consacré à l'utilité des contemporains (1).

Du moins c'est ainsi qu'il explique cette retraite volontaire.

Mais voici que quelques mois se sont à peine écoulés, et Muret remonte en chaire. Le dernier jour de février 1569, il expose les motifs de son retour à ses élèves, et c'est la courte allocution qu'il adresse à ses auditeurs, surtout aux cardinaux présents, qui nous apprend à la fois sa retraite et son retour. Or il se trouve que quand il parle des

---

(1) V. le 17ᵉ discours du 1ᵉʳ liv.

instances que les cardinaux ont faites pour le rappeler à ses fonctions, le ton du respect est cette fois tempéré par une sorte d'ironie malicieuse. L'autorité des princes de l'Eglise l'a contraint, dit-il, (*coegit*), à rentrer dans la carrière. Il comptait employer désormais pour lui-même les loisirs que lui permet la libéralité d'Hippolyte. Pour le remplacer, les candidats ne manquaient pas; il s'en était présenté, et des plus sérieux. Il ne peut comprendre pourquoi les cardinaux n'ont pas voulu entendre à leurs requêtes. Il se demande pourquoi ils ont mieux aimé rappeler Muret, *même au prix d'une augmentation de traitement* (1), que de donner sa place à un des candidats qui la demandaient en grâce. Mais ce sont là des questions indiscrètes : il s'efforcera de justifier la confiance qu'on lui témoigne.

Prenons la peine de feuilleter les rapports universitaires, les notes d'inspection académique du temps que l'abbé Murani a tirés des *Miscellanea* des archives du Vatican (*armario VII*, tome 93, premières pages) (2), et nous apprendrons à la fois un

---

(1) « Etiam cum aliqua ad vetus honorarium accessione » (V. le XVIe disc. du 1er liv.).

(2) Le titre de l'opuscule de Murani est : *Lettera dell' abbate Gaet. Murani al chiariss. Monsign. Muti Papazurri nella quale s'illustra il ruolo de' professori dell' Archiginnasio romano per l'anno 1514* (Roma, 1797).

nouveau motif de la courte retraite de Muret, la raison de l'ironie cachée dans les paroles que nous avons rapportées, et la place qu'il occupait dans l'opinion publique parmi ses collègues.

On appelait *bidello puntatore* un archibedeau dont la fonction, instituée le 17 juin 1552, consistait à *noter* les absences des professeurs, et, quand ils entraient en classe, à les accompagner après avoir sonné la cloche, en surtout violet, le bonnet en tête, des gants aux mains, et la masse ou le caducée sous le bras (1). Cette charge devait être donnée aux voix par les étudiants à un homme pauvre, disert, honnête et lettré (2). L'idée de faire surveiller les maîtres par un délégué des élèves n'était pas fort heureuse. De plus, la charge de l'archibedeau, comme tant de fonctions aux siècles passés, faisait double emploi avec une autre, celle du recteur ou du coadjuteur du recteur, surtout quand ce coadjuteur était un poète comme Silvio Antoniano (dont nous avons parlé plus haut et qui était coadjuteur depuis 1564), et que l'archibedeau était un homme à prétentions littéraires comme le titulaire de cette même époque, Loren-

---

(1) « Con soprana violacea addosso, beretta in capo, guanti sulle mani e mazza o caduceo sotto il braccio. »

(2) « Per suffragia scholasticorum, viro pauperculo, facundo, probo et bonis litteris imbuto. » — V. sur l'archibedeau le 2ᵉ vol. de Renazzi, p. 133.

zani (1). Les deux dignitaires n'étaient pas toujours d'accord, et se renvoyaient volontiers l'accusation de négligence ou de tyrannie (2). On trouvera à l'appendice K un rapport de Silvio Antoniano qui se plaint que l'archibedeau ait refusé de marquer des professeurs absents et ne craigne pas, pour un petit gain, de quitter son poste : « Et combien de fois les docteurs en sont réduits à s'introduire eux-mêmes (en l'absence de l'archibedeau qui devrait les précéder), tous le peuvent dire. » A cette insouciance, il oppose sa propre vigilance. Lorenzani, de son côté, dénonce Antoniano qui, sous prétexte qu'il est coadjuteur du recteur, se dispense de professer : « Pendant toute l'année, il n'a pas fait une leçon, et il aurait bien pu enseigner pendant deux trimestres, comme a fait M. Parisetti. Et qu'il ne dise pas que, coadjuteur du recteur, il a été empêché par le soin de gouverner l'université et d'assister aux leçons; car il n'a pas su empêcher les étudiants de faire du bruit, de prendre des vacances, de lancer des oranges; il a été atteint lui-même par les projectiles et peut en rendre compte (3). »

(1) Un jour que l'université avait besoin d'une cloche, Lorenzani proposait de fondre un vieux canon : Minerve, disait-il, pouvait bien faire cet emprunt à Bellone, n'étant pas moins guerrière (Renazzi, II, p. 141-142).
(2) Renazzi, II, p. 147-148.
(3) « Hic nullam per totum annum legit lectionem quamvis potue-

Au contraire, comme la discipline des étudiants concernait particulièrement le coadjuteur, Antoniano la trouvait assez bonne, au moins depuis le temps qu'il en répondait : « Quant aux mœurs, encore bien qu'en d'autres temps elles n'aient pas été en trop bonne odeur, maintenant les choses se passent assez modestement, et ceux qui connaissent les autres universités tiennent nos étudiants en comparaison pour fort tranquilles. » Tel n'était pas, on le sait, l'avis de Sigone; tel ne fut pas, au moins à la fin de sa vie, l'avis de Muret. D'ailleurs Antoniano se contredit dans la suite de son rapport.

Mais il y avait un point sur lequel coadjuteur et archibedeau s'entendaient : c'était l'éloge de Muret. Ils s'accordaient pour le compter parmi les professeurs les plus exacts et les plus distingués de l'Université : « Muret est nécessaire, et il faut tout faire pour le conserver, » écrit Antoniano en 1566. L'archibedeau de son côté : « Marc-Ant. Muret : a bien mérité et est nécessaire (1). » En 1568,

rit per duas tertiarias apte legere, sicuti fecit dominus Parisettus. Nec dicat quod coadjutor rectoris ratione moderandi studium et audiendi lectiones cessarit ; non enim profuit ita quin scolares fecerint rumores et vacantias et jecerint melangulos quibus percussus ipse etiam potest reddere rationem » *(Armario VII delle Miscell. dell' Archivio Vaticano,* tome 93, cité par l'abbé Murani dans la lettre à Papazurri citée plus haut).

(1) « Dominus M. Ant. Muretus. Hic bene meritus et necessarius. »

Lorenzani répète encore cet éloge : *a bien mérité.* La même année, ou bien en 1569 (je n'ai pas relevé exactement cette date), il écrit : « Très propre à toute espèce de leçons, est bien méritant, et, sauf empêchement légitime, s'acquitte toujours de sa charge (1). » L'exactitude n'était pas alors chez les professeurs un mérite vulgaire ; le gouvernement vénitien même avait fort à faire pour la maintenir dans l'université de Padoue; il était contraint de menacer de retenir les appointements des professeurs qui ne monteraient pas en chaire à l'heure fixée ou en descendraient avant le moment prescrit (voir l'appendice L) (2). A Florence, on avait dû prendre également des mesures au risque de froisser certains maîtres vénérés, comme Pietro Angeli di Barga, qui, à près de quatre-vingts ans, malgré cinquante ans de service, fut menacé d'être *pointé* toutes les fois qu'il lui arriverait de manquer au devoir des leçons (3). A Pise, disait un dicton, pendant le premier trimestre, les docteurs et les étudiants travaillent ; dans

(1) « *Hic ad unamquamque lectionem legendam aptissimus* (notons ce témoignage en faveur de la compétence universelle de Muret) *bene meretur et nisi legitime impeditus semper fungitur munere suo.* »

(2) Une délibération du parlement de Paris à la date de 1552 prouve que les professeurs de décret de la célèbre université n'étaient pas plus zélés (Du Boulay, *Hist. de l'université de Paris*, tome VI).

(3) Archives de Florence : *Indice dell' Archivio mediceo, Notizie storiche letterarie.*

le second, les docteurs seuls travaillent; dans le troisième, tout le monde se repose (1). A Rome, l'administration universitaire finit par décréter qu'on distribuerait aux professeurs qui auraient fait leur service les appointements trimestriels (2) de ceux qui s'en seraient dispensés (3).

Les éloges accordés à Muret avaient d'autant plus de prix que le coadjuteur et le bedeau s'expliquaient, sur le compte des professeurs réputés mauvais, avec la plus entière franchise : « Le cours de M. Durand (4) est extravagant et d'aucune utilité, » dit Antoniano dans le rapport mentionné ci-dessus; « Cesareo enseigne depuis longtemps, et il est capable; mais pour quelque motif que ce soit, les écoliers tiennent la salle où il professe pour un champ de tumulte, et c'est un de mes plus grands embarras. » Sur le même Durand, on lit dans tous les rôles (5) : « On désire un maître plus habile; ses rares auditeurs sont des enfants dont il a mendié l'assistance; il passe cependant pour

---

(1) « La prima terzeria studiano i dottori e i scolari; la seconda i dottori soli; la terza nè dottori nè scolari » (P. 70 recto du 75ᵉ manusc. de la classe 8. Bibl. nat. de Florence.

(2) C'est-à-dire le tiers des appointements annuels, lesquels se payaient en trois fois; *terzeria* désignait également un des trois trimestres scolaires et les appointements afférents.

(3) P. 122-123 de l'abbé Murani.

(4) C'était un Français.

(5) *Ruoli*.

docte (1). » Brancalupo, chirurgien, ne sait pas assez le latin et professe en langue vulgaire; Giustiniano Finetti, professeur ordinaire de médecine, s'est dérobé aux argumentations académiques qu'il devait soutenir contre son concurrent (2); beaucoup disent qu'il est docte, beaucoup disent qu'il est bavard (3). Heureux les professeurs dont le seul tort est d'être trop vieux, comme Girolamo Agapeto, ou trop jeunes, comme Alessandro Glorierio, élève de Muret !

Cependant la conclusion d'Antoniano et de Lorenzani eût peut-être adouci pour les intéressés la sévérité de leurs rapports : tous deux expliquent l'infériorité de certains cours par l'insuffisance des traitements : « Les professeurs, disait le premier, sont, à parler en général, des hommes capables, et sur ce point notre université n'a rien à envier à aucune autre; mais bien peu nombreux sont ceux qui se proposent leur cours comme fin principale, et comme les appointements sont faibles, leur activité se porte sur d'autres choses (*essendo gli stipen-*

---

(1) « *Desideratur præstantior; habet paucos scolares et puerulos et emendicatos; doctus tamen habetur.* »

(2) On sait que chaque cours était d'ordinaire professé simultanément par deux professeurs qui étaient dits *lire en concurrence.*

(3) « *Justinianus Finettus, anno præterito, dextro Hercule, aufugit disputationes cum suo concurrente; multi dicunt quod est doctus, multi dicunt quod est garrulus.* » L'incorrection de cette dernière phrase a dû réjouir Antoniano.

dii piccoli, si distrahono in altre cose) (1). » En effet, « ce qui stimule les maîtres, ajoutait le coadjuteur, c'est l'espérance des augmentations de traitements; si donc ils ne voient pas des fonds consacrés à cet emploi, et que tous ne puissent y prétendre, ils s'attiédissent fort, et leur diligence se ralentit. » Et Lorenzani : « Il faut noter que les noms suivis de la mention *bien méritant* sont ceux des professeurs dont les appointements doivent être accrus à bon droit, et de même qu'un père ne doit pas dire à son fils qui a faim : Je n'ai pas de pain, de même aussi Messeigneurs (2) ne doivent pas dire : Nous n'avons pas d'argent, parce que les docteurs sont ainsi découragés et ne peuvent consacrer leur zèle à leurs fonctions, et les bonnes dispositions nécessaires diminuent chez les étudiants et les jeunes gens studieux (3). »

L'administration de l'université de Rome ne se rendait pas à ces représentations. Muret, après cinq ans

---

(1) Telle était peut-être l'excuse de Durand, qui ne touchait que quarante écus.

(2) Sans doute la commission de cardinaux préposée à l'université.

(3) « Notandum est : ubi appositum est « bene meritus » illi sunt quibus salarium merito debet augeri, et quemadmodum pater non debet dicere filio famescenti : Non mihi est panis, sic etiam a Dominis non debet dici : Non sunt nummi, quia desperantur doctores, et non possunt navare operam muneri suo, et ideo scolaribus et juvenibus studiosis detrahitur de virtute habenda » (Armario VII du Vatican, 93ᵉ vol., 2ᵃ page, cité par Murani).

de brillantes leçons, ne touchait toujours que cent écus, somme notablement inférieure aux appointements de beaucoup de ses collègues, de ce Finetti par exemple, dont la réputation scientifique n'était pas nettement établie, et qui touchait quatre cents écus. Lorenzani n'avait pas caché que l'éminent professeur pourrait bien un jour perdre patience : en 1567, il écrivait : « Professeur chargé d'expliquer les Pandectes, pour cent écus, M. Ant. Muret très capable de professer toute espèce de cours, studieux, diligent et assidu ; à cause de l'insuffisance de son traitement, je crains qu'il ne quitte l'université, ce qui serait pour elle un grave dommage (1). » Bien plus, Muret avait menacé de se retirer, si on ne lui accordait pas un traitement plus convenable, et il avait eu la hardiesse de faire part à ses auditeurs de ses griefs et de ses intentions ; car c'est devant eux qu'à la fin d'une leçon sur l'*Ethique à Nicomaque* (2), il s'exprimait avec cette

---

(1) « Ad Pandectas enucleandas (scudi 200) M. Ant. Muretus ad unamquamque lectionem legendam aptus, studiosus, diligens et assiduus ; ob parcum salarium vereor quod non recedat ab aula : quod si, detrimentum foret studio grave (Ordo almi studii generalis, a die S. Lucæ Evangelistæ XVIII oct. 1567, quo die missa Spiritus S^{ti} et Oratio in laudem scientiarum habita est. Rotulusque alta et intelligibili voce per Bidellum est lectus, ac publicatum studium usque dum S. J. Bapt. 1568). »

(2) Par conséquent avant le commencement de l'année scolaire 1567-1568, où il quitta la philosophie morale pour le droit.

spirituelle et dédaigneuse ironie : « Nous traiterons ultérieurement ce point (une question philosophique qu'il vient d'indiquer), du moins s'il m'est permis de continuer mes fonctions, ce dont je ne pourrais répondre. Car comme les philosophes, et surtout les moralistes, passent pour mépriser l'argent, j'apprends que les hommes illustres et éminents, qui à l'origine ont été chargés d'attribuer à chaque professeur un traitement proportionné à son mérite, veulent éprouver si je suis philosophe ou si je feins de l'être ; aussi m'ont-ils assigné des honoraires annuels fort exigus (1), afin que si j'en étais choqué, ils me convainquissent de ne pas mépriser l'argent, et partant de n'être pas philosophe. Pour moi, bien que je ne sois pas de ces sages qui ont pour l'argent un profond mépris, j'ai résolu en cette occasion d'agir en philosophe. Je mépriserai donc, s'ils ne changent de décision, et l'argent qu'on m'offre et celui qu'on me refuse, et, si l'on me force à choisir, à un travail gratuit, je préférerai un repos gratuit (2). »

Puisque les cardinaux s'obstinaient à le croire trop payé par les applaudissements de la jeunesse romaine, Muret se décida à exécuter sa menace.

---

(1) « *Annuam laborum meorum mercedem perexiguam.* »
(2) Le passage se trouve dans l'édition des discours de Muret par Tauchnitzs, p. 242-243 du 2ᵉ vol., et aussi dans l'édit. de Ruhnken.

Nous lisons dans le rapport de Lorenzani, que Murani (1) place en 1568, à propos de Muret : « Bien méritant ; n'a commencé son cours qu'au second trimestre, à cause de l'exiguïté de son traitement (2). » « Toutefois, continue Murani, le bedeau dit que Muret eut alors non plus cent florins (3), mais cent cinquante. » Comme les éditions de Muret portent un discours d'ouverture pour 1567 et n'en offrent pas pour 1568 ; comme elles renferment, à la date de février 1569, un discours où Muret reprend possession de sa chaire, il est évident que le rapport assigné par Murani à l'année 1568 clôt l'exercice scolaire 1568-1569 et ne l'ouvre pas.

La date du discours par lequel il rentre en fonctions n'est évidemment pas fautive, puisqu'il y est dit qu'il a professé cinq ans à Rome (4) et qu'il a interrompu son cours, il y a quelques mois (*superioribus mensibus*). Dès lors nous tenons la véritable cause de la retraite de Muret : on lui refusait une augmentation légitime ; la libéralité d'Hippolyte lui permettant de se passer d'appointements médio-

---

(1) P. 140, en note.
(2) « Bene meritus ; non aggressus nisi secunda tertiaria, ob parvum salarium. »
(3) Les mots de *florins* et d'*écus* sont alors employés fréquemment l'un pour l'autre. — Voici la phrase de Murani : « Dice però che allora hebbe non più 100 ma 150 fiorini. »
(4) On se rappelle qu'il y avait débuté à la rentrée de 1563.

cres, il a quitté sa chaire, mettant implicitement les cardinaux au défi de le remplacer dignement. On l'a d'abord laissé partir, mais le plus embarrassé n'a pas été Muret. Les cardinaux se sont montrés plus raisonnables, et Muret, entraîné par sa vocation, est remonté dans sa chaire. Le ton ironique de son petit discours de rentrée s'explique parfaitement.

Ne regrettons pas trop pour Muret ces loisirs complets dont il nous promettait de faire un si bel emploi, et qu'il sacrifie si aisément. L'enseignement, bien plus que les longs travaux de cabinet, était son vrai domaine. Les livres qu'il aurait composés dans la retraite ne vaudraient pas, j'en ai peur, les services qu'il va encore rendre pendant une quinzaine d'années à l'université de Rome.

CHAPITRE XIII.

SOMMAIRE :

Réputation européenne de Muret. — Il condamne les discours de lieux communs. — Ses harangues sur la victoire de Lépante et sur la Saint-Barthélemy. — Les savants orthodoxes et l'Inquisition. — Parti choisi par Muret. — On le laisse tranquille, mais on ne lui permet pas de lire Eunape à la bibliothèque du Vatican.

La retraite de Muret sur le mont Aventin, je veux dire sur le Quirinal, au palais d'Hippolyte, avait eu raison des cardinaux. Il faut dire qu'il commençait à jouir d'une réputation européenne : « Quel homme dans la terre habitable, » s'écriait en 1564 le Hollandais Guill. Canter, en lui envoyant ses *Novæ lectiones*, « est assez barbare, assez étranger à toute élégance (1) pour ne pas connaître, aimer, chérir Muret (2)? » — « Il n'y a personne, parmi

---

(1) Le mot *elegantia*, dans son sens large, convient assez bien au tour d'esprit de Muret.

(2) *Lett.* de Muret, I, 42 ; il est vrai que Canter était l'obligé de

ceux qui ont la moindre teinture des lettres, » écrivait en 1567 l'Allemand Jean Chessel, en latin Caselius, « qui ne vous estime beaucoup, Muret, et qui, voyageant en Italie, ne veuille entendre votre voix, contempler votre visage, éprouver votre amabilité, » et il terminait par ces mots : « Adieu, très illustre Muret (1). » Un érudit dont le nom devait faire encore plus de bruit que celui de Canter ou de Chessel, Juste Lipse, lui écrivait de Rome, le 16 août 1568, qu'un petit coin à l'ombre auprès de Muret, sous l'éclatant soleil de Tivoli, serait pour lui préférable aux îles Fortunées (2) ; il ne trouvait rien de plus attique qu'une lettre qu'il avait reçue de lui (3). Enfin, dans une lettre du 15 août 1569, Van Giffen lui soumettait un aperçu de ses travaux sur Aulu-Gelle (4). Avant de priver définitivement leur université d'un homme qui lui faisait tant honneur, les cardinaux avaient bien fait d'y regarder à deux fois.

Muret reprit donc son cours de droit. Fidèle à ses principes, dans son discours du 4 novembre 1569, sur le devoir du professeur et la manière

---

Muret, puisqu'il publiait un fragment d'Athénée que celui-ci avait communiqué à Dorat.

(1) *Lett.* de Muret, I, 68, à la date du 1er mars 1568.
(2) Voyez la 59e lett. de la correspondance de Muret dans Lazeri.
(3) Voyez la 60e lett. de la correspondance de Muret dans Lazeri, à la date du 31 août 1569.
(4) *Lett.* de Muret, I, 74, p. 111 du 2e vol. de Frotscher.

d'enseigner la jurisprudence, il déclare que le professeur doit enseigner la vérité, se borner à la science qu'il traite, l'exposer avec ordre dans un style élégant et clair. Selon lui, toutes ces qualités ont manqué aux maîtres qui ont professé le droit depuis quatre cents ans, surtout parce que, ne sachant ce que c'était que Rome, ils ne pouvaient comprendre l'esprit de ses lois, et parce qu'ils avaient la manie des disputes. De là ces courses au hasard dans une nuit obscure; de là cette rage de mettre une opinion à la place d'une autre comme on chasse un clou par un autre clou. Aussi ont-ils enseigné des erreurs, brouillé toutes les questions, parlé en style barbare et inintelligible. On dit pour les défendre que l'éloquence est inutile au professeur de droit, qu'elle est incompatible avec l'esprit scientifique (1). Mais, d'une part, il faudrait au moins que leur langage fût clair et ne rebutât point des auditeurs cultivés; d'autre part, qu'est-ce donc que la science de ces hommes, comparée à celle d'Alciat, de Douaren, de Connan? Il termine en annonçant pour sa leçon du lendemain un plan parfaitement clair et rigoureusement enchaîné; il dira pourquoi les ouvrages de droit traitent des pactes à l'endroit où il est parvenu, ce que c'est qu'un

---

(1) On le voit, la routine fournissait aux bartholistes le même argument qu'aux philosophes scolastiques.

pacte, combien il y en a d'espèces, qui peut en faire, qui peut en recevoir, quels en sont les effets, puis il passera aux lois qui les régissent.

Nous n'avons pas son discours de rentrée de 1570; dans celui qu'il prononça l'année suivante (1), le sujet est moins intéressant que les discussions qui en avaient précédé le choix. Muret y traite avec élévation et gravité des devoirs du juge; mais les excellents principes qu'il y pose ne sont pas originaux et ne pouvaient guère l'être. Mais voici qui caractérise bien mieux Muret : il se proposait d'entrer en matière sans préambule, par l'explication d'un des titres du Digeste. Ses amis se sont récriés : ils l'ont pressé de choisir un sujet étranger à la jurisprudence et qui prêtât aux développements oratoires, Il a refusé, n'ayant jamais eu de goût pour le lieu commun, même au temps de sa jeunesse, où il sacrifiait au désir de se faire connaître et aux exigences de l'enseignement de la rhétorique (2). Aujourd'hui son âge, l'état que l'on fait de lui (3), la science qu'il enseigne lui interdisent les sujets d'apparat. Tout ce que Muret peut faire, c'est de

---

(1) V. le 18º disc. du 1ᵉʳ liv. à la date du 6 novembre 1571.

(2) « Vix ista faciebam adolescens quum et omnes vias perveniendi ad aliquam eloquentiæ Famam studiose conquirerem, et iis in artibus exercerer quas qui tractant, in iis haec non ferri modo sed et requiri solent » (Frotscher, I, 237).

(3) « Hac qualicumque hominum opinione de me » (Ibid.).

débuter par quelques considérations sur les devoirs du juge.

Aujourd'hui que la science, avec des méthodes non moins précises, poursuit des vérités plus générales et que le professeur n'est plus tenu de suivre son auteur pas à pas, Muret ne défendrait pas sans doute d'ouvrir un cours par l'indication des idées qu'on se propose d'y établir. Un guide n'est pas malavisé, quand il montre à des voyageurs novices le plan de la route où il va les conduire, et qu'il touche un mot des beaux paysages qu'il leur fera traverser : il les empêche ainsi de s'égarer ou de perdre courage. Mais comme alors c'étaient de solennelles banalités qu'on demandait à Muret, il faut le louer du rigorisme qui lui interdit de condescendre à une mode futile, si favorable qu'elle parût à son talent d'orateur; il faut aussi reconnaître qu'il avait le droit de dire qu'il n'y avait jamais cédé sans répugnance. Son discours de 1563 en fait foi; pour mieux dire il n'est presque pas un de ces discours d'ouverture où il ne s'applique, non pas seulement à rajeunir, mais, si l'on peut s'exprimer ainsi, à utiliser le lieu commun par une polémique de circonstance, par l'apologie de ses méthodes.

Au reste les amis qui lui demandaient des discours d'apparat n'eurent pas à attendre longtemps; moins de six semaines après, il les satisfit, mais hors de l'université où il ne voulait plus faire entendre que le langage de la science et de la raison. Le 13 décembre 1571 il remporta un de ses plus brillants succès oratoires : sur l'ordre du Sénat et du peuple romain (1), il prononça un discours à Sainte-Marie du Capitole, c'est-à-dire dans l'église *Ara Cœli*, pour célébrer la victoire de Lépante et le retour d'Ant. Colonna, qui avait commandé l'escadre pontificale dans cette glorieuse journée. L'enthousiasme des Romains récompensa Muret par une distinction très recherchée alors des savants : le titre de citoyen de la ville éternelle (2). La *Nouvelle Biographie générale* veut que ce ne soit pas Pie V, mort le 1er mai 1572, mais son successeur qui lui ait décerné cet hommage. En tout cas, les vers d'un certain Giov.-Franc. Ferrari, « citoyen romain, en l'honneur de M. Ant. Muret, décoré du titre de citoyen romain, » prouvent que l'on récompensa en lui le panégyriste des vainqueurs de Lépante (3). Le même discours, dont notre plan ne comporte pas ici l'appréciation littéraire, eut encore l'honneur d'être traduit en italien. Muret nous ap-

---

(1) « *Mandatu senatus populique romani.* »

(2) On sait que Montaigne reçut le même honneur en 1581 ; quelques années plus tard, Juste Lipse se montrera plus difficile. De Louvain (100e lett. de la 1re centurie, 2 novembre 1601), il écrira qu'il l'accepterait si on le lui offrait, mais il ne veut pas qu'Erycius Puteanus le sollicite pour lui, il ajoute que ce titre a souvent été offert à des indignes.

(3) V. Frotscher, I, 252, en note.

prend lui-même (1) qu'il l'avait prononcé devant un concours d'auditeurs qui dépassa son attente, et que tant de personnes lui en demandaient copie qu'il dut le faire imprimer (2).

Mais sa réputation allait payer cher un instant de triomphe : la harangue sur la victoire de Lépante avait plu si fort, que l'année suivante on lui confia le panégyrique de la Saint-Barthélemy.

Le fanatisme du langage n'est pas pour nous chose nouvelle dans la bouche de Muret. Nous l'avons déjà signalé dans les harangues qu'il prononçait au nom du gouvernement français dans les premières années de nos guerres civiles. Il en charmait encore les oreilles des Romains quelques mois avant de célébrer l'odieux guet-apens du 24 août. Pie V était mort le 1er mai 1572; le 15 du même mois, après quelques jours de préparation seulement, il prononça, à Saint-Pierre du Vatican, l'oraison funèbre du souverain pontife. Il vanta sa haine implacable (3) contre ceux qui tentaient d'ébranler par quelque endroit la foi catholique. « A ces hommes, Pie V fit une guerre perpétuelle, ne se reposant pas un seul instant du soin de les

---

(1) *Lettres*, I, 23.

(2) Ses discours d'apparat et une partie de ses discours d'ouverture ont d'ailleurs été publiés séparément de son vivant, avant d'être réunis.

(3) *Implacabile odium*. Ce discours est le 20e du 1er liv.

tourmenter et de les *pourchasser* (1). » Quelle naïveté terrible, quelle effrayante propriété d'expressions dans la phrase suivante : « Pour remettre et pardonner les autres fautes, bien que censeur très sévère de lui-même et des autres, il ne se montrait pas si *dur* et si *inexorable* : pour ceux qui avaient abandonné l'Eglise, il fallait qu'ils se purgeassent de leurs erreurs ou qu'ils *purgeassent l'univers de leurs personnes*, ou bien la vie lui semblait amère et désolée (2). » On voudrait croire qu'un blâme est caché au fond de ces paroles, qui expriment si fortement les souffrances secrètes des persécuteurs sincères pour qui la vie de l'hérétique est un tourment. Quand plus loin, il nous paie de la mauvaise raison dont le cardinal Hippolyte ne voulait que pour les autres : il est permis d'être impitoyable à celui qui pratique tout ce qu'il exige des hommes, on espère qu'il se souvient de la réfutation que faisait son maître de ce dangereux argument. Mais qu'importe ici le fond des sentiments de Muret? Ou plutôt ne vaudrait-il pas mieux qu'on fût au moins sûr de sa bonne foi?

(1) « Quibuscum ille perpetuum bellum gerens, ne punctum quidem temporis in vita ab iis vexandis et exagitandis conquievit. »
(2) « In aliis erratis condonandis atque ignoscendis, quanquam et sui et aliorum severissimus censor, non ita se durum atque inexorabilem præbebat : qui ab Ecclesia descivissent, nisi aut ipsos erroribus aut ipsis orbem purgarent, vitam sibi acerbam atque insuavem esse ducebat. »

C'est le 23 décembre de la même année qu'il prononça l'éloge tristement célèbre de la Saint-Barthélemy. Le roi Très-Chrétien avait envoyé un ambassadeur extraordinaire, Nicolas de Rambouillet, assurer de son dévouement le nouveau pontife, Grégoire XIII, dont l'avènement avait été comme fêté par la sanglante hécatombe. Muret, chargé de la harangue officielle, avait déjà déposé bien des hommages semblables au pied du trône de saint Pierre : deux ans plus tôt il écrivait à Manuce qu'au train dont allaient les choses, il pourrait un jour composer un recueil de harangues pontificales (1). Cette fois il n'avait pas à craindre la banalité : la Saint-Barthélemy fit les frais de son discours (2). Le roi de France, dit-il, avait accordé une paix équitable et généreuse aux factieux. Ceux-ci ont tenté une conspiration qui, heureusement découverte, est retombée sur leurs têtes : « O nuit mémorable et digne d'être notée dans les fastes d'une marque éclatante, car par la mort d'un petit nombre de séditieux, elle a délivré le roi d'un péril présent de mort, le royaume de la crainte perpétuelle des guerres civiles ! Pendant cette nuit, j'imagine que les étoiles mêmes brillèrent d'un plus vif éclat, et que la Seine roula des ondes plus

---

(1) « Pontificiarum orationum quasi σωμάτιον quoddam » (*Lettres*, I, 21).

(2) XXIIe discours du 1er liv.

abondantes pour emporter et vomir plus vite dans la mer ces cadavres d'hommes impurs (1). » Puis il montre les frères du roi rivalisant de zèle pour le meurtre, Grégoire XIII décrétant des remerciements à Dieu et venant les offrir à pied. Mais il ne faut analyser un pareil discours que pour mesurer la honte de celui qui l'a composé, et de ceux qui l'ont inspiré ou applaudi ; nos citations suffisent.

Dira-t-on que Muret crut au complot qui aurait, d'après Catherine de Médicis, mis la cour dans le cas de légitime défense ? Il semble difficile que la vérité n'ait pas transpiré en Italie au mois de décembre, quand, dès le mois d'octobre, Morin, l'ami de Muret, dans son discours d'ouverture à Reggio, près de Modène, disait formellement que les huguenots avaient péri dans de *justes embûches* (2), que le roi, témoin de leurs crimes et insulté par eux, avait dû tout supporter pour les attirer tous à Paris, sous divers prétextes, et, une fois qu'ils seraient en son pouvoir, leur infliger un châtiment suprême et très juste (3).

---

(1) « O noctem illam memorabilem et in fastis eximiæ alicujus notæ adjectione signandam, quæ paucorum seditiosorum interitu regem a præsenti cædis periculo regnum a perpetua civilium bellorum formidine liberavit! Qua quidem nocte stellas equidem ipsas luxisse solito nitidius arbitrer et flumen Sequanam majores undas volvisse quo citius illa impurorum hominum cadavera evolveret atque exoneraret. »

(2) « *Justis insidiis circumventi.* »

(3) « *Ut eos Lutetiam omnes alium alia de causa evocatos in potes-*

On serait même tenté d'aller plus loin, de refuser le bénéfice de toute circonstance atténuante à Muret. On ne saurait, en effet, comme pour son parent Dorat, dont on a pu dire que la muse n'avait jamais été mieux inspirée que par la Saint-Barthélemy (1), donner l'excuse de la dureté naturelle du caractère, de l'exaspération d'une querelle récente avec une des victimes du massacre (2), de la vue et de l'odeur du sang qui coulait dans les rues de Paris. Le président de Thou et Du Faur de Pibrac firent bien, l'un de vive voix, l'autre par écrit, l'apologie du carnage ; mais il y allait peut-être de leur vie, et ils essayèrent l'un et l'autre de mettre un terme aux égorgements. Admettons que Muret n'ait pas été libre de passer sous silence la Saint-Barthélemy : où voyons-nous qu'il ait jamais éprouvé le moindre remords de sa lâche complaisance?

Mais ici, pour ne pas être injuste, il convient de s'arrêter et de jeter un coup d'œil sur la condition morale des littérateurs italiens au temps de Muret, surtout de ceux qui vivaient à Rome. Quand nous saurons dans quel milieu Muret a passé plus de vingt ans, quel air il y a respiré, nous serons por-

tate haberet, de iis summum justissimumque supplicium sumeret. »
(1) V. la notice de M. Marty-Laveaux sur Dorat.
(2) V. la notice précitée de M. Marty-Laveaux sur la haine féroce de Dorat contre Ramus.

tés à le juger avec plus d'indulgence. Tout au moins, si nous jugeons encore sévèrement son caractère, nous comprendrons mieux l'originalité de son esprit ; j'ajoute que nous apprécierons mieux les difficultés contre lesquelles nous le verrons bientôt lutter honorablement.

Nous n'entendons pas ici raconter, après tant d'autres, les persécutions qui, dans la seconde moitié du seizième siècle, décimèrent en Italie les prosélytes de la Réforme ou de la libre pensée. On sait comment sous Pie V, qui avait été grand inquisiteur, le saint Office brûla les Zanetti, les Paleari (1), les Carnesecchi. On sait que la hardiesse de l'esprit était alors un crime, et que ni la piété la plus ardente, ni la vertu la plus pure ne rachetaient le plus léger dissentiment en matière de foi. Suivant l'expression de Paleari, une épée était suspendue sur la tête des penseurs. Mais ce qui est moins connu, et ce que nous voudrions indiquer, c'est l'état d'anxiété et d'humiliation où vivaient, dans tout le monde catholique, les écrivains qui voulaient ne pas se brouiller avec l'orthodoxie. La correspondance de Sirleto (2), qui paraît avoir été le plus influent des cardinaux chargés de l'adminis-

---

(1) V. l'intéressante étude de M. J. Bonnet sur Paleari.
(2) Conservée au Vatican. A l'appendice M nous analyserons quelques suppliques à lui adressées qui montrent l'influence qu'il possédait dans tout ce qui se rattache aux lettres.

tration des lettres, nous permettra d'en juger.

Voici d'abord l'orientaliste flamand André Maës, en latin Massius, qui se défend (1), non pas d'avoir donné dans quelques opinions hérétiques, mais d'avoir cité des hérétiques, et cela non pas dans une controverse de religion ou de morale, mais dans une grammaire et dans un vocabulaire de la langue syrienne. Il dit que le mécontentement que ces livres ont inspiré au pape lui cause de la douleur, qu'il a toujours fait profession d'être catholique, c'est-à-dire de croire ce que l'Eglise de Rome enseigne; il se réclame de l'amitié du duc d'Albe qui est content de son zèle pour la foi. Sans doute, il a cité les Thalmudistes (2) au commencement de sa grammaire syrienne; mais il pense que le pape n'a pas pris cela en mauvaise part. Il ne sait pas s'il a cité par hasard quelque auteur hérétique; il n'a pas, d'ailleurs, l'habitude de se servir de leur témoignage (3). Ainsi voilà un des collaborateurs d'Arias Montanus, de l'auteur de la Bible polyglotte encouragée par Philippe II d'Espagne (4) dont la

---

(1) Page 228 du manuscrit 2023 du Vatican, fonds de la reine de Suède.

(2) C'est-à-dire les juifs qui ont recueilli les traditions rabbiniques.

(3) Lettre sans date, mais qui se place évidemment entre l'année de la publication des ouvrages en question (1571) et l'année de la mort de Maës (1573).

(4) Les deux ouvrages de Maës avaient été composés à la prière d'Arias Montanus pour servir à la Bible polyglotte de ce dernier.

science est suspecte ! Voilà un ami du duc d'Albe qui est obligé de justifier la pureté de ses intentions ! En effet, rompre tout commerce religieux ou politique entre protestants et catholiques ne suffisait pas à l'autorité ecclésiastique : on voulait interdire même tout commerce littéraire. De là une conspiration de silence dirigée non seulement contre la science théologique des hétérodoxes, mais contre leur autorité grammaticale. Lucas de Bruges (1), dans des notes pour l'édition des Variantes du nouveau Testament, avait cité Munster et Erasme : il avoue (2) qu'ils étaient des hérétiques, du moins qu'ils passent pour tels (*homines hæretici aut certe hæreseos apud bonos omnes suspecti*); mais il les a cités seulement pour des leçons qu'ils avaient trouvées dans des manuscrits que luimême n'a pas lus ; leçons, du reste, sans conséquence. D'ailleurs, il a, depuis, remplacé le nom de Munster par le mot *quelqu'un* (*quidam*). A tel endroit, il accorde « qu'il aurait pu ne pas citer le nom d'Erasme, car c'est concéder quelque autorité à un homme dont il importe que les écrits n'aient aucun renom d'autorité, bien qu'ici il ne

---

(1) On se défiait particulièrement des Flamands, proches voisins des huguenots néerlandais. J. Lipse, revenant d'Italie, dit ne pas pouvoir aller en France parce que le duc d'Albe interdisait tout voyage scientifique qui n'aurait pas Rome pour but.

(2) Lettre datée de Louvain, 24 mai 1576.

s'agisse que d'un mot, d'une conjecture, *processit*, qu'il préfère à *præcessit*, d'après le grec προέκοψε (1). »

Dans sa bonne volonté de ne rien faire qui soit mal vu, Lucas demande s'il ne peut pas non plus nommer Erasme quand il faudra le reprendre (2), s'il peut citer Robert Estienne, que d'ailleurs il a partout appelé Estienne tout court pour dérouter le lecteur (3). Peut-il citer aussi Vatable et Jacques Le Fèvre ?..... Pauvre Maës, pauvre Lucas ! était-ce pour vous préparer ces scrupules que presque tous les orientalistes de la génération précédente avaient plus ou moins donné dans l'hérésie ?

Il ne faudrait pas objecter qu'André Maës et Lucas de Bruges étaient des esprits timorés qui se donnaient gratuitement la peine de dissiper des soupçons imaginaires. Sans doute, il est arrivé que, même de grands hommes, ont prodigué des gages de soumission qu'on a déclarés superflus après les avoir acceptés. Bossuet a bien voulu dire que les précautions de Descartes pour ne pas être censuré par l'Eglise allaient quelquefois « jusqu'à l'excès (4). » Au temps même de Muret,

---

(1) « *Omitti nomen illius (Erasmi) potuit : tribuit enim id auctoritatis nonnihil ei cujus scripta absque auctoritatis opinione esse expedit, quanquam de sola voce sit quæstio, quod* « *processit* » *legendum esse conficiat ex* προέκοψε *potius quam* « *præcessit.* »

(2) « *An et nominari ut reprehendatur haud possit ?* »

(3) « *Ut non facile a quovis agnosci possit.* »

(4) A l'occasion de deux lettres de Descartes qui expriment des

l'Inquisition essayait sans trop de succès de rassurer le Tasse, dont d'étroits esprits avaient incriminé les vers amoureux (1). Mais ce sont là des exceptions. Un post-scriptum de la lettre de Lucas nous apprend que le mieux, à en croire le cardinal Sirleto, était de publier seulement les variantes qui s'accordaient avec le sens de la Vulgate (2); autrement on fournirait, aux ennemis de la foi, des armes contre les catholiques, en allant chercher des leçons dans quelque évangile corrompu par d'anciens hérétiques, qui, par exemple, suppriment les mots *de toi* dans ce passage de saint Luc : « Le saint naîtra de toi (3). » Disons, à l'honneur de Lucas de Bruges, que cette fois sa conscience de savant résista : il répondit que son dessein était de publier toutes les variantes, en les discutant.

Les scrupules et l'anxiété des savants qui voulaient rester en communion avec l'Eglise ne s'expliquent que trop bien : ils passaient souvent par

---

opinions indépendantes sur la transsubstantiation et que Bossuet voudrait qu'on ne publiât pas pour épargner la mémoire du grand philosophe (V. les lett. de Bossuet des 24 octobre et 30 mars 1701).

(1) Parmi ces esprits étroits se trouvait Silv. Antoniano, le collègue ou plutôt le supérieur hiérarchique de Muret.

(2) « Quæ vulgatæ lectioni inservirent. »

(3) « Alioquin hostibus fidei tela præberi, quibus nos oppugnent, dum varietates quædam adducuntur ex evangelio ab antiquis hæreticis depravato, exempli gratia quod auferant τὸ *ex te* illi loco evangelii secundum Lucam : *quod nascetur ex te sanctum.* »

de terribles émotions. Dans l'histoire des procédures inquisitoriales, on n'enregistre d'ordinaire que le nom des condamnés. Dieu merci! le saint Office ne condamnait pas toujours; mais la liste, bien autrement longue, des accusés et des suspects aurait suffi à entretenir la crainte; nul n'était certain qu'un jour il n'aurait pas à rendre compte de son orthodoxie. A Rome, il serait facile de le prouver, les meilleurs professeurs de théologie, des cardinaux, des papes futurs, durent justifier de la pureté de leur foi. Dans quel état d'esprit, pour peu que l'alarme eût été vive, sortait-on du tribunal après un verdict d'acquittement? On lira, à l'appendice N, une lettre, encore toute tremblante d'émotion, qu'un professeur de Florence écrit au grand-duc au moment où il apprend qu'il va être rendu à la liberté. La joie de ce pauvre homme fait peine, parce qu'on sent bien qu'il sort amoindri des mains de l'Inquisition. Il prie le grand-duc de l'excuser s'il regagne Florence en litière et non à cheval; mais ce n'est pas sa faute : il est vieux; il manquera quelques leçons, mais ce sera pour la première fois, depuis neuf ans qu'il est au service du prince; son maître ne lui en voudra sûrement pas : en attendant « il s'incline très humblement pour baiser les parties extrêmes des vêtements sérénissimes. » Il demande pardon au grand-duc comme il a dû demander pardon à ses juges : il passera ses dernières années à se faire petit et à demander pardon.

Entre la pusillanimité de ces malheureux savants et l'assurance de Muret maudissant et proscrivant du haut de sa tribune officielle, le moraliste peut hésiter. Mais ces pâles et inquiètes figures forment un contraste plein d'enseignement avec les traits rudes et l'expression imperturbable du personnage que nous étudions. Son langage, si différent du leur, est dicté par un même sentiment : la peur. Mais un même sentiment produit des effets divers, suivant l'âme qui l'éprouve. La conduite des hommes peureux n'est pas uniforme. La crainte les conduit bien tous dans le camp du plus fort, mais elle leur y assigne des rôles différents : les uns, âmes douces, candides, incapables de maîtriser ou de dissimuler leur frayeur, y gardent la posture de prisonniers suppliants ; les autres, non moins poltrons mais plus avisés, remarquent que la bataille est finie, ramassent quelques armes à terre et, déguisés en soldats, réclament qu'on achève les vaincus. L'attitude menaçante de Muret n'est pas plus glorieuse que l'humble attitude des Maës et des Lucas de Bruges ; mais avouons que, n'étant pas né fanatique de cœur, et ne voulant pas se brouiller avec une ombrageuse orthodoxie, il n'avait, à Rome, que le choix entre le rôle de suspect et celui d'accusateur : du reste accusateur assez inoffensif, puisque ses réquisitoires sont postérieurs au massacre des accusés.

N'exagérons rien : ce n'est pas par crainte que Muret parle en catholique, mais c'est par crainte qu'il parle en fanatique. Son esprit ne s'était jamais révolté contre aucun dogme, et il serait faux de dire qu'il ne croyait que de bouche (1). Mais, chez un homme naturellement si profane, je veux dire dans un esprit si libre, si curieux, si lettré, le fanatisme ne s'explique que par la peur. (J'écarte absolument la supposition d'un calcul intéressé : Muret n'est pas héroïque, mais il me paraît avoir été toute sa vie au-dessus d'une basse cupidité.) Seulement Muret a peur à sa manière, qui n'est pas plus à la portée des esprits timides qu'elle n'est du goût des cœurs courageux.

Il ne négligeait pas d'ailleurs les précautions chères aux peureux moins résolus que lui; avant même son arrivée à Rome, on le voit se préoccuper de changer la dédicace d'une ode adressée à Carnesecchi dont l'Inquisition venait de commencer le procès (2). L'Allemand Nathan Chytræus, auquel

---

(1) Nous reviendrons sur ce point.
(2) *Lett.* de Muret, I, 14 ; Manuce, consulté, l'approuva, et cela justement dans la lettre où il le blâmait si dignement pour les gaillardises de son style (*Lett.* de Muret, III, 11). Manuce lui-même, bien que Carnesecchi fût le parrain d'un de ses enfants, effaça son nom

il avait fait bon accueil à Rome en 1566, sur la recommandation de Caselius, lui rappela ce souvenir dans une lettre fort aimable datée de Rostock (1ᵉʳ avril 1570) : Muret écrit à M. Ant. Ciofani, qui lui a fait parvenir la lettre, qu'il ne sait où adresser une réponse, n'ayant jamais entendu parler de Rostock (1) : « Mais d'ailleurs, ajoute-t-il, pour avouer la vérité, je n'écris pas très volontiers à des hommes que je ne connais pas, surtout quand ils sont nés dans les pays où l'on a généralement abandonné la vraie et droite religion. Car je crains d'adresser par mégarde mes lettres à quelque homme infecté d'hérésie (2) ; avec ces personnes-là, je ne veux avoir ni liaison, ni rapport (3). » Hugo Blotius, bibliothécaire de l'em-

---

de ses œuvres et le remplaça par d'autres. Au dix-huitième siècle, les mêmes procédés étaient encore employés en Italie ; Mancurti, dans son édition des œuvres de Flaminio, en 1743 (Padoue), supprime les odes adressées à Carnesecchi.

(1) L'érudition si variée de Muret semble avoir laissé à désirer en géographie : le jour où il a dit, *Var. lect.*, XIII, 20, que le *Nil* était, avec le Danube et le Rhône, un des trois plus grands fleuves de l'Europe, il a au moins commis une singulière étourderie.

(2) « Ad aliquem τῶν μεμιασμένων. »

(3) « *Cum quibus ego nihil mihi esse aut familiaritatis aut commercii volo* » (*Lett.*, I, 91. Voir la lett. de Chytræus, *Lett.* de Muret, I, 50. Voir aussi *Lett.* de Muret, III, 71). — Un éditeur protestant de Muret a chaleureusement vanté la tolérance des réformés, qui en usaient plus généreusement envers l'apologiste de la Saint-Barthélemy et publiaient son mérite littéraire (Jac. Thomasius, début de sa préface ; p. 41-43 du 1ᵉʳ liv. de Frotscher). Il oublie que si les

pereur Maximilien II, ayant longtemps attendu une réponse de Muret, interprète ce silence par l'incertitude où serait Muret sur la religion de son correspondant (1). On chercherait vainement dans les œuvres de Muret, la moindre parole de pitié pour les érudits que l'Inquisition brûla sous ses yeux (2). Le nom d'Aonio Paleari n'y est pas prononcé une seule fois. En récompense, Muret ne fut jamais inquiété sur son orthodoxie, à la condition de soumettre sa curiosité scientifique à l'étroite tutelle de l'autorité ecclésiastique. Il avait vu un jour, dans la bibliothèque du Vatican, un manuscrit fort rare d'Eunape (3), « et, l'ayant demandé au cardinal Sirleto pour le faire copier, ce bibliothécaire (4) lui répondit que le pape l'avait défendu et que c'était un livre *empio e scelerato* (impie et scélérat) (5). Un des érudits les plus célèbres du seizième siècle, traité en écolier dont on surveille les lectures, l'histoire mise sous

---

catholiques, au seizième siècle, brûlent les livres qui leur déplaisent ou les mettent à l'index, les huguenots du même temps martèlent les statues.

(1) V. la 66ᵉ lett. de la correspondance de Muret dans Lazeri.

(2) Le Pogge avait admiré la mort courageuse de Jean Huss; mais il appartenait à une génération disparue.

(3) Sophiste païen, adversaire acharné des chrétiens, admirateur enthousiaste de l'empereur Julien.

(4) La manière dont ce cardinal entendait ses fonctions ne doit pas faire oublier qu'il avait voulu les honorer en les acceptant.

(5) *Patiniana*, p. 231.

le séquestre, quand son témoignage risque de déplaire (1) : voilà une des conséquences les plus innocentes de l'intolérance.

Muret se disait apparemment que, simple professeur d'éloquence ou de jurisprudence, il n'avait pas à prendre parti dans les querelles de son temps ; que si, parce qu'il parlait assez purement la langue de Cicéron, les grands de la terre l'arrachaient parfois à ses études chéries, pour lui imposer le panégyrique de leurs actes, c'était leur affaire ; que tout ce qu'il disait ce jour-là serait sur leur conscience. Pour lui, que lui demanderait la postérité? S'il avait réformé les mœurs des gouvernements? Non pas ; mais s'il avait réformé l'enseignement. Etre le promoteur infatigable des nouvelles méthodes, discréditer la routine pédagogique, telle était sa tâche. Un illustre critique était un jour sollicité d'écrire sur les ouvrages d'un souverain dont il avait consenti à admirer la politique : il ne le voulut pas ; c'était, à son avis, la seule complaisance qu'il dût refuser. Il mettait sa conscience dans ses articles de critique littéraire et voulait que la postérité le jugeât par cet endroit. Muret, de même, comptait sans doute faire deux parts

---

(1) Une des lettres empruntées à la correspondance de Sirleto, dont nous donnerons l'analyse, montrera les préoccupations qui poursuivaient Sigone lui-même dans ses recherches scientifiques (V. l'appendice M).

dans sa vie, et sacrifier l'une pour assurer la liberté de l'autre. Le malheur est que nous allons le voir amené à agrandir sans cesse *la part du feu*.

CHAPITRE XIV.

SOMMAIRE :

Il se laisse ramener à l'enseignement de l'éloquence. — Discours mordant contre les cicéroniens. — Sincérité de son anti-cicéronianisme. — Mort d'Hippolyte. — Douleur et gratitude de Muret ; son chagrin quand le nouveau cardinal d'Este lui accorde la même faveur mais non la même amitié.

On se rappelle que Silvio Antoniano s'était plaint, dans un rapport, de Cesareo, professeur d'éloquence. Le rapport, concluait par ces mots : « Il serait fort expédient de le récompenser comme soldat émérite ; mais, à tout le moins, on gagnerait déjà quelque chose à placer son cours dans la matinée (1). » Le bedeau Lorenzani, à la même époque (1568), après avoir constaté la turbulence des auditeurs de Cesareo (2), ajoutait : « Cet homme

---

(1) V. l'appendice K.
(2) « Cæsareus Cosentinus in meridie et in hora prandii legit, eo quod in hora ordinaria interturbatur ab auditoribus ob infirmitates animi sui omnibus ferme manifestas. »

instruit, un peu bizarre pourtant et tenu pour fou par plusieurs, parce qu'il espère devenir cardinal et y compte assurément, à ce qu'on dit (1), mériterait qu'on s'occupât de lui et qu'on fît quelque chose en sa faveur; car son cours, bien que savant, fait peu de profit, et il faut en choisir un autre à sa place (2). » Lorenzani répéta la même chose en 1570, et proposa même un remplaçant : il ne choisissait pas mal, car il désignait Sigone. En 1572 Cesareo reçut un congé honorable et on offrit sa place à Muret.

C'était lui demander de se démentir publiquement. Il avait formellement déclaré, en 1567, que le but de toute de sa vie avait été l'enseignement de la jurisprudence, qu'il n'avait approfondi la littérature et la philosophie que pour s'y mieux préparer. En 1570, il avait refusé une chaire d'humanités à l'université de Padoue (3) et c'est peut-être à cette occasion que son traitement avait été, cette année-là, porté à deux cents écus (4). Seul, dans l'université de Rome, il appliquait au droit la

---

(1) Retenons ce genre de folie : nous en parlerons dans la suite.

(2) « Huic docto viro, tamen incomposito et ab aliquibus quasi fatuo reputato, nam sperat se cardinalem et ita credit firmiter (ut fama est), consulendum ob pietatem condonandumque aliquid esset ; nam, lectio sua (encore un *lapsus* de l'honnête bedeau) quamvis docta sit tamen parum frugi est, et in locum ipsius alter eligendus. »

(3) Riccoboni, *Gym. Patav.*, II, 47. A son défaut, Padoue choisit son élève Riccoboni.

(4) C'est Murani, *op. cit.*, qui relate cette augmentation d'après les archives du Vatican.

méthode nouvelle, celle de son pays; Renazzi (1) compte parmi ses collègues d'autres professeurs de droit instruits, mais qui appartenaient tous à l'ancienne école : « Un rayon de cette lumière qui avait brillé en France grâce à Connan, à Douaren, à Cujas, en Italie grâce à André Alciat, avait cependant pénétré aussi fort heureusement (*per somma ventura*) à Rome, grâce à M. Ant. Muret (*per opera di Marco Ant. Mureto*), qui avait entrepris son œuvre de réforme avec ce courage que la vraie science inspire à ses adeptes « *con quel coraggio che la soda dottrina ispira a chi n'è fornito.* » Les réclamations jalouses de ses collègues lui faisaient un point d'honneur de rester à son poste; l'enthousiasme des élèves lui en faisait presque un devoir de reconnaissance. Muret se fit un peu prier pour rompre ses engagements, puis céda.

Il a raconté la négociation à quelques jours d'intervalle, le 28 août 1572, dans une lettre à son ancien élève le jésuite Benci (2). Le souverain pontife vient de l'enfermer de nouveau, dit-il en citant Horace, dans la lice où il a paru jadis. Les cardinaux lui ont offert la succession de Cesareo, puis le pape s'en est mêlé : « On a produit plus d'un argument pour me décider, entre autres celui-ci, qui est irré-

---

(1) *Hist. de l'univers. de Rome*, II, 176.
(2) Lettre de Muret, I, 41.

fragable et irrésistible (1) : au lieu de deux cents écus d'or par an (2), on m'en a offert quatre cents. Auprès d'un homme sans fortune (*egenti*) et que l'approche de la vieillesse (3) oblige à compter un peu plus, on ne pouvait mieux s'y prendre (4)... Grand émoi parmi ceux qui ont étudié sous moi les Pandectes (5); ils déclarent ne pouvoir supporter aucun autre professeur. C'est leur affaire : moi j'encaisserai joyeusement tous les ans quatre cents écus, puisque Dieu le veut, pour avoir de quoi jouir un jour du repos ; vous êtes bien heureux d'avoir choisi un genre de vie où l'âme est libre de ces soucis (6). »

Les considérations que fait valoir Muret, sans être bien héroïques, sont respectables. La protection d'Hippolyte lui assurait le présent ; mais il pouvait prévoir qu'il survivrait au cardinal. On ne lui en voudrait donc pas trop de prendre ses précautions, n'était le ton de joyeuse humeur auquel on préférerait celui de la résignation. Cacherait-il, par hasard, sous une joie affectée, le mécontente-

---

(1) « Unum ἄλυτον καὶ ἄφυκτον. »
(2) Muret et Cesareo touchaient chacun deux cents écus.
(3) Il n'avait encore que quarante-six ans ; mais les plaisirs, le travail, le changement de climat devaient abréger sa vie.
(4) « *Nullum medicamentum adhiberi potuit efficacius.* »
(5) « *Tumultuantur.* »
(6) « Ipsi viderint : ego ludibundus quadringentos illos quotannis in arcam Θεοῦ θέλοντος concludam, ut sit aliquando unde otio frui possim. Beatum te qui eam vivendi rationem ingressus es, ubi a talibus curis animus liber est ! »

ment d'un homme dont le choix n'a pas été libre? C'est fort vraisemblable. Muret a, plus tard, déclaré que c'étaient les cabales des jurisconsultes, ses collègues, qui l'avaient obligé d'abandonner l'enseignement du droit : par exemple, dans la dédicace de son Commentaire sur plusieurs titres du Digeste (1) et surtout dans la 70e lettre du 3e livre : « Plusieurs d'entre eux allèrent trouver le pape et négocièrent avec lui pour qu'il ne me laissât pas continuer à enseigner le droit de cette manière... Autrement, ils se disaient prêts à cesser leurs fonctions et à quitter l'enseignement. Que vous dirai-je de plus? Ils en vinrent facilement à leurs fins, et, de mon côté, je me laissai sans peine décider à recevoir, par an, cinq cents écus d'or (2), et à exposer, de préférence, les préceptes de l'éloquence et de la morale (3). »

L'administration avait donc cédé devant cette menace de grève universitaire. Les réclamations

---

(1) Son enseignement, dit-il, aurait été fructueux pour la science ; « nisi hominum nudari subsellia sua et cornicum oculos configi dolentium conquestiones obstitissent. » V. aussi la 85e lett. du 1er liv.

(2) Il veut dire : quatre cents.

(3) « Quidam ex iis adierunt Pontificem ac cum eo egerunt ut ne me illam docendi juris rationem tenere pateretur..... se quidem si ego ulterius pergerem, destituros potiusque se dicendi munere abdicaturos? Quid plura? Et ipsi facile persuaserunt quod volebant, et ego non ægre a me obtineri passus sum ut annuo quingentorum nummorum aureorum stipendio proposito, eloquentiæ potius et politices præcepta traderem. »

des bartolistes dataient de loin (1); Muret les irritait, non pas simplement par la supériorité du talent et l'opposition de méthode, mais par ses continuels brocards (2). Il faut dire aussi que si la nouvelle école formait d'excellents jurisconsultes, l'ancienne seule formait les bons praticiens (3). On chercha donc un nouvel emploi aux talents de Muret. Déjà, deux ans auparavant, les vœux désintéressés de plusieurs de ses admirateurs l'appelaient à l'enseignement de la rhétorique ou de la philosophie morale. « A cause de l'excellence de son talent et de son aptitude très éloquente à professer toute espèce de cours, on désire vivement, disait Lorenzani en 1570, qu'il explique la politique d'Aristote ou quelque ouvrage littéraire (4). » L'administration se proposa donc de contenter tout le monde, même Muret.

Deux choses consolaient celui-ci de la contrainte qu'il subissait : d'abord il allait retrouver tous *ses*

---

(1) Lazeri croit qu'elles avaient contribué à sa retraite momentanée de 1568.

(2) V., outre ses discours d'ouverture, le début du commentaire sur les titres relatifs à la juridiction (4ᵉ volume de Ruhnken).

(3) Gravina, *Origines juris civilis*, p. 222, 230, cité par Hallam, *Littérature de l'Europe*.

(4) « *Hic ob excellentiam sui valoris et aptitudinem facundissimam ad unamquamque lectionem* (ce n'était pas la première fois qu'il constatait l'universalité des aptitudes de Muret) *legendam, ut Aristotelis politicam vel ex auctoribus politioribus aliquem legat summopere desideratur.* » Murani, *op. cit.*

vieux camarades, Cicéron, Horace, tous les auteurs anciens, et se croire revenu au temps de sa jeunesse (1). Puis, les réformes étaient sans doute moins urgentes et moins difficiles à accomplir dans l'enseignement des lettres que dans celui du droit; mais là aussi il y avait des services à rendre. On va voir l'esprit de ressource de Muret et l'énergie qui, chez lui, se mêle si singulièrement à la prudence et aux soins de ses intérêts. Bon gré mal gré, il vient d'abandonner la lutte contre les bartolistes : son premier discours, dans la chaire de rhétorique, est une déclaration de guerre aux cicéroniens (2). Après avoir combattu l'étroitesse d'esprit des jurisconsultes secs et épineux, il va combattre l'étroitesse d'esprit des beaux parleurs dédaigneux. Dans son discours d'ouverture de 1572 (3), après avoir protesté de son obéissance aux ordres des cardinaux et insinué que si ses nouvelles fonctions semblent moins importantes, son talent en rétablira la considération, il promet, à defaut de modèles d'éloquence, d'utiles conseils pour parvenir à l'éloquence. A ce propos, il raille les amateurs exclusifs

(1) « *Veteres illos congerrones meos ; mihi quodammodo repuerascere videbor* » (41e lett. du 1er liv.).

(2) Tout le monde connaît, depuis le *De bello Ciceroniano* de M. Lenient, la longue controverse qui mit aux prises les admirateurs exclusifs et les admirateurs éclairés, quelquefois malicieux, du grand orateur romain.

(3) 21e discours du 1er liv.

de Cicéron, qui croient que le dictionnaire de Nizolius (1), des préceptes rebattus et un pastiche suivi de leur idole composent l'éloquence. Il entame un dialogue avec eux, les amène à se glorifier de ne savoir ni philosophie, ni histoire, ni poésie. Ils n'ont pas lu Démosthène et se croient éloquents ! « Malheureux ! quelle idée vous faites-vous de votre art (2)? » Il les complimente ironiquement sur la délicatesse de leurs oreilles, qui distinguent au son les mots cicéroniens. Son enseignement, à lui, empruntera aux philosophes les enthymèmes, aux poètes et aux orateurs les exemples, puisque enthymèmes et exemples c'est toute la rhétorique. Quelques paroles énergiques établissent son autorité sur son nouvel auditoire. « N'attendez pas que je vous flatte : je vous mépriserai si vous méprisez les lettres (3). » Pour bien montrer l'esprit de son cours, il choisit pour texte un ouvrage de Cicéron, mais un ouvrage philosophique, le deuxième livre des *Tusculanes*.

Malgré les observations judicieuses d'Ange Politien et de Pic de la Mirandole, malgré les railleries d'Erasme, l'Italie ne revenait pas de son goût pour les pastiches cicéroniens. La verve moqueuse et

---

(1) Lexique de Cicéron publié en 1535 sous le titre de : *Observationes in Tullium Ciceronem*.
(2) « *Quæ ista, malum, latina eloquentia est?* »
(3) « *Contemnam vos, si vos litteras contemnetis.* »

sensée de Muret n'a jamais tari sur l'ignorance et le défaut de jugement des puristes. Il comprenait qu'un riche vocabulaire est la condition de la facilité de parole, de l'abondance du style. Aussi avant que Fénelon réclame en faveur des vieux mots français qu'on a laissés tomber en désuétude, félicite-t-il Cujas d'avoir remis en circulation des termes latins qu'on ne connaissait déjà plus, « afin qu'une langue pauvre d'elle-même ne fût pas encore appauvrie par notre négligence et notre incurie : *Ne lingua satis per se inops nostra negligentia atque incuria magis etiam pauperetur* (1). »

Remarquons ce mot *pauperare*, qui ne se trouve que dans Plaute : en l'employant, Muret joint l'exemple au précepte. Il ne craint pas de dire que la langue latine est pauvre, que les termes philosophiques lui manquent (2), que les termes païens employés pour désigner des usages chrétiens sentent l'impiété (3). D'ailleurs la langue latine n'est pas toute dans Cicéron : de quel front de petits pygmées (*obscuri homunciones*) s'érigent-ils en juges de la latinité des auteurs anciens, blâmant celui-ci, déclarant que celui-là ne sait pas parler

---

(1) *Variæ lectiones*, XI, 17.
(2) V. pour cette assertion, que nous avons déjà rencontrée dans un discours de Muret, le 1er chap. du VIe liv. des *Var. lect.*, où il relève durement la présomption des Romains.
(3) « *Impietatem olent* » (*Var. lect.*, XV, 1).

sa langue, « comme si aujourd'hui nous savions ce que c'est que parler latin (1) ? » La mode change les auteurs proposés à l'imitation des latinistes modernes. Il y a cent ans on ne jurait que par Sidoine Apollinaire, Perse, Lucain, Claudien; aujourd'hui on ne veut plus entendre parler que de Cicéron, de César, de Salluste et de Térence. Hé! sans doute, c'est à l'âge d'or de la littérature latine qu'il faut demander le fond de notre style! Mais, au besoin, Muret empruntera des mots heureux à tous les écrivains jusqu'à Sidoine Apollinaire (2). Ces malheureux puristes ne connaissent même pas les écrivains qu'ils idolâtrent : sur la foi de mauvaises leçons, ils imputent à Cicéron de véritables barbarismes (3). Le premier chapitre du XV⁰ livre des *Variæ lectiones* met en scène, d'une façon fort plaisante, les ridicules dont il s'amuse. Il a reçu, commence-t-il par dire, la visite de jeunes nobles Allemands. Un ami qui était là a admiré la facilité avec laquelle ils s'exprimaient en latin, et l'a opposée à l'embarras des savants italiens, qui suent sang et eau quand il leur faut parler l'idiome qu'ils écrivent si purement. Pourtant, dans le lan-

---

(1) « *Quasi nos hodie quid sit latine loqui sciamus* » (*Var. lect.*, XVII, 2). — V. aussi la 36ᵉ lett. du 1ᵉʳ liv., en date du 27 février 1571.
(2) 12ᵉ discours du 2ᵉ liv., prononcé en 1575 ; *Var. lect.*, XV, 2.
(3) *Var. lect.*, VI, 19.

gage des Allemands, certains mots l'ont choqué. Muret l'a arrêté, et lui montrant ces mots dans Servius et dans Lactance, a établi l'autorité des écrivains de l'époque impériale, en se fondant sur leur réputation, leur talent, sur le petit nombre des écrivains classiques qui nous restent. Il y a des expressions qui se trouvent une seule fois dans Cicéron qui d'ailleurs a inventé des mots : supposez quelques feuilles de manuscrits perdues, et ces ἅπαξ εἰρημένα seront autant de barbarismes. Si nous avions tout Cicéron, nous y trouverions bien des expressions qu'on croit postérieures. C'est alors que Muret raconte qu'il s'est amusé à employer devant des cicéroniens des locutions cicéroniennes peu connues ; aussitôt nos puristes de secouer la tête, de lever les épaules, de sourciller, de chuchoter : ils étaient au supplice. Bref, en prenant congé, ils se plaignaient d'avoir été mal reçus (1). Une fois que Muret leur eut montré ces expressions dans Cicéron, ils les trouvèrent toutes charmantes. Muret rappelle à ce propos la disgrâce imméritée du mot *illustrissimus* : « Pauvre mot ! Rien ne lui servait, à cette époque cruelle, qu'Aulu-Gelle eût dit : *Illustrissimas orationes* et *Illustrissimos philosophorum* (2), »jusqu'au jour où l'on trouva ce superlatif dans Varron.

---

(1) « *Male se a me habitos atque acceptos esse conquerebantur.* »
(2) « *Nec miseræ* (voci) *prodesse in tali tempore quibat* (on reconnaît

Gaspard Schopp (en latin Scioppius), le célèbre insulteur, *grammaticus canis*, comme on disait, a soutenu (1) que Muret, en prenant parti pour la latinité dédaignée des auteurs de la décadence, entendait simplement se ménager une excuse pour le cas où, à son grand regret, il lui échapperait une expression peu cicéronienne. Est-il vraisemblable que Muret ait été jaloux des puristes dont il se moquait avec tant d'esprit, qu'il réfutait avec tant de sens? L'assertion de Scioppius a toutefois embarrassé les éditeurs de Muret : Thomasius la réfute mal; Ruhnken l'accepte pleinement; la couleur cicéronienne est si fortement marquée dans le style de Muret, qu'il lui semble impossible qu'il ait eu en vue d'autres modèles. Ruhnken a raison, mais nous savons que Muret prescrivait en première ligne l'imitation des auteurs de la bonne époque, et voulait qu'on n'empruntât aux autres que d'heureuses créations, ou l'expression d'idées postérieures à l'époque classique. Pour le trouver infidèle à ses principes, il faudrait, par exemple, le voir abuser des termes cicéroniens pour rendre des idées modernes. Or, à de rares exceptions près, entre le néologisme ou le terme scolastique et l'impropriété ou l'anachro-

---

la parodie de la mort d'Iphigénie dans Lucrèce) *quod Gellius illustrissimas orationes et illustrissimos philosophorum alicubi dixisset.* »

(1) *Rhetoricæ exercitationes*, p. 17 ; *De stilo historico*, p. 64.

nisme des expressions, il n'hésite pas : il choisit le terme exact. Surtout quand il traite des sujets religieux, il observe la langue propre de l'Eglise, non pas seulement pour les appellations honorifiques (*cardinales reverendissimi*), ou pour les mots que les plus résolus des puristes eussent seuls osé éviter, comme *Christus*, mais pour des mots qu'ils eussent absolument proscrits, comme : *idolorum, Ecclesia, fides* au sens de foi, *corporatus* emprunté à Lactance (1), *ethnicorum* (2), *baptizatos* (3). Quand il cite l'Ecriture, il garde les expressions consacrées (*mortificat, vivificat*) : il écrira même *benedictum iri*. Dans les matières de philosophie, il adopte *moralis* inconnu à Cicéron, *universalis* dont s'excuse Quintilien. Dans ses travaux sur la jurisprudence, il ne s'effraie pas de la technologie un peu rude des jurisconsultes et écrit comme eux *a non domino*. Il défend contre Lambin le mot *imperitia* par l'autorité non seulement de Salluste, mais des jurisconsultes et de Lactance, la construction *sustinet audire* par l'autorité de Quintilien, de Celse, de Pline, d'Ovide, de Suétone (4).

---

(1) V. particulièrement le discours sur l'excellence de la théologie.
(2) 20ᵉ discours du 1ᵉʳ livre.
(3) Voir *Lett.*, XIII, 9.
(4) V., pour *imperitiam*, les *Miscellanea* de Lazeri, II, p. 276. Pour la locution *sustinet audire*, voir le même passage. A la suite des autorités citées par Muret, une main, peut-être, avons-nous dit ci-dessus (p. 165), celle de Lambin, écrivit : « *Quid tum postea Murete!* »

Qu'il ait forgé sciemment les termes de *lusiunculas* (1), de *subineptum* (2), de *praemiolis* (3) et d'autres encore, ou qu'il ait par mégarde laissé échapper ces néologismes, il n'en est pas moins patent que dans la pratique comme dans la théorie, il n'a pas voulu réduire la pensée moderne aux ressources d'un vocabulaire insuffisant. Concilier le respect de la langue et la précision du style, s'en tenir autant qu'on le peut aux termes classiques, prendre, quand il le faut, son bien où on le trouve, tels sont véritablement les principes de Muret. On verra plus loin que ce n'est pas seulement la latinité, mais le talent des écrivains de l'époque impériale qu'il défend contre d'injustes dédains. Est-il surprenant, d'ailleurs, qu'il n'ait pas le scrupule des cicéroniens, lui qui, dès longtemps, montrait combien la réputation de leur beau latin était éphémère ? Plus il avancera en âge, plus nous le verrons sceptique à l'endroit de la littérature latine moderne.

Les préoccupations qui avaient décidé Muret à céder à la volonté des cardinaux furent justifiées avant la fin de l'année 1572, par la mort de son protecteur. La date de la mort d'Hippolyte a été

Il repartit : « *Sequitur, etsi Ciceronianum non est, latinum tamen esse, quod tu antea negaveras.* »

(1) 13ᵉ disc. du 2ᵉ liv.
(2) *Var. lect.*, XVIII, 6.
(3) XVIIIᵉ disc. du 2ᵉ livre.

marquée par Muret sur un exemplaire de ses *Variæ Lectiones* où il a écrit beaucoup de notes de sa main. Jamais la maxime banale qu'un livre est un ami n'a été plus vraie qu'au seizième siècle. Les hommes de ce temps, qui vivaient dans leurs bibliothèques, prenaient leurs livres pour confidents. Sur les marges d'un ouvrage favori, ils notaient les événements heureux ou malheureux de la famille, la mort d'un parent, la naissance d'un fils. Voici la touchante note relevée par Lazeri à la suite de la dédicace des *Variæ Lectiones* au cardinal : « Hippolyte, card. de Ferrare, le mardi 2 décembre de l'an du Seigneur 1572, est sorti de la vie un peu avant la vingtième heure (1). Qu'il repose en paix ! Il était né, comme je le lui ai souvent entendu dire, le 25 août 1509. J'ai vécu quatorze années dans sa maison, et il m'a toujours traité avec beaucoup de libéralité et de magnificence (2). Les espérances des hommes sont des déesses fugitives. » Par son affection, sa confiance, non moins que par sa générosité, Hippolyte avait mérité la reconnaissance de Muret. Les missives de diverses natures dont il chargeait son protégé avaient parfois arraché à celui-ci des paroles d'impatience : « Mes occupations sont nom-

---

(1) Il compte ici les heures à l'ancienne manière italienne.
(2) Muret chez Hippolyte avait plusieurs personnes pour le servir. Dans ses notes sur les *Quest. nat.* de Sénèque, on lit : « *Unius ex famulis meis* » (Ruhnken, II, p. 126).

breuses, écrivait un jour Muret, et d'autant plus ennuyeuses qu'elles n'ont rien à voir avec les lettres. Mais il faut supporter bien des choses, quand on est obligé, comme dit Juvénal, de vivre de la table d'autrui (1). » Une lettre, du 24 mai 1570, contient un mot encore plus vif : « C'est chose fâcheuse que de vivre au gré d'autrui, surtout quand on a pour maître un homme qui compte pour rien toutes les convenances des autres auprès des siennes (2). » Malgré ces rares boutades, on trouverait peu d'exemples d'un grand seigneur et d'un homme de lettres qui aient vécu tant d'années dans les rapports si délicats de protecteur et de protégé, et qui se soient tirés aussi bien de cette épreuve difficile.

La reconnaissance que Muret conserva pour le cardinal fait honneur à tous deux. Longtemps après la mort d'Hippolyte, ses regrets, aussi vifs qu'au premier jour, s'exprimaient en paroles touchantes : « Je dois honorer éternellement sa mémoire et demander pour lui à Dieu dans toutes mes prières la paix et le pardon... C'était le vieillard le plus sage, le plus judicieux que j'aie jamais vu. Je cherche encore, je crains de chercher toujours en vain un homme qui l'égale pour l'élévation de

---

(1) *Lettres* de Muret, II, 5, en date du 12 janv. 1569.

(2) « Præcipue si quis ei serviat, qui pro suo commodo omnia aliorum commoda non nauci faciat » (35e lett. du 1er liv.).

l'âme, pour la libéralité, la munificence inépuisable à l'endroit des savants (1). » « Souvent je revois l'image d'Hippolyte, cardinal de Ferrare ; je pense souvent à lui dans la veille, souvent en rêve, et j'ai de bons motifs pour le faire. Il a été l'auteur, le promoteur de ma modeste fortune. J'ai vécu quinze ans et plus avec lui (2) dans la plus grande familiarité (*familiarissime*). Ce prince d'une bonté, d'une amabilité parfaites, s'ouvrait à moi de ses résolutions sur les plus graves affaires ; souvent aussi, comme un maître qui éprouve par une question l'esprit de ses élèves, il me demandait mon avis sur ces affaires, et quand il m'arrivait de ne pas être d'accord avec lui, il n'en éprouvait pas l'ombre d'un mécontentement; quand je me trompais, il me réfutait avec la plus grande affection (*amantissime*) et me donnait beaucoup de leçons de conduite, dictées par sa profonde sagesse... Et plût à Dieu que j'eusse pris avec plus d'exactitude et conservé avec plus de soin des notes sur ce que je lui entendais dire chaque jour ! Mais comme les hommes irréfléchis, qui croient posséder toujours les biens présents, je ne notais qu'un mot entre mille, et depuis j'ai eu si peu de soin de mes tablettes qu'une bonne partie a péri. Je tombe parfois sur quel-

---

(1) *Var. lect.*, XI, 15.
(2) Ce chiffre est un peu exagéré. V. ci-dessus p. 248.

qu'une de ces notes, et celles que je retrouve avivent le regret des autres (1). »

Le soin de prononcer l'oraison funèbre d'Hippolyte lui revenait naturellement (2). Il s'acquitta de ce pieux devoir le 3 novembre (*III non. decemb.*), c'est-à-dire le lendemain de la mort du prélat. Hippolyte était mort à Rome. « La nuit suivante, le corps fut porté à Tivoli, où, dans l'église de Saint-François, on fit de très solennelles funérailles, et une belle oraison funèbre fut prononcée par Muret, qui était de la maison (3). » Le biographe du Tasse qui s'exprime ainsi exagère le mérite du discours de Muret : son oraison funèbre qui d'ailleurs est presque une improvisation, si on en considère la date, a du moins le mérite d'être animée d'une émotion réelle toutes les fois qu'il parle de ses rapports personnels avec l'illustre mort. Il tire un touchant exorde du sentiment de la perte qu'il vient de faire : « Le voilà mort, celui dont la généreuse libéralité nous faisait vivre, nous et tant d'autres !... Plût à Dieu qu'une profonde douleur donnât l'inspiration et l'éloquence ! O le meilleur et le plus clément des maîtres, je promettrais sans

---

(1) *Var. lect.*, XVI, 4.
(2) Il y a aussi une oraison funèbre du cardinal par Ercole Caro ; je n'ai pu me la procurer.
(3) « *Una bella orazione dallo stesso Mureto, suo domestico* » (Serassi, *Vie du Tasse*, 1re partie, p. 190).

hésiter un discours digne des grands bienfaits dont vous m'avez comblé ; mais, malheureux que je suis, je ne puis répondre que d'un zèle ardent pour célébrer votre gloire. La tristesse enchaîne mon esprit, mes yeux sont fatigués par les larmes ; la suffocation laisse à peine ma voix sortir de ma poitrine et de mon gosier ; le peu de talent, d'habileté de parole que j'ai acquis par le travail, et que vous exagérait votre affection pour moi, tout cela, vous mourant, s'est évanoui. Je m'efforcerai toutefois, autant que possible, et mon affection essaiera de surmonter tous les obstacles. Si je n'échoue pas complètement, on dira que j'ai été reconnaissant pour vous dans la mesure de mes forces ; si l'on me voit défaillir au milieu de ma course, je me glorifierai encore de ce qu'en voulant vous louer, j'aurai été écrasé, étouffé par la douleur (1). » Il y a encore du sentiment dans la péroraison où il raconte les derniers moments du cardinal et demande des prières pour son âme. En somme, si Muret n'a pas tiré de son sujet un chef-d'œuvre, c'est faute de génie, et non de cœur (2).

---

(1) « *Hoc ipsum mihi gloriæ ducam quod de tuis laudibus dicere cupientem obruerit atque oppresserit dolor.* »

(2) Le récit de la vie d'Hippolyte, dans ce discours, offre un nouvel exemple de ces phrases malheureuses que lui inspire le fanatisme de son temps : il loue Hippolyte de n'avoir pas eu de cesse en France jusqu'au jour où la guerre fut déclarée aux hérétiques, et proclame qu'ainsi son ambassade *a été l'origine de tout ce qui s'est*

Hippolyte, à son lit de mort, avait songé à tous ses amis, et son testament leur laissait des marques de bienveillance et d'affection, autant du moins que la jalousie de certaines personnes l'avait permis (1). Son héritier, le cardinal Louis d'Este, à peine de retour de la mission que Pie V lui avait confiée auprès de Charles IX, accueillit très bien Muret, mais ne réussit jamais à lui faire oublier son oncle. Une lettre de Muret écrite près de cinq ans après la mort d'Hippolyte (2) nous en apprend la raison. Depuis plusieurs mois, dit-il, il a pris l'habitude de ne plus sortir de chez lui que pour une nécessité pressante et d'aller fort rarement chez Louis d'Este, non pas qu'il ne soit point accueilli par lui avec plaisir, ou qu'il n'ait point pour le prélat le respect convenable : « Mais je suis pris d'une telle satiété, d'un telle aversion pour la cour et ce qui s'y rattache (3) que jamais je ne me crois plus seul que dans cette foule, jamais mieux accompagné que quand tout seul je me suis caché dans ma

depuis accompli heureusement et courageusement en France pour la religion. — L'oraison funèbre du card. Hippolyte est le 20ᵉ des discours du 2ᵉ livre.

(1) C'est Muret qui, avec sa liberté ordinaire, nous apprend, au lendemain de la mort du cardinal, les restrictions mises à ses libéralités (V. l'oraison funèbre du cardinal).

(2) Le 13 juill. 1577, 23ᵉ lett. du 1ᵉʳ livre.

(3) « *Tanta me satietas, tantum odium et aulæ et rerum aulicarum cepit...* »

bibliothèque... Beaucoup peut-être diront que c'est un manque de politesse et de savoir vivre : soit! Moi, je regrette de n'avoir pas choisi depuis longtemps ce genre de vie. Et pourtant, du vivant du cardinal Hippolyte, il n'en allait pas ainsi (1). Sa maison était pleine de savants dont la société et la conversation offraient un enseignement perpétuel. Lui-même, quoique médiocrement instruit (2), avait l'esprit grand, élevé et un goût merveilleux pour nos travaux. Aussi sa maison semblait-elle une académie. Celui-ci aime aussi et merveilleusement les hommes cultivés, mais son amabilité lui fait du tort (3). Il fait à tous un accueil caressant, il cause poliment avec tous, il est d'un accès commode et aisé pour tous, et pour cela on raffole de lui (4), mais il est continuellement assiégé (5) de tant d'hommes qui briguent sa faveur qu'il lui reste à peine le temps de dîner. Que voulez-vous? Moi qui avais coutume de passer chaque jour quelques heures dans des entretiens charmants avec l'ancien cardinal (6) il me semble aujourd'hui que je suis

(1) « *Et tamen vivente Hippolyto alia ratio erat.* »
(2) « *Ipse quanquam doctrina mediocri* » (V. ci-dessus, p. 195, la note 1).
(3) « *Sua ei comitas damno est.* »
(4) « *Omnes blande excipit, cum omnibus humane colloquitur, facilem se atque obvium omnibus præbet, excitat admirabiles amores sui.* »
(5) « *Perpetuo obsidetur.* »
(6) « *Cum illo altero.* »

transporté dans un autre monde (1). Mais il ne faut pas souffler mot là-dessus; j'ai seulement voulu m'épancher une fois dans le sein d'un ami (2). »

Figurons-nous le confident d'un roi qui a survécu à son maître et que le nouveau prince laisse confondu dans la foule des courtisans : le chagrin de cet homme sera celui de Muret. Soit faiblesse, soit indifférence, le cardinal Louis partage également sa faveur entre tous ceux qui la sollicitent. Il ne possède pas, au moins d'après Muret, l'art si difficile de faire accepter à tous des préférences pour un seul. On se récrie sur sa bonté, mais la reconnaissance publique est aussi banale que sa bienveillance; il a beaucoup d'obligés et pas un ami. La lettre que nous venons de citer montre que c'est le cœur de Muret et non son amour-propre qui souffre, qui est jaloux. Elle est plus triste qu'amère. Muret plaindrait volontiers Louis de ne pas connaître les douceurs de l'intimité. Mais enfin le neveu d'Hippolyte ne lui a donné aucun sujet de plainte et il peut accepter ses bienfaits. En effet, il faisait partie de sa maison; le cardinal le défrayait par pure libéralité, car il ne l'employait à aucun office, et Muret ne se serait pas permis de dire adieu à

---

(1) « *In alium quemdam orbem.* »
(2) « *Quæ tamen semel in tuum hominis amicissimi* (P. Sacrato) *sinum effundere volui, putans in eo aliquid levationis fore.* »

l'Italie sans son agrément (1). Muret pouvait croire que le cardinal, au fond, se souciait peu de lui ; mais le jour où il sera question de son départ pour la Pologne, Louis rivalisera de libéralité avec le souverain pontife pour le retenir (2), partageant l'âme de son protégé entre le regret du passé et la reconnaissance pour le présent.

Les libéralités de la maison d'Este, jointes aux appointements croissants de Muret, lui avaient permis de faire des économies dont l'emploi judicieux allait augmenter ses revenus en vue de la vieillesse qu'il sentait venir. Sur un exemplaire de son commentaire du *De finibus*, Lazeri a relevé la note suivante : « J'ai été fait chevalier de Saint-Paul à la fin d'octobre 1572 ; cela me coûta en tout 1120 ducats. Cela me rapporta, la première année, tout compris, 171 ducats et demi (3). Le 9 décembre 1574, je vendis ma charge à messire Pier Mattei de'... pour 1295 ducats d'or, et j'achetai une autre charge (4) à la Daterie (5) qui me coûta en tout 2100 écus

---

(1) Il déclare en 1578 qu'il n'accepterait les propositions du roi de Pologne qu'avec la permission du cardinal : « *Cujus in clientela et familia sum... quum cardinalis quidem gratis me alat, nullam enim ad rem mea opera utitur* » (Lett. du 30 avril 1578 ; c'est la 66ᵉ du 1ᵉʳ liv.).

(2) « *Sed et card. Estensis simul atque istinc rediit, amplo me atque honorifico munere donavit ; quod ego eo magis prædicare gestio quod ipse me tacere jussit* » (V. la même lett. 66ᵉ du 1ᵉʳ liv.).

(3) Donc un peu plus de 15 p. 100.

(4) *Cubiculariato* : je ne sais pas trop quelle était cette charge.

(5) Les bureaux où l'on datait les concessions de bénéfices.

d'or en or; je la vendis, le 12 décembre 1582, au prix de 2,240 ducats d'or en or, plus dix en monnaie; et cela pour acheter la maison des frères de Saint-Eusèbe (1). »

C'était une petite fortune honorablement gagnée.

---

(4) V. la dissertation de Lazeri, p. 31 du 1er vol. de Frotscher, en note.

CHAPITRE XV.

Sommaire :

Comment il essaie de retenir dans l'étude des lettres les amateurs des carrières lucratives. — Il s'échappe de la rhétorique et revient à la philosophie. — Il lutte contre l'indifférence pour le grec. — Sa méthode pour inviter à la comparaison des littératures grecque et latine. — On lui ordonne d'abandonner l'explication de Platon. Comment les cours de Muret avaient pu, dans certains cas, donner ombrage. — La routine et les textes d'explication. — Insubordination des élèves. — Comment il réhabilite les auteurs latins de la décadence.

Libre de soucis, il pouvait poursuivre ses travaux.

L'année 1573 nous offre deux discours universitaires. Le premier est la harangue solennelle prononcée le 18 octobre, et dont Muret avait été chargé comme professeur d'éloquence (1). Le sujet avait été indiqué par la tradition, par le choix des

---

(1) Sur ces harangues solennelles, v. ci-dessus, p. 172. Le discours de Muret, qui fut prononcé le 18 octobre 1573, est le 23ᵉ du 1ᵉʳ liv.

cardinaux, Muret a soin de le rappeler : c'est l'éloge des lettres. On connaît son peu de goût pour la banalité : il était impossible de l'éviter dans une pareille matière. Mais au milieu des considérations traditionnelles sur la dignité des lettres et la gloire qu'elles procurent, l'adroit professeur développe une thèse dont il a calculé la portée : on peut faire sa fortune dans la littérature comme partout ailleurs. Ne méprisons pas cet argument : sur les esprits frivoles qui composent une bonne partie de l'auditoire de Muret, le charme de la lecture, l'amour de la gloire, tant de fois vantés, ont peu de prise. A tous ces *écoliers malgré eux*, qui brûlent d'abandonner la littérature à ceux qui l'enseignent, Muret croit opportun de montrer que les autres professions ne sont ni plus brillantes ni plus lucratives que le métier d'hommes de lettres. Ses preuves ne sont pas toutes d'égale valeur ; absolument parlant, il a tort de rabaisser l'agriculture et le commerce, de sacrifier les beaux-arts à la poésie et à l'éloquence, et c'est une pauvre raison pour dédaigner la peinture ou la sculpture que la fragilité de leurs chefs-d'œuvre ; quand il nous dit que la gloire du littérateur est plus répandue que celle de l'artiste, parce que tous peuvent acheter des œuvres du premier, tandis que tous ne peuvent même aller visiter celles du second, l'observation est juste, mais décrier l'artiste sous prétexte qu'il ne reproduit que les formes corporelles, c'est une étrange injustice (1). Les dangers de la profession militaire n'arrêtent pas les hommes de cœur, et les maux que les guerres amoncellent n'empêchent pas que parfois elles aient des causes légitimes. Le discours de Muret sent plutôt son avocat que son philosophe. Mais comment ne pas applaudir à un plaidoyer dont l'intention est si bonne? Les professions lucratives ou brillantes que Muret a malmenées ne s'en porteront pas plus mal; on ne désertera pas pour cela les comptoirs des marchands ni l'atelier de Vasari, et les princes trouveront toujours à recruter leurs gardes du corps; la gloire des Muret et des Sigone ne tournera pas les têtes. Mais tandis que les auditeurs de Muret achèveront leurs études, ils auront, sinon plus de goût, au moins plus de considération pour la profession d'hommes de lettres. Allant hardiment jusqu'au fond de leur pensée, il réfute l'opinion de ceux qui prétendent que les sciences, sauf la médecine et le barreau, laissent mourir de faim ceux qui les honorent (2); malgré la répugnance qu'il éprouve à

---

(1) La même injustice dicte à son ami Ronsard la *truelle crossée* contre Philibert Delorme. — Il est à remarquer que Muret ne parle pas de la musique.

(2) Son discours d'ouverture de 1577 défend également les lettres contre la concurrence des beaux-arts, de la médecine et du barreau (V. le 9e disc. du 2e liv.).

insister sur ce point (1), il cite l'exemple de Thalès, de Gorgias, d'Isocrate, de Sénèque enrichis par l'astronomie, la rhétorique ou la philosophie; il allègue la généreuse protection que les cardinaux et le pape offrent à tout homme véritablement instruit. Il peut ensuite vanter la renommée que procurent les lettres, et terminer par une vive apostrophe à la nonchalance des étudiants : le respect qu'il vient d'imposer pour sa profession donne une autorité toute nouvelle à sa parole.

A peine replacé sous le joug de la rhétorique, Muret s'en affranchit. L'année précédente déjà, il avait expliqué non pas un discours, mais un traité philosophique de Cicéron : cette année, il annonce, dans un discours du 4 novembre 1573, qu'à l'étude du *De finibus*, il va joindre celle de la *République* de Platon. Plusieurs raisons le déterminaient à aborder l'étude de Platon : outre qu'il l'admirait fort, *jamais, à sa connaissance, la voix de ce philosophe n'avait été entendue dans les écoles de Rome* (2). Mais surtout il voulait maintenir contre d'inintelligentes réclamations l'enseignement du grec dans les universités : « Je sais, » dit-il dans ce discours du 4 novembre (3), « que mon programme de cette

(1) « *Prope est ut pigeat in hac parte tam diu immoratum esse.* »
(2) C'est ce qu'il dira dans son discours d'ouverture de l'année suivante.
(3) 4ᵉ disc. du 2ᵉ liv.

année sera blâmé par certaines personnes qui voudraient que je m'appliquasse uniquement aux auteurs latins et que je ne touchasse pas aux grecs (1). » Il indique clairement quelles seraient les conséquences de l'abandon du grec. Résolu à enseigner à ses élèves des idées et non pas seulement des tours, des formes oratoires, il savait bien que les penseurs, dans l'antiquité, avaient appartenu à la Grèce et non à l'Italie : « Toute doctrine un peu relevée, toutes les connaissances dignes des efforts d'un homme bien né, en un mot toutes les sciences qui composent la civilisation ne se trouvent que dans les livres et la littérature de la Grèce (2). » « Nous pouvons prédire que si l'on se met à négliger les Grecs, on ruinera, on détruira certainement tous les arts libéraux (3). » Malheureusement la désertion commençait : « Je vois avec un profond chagrin, » dira-t-il au mois de novembre de l'année suivante, « la littérature grecque s'évanouir et se réduire à néant, emportant avec elle

---

(1) « ... *Quod me in latinis tantum versari, a Græcis prorsus abstinere cuperent.* »

(2) « *Omnem elegantem doctrinam, omnem cognitionem dignam hominis ingenui studio, uno verbo quicquid usquam est politiorum disciplinarum nullis aliis quam Græcorum libris ac litteris contineri.* » Les mots *elegantem*, *politiorum* désignent la science qui n'a rien de vulgaire, de banal.

(3) « *Prædicere possumus si homines nostri paulo magis græcas litteras negligere cœperint, omnibus bonis artibus certissimam pestem ac perniciem imminere.* »

toutes les sciences un peu relevées (1). » Il voudrait retenir les jeunes gens dans la pratique de cette littérature délaissée (2). Mais on voit qu'une partie de ses auditeurs ne connaissait pas le grec et ne suivait son commentaire qu'avec l'aide d'une traduction latine; dans le discours de novembre 1573, il demande que les détracteurs du grec lui tiennent compte des secours qu'il apporte à ceux qui n'entendent pas cette langue, pour mieux comprendre la version de Marsile Ficin. Le mal datait déjà de plusieurs années, car Ercole Ciofani, commentateur d'Ovide, qui avait gagné l'amitié de Muret en lui procurant des manuscrits latins, avait eu besoin qu'on l'engageât à bien apprendre au moins les premiers éléments du grec (3). A plus forte raison, au siècle suivant, l'étude du grec sera-t-elle entraînée dans la décadence générale : un instant le sénat de Venise découragé changera presque à l'unanimité la chaire de grec en une chaire de rhétorique, reconnaissant le peu de profit qu'il y aurait à remplacer le professeur qui venait

---

(1) « Græcarum artium quas maximo cum animi mei dolore evanescere et ad nihilum recidere secumque omne elegantioris doctrinæ genus trahere video » (6ᵉ disc. du liv. 2ᵉ. — Voir aussi *Var. lect.*, XVII, 11).

(2) « Ut adolescentes in studio græcarum litterarum pro mea virili parte continerem » (6ᵉ disc. du 2ᵉ liv.).

(3) Lett. de Muret du 19 mars 1569, liv. I, lett. 89.

de mourir, à cause de la rareté des élèves et des bons hellénistes (1).

Muret n'était pas seul à insister pour le maintien des études grecques. Vettori, par exemple, alternait l'explication des auteurs latins et des auteurs grecs, convaincu que ceux-ci avaient été de plus profonds penseurs (2) et que les traductions ne dispensaient pas de recourir aux textes (3). Mais lui et Muret, nous avons essayé de le montrer, servaient la science chacun à leur manière, le premier surtout par de bonnes éditions et de savants commentaires, le second surtout par d'excellentes méthodes d'enseignement. Nous avons dit que Vettori dans son cours se bornait à tenir la balance égale entre les deux langues, sans s'inquiéter de choisir pour la même année deux auteurs du même ordre (4). Après tout, c'était son droit; on trouvera pourtant la preuve d'un effort plus vigoureux pour s'emparer des esprits et les diriger, dans la méthode d'Aonio Paleari qui projette d'expliquer successivement des discours de Cicéron, la *Rhétorique*

---

(1) V. à l'appendice O.
(2) « *Semper putavi singulas res veteres græcos auctores et invenisse subtilius et explicasse accuratius* » (Vettori, préf. de ses *Variæ lectiones*).
(3) V. le 7ᵉ disc. de Vettori, p. 25 et 26 de l'édition florentine de 1586.
(4) V. ci-dessus p. 98 et 99.

d'Aristote et quelques harangues de Démosthène (1) ou surtout de Muret, qui veut montrer, dans une même année, comment le principe de la vertu a été compris par Platon et par Cicéron. Prétendrons-nous pour cela que Muret a réellement inauguré dans la critique moderne la littérature comparée ? Non : les habitudes de son temps assujettissaient les professeurs à un commentaire trop littéral, d'autre part il n'avait pas l'esprit assez profond, assez vigoureux pour qu'on attende de lui la conception, l'exposition de l'ensemble d'un système philosophique, la combinaison en vue de conclusions précises et coordonnées des leçons de toute une année. Mais en expliquant de suite deux ouvrages de philosophie, l'un grec, l'autre latin, tous deux se rapportant à une même fin (2), en avertissant qu'il le fait à dessein, en proclamant la supériorité des Grecs, il provoque la réflexion des élèves, et c'est beaucoup. Dans un siècle où la critique en était encore à regarder les textes à la loupe, il n'a pas fallu à Muret un esprit médiocrement original pour soupçonner tout au moins et suggérer la littérature comparée.

Il était d'un grand intérêt pour les progrès de l'enseignement, de savoir à quoi aboutirait le nou-

---

(1) Dans un discours sans date prononcé à Lucques.
(2) En tant que, comme Muret le faisait observer, la *République* de Platon traite de la justice.

vel essai de l'infatigable professeur toujours en quête d'améliorations. Or, une année venait à peine de s'écouler, que la commission qui dirigeait l'université lui ordonna de se renfermer dans l'étude de Cicéron (1).

C'était la deuxième fois qu'un ordre supérieur entravait la liberté de son enseignement. Après la jurisprudence, on lui interdisait la philosophie platonicienne. Evidemment, l'autorité ecclésiastique, ne pouvait craindre qu'un homme qui dans ses harangues officielles poussait l'orthodoxie jusqu'au fanatisme, prêchât à ses élèves le paganisme de Pomponius Lætus ou le platonisme de Marsile Ficin. Elle savait bien qu'il ne manquait pas les occasions de railler le paganisme et de professer sa foi catholique; ses livres déjà publiés (2), ses cours publics à Rome en faisaient foi. Dans son cours sur l'*Ethique* d'Aristote (3), il avait témoigné,

---

(1) A la reprise des cours de novembre 1574 (V. le 6ᵉ discours du 2ᵉ liv.).

(2) Dans son commentaire de la 3ᵉ *Catilinaire*, il se moque des païens qui traitent les dieux comme de petits enfants : « *Admirabilis profecto illorum temporum cæcitas fuit.* » Il affirme toutes les croyances chrétiennes que les païens avaient niées par avance, par exemple que la mort est bien un châtiment infligé à l'homme. S'il innocente leur croyance au *fatum*, c'est en la ramenant par une interprétation fort contestable à la foi en la Providence. Il argumente pour établir que la prescience divine n'est pas inconciliable avec la liberté humaine.

(3) Nous le connaissons par le commentaire qu'il publia de cet ou-

à l'endroit du raisonnement, une défiance qui devait être fort bien vue : il avait dit, émettant par avance un principe de Bossuet, que si dans une question l'on rencontre des difficultés insolubles, il ne faut pas pour cela sacrifier des croyances universelles qu'on ne peut établir par le raisonnement mais qui sont nécessaires pour le salut. Rencontrait-il des problèmes agités par les théologiens de son temps, il se prononçait nettement pour les solutions catholiques : loin d'exprimer le moindre doute sur l'existence du Purgatoire, il exposait devant ses élèves les diverses impressions que le bonheur ou le malheur des parents vivants produit sur les bienheureux, les âmes du Purgatoire, et les damnés, et il concluait sa dissertation théologique par ces mots : « Le tout sous réserve du jugement de l'Eglise : *omnia subjecta sint judicio Ecclesiæ* (1). »

Aussi se demande-t-on si ce furent des considérations religieuses qui amenèrent l'interdiction de poursuivre l'explication de Platon. Pourtant, à y regarder de près, peut-être découvrirait-on, dans les commentaires de Muret sur les philosophes grecs, certaines assertions, ou plutôt, pour employer le mot consacré en pareil cas, certaines tendances qui

vrage, et qui, nous le montrerons, est une simple rédaction de ses leçons.
(1) P. 129.

ne devaient plaire qu'à moitié à des juges ombrageux. Il y avait alors des personnes bien intentionnées qui ne pouvaient souffrir que sur de graves questions les grands penseurs de l'antiquité eussent été profondément séparés. Leur rêve était de faire cesser ce fâcheux scandale; par d'ingénieux commentaires, de subtiles distinctions, ils rapprochaient doucement les assertions les plus contradictoires et changeaient en éclaircissements bienveillants, en apologies même, des réfutations formelles. On les trouvait partout, ces officieux conciliateurs d'adversaires déclarés, dans les facultés de droit, dans les facultés de médecine, dans les écoles de philosophie. Or Muret, qui ne partageait pas leurs illusions, a parlé plusieurs fois avec irrévérence de leur zèle. Dès 1559, il signalait un désaccord entre Platon et Aristote sur le souverain bien, « problème à résoudre pour ceux qui veulent que Platon et Aristote soient toujours d'accord (1). » Dans son cours sur l'*Ethique à Nicomaque*, il amusait son auditoire aux dépens de leur simplicité : « Il est des hommes aux yeux de qui il n'est pas permis (*nefas videtur*) à ceux dont la science est grandement estimée de différer d'opinion. Aussi font-ils tous leurs efforts pour les remettre, même malgré eux, en bonne intel-

---

(1) « ... Qui Platonem et Aristotelem ubique συμφωνεῖν volunt » (*Var. lect.*, IV, 18).

ligence, semblables à ce médecin qu'on a surnommé le conciliateur, parce qu'il avait voulu mettre dans un perpétuel accord Galien et Avicenne. Je me rappelle que quand, dans mon enfance, j'étudiais le droit civil, mes professeurs n'agissaient pas autrement : ils voulaient rétablir n'importe comment (*quoquo modo*) l'entente parmi les vieux jurisconsultes (même sur les points où il était constant qu'ils avaient différé d'avis) ou concilier les constitutions impériales avec les *Responsa prudentium* (1), même pour les articles où l'ancien droit avait été modifié. » Et il accumule les preuves des dissentiments entre Platon et Aristote (2).

Qu'importe à l'Eglise? dira-t-on. Mais cette querelle de commentateur au fond mettait en jeu la méthode d'autorité. Cette méthode, si chère au moyen âge et à tous ceux qui, sans accepter le doux oreiller de l'ignorance et de l'incuriosité, veulent défendre leur sommeil contre le bruit de la libre discussion, suppose l'infaillibilité et par suite l'accord perpétuel des savants du passé. Les divergences entre Galien et Avicenne en ébranlent le crédit, et si, même en matière de philosophie et de morale, il est avéré que les plus grands esprits ont

---

(1) C'est-à-dire les décisions des jurisconsultes ; Auguste, puis Adrien leur avaient donné, dans une certaine mesure, force de loi.

(2) V. le commentaire de Muret pour le 6ᵉ chap. du 1ᵉʳ liv. de l'*Ethique*.

été fort loin de s'entendre, la critique reprend tous ses droits. Aussi avec quelle joie l'incrédule Leopardi découvre que le Tartare et les champs Elysées d'Homère répondent beaucoup moins qu'on ne croyait aux conceptions spiritualistes (1). Bien loin de Muret la pensée d'arguer des querelles de Platon et d'Aristote contre les dogmes établis! Il se pourrait cependant que le ton libre, dégagé, dont il raille ces bonnes âmes de conciliateurs, ait choqué certaines personnes.

Il se pourrait encore que, pour un motif absolument contraire en apparence, l'enseignement philosophique de Muret ait excité, non pas de la défiance, mais de l'inquiétude. Nous avons vu avec quelle fidélité, dans son commentaire sur l'*Ethique à Nicomaque*, il se rangeait à toutes les opinions orthodoxes. Son zèle ne s'en tint pas là quand il aborda Platon. On pourrait presque dire qu'il le commenta, l'Ecriture sainte à la main. Sur la question de savoir si l'incantation des serpents était possible ou non, il consultait l'Ancien Testament et les Pères (2). Ici il citait à la fois l'Ancien Testament, saint Augustin, Clément d'Alexandrie, Lactance, Eusèbe (3); là il tirait de l'Ancien Testament

---

(1) V. ce passage dans la thèse remarquable de M. Aulard sur Leopardi.
(2) OEuvres de Muret, édit. Ruhnken, III, p. 556-557.
(3) *Id.*, p. 563.

des exemples de la vengeance divine sur les enfants des coupables; puis, avec les Pères de l'Eglise, il les interprétait en ce sens que ces enfants sont punis non pour les fautes de leurs ancêtres, mais parce qu'ils les ont imitées (1). Un peu plus loin, sur l'origine du mal, il consulte les auteurs païens et les auteurs chrétiens, indique des rapprochements entre le pythagorisme et diverses hérésies, établit, avec l'aide de la théologie et des Pères, que le péché vient de nous et que les maux envoyés par Dieu sont pour notre bien (2). Sur l'unité de l'essence divine, il cite l'Ancien Testament (3) et saint Augustin (4). L'intention de Muret est excellente; mais, tout en y applaudissant, on a pu craindre qu'il n'y eût quelque témérité à laisser débattre dans une chaire profane, et par un homme dont l'érudition ecclésiastique, si vaste qu'elle se montre, n'avait aucune consécration canonique, les problèmes les plus délicats de la théologie (5). Quand il arrivait, par exemple, à Muret de présenter l'éternité des supplices de l'enfer comme une

---

(1) Œuvres de Muret, édit. Ruhnken, III, p. 568-569.
(2) Ruhnken, III, p. 574-584.
(3) Id., p. 585.
(4) Id., p. 586.
(5) L'évêque de Réate admirait l'élégance et la dignité des dissertations théologiques de Muret (Lettre à Muret du 8 avril 1576, p. 95, 97 du 2ᵉ vol. de Frotscher). Mais une commission responsable de l'enseignement dans l'université de Rome pouvait être plus difficile qu'un pieux amateur de théologie.

preuve de la bonté de Dieu, qui veut bien au lieu d'anéantir les coupables les torturer à perpétuité, *pour faire briller en eux son admirable miséricorde* (1), les personnes qui avaient davantage l'habitude des controverses théologiques ont pu hocher la tête et trouver l'argument fâcheux. Elles se sont dit peut-être que Muret s'aventurait là sur un terrain qui n'était pas le sien, et que le mieux était de le ramener à la pure littérature, tout au moins de l'arracher à ce Platon, qui, beaucoup plus catholique de cœur qu'Aristote, a généralement été beaucoup plus suspect à l'Eglise (2).

Nous ne nierons pas d'ailleurs qu'un autre motif a pu contribuer à inspirer la mesure prise par les cardinaux. Les partisans de l'immutabilité des dogmes religieux ont pour alliés naturels les défenseurs des méthodes traditionnelles d'enseignement. Une des formes de la routine universitaire en Italie à cette époque était une crainte exagérée de dépasser la portée des élèves, scrupule fort louable dans un enseignement élémentaire, bien que d'ordinaire il faille se défier beaucoup plus de la bonne

(1) « *Ut in eis etiam admirabilis ipsius bonitas et misericordia elucescat...* » Dans le passage précité sur l'origine du mal.

(2) Il serait curieux d'approfondir les causes de ce fait : En substance, c'est que les formules où Aristote aime à déposer ses conclusions, par leur apparence dogmatique, dissimulaient la hardiesse de ses investigations, tandis que chez Platon la liberté de l'imagination poétique faisait méconnaître l'esprit sacerdotal.

volonté des enfants que de leur intelligence, mais scrupule désastreux quand, pour complaire à la paresse des étudiants, les professeurs les plus illustres recevaient l'ordre d'abaisser ou de circonscrire leur enseignement. Il faut reconnaître que le cours des études n'étant pas alors réglé comme de nos jours, la défiance de l'administration à l'endroit de la force des élèves était souvent légitime. Aujourd'hui les écoliers qui sortent de nos lycées ont reçu un enseignement gradué qui les mettra en état de suivre les leçons des Facultés le jour où ils en sentiront le besoin. Mais alors, sauf la jeunesse et le goût de la turbulence, il n'y avait rien de commun entre les auditeurs d'un professeur d'université; l'extrême inégalité des précepteurs particuliers, du temps que chaque écolier avait déjà consacré aux lettres, l'absence de principes pédagogiques communément acceptés, étaient cause que les étudiants se trouvaient fort diversement préparés. Les seules matières sur lesquelles ils fussent tous également prêts étaient celles dont tous ignoraient le premier mot. Quand Muret commença l'explication de Sénèque, il pourra dire : « Combien d'entre vous ont jusqu'ici, non pas feuilleté ou lu, mais regardé ou touché les écrits de ce philosophe (1) ? » Mais il aurait au moins fallu que l'admi-

---

(1) V. le 3ᵉ disc. du 2ᵉ liv.

nistration universitaire fût compétente pour apprécier la difficulté relative des textes à commenter. Quant à Lucques, Paleari craignait que les *præfecti gymnasii* ne lui interdissent, comme trop difficile, l'explication des livres d'Aristote sur la dialectique, et qu'il songeait en ce cas à leur proposer Isocrate, à coup sûr le second de ces auteurs était plus aisé à entendre que le premier. Mais si les élèves de Muret ont pu suivre l'*Ethique à Nicomaque*, comment ne pourraient-ils pas suivre la *République* de Platon? C'est qu'au fond la routine tendait à enfermer le professeur dans le cercle d'un très petit nombre d'auteurs, dont la pleine intelligence semblait indispensable et suffisante. Nous verrons par la suite Muret lutter plus victorieusement contre ces exigences. Il donnera le droit de cité, dans l'université de Rome, à Juvénal, à Tacite, à Sénèque; mais il doit renoncer à l'espérance d'y réintroduire Platon.

L'interdiction de poursuivre l'explication de la *République* lui fut assez sensible; il s'y soumit; mais, suivant son habitude, il la porta à la connaissance de ses élèves : « J'avais résolu de poursuivre cette année (1574-1575) le *très beau projet* que j'avais conçu l'année précédente et d'unir de nouveau Platon et Cicéron... Il en a été autrement décidé par ceux dont l'autorité suprême règle nos travaux; soit qu'ils ne nous aient pas jugés suffisamment capables, moi d'exposer, vous de saisir les hautes théories de Platon ; soit qu'un autre motif les ait déterminés (1) ; car je ne vous reconnais pas le droit de scruter trop curieusement leurs décisions : ils ont préféré que je consacrasse toute cette année au seul Cicéron. Obéissons donc, comme il convient, de bon cœur, à des hommes à qui nul ne doit refuser d'obéir, et croyons, sans tergiverser, que ce qui leur a plu était, en effet, le meilleur. Nous lirons donc cette année les trois admirables livres de Cicéron sur les devoirs (2). »

Nous laisserons de côté dans ce discours d'ouverture l'éloge du *De officiis*, l'apologie de la préférence de Muret pour les ouvrages de philosophie ; mais nous en détacherons une digression qui nous introduit pour ainsi dire au milieu des élèves de Muret à l'heure de son cours ; il est temps de connaître ce qu'était devenu l'auditoire auquel il se vouait tout entier.

Si beaucoup de professeurs en prenaient à leur aise avec leurs fonctions, d'autres, les plus distingués, retranchaient au contraire sur leurs loisirs pour compléter l'instruction des élèves. Ils convoquaient chez eux, aux jours fériés, les auditeurs de bonne volonté pour expliquer ce qui n'avait pas

---

(1) « *Sive in eo aliud quippiam secuti sint.* »
(2) 6° disc. du 2° livre.

été vu dans le cours, et répondre aux questions de ceux qui n'auraient pas compris. Muret, on ne s'en étonnera pas, était du nombre de ces professeurs infatigables. Or, il va nous apprendre pourquoi il donne ces leçons supplémentaires chez lui plutôt que du haut de sa chaire : « Toutes les fois que nous nous réunissons ici, il nous faut dépendre du caprice des drôles les plus abjects, dont le plaisir est d'entraver, quand la fantaisie leur en vient, les louables efforts des autres par du bruit, du tumulte, des sifflets. Chez moi nous n'avons rien à craindre de cette lie et de cette bourbe ; s'ils osaient essayer de s'y conduire ainsi, on leur fermerait la porte sur le dos, et s'ils voulaient revenir le lendemain, on la leur fermerait sur le nez (1). Ici c'est à peine s'il m'est jamais permis d'enseigner une heure entière (2) ; chez moi vous savez que j'ai souvent été écouté deux heures dans le plus profond silence et avec une attention universelle. Là, si un de vous a mal compris, il peut interroger, conférer avec moi ; il peut, s'il a un doute, questionner doucement et poliment. »

---

(1) « Huc quoties venimus, pendendum nobis est ex aliquot abjectissimorum nebulonum libidine, qui sibi pro oblectamento habent, obstrependo, obturbando, exsibilando, laudabiles aliorum conatus, quoties collibuit, impedire. Domi ab illa fæce ac colluvie nihil periculi est, ubi si quid tale tentare auderent, extruderentur, et si redire postridie vellent, excluderentur. »

(2) « Hic vix unquam mihi horam integram docere permittitur. »

Voilà donc l'accueil qu'une minorité hardie faisait aux leçons de Muret! Orateur favori du roi de France et du duc de Ferrare, savant consulté de tous les points de l'Europe, professeur applaudi de toute la majorité intelligente qui recueillait avidement ses leçons et sollicitait son amitié, il ne pouvait réprimer les caprices de quelques incorrigibles tapageurs. Il possédait surabondamment, ce semble, toutes les qualités du professeur, depuis les plus brillantes jusqu'à celles que les hommes du métier peuvent seuls apprécier : science, dévouement, verve, malice, art de varier et de faire valoir son enseignement, de frapper l'esprit des écoliers instruits, et de persuader les autres que le cours est maintenu à leur portée (1), débit sonore, prestige de la réputation, de la faveur ; que lui manquait-il? Ce n'est pas pour lui qu'on avait composé ce dicton moqueur sur un professeur réduit à un seul élève : « *Dominus meus tendit ad unitatem* » (Archives de Florence, fonds Magliabecchi, classe VIII, 75e manusc., p. 73).

Il n'en est pas moins vrai que, désormais il devra lutter contre l'indiscipline de ses auditeurs. Nous verrons que dans ses dernières années,

---

(1) On se rappelle qu'il promet l'explication de tous les termes de la jurisprudence, au début de son cours sur les *Pandectes*, et qu'en abordant Platon il s'engage à faciliter l'intelligence de la traduction de Ficin à ceux de ses élèves qui ne savent pas le grec.

quand, de l'aveu de tous, il était comme la colonne de l'université, son autorité n'était pas mieux établie.

Mais la faute n'en était pas à lui. L'indiscipline des étudiants était un des premiers symptômes de l'affaissement des études en Italie. Tandis que l'Eglise se défiait de la libre pensée, la nation se désintéressait de la science. L'enthousiasme des Italiens de génie qui avaient donné à l'Europe le signal de la Renaissance s'était nourri d'espérances patriotiques ; Pétrarque, l'ami de Rienzi, attendait de la littérature la rénovation de son pays ; mais quand l'Italie s'aperçut que la gloire ne la sauvait pas de la honte, et que la reine des arts demeurait la proie des barbares et l'esclave des tyrannies locales, il semble qu'elle en voulut aux arts et aux lettres de n'avoir point tenu ce qu'on s'était promis d'eux ; elle continua de les étudier, mais sans foi et sans dévouement. Conséquence inévitable : quand les pères n'estimèrent plus la science, la jeunesse méprisa ceux qui l'enseignaient. Muret, que nous entendrons prophétiser la décadence littéraire de l'Italie, en fut la première victime. Il eut même le chagrin de voir s'accomplir sous ses yeux ce triste changement dans les dispositions publiques, puisqu'à son arrivée à Rome il se louait de son auditoire (1). Bientôt le souvenir

(1) V. ci-dessus p. 174.

des applaudissements qui l'avaient accueilli au début rendra plus amers les chagrins des dernières années (1).

Heureusement il ne se décourageait pas aisément, soutenu par les témoignages d'estime que les princes accordaient à son talent, et par l'amour de sa profession. Dans le courant de l'année 1574, il avait prononcé l'oraison funèbre de Charles IX (2), et le 3 juin 1575 il se donne le plaisir d'élargir encore une fois le cercle étroit où l'on voulait enfermer son enseignement. Narguant les détracteurs de Sénèque, il annonça l'explication du *De Providentia* (3). Bientôt en publiant de nouvelles *Variæ lectiones*, il allait appeler Sénèque « cet écrivain très éloquent et très sage qui parmi d'éminentes qualités a le précieux mérite d'avoir déplu autrefois et de déplaire aujourd'hui à ceux qui se piquent d'une fausse délicatesse (4). » Le 3 juin 1575, il annonça qu'il comptait bien prouver que Sénèque, « par l'étendue de sa science et l'élégance de son

---

(1) On verra plus loin, p. 321 et suiv., les termes dans lesquels il constate le changement survenu dans les dispositions de ses auditeurs.

(2) V. le 24e discours du 1er liv. On devine que Muret y loue la sagesse de Charles IX, de Catherine de Médicis et les persécutions religieuses.

(3) 3e disc. du 2e liv.

(4) « ... Disertissimum eumdemque sapientissimum scriptorem, Senecam, cujus inter ceteras summas laudes hanc quoque non postremam esse statuo, quod inepte fastidiosis et olim displicuit et hodie displicet » (*Var. lect.*, IX, 8).

style, l'emportait de beaucoup sur ses détracteurs. »
Il était tellement occupé d'élargir les programmes universitaires, que cette même année, l'édition du *De Providentia* qu'il avait préparée pour ses élèves, ne devant être imprimée que trois jours après l'époque annoncée, il profita de ce court intervalle pour introduire dans la place un autre de ces auteurs de second ordre que proscrivaient les cicéroniens : Juvénal.

Il y a profit encore aujourd'hui à écouter les raisons par lesquelles à ce propos (1) il justifie l'étude des auteurs qui ont approché de la perfection sans y atteindre. Sans doute, dit-il, Juvénal ne vaut pas Virgile ; mais il ne s'agit pas de négliger les auteurs du premier ordre pour ceux du deuxième. Il faut lire les uns et les autres ; il faut résister au caprice de la mode : les savants, il y a une ou deux générations, ne daignaient interpréter que les auteurs difficiles à comprendre, Apulée, Sidoine Apollinaire, Perse, Lucain, Claudien ; Bembo et Sadolet ont corrigé ce faux goût (2). Mais

---

(1) 12e disc. du 2e liv., avant d'expliquer une satire de Juvénal (la 13e).

(2) Même après eux, sous Paul III, dans l'université de Rome, Giov. Batt. Pio, qui professait la rhétorique aux appointements de 808 florins, par une sotte imitation de Béroaldo, dit Jovius dans ses *Eloges*, commentait toujours Fulgence, Sidoine, Plaute, Lucrèce, Valerius Flaccus. Jovius dit qu'on mit cette manie sur le théâtre. A la fin, Pio se rendit et consentit à expliquer Cicéron.

l'esprit d'exclusion n'est pas détruit : seulement c'est au siècle de Cicéron et de Virgile qu'aujourd'hui on sacrifie tout. On ne veut pas entendre parler des poètes postérieurs : « On se préfère à eux. Un homme distingué vient de faire traduire les *Métamorphoses* d'Ovide en italien pour ne pas gâter son style en les lisant dans le texte. » Muret comprend bien que c'est faire tort aux écrivains parfaits que de ne pas lire les autres, puisqu'ainsi on ne connaît pas toute la grandeur des premiers; surtout que c'est se faire tort à soi-même, car si vous diminuez trop le nombre de vos modèles, votre goût se rétrécira, et au moment de choisir une expression pour rendre votre pensée, votre conscience assaillie de scrupules livrera aux préjugés d'une imitation superstitieuse votre liberté d'écrivain. Muret ne manque pas l'occasion de railler « l'éloquence énervée, famélique, sans couleur ni saveur de ceux qui croient que le talent de la parole consiste à n'employer aucun mot qui ne soit tiré de Cicéron, sauf à dire d'ennuyeuses pauvretés, sans force, sans finesse, et qui vous tiennent quittes de la gravité des pensées pourvu que vous travailliez à être un petit frère de Cicéron(1). »

---

(1) « Inde exstitit enectum quoddam et famelicum et, ut ego interdum vocare soleo, dilutum eloquentiæ genus hominum existimantium bene dicendi laudem in eo positam esse ut ne ullum vocabulum ponas quod non ex Cicerone sumpseris, quamvis fatue et insulse lo-

Tant pis pour ces délicats! Ils vont se soulever : « Quoi! Il explique Juvénal? Pourquoi pas plutôt Horace? Déjà, il y a trois ans, il a expliqué les *Troyennes* de Sénèque, comme s'il n'y avait pas d'autres poésies! » Muret n'en tâchera pas moins d'inspirer le goût de Juvénal, comme il croit avoir répandu celui des poésies de Sénèque.

A ces arguments on en ajouterait d'autres aujourd'hui : on montrerait que les passions qui animent l'éloquence et la poésie, étant éternelles, ont dû inspirer dans tous les temps de belles pages, sinon de beaux livres; qu'il y a chez les écrivains de décadence des beautés que l'on chercherait en vain chez les classiques, telle invective de Juvénal, tel discours ou tel portrait de Lucain n'ayant aucun équivalent dans Horace ou dans Virgile, et qu'il ne faut pas plus écrire dans le style d'un autre homme que s'habiller de ses vêtements (1). Mais contentons-nous de la justesse, de l'à-propos de la thèse de Muret, qui a de plus le mérite de ne pas être une boutade ou un prétexte de professeur en humeur d'école buissonnière, puisqu'elle est dans un rapport intime avec tous ses principes littéraires et pédagogiques.

quaris, sine ulla vi, sine ullo acumine, sine ullo pondere sententiarum, dummodo unum illud observes, ipsius te Ciceronis fraterculum esse. »

(1) Sans compter l'argument de l'intérêt historique et philosophique qu'offrent également les écrivains de tous les siècles.

CHAPITRE XVI.

Sommaire :

Une leçon de Muret. — Nouveaux travaux qui l'acheminent vers l'entrée dans les ordres. — Ordination de Muret. — Sa piété sincère, quoique son âme reste profane par quelques côtés. — Son habileté à se faire contraindre par son auditoire et autoriser par ses chefs à expliquer de l'Aristote. — Apogée de sa célébrité.

Revenons au discours du 3 juin 1575 : il nous montrera que Muret n'a pas moins de tact que de goût pour les heureuses innovations, et il nous préparera à comprendre l'acte solennel qui dans sa vie marquera l'année 1576.

Il veut réhabiliter Sénèque. Va-t-il profiter des considérations générales que l'usage lui prescrit pour prouver que Sénèque est un grand philosophe et un grand écrivain? Non ; car il lui faudrait s'appuyer sur des ouvrages absolument inconnus de son auditoire, c'est-à-dire, dans une question controversée, demander à être cru sur parole. A une discussion prématurée, il préfère une leçon d'introduction, où, démêlant nettement le point débattu dans le *De Providentia*, il compare les croyances païennes et les croyances chrétiennes touchant les épreuves imposées aux hommes de bien. L'idée de cette leçon ne serait pas bien originale aujourd'hui ; elle l'était davantage dans un siècle où les savants avaient tant de peine à dominer leur texte, où ils étaient si peu habitués à en dégager les idées d'ensemble pour les juger et pour en indiquer la place dans le développement de la pensée humaine. C'est une marque de l'esprit philosophique de Muret, une récompense de son goût pour l'étude des penseurs anciens que cette aptitude à s'élever, dans ses cours, au-dessus des ingénieuses corrections et des savants commentaires de détails. Il faut avouer que dans cette même leçon où il donne la preuve de son esprit philosophique, il nous en laisse voir aussi la limite : montrer que dans l'antiquité la foi du vulgaire dans la Providence était chancelante, que, fondée sur le spectacle de l'ordre cosmique, troublée par la vue de la prospérité des méchants, elle était modifiée par les moindres événements, que la trahison d'une maîtresse jetait son amant dans l'athéisme, c'est bien ; mais plusieurs lecteurs souhaiteront que Muret, plus profond et plus hardi, eût interrogé les chefs d'école, comparé leurs doctrines, qu'il se fût demandé, par exemple, comme un philosophe contemporain, si le Dieu d'Aristote est une Providence. Cependant si l'on y regarde bien, le plan de Muret ne réclamait pas ici l'étude des solutions apportées au problème par les philosophes anciens. Il voulait glorifier le christianisme des croyances épurées et fermes qu'il avait substituées à des notions mal assises ou entachées d'erreur. Qu'importait donc à Muret que quelques élus du génie eussent pu sortir de la caverne où le commun des hommes n'apercevait que l'ombre des réalités, qu'ils eussent contemplé quelques instants la vérité, si au retour ils n'avaient pu désabuser leurs compagnons d'esclavage? Voulant connaître l'opinion de l'antiquité, il n'avait pas tort de laisser de côté une élite sans influence et d'interroger les poètes, témoins plus sûrs des croyances de la foule. Il ne se trompait pas quand il refusait aux religions anciennes le pouvoir de prendre irrévocablement possession de l'âme tout entière, et d'y implanter des sentiments de soumission que l'infortune ne déracine pas.

A la foi intermittente des anciens dans la Providence, son discours oppose la foi chrétienne dont saint Jean Chrysostôme lui fournit les motifs. Il déduit ces onze arguments dont le nombre semble indiquer une gageure de rhéteur; mais que l'ingénieux élève de Libanius avait si finement distingués qu'on n'oserait en retrancher un seul. Le voilà en pleine théologie, tirant ses preuves d'un

Père de l'Eglise, ses exemples de l'histoire sainte des actes des apôtres. Il sait que certains lui en feront un reproche : « Mais, par le Dieu immortel ! où trouverais-je, s'écrie-t-il, des paroles plus convenables, plus profitables pour vous ou pour moi ? Quoi ! nous passerions des jours entiers à feuilleter, à creuser les fables des païens, les sottises des stoïciens et des épicuriens, et nous croirions bien employer notre temps ; mais les vérités nécessaires au salut, nous ne leur donnerions pas une heure ! On me dira : cet enseignement appartient aux écoles et aux discours des théologiens, à vous on demande autre chose. Sans doute, de telles discussions viennent plus à propos, sont plus à leur place dans les écoles de théologie ; j'ajoute qu'elles y sont traitées avec plus de compétence et d'ampleur. Mais, plaise à Dieu que les préceptes chrétiens retentissent dans les temples, les écoles, les portiques, les promenades, les places et les carrefours ! On m'a chargé d'essayer de vous montrer le chemin de l'éloquence ; vous rendrai-je plus éloquents, si j'applique à des bagatelles et à des fictions le peu de talent que certains m'attribuent, ou si je vous excite et vous accoutume, par mon exemple, suivant la mesure de mes forces, à traiter dans un style pur et choisi des vérités sérieuses et importantes. Pour moi, ma résolution est bien arrêtée : je ne vous donnerai jamais qu'un enseignement capable, selon moi, non seulement de délier et d'affermir votre parole, mais encore de guider et de perfectionner votre esprit (1). »

Le cours de Muret sur la *République* de Platon nous avait déjà montré la théologie se faisant une place marquée dans son enseignement. Mais jamais encore il ne nous avait laissé voir des préoccupations si chrétiennes, jamais des paroles si religieuses n'étaient tombées de sa chaire. Ses passe-temps n'étaient pas moins pieux. En 1572, il avait publié un petit poème de cinquante-huit vers en l'honneur de Notre Dame de Lorette, à qui il demandait pardon pour ses fautes passées et assistance pour l'avenir (2). En 1575, il publia des *Poemata varia* dont la plus grande partie célébrait des saints ou des fêtes de l'Eglise. Quelques pièces érotiques sont mêlées au recueil ; mais il est permis de supposer qu'elles étaient d'ancienne date (3), et que, les retrouvant dans ses papiers, il n'aura pas eu le courage de les brûler ; du reste la liberté du langage n'y est pas comparable à la licence des *Juvenilia*. Encore, sur la fin de sa vie, condamna-t-il cette dernière faiblesse : sur l'exemplaire qu'il gardait de

---

(1) Frotscher, I, p. 319, 320.
(2) Frotscher, II, p. 324 et suiv.
(3) Il est évident que le recueil de 1575 comprend d'anciennes pièces, puisqu'on y trouve des vers à Douaren, mort en 1559.

ces poésies, toutes les pièces érotiques étaient barrées, et l'édition de Cologne, qui parut quinze ans après sa mort, ne les comprit pas, sans doute pour respecter son désir (1). Mais dès 1575 il se préparait à accomplir une grave détermination, qu'il ne prévoyait guère quand jadis il échappait au bûcher par la fuite.

En 1576 il entra dans les ordres (2). Les épreuves dont il avait payé ses fautes, son application au travail, son dévouement à sa tâche avaient sinon sanctifié, du moins épuré son âme, guérie par le temps des folies de la jeunesse; il était dans sa cinquantième année. Puis il vivait à Rome, et ses travaux littéraires le mettaient en rapport avec les prélats les plus capables par leur science et la dignité de leur conduite de faire respecter la foi; sa vie retirée lui dérobait la vue des intrigues et des désordres qui renvoyaient tant de voyageurs plus scandalisés qu'édifiés. Son cœur reconnaissant, vivement ému par la mort du cardinal Hippolyte,

---

(1) V. Lazeri, p. 35 du 1ᵉʳ vol. Frotscher. — Les *Poemata varia* parurent, avec les discours de Muret et plusieurs de ses éditions, par les soins d'Alde le jeune, fils de Manuce, sur qui Muret avait reporté toute l'affection qu'il avait vouée au père. Alde le jeune, la même année, dédiait son *De epistolis commentarius* à M. A. Muret, le premier de ses amis, *amicorum* κορυφαῖον. Nous donnerons à l'appendice P plusieurs lettres inédites adressées à cette époque par Muret au jeune homme.

(2) Quand il mourut (1585), il y avait neuf ans qu'il était dans les ordres (Benci, oraison funèbre de Muret).

conservait comme autant d'oracles sacrés les douces et graves exhortations de son bienfaiteur. Un autre de ses amis venait de mourir; un jour il avait écrit sur un de ses livres (1) : « *Paulus Manutius, amicorum meorum in Italia antiquissimus et optimus ad meliorem, ut spero, vitam a Deo vocatus est postrid. non. Ap.* 1574. » L'existence de Manuce, tout entière partagée entre la gloire et la misère, n'était pas faite pour attacher à la vie du siècle. Les amis de Muret de date plus récente étaient, en partie, des membres de la Société de Jésus. Dès 1575, recommandant un jeune homme à l'obligeance de plusieurs d'entre eux, il écrivait : « Depuis longtemps je vous ai voué à tous une très constante affection et je me persuade qu'en retour je suis aimé de vous (2). » Un d'eux surtout, son ancien élève, le doux Benci (3), avait pris sur lui un grand ascendant par son aimable piété, son attachement et ses heureuses dispositions. Muret l'avait enfanté à la vie littéraire ; il voulait enfanter son maître à la vie religieuse. Une maladie qui, au commencement de 1576, faillit emporter Muret,

---

(1) L'édition de Platon publiée par Valder (V. Lazeri, p. 30 et 31 du 1er vol. de Frotscher).

(2) *Lett.* de Muret, III, 84.

(3) Benci avait suivi ses cours sept hivers, probablement à partir de 1563, car, dans l'oraison funèbre de son maître, il dit l'avoir connu vingt-deux ans, et Muret meurt en 1585.

vint à son secours; au milieu de février, Muret était déjà gagné quand il écrivait à l'évêque de Reate : « Je ne sais trop encore s'il aurait mieux valu pour moi être arraché au plus tôt aux misères de cette vie ou demeurer plus longtemps ici-bas. Du moins, quand tous les médecins s'accordaient à répéter qu'il n'y avait presque plus d'espoir d'en réchapper, je m'étais préparé, et j'avais disposé mon âme de telle façon que la mort, qu'on croyait imminente, ne me causât ni angoisse ni terreur, et que je ne demandais à Dieu que d'user envers moi de miséricorde, de me pardonner les péchés de ma vie passée et de ne pas permettre que dans la séparation de l'âme et du corps mes souffrances fussent plus longues ou plus vives que mes forces ne pourraient le supporter. Telle était ma seule pensée, tel était mon désir intime, telle était la prière que je conjurais ceux qui m'assistaient d'adresser à Dieu. J'espère, toutefois, que Dieu me laisse en cette vie pour que j'efface par des larmes les souillures de mes premières années, et que, dédaignant les attraits du vice, j'embrasse au moins dans ma vieillesse un genre de vie que j'aurais dû suivre dès le principe (1). »

La foi la plus sincère a peine à transformer absolument une âme aussi profane. Les huit livres de

(1) V. la 55e lett. du 1er liv.

Variæ lectiones qu'il publiera en 1580 contiendront encore des passages peu charitables pour ses confrères (1), ou des commentaires grivois, licencieux; jusque dans les quatre derniers qui paraîtront après sa mort, on retrouvera la trace de sa haine acharnée contre Lambin. Mais il serait injuste d'en rien conclure contre la sincérité de sa piété. Ses sentiments religieux ont rencontré bien des incrédules, depuis Joseph Scaliger qui disait : « Si Muret croyait aussi bien en Dieu qu'il est capable de parfaitement persuader qu'il faut croire, ce serait un bon chrétien (2) », jusqu'à M. Jac. Bernays qui écrit : « Lorsque Muret fut rassasié d'or et d'honneurs, il chercha, par la bigoterie, à colorer son pâle caractère et à cacher ses péchés de jeunesse (3). » Pour nous, les événements, les travaux, les relations qui avaient modifié lentement le caractère de Muret nous paraissent expliquer très suffisamment qu'il ait terminé ses jours dans les sentiments d'une sincère piété. Un dernier argument : il s'est consacré à Dieu sans le moindre

---

(1) V., par exemple, liv. X, chap. 11, et liv. XII, chap. 9.

(2) « Si tam bene crederet in Deum quam optime persuaderet esse credendum, bonus esset christianus » (1ers *Scaligeriana*, au mot *Muret*).

(3) « Als Muret des Goldes und der Ehren satt wurde, hat er durch Bigotterie seinem verwaschenen Gemuth eine Farbe zu geben und seine Jugendsünden zur verdecken Gesucht. » (*Etude sur J.-J. Scaliger*, p. 103.)

fracas. Quelle belle occasion pour un élégant épistolaire que son entrée dans les ordres ! Quoi de plus aisé que de trouver un correspondant auquel on adresse une belle lettre pleine d'éloquents adieux au monde, d'enthousiasme poétique pour la retraite et la prière ! Or, il semble que Muret se soit fait scrupule de tirer le moindre profit oratoire de sa résolution solennelle. Quand nous apprenons de sa bouche qu'il appartient à l'Eglise, c'est par quelques paroles incidentes des lettres postérieures, ou par le titre de *presbyter* qu'il prend en publiant ses ouvrages. Il faut que cent ans plus tard Lazeri pénètre dans sa bibliothèque pour y relever des témoignages secrets de sa piété : ces mots par exemple qu'on lit au début de son commentaire sur la *Rhétorique* d'Aristote : « Au nom de Jésus et de la sainte Vierge, mère de Dieu, j'ai commencé à écrire ceci le 1ᵉʳ mai 1576 (1), » ou bien ce vœu inscrit à la fin de son commentaire sur le *De finibus* : « Le 28 mai 1576 j'ai fait vœu à Dieu de n'assister dorénavant à aucun profane spectacle (2). » Cette dévotion sans faste qui s'interdit les plaisirs profanes sans les couvrir d'anathèmes, assure toute créance au témoignage de Benci, s'écriant dans l'orai-

---

(1) « Ἐν ὀνόματι ΙΗϹΟΥ ΚΑΙ ΤΗΣ ΑΓΙΑϹ ΠΑΡΘΕΝΟΥ ΤΗϹ ΘΕΟΤΟΚΟΥ cœpi hæc scribere kal. mart. MDLXXVI. »

(2) « V kal. jun. 1576 vovi Deo me nunquam posthac interfuturum ulli profano spectaculo. »

son funèbre de Muret : « Depuis son ordination il célébra si souvent, si religieusement, si saintement la messe qu'au milieu du sacrifice il ne pouvait retenir ses larmes et faisait même pleurer les assistants. » Voilà bien les contradictions de l'âme humaine : jusqu'à la fin moqueur et malicieux dans ses livres et du haut de la chaire professorale, Muret à l'autel n'est plus qu'un pécheur qui verse les larmes du repentir!

Muret, après son entrée dans les ordres, continua ses fonctions de professeur (1). Comme l'a fait remarquer Lazeri, Vittorio Rossi (Nicias Erythræus) s'est trompé en disant que dès lors Muret abandonna la littérature profane pour la littérature sacrée. Ses lectures devinrent seulement plus graves. Quant à son enseignement, il poursuivit, en luttant contre les obstacles, en rusant au besoin, l'application de ses méthodes. On se souvient que l'administration l'avait ramené, de l'étude du grec et des auteurs difficiles, à l'explication des auteurs latins et des textes faciles. Au commencement de l'année scolaire 1575-1576, il avait, sans doute à son corps défendant, entamé

---

(1) Il continua aussi à remplir ses fonctions d'orateur officiel ; le 19 juin 1576, il harangua Grégoire XIII, au nom de Henri III ; il explique comment le roi, voyant que la guerre ne venait pas à bout de l'hérésie, avait résolu de supporter celle-ci jusqu'à des temps meilleurs, *dum aliquid melius eveniret* (26ᵉ disc. du 1ᵉʳ liv.).

les *Verrines* de Cicéron ; mais on était à peine au mois de mars 1576, qu'il avait réussi à soulever contre son propre enseignement de vives réclamations (1). C'étaient des hommes graves, versés dans la pratique des auteurs anciens, auditeurs habituels de Muret chez lui et dans la salle des leçons publiques (2), qui, au souvenir de ses cours sur Platon et Aristote, s'indignaient et ne pouvaient souffrir (3) qu'il fût abaissé à de petites questions de grammaire et contraint d'apprendre aux enfants ce qui est ou n'est pas latin, de chercher la famille de Verrès, de son épouse, le lieu et le temps de son exil, etc., etc. (4). Ils demandaient de plus sérieuses leçons et proposaient pour texte la *Rhétorique* d'Aristote. Ces réclamations devaient causer tant de plaisir à Muret, qu'il m'est impossible de ne pas supposer qu'il les avait provoquées de propos délibéré, soit en les encourageant dans le tête-à-tête, soit en les justifiant même dans son cours par des leçons volontairement insignifiantes, dont il rejetait l'insuffisance sur la facilité des au-

---

(1) V. le disc. du 8 mars 1576 ; c'est le 7ᵉ du 2ᵉ liv.
(2) « Viros graves et in hoc studiorum genere diligenter accurateque versatos qui et ad me sæpe domum ventitare, et, cum licet auditorium hoc frequentare consueverant. »
(3) « Indignantes atque ægre ferentes. »
(4) « *Eo redactum esse me ut de quæstiunculis ad grammaticos pertinentibus disserere cogerer et monere pueros quid latine, quid minus diceretur...* »

teurs qu'on l'obligeait à expliquer; il savait bien que sa réputation était assise à Rome et que la faiblesse relative de son enseignement serait imputée à toute autre chose qu'à l'insuffisance du professeur. Il lui fallait une petite émeute de la portion sérieuse et compétente de son auditoire pour forcer la main à l'administration : il l'excita. Il me paraît même reconnaître son adresse ordinaire dans le choix de l'ouvrage dont ses amis les mécontents réclamaient l'explication; car, par un ingénieux compromis, ce choix ménageait la préférence de l'administration pour l'art oratoire, tout en satisfaisant le goût de Muret pour la philosophie et pour le grec; ses admirateurs le priaient en effet d'expliquer, non pas sans doute un discours, mais un traité de rhétorique; ils lui demandaient du grec, mais de l'Aristote. Muret « qui, pour dire la vérité, penchait déjà du côté où on le poussait (1) » (nous nous en doutions bien), ne voulut toutefois rien décider (2) avant d'avoir consulté son oracle, le savant Gul. Sirleto (3). Cette fois les chefs de l'université se montrèrent faciles : Sirleto l'encouragea

(1) « *Qui, ut verum fatear, voluntate mea eo inclinarem quo me ipsi vocabant.* »

(2) « *Nihil tamen prius decernendum statui quam...* »

(3) « *Præstantissimum virum et summa eruditione, summa virtute, summa dignitate præditum, Gul. Sirletum card., commune decus ac præsidium omnium litterarum omniumque litteratorum* » (V. encore dans les lignes suivantes du discours la fin de l'éloge de Sirleto).

à déférer aux vœux de son auditoire. C'était se prêter de bonne grâce à une innocente espiéglerie.

L'année scolaire qui suivit (1576-1577) fut encore consacrée à la *Rhétorique* d'Aristote. Le discours du 6 novembre 1576, qui nous l'apprend (1), débute par une pensée que nous avons déjà rencontrée dans Muret : permis à un débutant de rechercher, les jours de rentrée, des lieux communs propres à faire briller le style ; Muret a donné dans ce goût, mais son âge appelle aujourd'hui des idées plus graves (2). Aussi présente-t-il à ses auditeurs un utile résumé des doctrines qu'ils ont entendu Aristote développer l'année précédente (3).

La célébrité de Muret arrivait alors à son apogée. Outre la maison d'Este, la maison de Gonzague s'intéressait à lui. En 1558, il avait déjà dédié ses scolies sur Properce à François de Gonzague, fils du duc Ferdinand. En 1571, il dédia à Scipion de Gonzague, futur cardinal, une édition de ses discours. Scipion avait alors vingt-neuf ans ; à la suite d'un voyage à la cour de Ferrare, il avait été à peu près contraint de s'attacher au cardinal d'Este (1567)

---

(1) V. le 8ᵉ disc. du 2ᵉ liv.

(2) Comme pour prouver qu'il pourrait encore déployer les grâces qu'il s'interdit, il a écrit ce passage dans un style très fleuri.

(3) Il annonce dans ce discours qu'il va publier une traduction latine du 2ᵉ liv. de la *Rhétorique* d'Aristote, pour qu'aucun de ses élèves ne soit arrêté par l'ignorance du grec.

qui lui avait écrit dans un style pressant qu'il serait son ennemi s'il n'était son protecteur. A la suite d'Hippolyte, il avait visité Notre-Dame de Lorette. Jusqu'alors ses mœurs avaient été celles d'un étudiant et d'un courtisan, mais sa visite à la maison de la Vierge l'émut beaucoup (1). Nous ne savons si c'est avec lui que Muret fit le pèlerinage de Lorette. En tout cas, ils se lièrent, et c'est probablement par lui que Muret connut Guill. de Gonzague, duc de Mantoue et de Montferrat, à l'instigation duquel furent composés les *Poemata varia* (2). Vers la même époque, il semble avoir renoué des relations avec Venise. Lui avait-on tenu rigueur à l'occasion des bruits qui avaient précédé son départ de Padoue? Nous n'osons l'affirmer, mais ce ne serait pas impossible, vu le peu de rapports que sa correspondance indique, de 1559 à 1575, avec les patriciens de Venise. En 1575, au contraire, il dédie son édition du *De Providentia* à Girol. Ottoboni; et la même année Aless. Giustiniani, qui avait été son ami à Venise, lui recommande un ami (3).

(1) *Commentaires sur la vie de Scip. de Gonzague*, publiés par Marotti, 1791.

(2) V. la pièce adressée à Guill. de Gonzague, p. 309 du 2ᵉ vol. de Frotscher. Une autre pièce, p. 326, célèbre la fondation de l'église de Sainte-Barbe érigée par la maison de Gonzague. La pièce en l'honneur de sainte Barbe, p. 311, doit avoir été écrite à la même occasion.

(3) V. *Lett.* de Muret, I, 44.

Les écrivains français le citaient avec honneur. En 1576, dans son *Erotopegnie*, Pierre Le Loyer traduisait en vers français une de ses poésies latines (1), et Guy Le Fèvre de la Boderie, vers la fin du 5ᵉ chant de sa *Galliade*, s'écriait :

> Soit en un mur d'airain la mémoire emmurée
> De Muret en vers mûrs de tout temps de durée (2).

N'ayant pu trouver ni la *Médée* de Jean de la Péruze, ni la première édition des *Amours d'Olivier de Magny*, je ne sais si c'est à la même époque que Muret composa pour eux les vers louangeurs relevés par Colletet dans ses ouvrages (3). J'ignore également si on lisait dans la première édition des *Amours de Magny* l'apostrophe à Muret que l'on peut voir à la page 85 de l'édition de 1572 :

> Ne la clarté du quart Dieu de nos cieux,
> Ne de sa sœur la lumière cornue,

---

(1) Page 22. Le Loyer avait plus de science que de jugement. Il trouvait tout dans la littérature hébraïque, même des documents sur l'histoire de l'Anjou. Il traduisait ainsi je ne sais plus quel vers d'Homère [: « Pierre le Loyer, Angevin, Gaulois, d'Huillé. » Né en 1550, il mourut en 1634 (*Nouvelle biogr. générale*).

(2) C'est Colletet qui signale ces hommages rendus à Muret. Le Fèvre de La Boderie était un savant orientaliste normand (1541-1598). Il travailla avec Guill. Postel, puis, sur la prière de Pie IV, avec Arias Montanus. Sa *Galliade*, ou *Révolution des arts et des sciences* (qui avaient quitté la Gaule et y sont revenus), fut imprimée à Paris en 1578 (*Nouv. biogr. générale*).

(3) A l'appendice C on trouvera des vers de Muret à La Péruze et à Magny.

> Ne les flambeaux de la troupe mesnue
> Luysans espars au théâtre des Dieux,
> D'un si beau feu n'esclairent à nos yeux
> Que la splendeur de ta vertu chenue,
> Vertu du ciel exprès en toi venue,
> Pour devancer le temps injurieux.
> Aussi le chœur des neuf doctes Pucelles
> Orne ton chef d'un ordre d'étincelles,
> Que les fiers ans atteindre ne pourront,
> Ni les agents de l'ingrate Fortune,
> Ains sur les feux des astres, de la lune
> Et de Phébus, brillantes demourront.

A ces amitiés aujourd'hui bien obscures (1), se joindront bientôt des relations plus brillantes, la correspondance de Muret comprendra enfin des noms de Français célèbres, celui de Jacques Gillot, un des futurs auteurs de la *Ménippée*, celui de Barnabé Brisson, le savant et ambitieux magistrat, s'y rencontreront avec ceux de Jean Nicot et de Gilbert Génébrard, l'intolérant théologien. A la mort du président Christophe de Thou, il adressa à Auguste de Thou une monodie à l'éloge de son père.

---

(1) On peut y joindre celle de Joach. Blanchon, qui, dans une ode à Dorat, son compatriote, écrit :

> Et pour l'honorer encore (1)
> Du lustre qui la décore,
> Son Du Bois elle fait voir
> Et son Muret qu'une Rome
> Dessus tout autre renomme
> Pour son éloquent savoir.
> (Cité par Colletet).

(1) Il parle de sa province, le Limousin.

A plus forte raison conservait-il son affection pour ses anciens amis : « Je vous supplie, » écrivait-il à l'ambassadeur de France auprès du Pape (d'Abain de la Rochepozay, rappelé en France en 1581), « quand vous verrez M. d'Aurat, que vous lui fassiez foi que je l'ayme et honore à bon escient, et de même à M. Cujas, à M. de la Scale (Joseph Scaliger), au grand Monsieur de Ronsard, ἐνὶ λόγῳ à **tout le chœur des Muses** : encore que le seul **nom de Ronsard** embrasse toutes les Muses et toutes les Grâces qui furent onques au monde (1). »

(1) V. ce fragment de lettre et d'autres documents sur les relations de d'Abain et de Muret aux pages 380, 382, 383 de l'*Histoire de la maison de Chasteigner* (à laquelle appartenait La Rochepozay), par And. Duchesne. In-folio. Paris, 1634.

CHAPITRE XVII.

Sommaire :

Chagrin de Muret témoin de la désertion des études littéraires. — Un instant il songe à quitter Rome pour la Pologne ou pour Padoue. — Le pape le retient par sa libéralité. — Mais bientôt on lui ordonne d'abandonner l'explication de la *Politique* d'Aristote pour celle de la *Conjuration de Catilina*.

La leçon d'ouverture de Muret au commencement de l'année scolaire 1577-78 n'en contient pas moins un passage d'une tristesse, d'une amertume inaccoutumée. Elle inaugure un cours sur la *Politique* d'Aristote. Mais la joie qu'il éprouve à aborder ce beau sujet est gâtée par le sentiment de l'indifférence générale de la société où il vit pour les études littéraires. Après un grave éloge de la sagesse, qui fait le corps du discours, il rappelle l'empressement inouï que quatorze ans plus tôt la jeunesse romaine témoignait pour ses leçons (1).

(1) « Quum tanti ad me concursus fierent quanti multis annis antea ad neminem facti erant » (9ᵉ disc. du 2ᵉ liv.).

Aujourd'hui à moins d'un miracle, il ne voit pas de remède à l'indifférence universelle; encore un peu de temps et les lettres seront absolument ignorées (1). On néglige le latin (2); on méprise le grec : « Oui, le grec, cette langue maîtresse de toute élégance, mère nourrice, gardienne de tous les arts libéraux et nobles, est maintenant si délaissée que ceux qui l'enseignent sont abandonnés seuls dans leurs écoles. » La sottise des étudiants de concert avec la sottise de leurs pères sacrifie tout à l'étude de la médecine et du droit, comme si l'on devait jamais manquer de médecins pour tuer les malades et d'avocats pour dévorer les patrimoines (3). Pardonnons au chagrin sincère de

---

(1) « Quum ita refrixerit ac relanguerit in hac quidem urbe impetus hominum ad hæc studia, ut nisi Deus labentibus et ad interitum vergentibus litteris opis aliquid attulerit, summa omnium bonarum artium ignoratio brevi tempore consecutura videatur. Quid enim est cur quisquam meliora sperare aut cur non etiam graviora metuere debeat? »

(2) « Negligitur lingua latina. »

(3) « Stulti adolescentes, latinæ linguæ vix primis elementis utcumque perceptis, Græcæ ne salutata quidem aut statim valere jussa, ad juris prudentiam aut medendi artem properant, illic tantum gloriæ, illic divitiarum certissimam spem propositam dictitantes. Stultiores liberis patres ultro adjuvant præproperam et inconsultam filiorum cupiditatem, quasi verentes ne quando penuria sit in civitate hominum qui aut lites aut morbos serant et aut ægrotos remediis aut formulis ac cautionibus patrimonia jugulent. » — Un peu plus haut, il avait approuvé les règlements qui rangeaient alors les artistes parmi les artisans : « ... artificibus ... qui quamlibet in suo ge-

Muret ces faciles plaisanteries dirigées contre des professions qui faisaient aux études littéraires une concurrence redoutable. Muret avait le droit de dire que ce mépris pour les études littéraires lui causait une très grande douleur (*magno cum animi mei dolore*) : pour un homme qui se consacrait tout entier à sa profession, qui combattait la routine avec tant d'adresse et d'obstination, qui portait dans sa patrie adoptive l'enthousiasme scientifique et les méthodes nouvelles du pays où il était né, quel plus profond chagrin que de voir ses efforts paralysés non seulement par la turbulence des écoliers, mais par l'indifférence publique ? C'était la première fois que Muret signalait du haut de sa chaire la désertion des études littéraires, mais depuis longtemps il savait à quoi s'en tenir sur les sentiments des Romains. Il savait qu'ils avaient mal accueilli la mesure de Pie IV accordant à Manuce le titre d'imprimeur du Capitole et une pension ; il se souvenait que dans l'intervalle entre la mort de ce pape et l'élection de son successeur, les *conservateurs du peuple romain* (1) avaient essayé de faire rompre le *motu proprio* du pontife défunt, et qu'ils avaient trouvé un appui tacite chez des hommes dont l'intercession pouvait sembler acquise à

nere excellant, si tamen nihil aliud habeant quod in censum deferant, in sordidissima civitatis parte numerantur. »
(1) Magistrats municipaux élus.

Manuce. Il avait lu sans doute les lettres touchantes de son illustre ami à Sirleto qui en cette occasion n'abandonna pas la cause de la science; il en avait retenu les lignes suivantes : « S'il est difficile d'obtenir pour moi la bienveillance du pape futur, soit qu'il ait peu d'inclination pour les bonnes lettres, soit qu'il se montre peu libéral, comme il semble qu'on le craigne, je vous supplie de vous entremettre pour qu'il me soit permis de retourner à Venise pour avoir *cette tranquillité qu'ici je n'ai jamais eue;* et je tiendrai qu'en cela vous m'accorderez un grand bienfait (1). » Il avait vu Manuce tenir bon jusqu'en 1570, puis partir à bout de forces. Aussi quand Alde le jeune le pria vers 1575, d'appuyer la requête qu'il faisait de je ne sais quelle faveur pontificale, il lui répondit : « Sur votre affaire, je n'ose rien espérer ni promettre, tant ici tout se refroidit chaque jour. J'essaierai toutefois, mais prudemment et pas à pas, sans laisser voir votre désir (rien ne vous ferait plus de tort)..... Mais, croyez-moi, *même les hommes que leur réputation de*

---

(1) « Il che (la tentative de bien disposer le pape futur) quando fosse difficile, o perchè il papa fosse alieno dalle buone lettere, o perchè poco liberale, come pare che si tema, la supplico a favorirmi nell' impetrar licenza di tornar a Venezia per haver quella quiete che qui non ho mai avuta. E riputerò che in ciò ella mi faccia gran beneficio » (P. 219 du manusc. du Vatican, n° 2023, fonds de la reine de Suède. V. aussi l'autre lettre, p. 224). — Ces deux lettres ont été publiées en 1862 par le professeur Spezi.

science a conduits aux honneurs les plus éminents, sont dans une étonnante indifférence à l'endroit des lettres. Quoi qu'il en soit, j'observerai les moments favorables, et, l'occasion venue, je parlerai de vous dans des termes qui seront propres à faire impression sur ces personnages ou du moins qu'on devrait croire tels (1). » Si bienveillants que les cardinaux se montrassent personnellement pour Muret, leur continuelle intervention dans le règlement des travaux universitaires et la gêne de la surveillance minutieuse qu'ils exerçaient sur tous les incidents de la vie littéraire devaient par moments l'impatienter ou le lasser. Un jour, pendant qu'il préparait l'édition de ses œuvres qui parut chez Alde le jeune, il avait trouvé des difficultés inattendues quand il s'était agi de lui faire parvenir ses notes sur César : « On ne trouve point, écrit-il, de muletier qui veuille s'en charger, si on n'a pas de permission. J'ai essayé d'obtenir cette permission du cardinal Cornaro ; il me dit qu'il voulait auparavant voir le manuscrit, et je fus averti sous main que s'il le voyait, il était fort possible qu'il le gardât pour lui. » Il avait alors imaginé un autre moyen d'envoyer le manuscrit à son adresse (2), mais il avait pu se convaincre que les grands per-

---

(1) V. à l'appendice P la lettre n° 1.
(2) V. sur cet incident la lett. n° 4 de l'appendice précité.

sonnages qui ne trouvaient pas le temps de lui assurer la tranquillité de ses cours étaient toujours de loisir pour entraver par leurs règlements ses travaux de professeur ou d'écrivain.

Le chagrin que Muret laisse paraître au début de l'année scolaire 1577-1578 explique le premier accueil qu'il fit aux propositions que nous allons raconter.

Un prince actif et intelligent, Etienne Batory, roi de Pologne, fondait alors l'université de Wilna (1) et une académie nouvelle à Cracovie. Pour la peupler de savants, il avait envoyé en Italie son secrétaire Jean Zamoyski, parent du grand chancelier de Pologne. Parmi les professeurs célèbres qu'il essayait d'attirer, il ne pouvait oublier Muret dont un de ses prédécesseurs, dix ans auparavant, avait employé l'éloquence (2). Son discernement, ses délicates prévenances doublaient le prix de sa libéralité. Le secrétaire royal (3) avait mission expresse de présenter ses propositions à trois hommes : Sigone, Fulv. Orsini, Muret; pour les autres, on le laissait libre dans ses choix. On

---

(1) Wilna, qui, au seizième siècle, comptait cent mille habitants, a perdu son université en 1832.

(2) V. le discours du 20 janvier 1567, adressé au pape au nom de Sigismond-Auguste II. Aux compliments se trouve mêlée une demande de secours contre les Turcs (Voyez le 11e disc. du 1er liv.).

(3) Les détails suivants sur la proposition du roi de Pologne sont tirés d'une lettre de Muret du 31 avril 1578 ; c'est la 66e du 1er liv.

offrait à Muret quinze cents écus d'or et au cas où il voudrait entrer dans les ordres (Batory ne savait pas qu'il appartenait déjà à l'Eglise) on lui promettait sous peu un bénéfice d'un revenu annuel de cinq cents écus d'or. Une lettre flatteuse et aimable du chancelier de Pologne appuyait les paroles du secrétaire. Cette lettre, datée du camp devant Dantzig que Batory assiégeait alors, est du 29 juin 1577 (1). Muret était tout disposé à accepter : « Je n'étais pas effrayé de la difficulté du voyage... Je savais bien que je pouvais me faire conduire à mon aise en chaise de poste jusqu'à Cracovie. Il était déjà convenu que le roi me ferait donner pour mon voyage trois cents écus d'or auxquels je voulais en ajouter deux cents de ma bourse. Déjà ce modèle de science et de sainteté, le cardinal Stanislas, m'offrait gratuitement un appartement dans son vaste palais de Cracovie. De nombreuses lettres de recommandation pour l'Allemagne et la Pologne m'étaient promises par des hommes du plus haut rang, si bien qu'une fois arrivé dans ces pays je n'aurais presque jamais été obligé de descendre dans les auberges. Je ne m'effrayais pas de ce que l'on dit sur l'inclémence du ciel, l'âpreté du froid : je savais qu'il faut rabattre de ces exagérations; d'ailleurs je suis né moi-même dans une partie de

---

(1) Lettre de Muret, I, 80.

la France très montueuse et très froide. » Lui objectait-on la grossièreté, la barbarie de ces peuples, il répondait sur le ton de la moquerie ou de la colère, par ces paroles où l'impartialité des jugements s'unit à la sagacité des prévisions : « J'ai eu de fréquents rapports, d'étroites relations avec beaucoup d'Allemands et de Polonais. Je les ai toujours trouvés honnêtes, loyaux, francs, sincères, de plus très cultivés ; leur politesse, leur train de vie tenaient bien plus de l'élégance que de la barbarie. Ce sont de vains propos ; ceux qui ne savent pas flatter, tromper, parler autrement qu'ils ne pensent, on les appelle barbares. Plût au ciel que nous fussions barbares à ce compte ! Mais où sont les plus barbares ? Ceux qui sont nés au cœur de l'Italie et dont le centième à peine sait parler latin et grec, et a du goût pour les lettres, ou les Allemands et les Polonais dont beaucoup possèdent parfaitement les deux langues classiques et ont tant de goût pour les lettres et les études libérales qu'ils leur consacrent leur vie. Autrefois peut-être ils ont été farouches et barbares, mais dans notre siècle je crains que la barbarie n'ait passé de notre côté, la politesse, l'élégance, l'érudition, la civilisation du leur (1). » Muret exagère son tour, mais il est piquant de voir l'orateur

---

(1) V. *Lettres* de Muret, I, 66.

officiel de Catherine de Médicis, s'irriter contre la cauteleuse souplesse des Italiens. L'éloge des Allemands était suspect dans la bouche d'un Paleari qui exaltait en eux des coreligionnaires. Cette fois, c'est un catholique fervent, bruyant même quand il le faut, qui vante la simplicité des hommes du Nord. Les Allemands d'alors étaient fort grossiers, et il n'est pas bien sûr que la bonne foi exilée d'Italie trouvât chez eux un inviolable asile. Mais Muret n'était pas si mauvais prophète quand il prédisait cette nouvelle *Vocation des Gentils* qui allaient disputer l'héritage des sciences et des lettres aux premiers nés de la civilisation moderne. Pendant deux siècles, l'Italie va cesser de contribuer aux progrès des lumières, et l'Allemagne aura donné au monde Leibnitz et Kant, Gœthe et Schiller, Wolf et Heine, quand l'Italie de nos jours réclamera son droit de coopérer à la tâche commune et prouvera, par sa résurrection, la vitalité des races latines. Muret avertissait loyalement les Italiens de la prochaine éclipse de leur génie national.

Il allait donc partir pour la Pologne, mais il subordonnait sa décision à l'agrément de son protecteur Louis d'Este et du pape (1). Mais quand le

---

(1) C'est dans la lettre où nous puisons ces détails sur les propositions polonaises que se trouve le passage cité plus haut sur la générosité du cardinal, à qui Muret reproche de ne pas lui faire gagner ses libéralités.

bruit de son départ se répandit dans la ville, les Conservateurs du peuple romain allèrent trouver le pape, et, en présence de la commission chargée de la surveillance des études, le prièrent de retenir l'éminent professeur. Le souverain pontife les rassura, puis fit prier Muret par l'ambassadeur de France, Louis de la Rochepozay, de ne pas partir, lui déclarant qu'il ne s'en repentirait pas. Ces paroles donnaient à réfléchir : Muret répondit qu'il était à la disposition du pape. Sur le premier moment il avait fait le brave, mais à cinquante et un ans, un pareil déplacement était une grosse affaire. D'autre part, la faveur d'un souverain pontife pouvait mener bien haut. Le *coup d'œil engageant* de Grégoire XIII, comme dirait La Fontaine, reconquit Muret. Quelques jours après, le pape, dans une lettre très affectueuse (1), lui annonça que son traitement serait porté de cinq cents écus d'or (2) à sept cents. En même temps, le dataire Matteo Contarelli, qui l'aimait beaucoup (3), lui apprit qu'il

---

(1) « *Epistolam... amantissime scriptam* » (*Lett.* de Muret, I, 66).

(2) Dans ses lettres de cette époque, Muret dit qu'au moment des propositions du roi de Pologne ses appointements à Rome étaient de cinq cents écus depuis 1572 (I, 41 ; I, 66). En 1572, il disait seulement que ses appointements venaient d'être portés à quatre cents écus. J'ignore s'il y a quelque faute d'impression, ou si son traitement avait été en effet élevé de quatre cents à cinq cents écus entre 1572 et 1577.

(3) « *Mei amantissimus* » (*Lett.*, I, 66).

avait ordre de lui assurer au plus tôt un bénéfice d'un revenu annuel de trois cents écus d'or. Bientôt Louis d'Este ajoutait à ces libéralités ce bienfait dont il défendait qu'on le remerciât. Muret n'avait plus qu'à s'excuser auprès du roi et du chancelier de Pologne. Il le fit le 1ᵉʳ décembre 1577. La réponse du chancelier montre que ses excuses furent très bien acceptées (1), et que l'on désira garder des relations littéraires avec lui. En 1583, le roi lui écrivit une lettre de compliment (2); André Batory, parent d'Etienne, se déclara un de ses protecteurs; et en 1584, Muret reçut du chancelier deux médailles d'or, l'une à l'effigie du roi, l'autre à celle de Jean Zamoyski; il répondit à ce gracieux présent par des vers latins qu'on a conservés (3).

Ce n'était pas seulement dans les conseils des rois qu'on méditait d'enlever Muret aux Romains. Il n'avait pas perdu le goût de la jurisprudence en même temps que la faculté de la professer; la preuve en est dans la publication de son *De origine et progressu juris romani*, qui paraîtra en 1580. Aussi les étudiants de Padoue, où son souvenir n'était pas effacé, purent-ils se flatter que l'offre d'une chaire de droit le séduirait. Ils avaient demandé aux ré-

---

(1) *Lett.* de Muret, I, 82.
(2) *Ibid.*, III, 63.
(3) Sigone resta aussi en Italie, son traitement ayant été porté à six cents écus (Corresp. de Muret dans Lazeri, lett. 74 et 75).

formateurs de l'université (1) un professeur qui expliquât les Pandectes, « non pas à la manière barbare des glossateurs du moyen âge, mais à la *manière française*, c'est-à-dire d'après la méthode approuvée par tous les hommes éclairés. » Ce sont eux qui emploient cette expression si honorable pour notre pays que nous citions plus haut (2). Or ils ne connaissaient en Italie aucun jurisconsulte qu'on pût non pas préférer, mais égaler à Muret. C'était donc lui qu'ils avaient demandé aux réformateurs. Ceux-ci avaient promis de faire parler à Muret par l'ambassadeur de Venise. Mais les étudiants eurent bientôt lieu de soupçonner qu'une intrigue traversait leurs démarches, et prirent le parti d'écrire directement à Muret, auquel leur lettre (3) promet une gloire incomparable s'il couronne sa vie en nettoyant les écuries d'Augias de la jurisprudence (4).

En effet, soit que les magistrats vénitiens eussent été circonvenus par les bartolistes (5), soit que la vie privée de Muret à Padoue leur eût laissé de fâcheux souvenirs, quand Muret alla trouver l'am-

---

(1) On se souvient que c'était le titre des commissaires vénitiens préposés à l'instruction publique.
(2) V. ci-dessus p. 181.
(3) V. la 69ᵉ lett. du 1ᵉʳ liv., en date du 3 janvier 1578.
(4) « *Augiæ stabulo expurgato.* »
(5) La lettre des étudiants annonçait que leur projet était combattu *magno multorum nobis adversantium odio atque invidia.*

bassadeur vénitien, celui-ci déclara que personne ne lui avait parlé de l'affaire. Fidèle à sa coutume d'informer la jeunesse universitaire de ses propres griefs quand elle pouvait les ressentir, Muret, dans sa réponse aux étudiants de Padoue, ne manque pas de publier cette déclaration et de faire remarquer « que l'on n'a pas tous les égards convenables pour une demande qui honore à ce point les étudiants. » Il sait ce qu'il fait : si une bonne émeute universitaire donne une leçon à ses ennemis de Padoue, il n'en sera pas autrement fâché. Il explique ensuite comment à Rome les bartolistes ont fini par lui imposer silence, comment d'ailleurs on lui a bien payé sa résignation (1), enfin les sacrifices récents du pape pour l'empêcher de partir pour la Pologne. Il a néanmoins, par l'intermédiaire de l'ambassadeur de France, instruit le souverain pontife du désir des étudiants de Padoue. Grégoire XIII a trouvé un moyen de tout concilier : « Pourquoi ces jeunes gens ne viendraient-ils pas plutôt à Rome (2)? » Le pape leur promet un excellent ac-

---

(1) Nous avons cité ce passage de la lettre, ci-dessus p. 238.
(2) « *Cur non ipsi, inquit, potius huc veniunt?* » Le pape ne se moquait point en faisant cette proposition ; il fondait à Rome des collèges pour les étrangers et en particulier pour les Allemands. Quant aux étudiants, l'idée d'abandonner en masse une université pour une autre ne pouvait pas leur sembler bizarre ; quand les écoliers de Padoue croyaient leurs privilèges violés, ils menaçaient de

cueil, et il laissera Muret maître de se prêter à leurs désirs. Muret conseillait donc aux étudiants d'accepter, leur vantait la générosité du pape qui, chaque année, dépensait de si grandes sommes pour l'instruction de quelques jeunes Allemands, protestait de sa sympathie pour la franchise de leur nation, et les suppliait de le tenir au courant de leurs résolutions (1). Il est probable que la perspective de la proximité du saint Office sourit médiocrement aux étudiants allemands, car l'affaire n'eut pas de suite. Du reste, ils ne gardèrent pas rancune à Muret, du moins si l'on peut juger de leurs sentiments par l'obligeance avec laquelle leur compatriote, Hugo Blotius, bibliothécaire de l'Empereur, s'entremit l'année suivante (1579) pour lui obtenir je ne sais quel titre nobiliaire. Ce bibliothécaire est le même qui eut besoin de faire une profession de foi pour obtenir une lettre de Muret. Blotius recommandait seulement, puisque l'Empereur, tout en étant catholique, ménageait les huguenots, de n'offenser aucune des deux sectes religieuses dans les lettres qui devaient être mises sous ses yeux. Muret se déclara tout prêt à accepter avec reconnaissance, à condition qu'on lui garantît le succès de sa dé-

partir tous pour Ferrare ou pour Bologne (Riccoboni, *Gymn. Patav.*, VI, 6).

(1) V. la 70ᵉ lett. du 3ᵉ liv., en date du 18 janv. 1578.

marche; il n'entendait pas prêter à rire par le spectacle d'une ambition déçue (1).

Tant de marques d'estime relevèrent bientôt le courage de Muret. Il avait trop d'énergie et connaissait trop bien les nécessités du professorat, pour laisser paraître un continuel découragement. Une ardeur entraînante respire dans le discours d'ouverture que ce professeur de cinquante-deux ans prononça le 3 novembre 1578 (2). Enfin les vacances sont terminées ! s'écrie-t-il. Il se retrouve donc au milieu d'une ardente jeunesse dont il peut tout attendre ! Il revoit avec attendrissement ces jeunes arbres qu'il a plantés, ce troupeau qu'il nourrit. Les quatre mois de repos ont dû sembler longs à ses auditeurs comme à lui-même. Pour des esprits enthousiastes, c'est l'oisiveté qui fatigue; aussi est-ce seulement dans les lettres qu'il se réfugie pendant les chaleurs de l'été; il ne se soumet pas à d'autre régime que la variété des occupations.

Pour être si joyeux, avait-il donc retrouvé un peu de liberté dans ses travaux professionnels? Non : ce discours même nous apprend une nouvelle intervention, fort aimable dans les termes, il est vrai, de l'administration. Muret raconte que le car-

---

(1) V., dans les œuvres de Muret, la 18ᵉ lett. du supplément, et, dans Lazeri, la 66ᵉ et la 67ᵉ lett. de la correspondance de Muret.

(2) 10ᵉ discours du 2ᵉ liv.

dinal Sirleto, quelques jours auparavant, l'a mis gracieusement sur le propos de ses travaux du moment, et, dans le cours de la conversation (1), lui a suggéré le projet d'abandonner l'explication inachevée de la *Politique* d'Aristote, et d'interpréter Salluste. Le cardinal avait donné ses raisons; il n'était point inspiré par un louable désir de varier les programmes; il voulait s'accommoder, par une nouvelle et fâcheuse concession, à la paresse croissante des étudiants. On avait accordé aux écoliers que Platon était trop difficile pour eux; aujourd'hui on leur sacrifiait Aristote. Muret se garde bien de blâmer Sirleto; avant même que le cardinal eût désigné Salluste, il avait protesté de sa soumission. Mais enfin il nous apprend que Sirleto a pensé que la *Politique* d'Aristote n'était pas à la portée de tous les élèves, que la plupart d'entre eux n'aimaient pas le grec (2), et qu'un ouvrage entamé rebuterait les nouveaux auditeurs. Au lieu d'abandonner à leur paresse ou de renvoyer à leurs précepteurs les mauvais écoliers, on aimait mieux abaisser à leur niveau le plus brillant, le plus zélé des professeurs de l'Italie.

---

(1) « Cœpit ille me, ut solet, de studiis meis humanissime interrogare... Procedente sermone, quæsiit etiam ex me quid vobis hoc anno proponere... meditarer. »

(2) « A plerisque impetrari non potest, » a dit Sirleto, « ut græcas litteras ament. »

Heureusement la bonne volonté de Muret était à l'épreuve de cette nouvelle contrariété. Doucement contraint de quitter la *Politique* d'Aristote pour la *Conjuration de Catilina*, il trouva aussitôt, pour sa leçon d'ouverture, des considérations sur l'histoire qui ne sentaient aucunement le lieu commun. Il réfuta ceux qui prétendaient que le récit des événements récents n'était pas de l'histoire. A ce compte, dit-il, le narrateur d'événements contemporains ne serait pas tout d'abord un historien, mais le deviendrait. Muret n'a pas dû inventer le préjugé qu'il combat là : ce devait être une des formes de l'engouement pour l'antiquité. Lorsqu'au contraire il chicane les biographes sur ce qu'ils recueillent de petits détails, on est moins sûr de la justesse de sa pensée. Il a tort de réduire la matière de l'histoire aux guerres, aux traités, aux lois, aux commotions intérieures. Qu'il classe à son gré Plutarque dans tel ou tel genre littéraire, mais qu'il ne méconnaisse pas l'importance psychologique des détails par où il peint au vif ses personnages (1)! A la bonne heure, pour les abréviateurs et pour les rédacteurs de faits mémorables, de beaux exemples! Ce sont bien plutôt de beaux parleurs, en quête de lieux communs, que des historiens.

---

(1) En 1582, il rendit plus de justice à Plutarque dans le 16ᵉ disc. du second livre.

Mais le principal, c'est que le plaisir de la polémique et le zèle pour la vérité littéraire ont renouvelé la provision de bonne humeur et de courage de Muret.

CHAPITRE XVIII.

Sommaire :

Après de longues instances, il obtient d'expliquer Tacite, dont il réfute excellemment les détracteurs. — Ses tentatives variées pour réveiller l'indifférence de la jeunesse romaine. — Il réfute, sans en méconnaître la force, les objections contre l'étude des langues anciennes. — Plan d'éducation tracé par Muret.

Passons rapidement sur le discours d'ouverture de l'année 1579-1580. Le plan seul de ce discours, que nous ne possédons pas tout entier, témoigne du désir de Muret de substituer l'étude de questions intéressantes aux vaines hyperboles d'un panégyrique banal : définir le génie poétique, son charme, son utilité morale, examiner certaines opinions d'Aristote sur la poésie; voilà la matière d'une leçon grave et, chose remarquable au seizième siècle, bien composée (1). Mais l'auteur dont

(1) Une analyse moins sèche relèverait la finesse de quelques observations sur la naïveté de l'impression que la poésie produit sur la

elle inaugurait l'étude, Virgile, était communément expliqué dans les universités, et le commentaire d'un tel écrivain était par là moins instructif peut-être pour les écoliers, moins attrayant pour le professeur. L'année suivante (1580-1581), Muret entreprit l'explication de Tacite.

Croira-t-on qu'il lui avait fallu batailler longtemps pour en obtenir l'autorisation? Beaucoup ne pouvaient comprendre son estime pour Tacite et ne s'expliquaient pas qu'il eût si longtemps, si ardemment prié qu'on lui permît de le commenter publiquement (1). Quand Muret ne dirait pas expressément qu'on ne lui accorda que de guerre lasse l'autorisation demandée, la leçon qui suivit son cours d'ouverture le prouverait abondamment (2). Le 4 novembre, il se sentit obligé de présenter une justification en règle de son auteur. Aujourd'hui Tacite n'a plus besoin de réhabilitation, mais le plaidoyer de Muret intéresse encore par la finesse des remarques et la vivacité du ton. On reprochait à Tacite d'avoir raconté l'histoire

foule, sur le charme de la vérité mêlée aux fictions. Il y a seulement un peu de longueur.

(1) « ... Ut iis respondeam qui et Tacitum tanti a me fieri et me tam diu tanto studio ut mihi hujus publice interpretandi potestas fieret postulasse mirantur » (13ᵉ disc. du 1ᵉʳ liv., en date du 3 nov. 1580).

(2) Le discours d'ouverture du 3 nov. présentait l'apologie de Tacite dans des termes fort généraux.

d'une époque criminelle (1). Soit, répond Muret, mais la constitution politique de cette époque se rapproche bien plus de la nôtre que celle de la république romaine; et nous avons plus à apprendre pour notre gouverne dans l'histoire des monarchies absolues; si de notre temps il n'est pas de Nérons, il est du moins utile de savoir comment se conduire avec les mauvais princes, qu'il vaut mieux ne pas exaspérer par excès de franchise. Avec quel dédain il écarte toute comparaison entre Suétone et Tacite ! Car il faut savoir que les détracteurs de Tacite le sacrifiaient alors à Suétone. Avec quelle vivacité il repousse l'accusation de mensonge arbitrairement portée contre Tacite. — Mais cet historien a calomnié les chrétiens. — Proscrivez donc alors tous les auteurs païens qui ont parlé des Juifs, tous ceux qui ont parlé de Jésus-Christ, car tous ont également insulté les objets de notre vénération. On reproche à Tacite d'être obscur : grief de myopes qui trouvent les appartements mal éclairés ! Son obscurité donne plus de majesté à son style. Muret raille la fausse délicatesse de ceux qui lui refusent le don de charmer, ou qui jugent de sa latinité avec une sévérité que ne justifie pas leur propre latin. Quelle singulière prétention, chez les modernes, de

---

(1) Denys d'Halicarnasse n'était pas plus mal inspiré quand il blâmait Thucydide d'avoir raconté la guerre qui marquait le commencement de la décadence de la Grèce.

critiquer la pureté de son style que les Romains d'autrefois admiraient! Il n'a pas écrit comme Cicéron, mais bien des contemporains de Cicéron sont dans ce cas. Quand il aurait innové, ses néologismes et ses hellénismes donnent plus de saveur à son style, et on n'est pas tenu envers la langue maternelle au respect scrupuleux qu'exige une langue morte : excellente remarque qui fait d'autant plus d'honneur à Muret que l'habitude d'écrire dans une langue morte le préparait mal à comprendre les conditions d'un idiome vivant. Ajoutons que cette judicieuse apologie de Tacite prouve une fois de plus qu'il était sincère quand il réclamait en faveur de la latinité des écrivains de décadence.

Durant cette année, deux publications augmentèrent la réputation de Muret : celle de sa correspondance qui parut à Paris chez Mich. Clopeian (1), celle de sept nouveaux livres de *Variæ lectiones*, qu'imprima le célèbre Plantin (2). Le trajet entre Rome et Anvers était bien long et les routes peu sûres : ce n'est pas du vivant de Paul Manuce qu'il eût exposé ses plus chers manuscrits aux hasards du voyage. La décadence de l'imprimerie en Italie accompagnait-elle donc la diminution de l'enthousiasme littéraire?

---

(1) P. 39 du 1er vol. de Frotscher.
(2) L'ouvrage était sorti deux ans auparavant des mains de Muret.

Le refroidissement qu'il avait signalé quelques années auparavant passait du monde dans les universités ; la jeunesse suivait l'exemple des hommes faits. Dans son discours d'ouverture du 3 novembre 1581, il la prend directement à partie. Après avoir montré que tous les grands écrivains se sont formés par un travail opiniâtre, il s'écrie : « Nous n'aimons pas les lettres, nous n'aimons pas les études scientifiques ; nous ne méditons rien de grand, rien de difficile, rien de glorieux (1). » Mais c'est par une précaution oratoire qu'il s'est mis d'abord au rang des coupables ; plus explicite bientôt, il ajoute : « L'amour de la sagesse n'a touché *aucun de vous* jusqu'aux os, n'a embrasé *aucun de vous* jusque dans la moelle de son âme (2). » Des murmures lui répondent : « Qu'est-ce à dire ? Dévorerez-vous cet affront, jeunes gens, ou vous efforcerez-vous de me convaincre de mensonge ? » Des paroles affectueuses succèdent aux reproches. Il conjure les écoliers de rivaliser d'ardeur avec lui, dont le plus cher désir serait d'être vaincu dans cette lutte. Il leur montre la libéralité de Grégoire XIII prête à récompenser leur zèle. Il prie

---

(1) « Non amamus litteras, auditores, non amamus studia doctrinæ ; nihil altum, nihil arduum, nihil gloriosum cogitamus » (15ᵉ disc. du 2ᵉ liv.).

(2) « Amor sapientiæ nullum vestrum ad ossa tetigit, nulli vestrum medullam animæ facibus suis percussit. »

l'ambassadeur de France, Paul de Foix, présent à ce discours, de prendre pour eux auprès du pape l'engagement de bien faire.

Mais ni les réprimandes ni l'affection de l'éminent professeur ne ravivaient l'ardeur des étudiants. L'année suivante, Muret essaya d'une concession : si l'érudition rebutait leur indolence, peut-être le goût de la nation pour l'étude du beau langage en aurait-elle raison ; puisque l'explication des auteurs difficiles soulevait de telles clameurs, pourquoi ne pas consentir à commenter un auteur plus aisé? Au lieu d'amoindrir son autorité dans une lutte préalable pour imposer le choix de son texte, pourquoi ne pas commencer son cours avec le bénéfice d'une complaisance si ardemment sollicitée? En 1582, le 5 novembre, il annonça, d'accord avec le cardinal Sirleto, l'explication des lettres de Cicéron. Il paraît que les critiques qui l'avaient tant querellé sur son goût pour les auteurs difficiles crièrent que c'était un calcul de paresse : « Et quand cela serait, répond Muret, n'aurais-je pas le droit de ménager mes forces après vingt ans de service (1)? » Mais les bonnes raisons ne lui manquent pas pour justifier son choix. Le talent d'écrire purement en latin, qu'il est moins aisé qu'on ne croit d'acquérir, était jadis le patri-

---

(1) V. le 16e discours du 2e livre.

moine de l'Italie. Muret gémit de voir sa seconde patrie abandonner son glorieux héritage aux nations qu'elle appelait naguère barbares : « Réveillez-vous, réveillez-vous, jeunes gens, et si vous avez un peu de sang romain dans les veines, si vous avez un peu de la vertu de vos ancêtres, travaillez à arracher des mains de l'étranger la gloire qui appartient à votre race, à votre nom. » De plus, la correspondance de Cicéron, outre son intérêt historique, n'est pas seulement une mine de pure latinité; c'est le modèle achevé d'un genre littéraire qui est d'un emploi journalier dans la vie, qui se prête à l'expression des idées les plus hautes (témoin les lettres des philosophes anciens et des Pères de l'Eglise), enfin du seul genre d'éloquence où les modernes puissent s'exercer. Cette dernière considération, Muret hésitait, dit-il, à la présenter, parce qu'elle peut froisser son amour-propre; la vérité l'emporte toutefois : quoique ses discours lui aient valu quelque réputation, l'éloquence n'a plus d'autre fonction aujourd'hui que de se jouer (*oblectare se*) dans le genre épistolaire ou dans le genre démonstratif, moins apprécié des anciens. Harangues officielles, disputes d'école, sermons, oraisons funèbres; voilà aujourd'hui l'unique matière des discours. Les tribunaux, au moins à Rome, ne font aucune place à l'éloquence; dans les délibérations politiques, on n'examine que le fond des arguments et non l'ornement du style. C'est au mieux ; mais l'éloquence parlée n'y trouve pas son compte. Reste l'éloquence épistolaire : en ce genre un beau style, joint au sentiment des convenances qui distingue les personnes de les circonstances, ouvre la voie à la confiance des princes et aux plus hautes dignités.

Remarquons le sens pratique de Muret, qui ne dédaigne jamais de signaler à ses élèves les avantages *solides* de l'instruction ; mais remarquons surtout cette clairvoyance que l'amour-propre n'aveugle jamais. Nous savions déjà que Muret ne s'abusait pas sur la pureté si vantée du latin moderne. Mais en accordant qu'on ne possède jamais pleinement une langue morte, il pouvait croire à son éloquence. Tout l'y conviait : les applaudissements qu'elle soulevait, les honneurs qu'elle lui avait mérités. Eh bien ! il réduit à un simple talent de parole ce génie oratoire que saluait l'admiration de toute l'Europe ; et pour qu'on ne croie pas à de la fausse modestie, il prouve discrètement que les conditions indispensables de l'éloquence n'existent pas de son temps. Si donc Muret n'a d'autre titre que son éloquence, s'il ne doit vivre que par ses discours, le voilà de son propre aveu condamné à ce prompt oubli dont il voyait déjà menacés les discours, sinon les noms mêmes des latinistes brillants qui l'avaient précédé. Nous voudrions qu'on fût moins sévère et qu'on cherchât dans ses discours, à défaut d'éloquence, l'esprit, le sens judicieux, les témoignages sur l'enseignement au seizième siècle en Italie. Mais il est rarement arrivé qu'un auteur eût le courage de dénoncer lui-même la fragilité de sa gloire, quand il risquait si fort d'avoir raison.

En 1583, on ne sait pour quel motif, il revint à Aristote, et annonça qu'il expliquerait l'*Ethique* qu'il avait déjà commentée à Rome vingt ans auparavant. Comme le jour de sa première leçon (1), ses auditeurs n'avaient pas encore le texte entre les mains; il choisit pour sujet les causes de l'infériorité des modernes comparés aux anciens. Il indiqua naturellement, en première ligne, le manque d'ardeur de la génération présente (2); mais bientôt, laissant de côté ses griefs légitimes de professeur mécontent, il signala une autre cause qui l'amena à discuter une question souvent agitée de nos jours : les modernes, dit-il, ne luttent pas sur le pied d'égalité avec les anciens, puisque avant d'apprendre à penser, il leur faut apprendre à parler deux langues mortes (3). D'où certains concluaient

---

(1) 4 novembre 1583.

(2) Le discours dont nous commençons ici l'analyse est le 17e du 2e liv.

(3) Telle était aussi l'opinion du fameux diplomate, militaire, historien et poète espagnol, Diego Hurtado de Mendoza. V. la pré-

que les modernes, en se bornant à leur langue maternelle, économiseraient un temps mal employé. Ainsi bien avant que les sciences physiques et mathématiques, les langues vivantes, l'histoire contemporaine eussent réclamé leur place dans les programmes universitaires, dans un siècle où les maîtres n'étaient tenus qu'à former des lettrés, des érudits, quelques-uns se plaignaient déjà que le grec et le latin accaparassent le plus clair des années consacrées à l'étude, et tâchaient de faire prévaloir l'opinion que la connaissance en était absolument inutile (1). Ces adversaires des langues classiques n'étaient pas d'ailleurs des détracteurs des lettres ; ils estimaient seulement que chacun devait les cultiver dans sa propre langue. Il va sans dire que Muret n'est pas de leur avis, mais son originalité ne se marque pas dans les arguments qu'il leur oppose. Avant lui, Sigone, dans un discours d'ouverture prononcé à Venise en 1556, avait examiné la question et affirmé qu'il ne fallait

face de Manuce pour la 1re partie des *Œuvres philosophiques* de Cicéron. — Cette cause d'infériorité des modernes avait été signalée au père d'un des élèves de Muret, Montaigne ; et l'auteur des *Essais* en reconnaissait l'importance, sans accorder qu'elle fût la seule (*Essais*, liv. I. ch. 25). C'est une des conformités d'opinion que nous avons promis d'indiquer, à titre de curiosité, entre Muret et Montaigne.

(1) « *Ut publice persuadere conati sint inutile esse totum illud studium quod in græcis ac latinis litteris poneretur.* »

pas renoncer à l'avantage de posséder dans le grec et le latin des langues universelles avec lesquelles on est partout compris, partout estimé; avant Muret, il avait comparé la pauvreté de la littérature italienne à la richesse des littératures antiques (1). Mais ce que l'on chercherait inutilement dans Sigone, c'est l'aveu sincère des inévitables inconvénients de ces études nécessaires. Les adversaires du latin et du grec n'étaient pas les premiers venus; Muret les appelle des hommes de science et d'esprit (2), et Sigone avait reconnu le poids de leur autorité (3). Seul pourtant Muret, en mettant dans tout leur jour la force de leurs arguments, prouve qu'il en a compris la valeur, tout aussi bien que l'insuffisance, et qu'il en a été frappé quoique non ébranlé. Il répète d'après eux, et sans les contredire, qu'à Rome, à Athènes les enfants apprenaient au sein de leurs nourrices la langue dans laquelle

---

(1) Quoique Italien et patriote, Sigone n'avait guère été moins dédaigneux que Muret dans ses allusions. Muret dit : « Quum vernacula omnia tanto jaceant infra illorum (les anciens) dignitatem quanto imæ maximeque depressæ convalles infra editissimorum cœloque, ut poetæ loquuntur, minantium cacumina... » C'était singulièrement rabaisser le génie de Dante, de Pétrarque, de Machiavel. Mais Sigone était-il beaucoup plus juste, quand il disait : « Poetas habemus aliquot non inelegantes, annalium scriptores fortasse tolerabiles » ? D'autre part, on ne contestera pas que les littératures anciennes fussent restées, comme l'ajoute Sigone, dépositaires de la science.

(2) « Eruditorum et ingeniosorum hominum. »

(3) « Sua non mediocri auctoritate. »

ils devaient s'exercer plus tard aux sciences ou aux lettres ; que pour comprendre les poëtes, ces maîtres du jeune âge, ils n'avaient à demander aux grammairiens que l'explication de quelques fables, de quelques termes vieillis ; qu'ensuite ils abordaient directement les études de leur choix. Etaient-ils amoureux d'éloquence? le théâtre, le forum, le sénat achevaient leur éducation. Quant aux écrivains, chacun employait la langue de son pays, et encore telle qu'on la parlait de son temps. Les modernes, au contraire, sont obligés d'apprendre, non pas une, mais deux langues étrangères, et non pas seulement étrangères, mais mortes depuis longtemps. Combien de veilles, combien de maîtres nous faut-il avant de savoir balbutier l'une ou l'autre ! « Hélas ! quelle somme de connaissances et de sagesse nous aurions pu amasser avec le travail qui nous est nécessaire pour acquérir la pratique des langues ! » La réponse n'embarrasse pas Muret, qui sait que le temps que l'on passe dans l'étude des mots et des tours n'est point perdu pour le développement de l'esprit. Mais il me semble qu'il faut plus que de la loyauté pour présenter d'une manière si spécieuse les raisons de ses adversaires. Sur ce point encore, on est étonné de l'ouverture, de la liberté de son esprit (1).

(1) Nous avons dit que les arguments de Muret en faveur des étu-

Au début de ce discours, il avait annoncé qu'il exposerait les défauts de méthode qui nuisaient au succès des études. Le temps lui manqua ce jour-là, mais nous avons un discours qu'il a prononcé sous Grégoire XIII, on ne sait en quelle année, et où il expose le plan d'études qu'il juge le meilleur (1).

Voici les principales lignes de ce programme qu'il lui appartenait de tracer, et dont les détails ne sont pas moins judicieux que l'ensemble est bien conçu.

L'enfant devra être d'une bonne famille, avoir un certain fonds d'argent et de santé (2), offrir d'heureuses dispositions ; il apprendra, en entrant dans sa sixième année, l'alphabet grec et l'alphabet latin. On lui enseignera ses lettres par manière de jeu, et on le stimulera non par la crainte et les

---

des classiques n'offrent rien d'original. Sa discussion est pourtant assez spirituelle, par exemple quand il soutient ce paradoxe : les langues qu'on dit mortes n'ont jamais été plus vivantes; c'était quand on les parlait que, soumises à une mobilité continuelle, elles mouraient et renaissaient tous les jours ; aujourd'hui elles sont fixées pour l'éternité ; si le peuple avait continué de parler latin, nous n'entendrions pas plus Cicéron aujourd'hui que nous ne comprenons les écrits en langue vulgaire qui datent de quatre cents ans.

(1) V. le 18ᵉ discours du 2ᵉ livre : « De via ac ratione tradendarum disciplinarum. »

(2) Remarquez ces trois conditions. En posant les deux premières, Muret ne pressentait certes pas les dangers résumés par Bastiat dans ces mots : *Baccalauréat et socialisme*. C'étaient des garanties de politesse d'esprit et de désintéressement qu'il réclamait. — On voit, par la troisième condition, qu'il sait combien est pénible le métier d'écolier quand il est sérieusemment exercé, et qu'il ne veut pas la mort de ceux qui s'y adonnent.

coups, mais par de petites récompenses. Montaigne disait la même chose (1); mais l'indulgence a plus de prix chez l'infatigable érudit que chez le paresseux épicurien. A sept ans, on commencera les exercices de grammaire, à huit ans l'explication des auteurs. Il serait oiseux de transcrire l'ordre dans lequel il répartit les textes classiques pour les diverses années d'études. Notons seulement qu'il fait toujours marcher de front l'explication des auteurs grecs et celle des auteurs latins, et veut que l'on interprète simultanément les auteurs des deux langues qui se sont exercés dans un même genre. On peut seulement craindre qu'à douze ans l'enfant ne soit peu propre à comparer l'*Iliade* avec l'*Enéide*. Mais Muret répondrait probablement qu'étudiées simultanément, les deux œuvres se rappelleront l'une l'autre à la mémoire de l'écolier et que les éléments de la comparaison seront au moins tout prêts pour l'avenir. — L'enfant doit être exercé tous les jours à parler, tous les deux jours à écrire dans les deux langues. Vers l'âge de quinze ans on le formera aux développements oratoires. Tous les ans, si l'on en croyait Muret, on expliquerait aux élèves le précieux livre de Théon le sophiste (2). Puis viendront les orateurs, les rhéteurs, les poètes

---

(1) Encore une opinion commune à Muret et à Montaigne.
(2) *Aureolus liber Theonis sophistæ.*

lyriques, les poètes dramatiques, les historiens. Pour mieux entendre ces derniers, il faut un peu de géographie, et pour comprendre la géographie, il faut un peu de mathématiques. On consacrera donc quelque temps à ces deux sciences (1). Vers dix-huit ans l'élève s'enfoncera pour deux ans dans la dialectique; écartant les barbares interprètes d'Aristote, il demandera la pensée du maître aux textes mêmes et aux commentateurs grecs. Veut-il vouer sa vie à la littérature? Son éducation est alors terminée. Se destine-t-il à la médecine? Il ajoutera le supplément de la physique. Préfère-t-il le droit? Il étudiera la morale et la politique. Se réserve-t-il pour la théologie? Outre cette double étude, il apprendra l'hébreu. Alors seulement chacun abordera la science spéciale qu'il vise. Muret ne place si haut la théologie dans tous ses écrits que parce qu'il la voit en imagination parée et armée de toutes les autres sciences. Le dix-septième siècle, si docile à accepter qu'on réduisît la somme des connaissances nécessaires à *l'honnête homme,* n'eut garde

---

(1) Le siècle suivant ne releva malheureusement pas ces deux sciences de la place secondaire où elles sont ici rangées. Lazeri a noté dans les papiers de Muret la trace de travaux mathématiques qui semblaient se rapporter à ses études sur Platon. Le savant mathématicien Christ. Clavius, de la Société de Jésus, lui ayant appris une curieuse particularité d'arithmétique, Muret écrivait dans ses notes : Πολλὴ αὐτῷ τῆςδε τῆς εὐεργεσίας χάρις ἀπ' αὐτοῦ τοῦ Ἰησοῦ ἀνταποδιδόσθω (Frotscher, I, 31, 32).

d'entendre la dernière prescription du programme de Muret, et Bossuet put être salué un Père de l'Eglise sans connaître l'hébreu.

Aujourd'hui Muret ne prétendrait pas sans doute retenir jusqu'à vingt ans tous les élèves dans des études purement littéraires. Mais à l'époque où l'industrie n'était pour ainsi dire pas née, où les écoliers des collèges ne se destinaient guère au commerce, il avait bien raison d'exiger de futurs jurisconsultes, médecins ou théologiens une forte culture de l'esprit. Ses débuts dans la jurisprudence lui avaient appris, aux dépens de son amour-propre, que pour posséder une seul science il faut être versé dans plusieurs (1).

---

(1) On ne lira pas sans plaisir sa lettre (la 94e let. du 1er liv.) à un jeune homme qui voulait abréger ses études.

CHAPITRE XIX.

SOMMAIRE.

Train de vie de Muret. — Premières velléités de quitter ses fonctions. — Délabrement de sa santé. — Indignes procédés des étudiants de l'université de Rome. — Sa requête pour obtenir sa retraite est accueillie.

Avec la renommée, la fortune, du moins une honnête aisance, avait récompensé les travaux de Muret. A la date du 17 août 1581, il possédait de 9 à 10,000 écus d'or (1) et l'année suivante, fatigué, dit-il, d'habiter à son âge dans des maisons louées, il acheta pour 5,000 écus d'or une agréable et magnifique maison au pied du Quirinal (2). C'était mettre beaucoup d'argent à son logement, surtout pour habiter dans un quartier excentrique : dès lors, par les mauvais temps, Muret attendra une let-

---

(1) V. la 29e let. du 1er liv.
(2) « Domum sane et amœnam et magnificam » (30e let. du 3e liv., à la date du 16 oct. 1582).

tre plusieurs jours, parce que les courriers remettront leur tournée à la prochaine embellie. Mais il était enfin propriétaire et pouvait offrir l'hospitalité chez lui à ses amis.

D'autre part, il était assez bien en cour pour que les solliciteurs s'adressassent à lui (1). Mais l'ennui d'essuyer la curiosité des importuns balançait le plaisir d'obliger ses amis. On lui demandait, comme autrefois à Horace, les nouvelles du jour ; on l'interrogeait sur les actes, les pensées du pape, sur la prochaine promotion de cardinaux, lui qui souvent ne savait pas seulement si le pape était à Rome ou à la campagne. Mais Horace n'avait à défendre contre les importuns que sa paresse ; c'étaient des heures de rêveries qu'ils lui dérobaient, et les rêveries, même d'un poète, ne sont pas toujours fécondes. Puis il se tirait de leurs mains à bon compte ; une fuite rapide le dérobait à leur indiscrétion, et sa maison de campagne lui offrait contre eux un sûr asile. Muret retenu par ses fonctions au milieu des oisifs et des intrigants de toute l'Italie, savait ses heures de loisir connues, épiées, et il en regrettait d'autant plus la perte que la réputation pour lui ne pouvait être que le prix d'un immense labeur.

Aussi avait-il un instant songé à une résolution

---

(1) V. la 29e let. du 3e liv et la 14e du Supplément.

suprême : il s'était demandé, s'il n'abandonnerait pas à la fois l'enseignement et la Ville Eternelle. Quand le 13 août 1581, il faisait le compte de sa fortune, c'était pour prier son ami Sacrato de lui indiquer un placement sûr qui lui donnât 8 pour 100 d'intérêt. Avec un revenu de 800 écus d'or, il aurait pu facilement mener la vie douce et aisée que réclame la vieillesse (1). Il aurait achevé sa vie à Venise, car cette ville lui semblait créée pour offrir à son âge le repos et la tranquillité (2).

Mais ce projet témoignait d'une lassitude que l'empressement des importuns ne suffit pas à expliquer. La santé de Muret, qui n'avait été troublée jusque-là que par des maladies passagères, commençait à être gravement atteinte. On ne professe pas impunément pendant trente-cinq ans ; on n'ajoute pas impunément aux fatigues de l'enseignement celles du cabinet. Que sera-ce si l'on s'est transplanté des collines du Limousin sur le sol brûlé du Latium? Que sera-ce si l'on doit payer à la fin de l'âge mûr les folies des premières années? Peut-être aussi le goût de la bonne chère, inné chez Muret, développé sans doute à la table du cardinal de Ferrare, ne contribua-t-il pas à fortifier sa santé.

---

(1) « Ad vitam γεροντικώτερον, id est paulo mollius ac delicatius agendam » (29ᵉ let. du 3ᵉ liv.).

(2) « Ille mihi locus ad senilem quietem ac tranquillitatem factus videtur. »

Non pas que Muret fût glouton (1), mais il semble ne pas avoir dédaigné les bons morceaux : après les cadeaux destinés à sa bibliothèque, ceux qu'il appréciait davantage étaient à l'adresse de son garde-manger. L'embonpoint auquel il parvint d'assez bonne heure est suspect et dut lui procurer d'autres souffrances que le dépit d'être un jour comparé à Luther. C'était dans une visite que l'ambassadeur de France, d'Abin de la Rochepozay, sa femme et Joseph Scaliger faisaient aux collections du pape, sous la conduite de Muret. Dans une des salles il y avait des portraits d'hérétiques : « Madame d'Abin demanda à Muret de qui était le tableau (portrait) de Luther. Il dit de Luther, et elle dit qu'il lui ressemblait fort. Il ne voulait pas lui ressembler et disait : Parce que je suis gros, vous dites que je lui ressemble (2). » A partir de l'année 1582, les douleurs devinrent fréquentes, longues, et la vie fut souvent menacée (3). Le 18 juin il

---

(1) On ne le voit pas, comme Sigone, se donner une indigestion de figues (24ᵉ let. de Sigone à Panvinio, dans l'édit. de 1737, à la date du 24 novembre 1559.

(2) Cet épisode date de 1565 ou de 1566, époque du séjour de Jos. Scaliger en Italie. L'embonpoint de Muret s'accrut sans doute puisque Jos. Scaliger, à qui nous devons le récit de l'anecdote précitée (IIᵉ *Scaligerana*, p. 22 de l'édit. de 1668), ajoute plus loin : « il devint bien gras sur la fin. »

(3) On se rappelle qu'elle l'avait déjà été, un peu avant son ordination.

écrivait que les médecins venaient de le sauver (1). Un jour de décembre 1584, il promet d'écrire la nuit suivante, et, la nuit venue, il est pris au pied gauche d'une douleur si cruelle (2), que jusqu'à l'aube il ne peut ni lire ni méditer (3). Enfin, le 13 décembre 1584, il écrit qu'il souffre depuis six mois, qu'il n'a ni sommeil ni digestion, et qu'il en devient sauvage et inabordable (4); le 13 février 1585, les douleurs n'avaient pas encore cessé. Muret était alors dans la dernière année de sa vie.

Malheureusement d'autres causes aggravaient pour lui la fatigue du professorat. Du moins, plus heureux que beaucoup de ses confrères, il était en paix avec tous les érudits de son temps. A Rome, aucune rivalité ne l'inquiétait : ceux qui, suivant l'expression du temps, professaient l'éloquence *en coucurrence* avec lui, Giulio Castellani, Giov. Battista Camozzi (en latin Camotius), le Portugais Correa, sont profondément oubliés aujourd'hui, et un seul essaya de lui disputer le premier rang : ce fut Correa (5), professeur brillant, mais plus jaloux,

---

(1) « Si paulum modo cessatum esset, fuerat tibi amicus. » 33ᵉ let. du 3ᵉ livre.
(2) La goutte apparemment.
(3) 99ᵉ let. du 1ᵉʳ liv., à la date du 17 décembre 1584.
(4) 71ᵉ let. du 3ᵉ liv.
(5) Vitt. Rossi (Nicias Erythræus) dit positivement dans sa *Pinacothèque* : « Obtrectarunt inter se quum uterque humaniores litteras doceret, sed majore Muretus theatro. »

ce semble, des applaudissements de ses élèves que des progrès de l'enseignement. Correa, ancien Jésuite, détestait l'Ordre qu'il avait quitté; il attirait beaucoup d'auditeurs au couvent des Dominicains de Sainte-Marie-sur-Minerve, et choisissait des sujets nouveaux et séduisants (1) pour faire déserter à la jeunesse les écoles des Jésuites, voisines de ce couvent. Je croirais même qu'il essayait de débaucher les jeunes novices de la Compagnie, car c'est probablement à lui que Muret fait allusion quand, en 1585, il félicite Benci d'avoir prononcé ses vœux au mépris de perfides conseils : « Vous n'avez pas été ébranlé par les propos des hommes qui, élevés dans vos collèges (2), après y avoir appris le peu de littérature dont ils sont si fiers (3), travaillaient à vous détourner d'un Ordre qu'ils avaient abandonné pour leur déshonneur (4). »

(1) Vitt. Rossi (p. 253 de la 1re partie de sa *Pinacothèque*, édit. de 1692) donne un spécimen de ces sujets attrayants. Il raconte que le pédagogue qui le conduisait à l'école courait ensuite entendre Corréa qui, les jours de fête, dans un style très fleuri, faisait le portrait de la coquette, de l'amant, du courtisan, du marchand d'esclaves. Il est vrai qu'il réservait ces sujets au moins légers pour les leçons supplémentaires des jours de fête ; mais, même dans ses cours, il choisissait surtout les sujets qui permettaient de vastes digressions, et recherchait plus qu'il n'était nécessaire l'élégance et l'agrément.

(2) Ceux des Jésuites.

(3) « Illud nescio quid quod jactant litterarum. »

(4) V. la lettre qui accompagne l'envoi de la traduction des deux premiers livres de la *Rhét.* d'Aristote.

Mais les fatigues de Muret, pendant ses dernières années d'enseignement, furent précisément accrues par ceux que la reconnaissance aurait dû lui attacher davantage : les étudiants de l'université de Rome. De bonne heure, nous l'avons noté, il avait été obligé de compter avec leur turbulence (1); mais longtemps il leur avait tenu tête avec courage (2). Sa verve railleuse, les mots piquants qui, d'après Vittorio Rossi, partaient de ses lèvres avant qu'il parût y avoir songé, l'aidaient à se défendre contre leur audace. Un jour, dit Rossi, qu'un étudiant, pour troubler le cours, agitait une clochette de bélier, Muret s'écria : « Pour tant de bêtes, il faut bien un conducteur. » Le professeur, pour se faire respecter, était alors contraint de renvoyer injure pour injure. Un manuscrit de Magliabecchi (3) rapporte que P. Angeli de Barga, un jour qu'un étudiant sifflait, repartit : « Le fils d'un pâtre peut seul si bien siffler, » et que le hasard voulut qu'il fût tombé juste. Mais on comprend que de tels moyens de défense exigeaient un sang-froid, une vigueur de poumons que l'âge affaiblit. Muret, que

---

(1) V. ci-dessus, p. 276 et suiv., son discours d'ouverture de 1574-1575 ; en 1577, il écourta sa leçon d'ouverture, disant : « *Si vos diutius detinere perrexero, obstrepetis.* »

(2) On se rappelle son mot énergique : « Je vous mépriserai, si vous méprisez les lettres. »

(3) Bibl. nat. de Florence, *codex* 75, de la 8ᵉ classe, p. 71 recto.

la nature avait doué d'une voix forte, va bientôt nous apprendre (1) que ce précieux avantage ne lui demeura pas jusqu'à la fin. Il faut bien dire aussi que Muret avait plus d'une fois provoqué la turbulence des étudiants pour la satisfaction de ses griefs. On a vu qu'à diverses reprises, par des communications inopportunes, il les engagea, soit dans des contestations, soit dans des rivalités qui ne regardaient que lui, ses collègues et l'administration. Quand il dénonçait l'insuffisance de son traitement, quand il laissait voir que pour le choix d'un texte il avait eu la main forcée; quand il livrait à la raillerie les cours de ses confrères, il contractait avec ses auditeurs, qu'il soulevait si habilement, une alliance onéreuse (2). Il n'en est pas moins triste de songer qu'un moment vint où le prestige de sa brillante parole, de sa renommée européenne, sa vaste érudition, son dévouement ne purent le soutenir contre le discrédit qui, en frappant les études littéraires, atteignait leur plus éminent défenseur. Un moment vint où il dut, au nom de ses longs services, de son âge, implorer

---

(1) Dans la lettre où il demandera sa mise à la retraite.

(2) Son autorité a pu être diminuée aussi par les plaisanteries licencieuses que les étudiants lisaient dans ses ouvrages (V., par exemple, son Commentaire sur Catulle et ses *Variæ lectiones*). — Du moins ceux de ses commentaires qui reproduisent des leçons publiques n'offrent pas de ces plaisanteries.

des égards que son ingrat et impitoyable auditoire ne lui accorda pas. Tout l'exorde de son discours d'ouverture de 1583 (1), au début de sa dernière année d'enseignement, n'est qu'une longue prière. Il rappelle les vingt ans de labeurs, d'abnégation qui lui ont mérité les récompenses pontificales. Il demande en retour que Dieu inspire à ses élèves l'amour du travail. « Je forme ce vœu, leur disait-il, non seulement dans votre intérêt, mais dans le mien ; car, comme mon repos et ma tranquillité que, par nature, j'ai toujours aimés, et que le poids de l'âge me rend chaque jour plus nécessaires, dépendent en grande partie de vous, je suis sûr d'obtenir le zèle de tous ceux qui auront assez d'empire sur eux-mêmes pour aimer leur propre avantage, et ne pas chercher, par esprit de dérision et d'obstination, à compromettre leurs propres intérêts et ceux des autres.... Je vous en prie, je vous en conjure en mon nom, au vôtre, au nom de tant d'hommes éminents en dignité que vous voyez aujourd'hui réunis en ce lieu, et qui seront les juges et les arbitres de mon zèle, les spectateurs et les témoins de votre bonne tenue : justifiez mon espérance par une heure de silence et d'attention. » C'est dans une leçon de rentrée, un jour où d'or-

---

(1) C'est le discours dont nous avons étudié le fond ci-dessus, p. 327 et suiv.

dinaire la bonne volonté est générale, quand la présence de personnes de marque semble commander aux étudiants une réserve particulière, qu'il est réduit à cette longue et touchante prière ! C'en était trop. Quelques mois auparavant, la veille de la Pentecôte, il écrivait à Sacrato que l'enseignement public lui était à charge depuis longtemps (1). C'était la seule plainte qu'il eût jamais laissé échapper contre sa profession ; mais on avait réussi à tuer en lui l'amour de son métier. L'année où il dut faire entendre la prière que nous avons rapportée fut la dernière de son enseignement ; malheureusement ce fut l'avant-dernière de sa vie.

Aucune loi ne réglait alors les droits à la retraite. Mais il semble qu'en général, au bout d'une vingtaine années de service, on y était admis. Seulement, on ne l'accordait pas sans peine aux professeurs qu'il n'était pas aisé de remplacer. Deux professeurs de la Faculté de Paris, en 1552, la réclamaient après vingt ans de services, et l'un d'eux produisait même un certificat de médecin. « S'ils ne peuvent lire tous les jours, leur répondait-on, au moins quelques jours de la semaine, ou de quinze en quinze jours, *postremo* quelques fois le mois, qu'ils se montrent aux escholiers, et fassent

---

(1) « Hoc jam pridem molesto publice docendi munere » (34ᵉ lettre du 3ᵉ livre).

de plus fructueuses leçons qu'ils pourront (1) ! »
Mais sans doute les termes de la requête de Muret
coupèrent court à toute objection. Cette requête
était adressée au cardinal Sirleto; la voici (2) :

« Monseigneur illustrissime et révérendissime,

» Je supplie Votre Seigneurie illustrissime et révérendissime qu'à tant de faveurs qu'elle m'a faites
déjà dans d'autres occurences, elle daigne ajouter
celle-ci, que je tiendrai pour plus grande que toutes
les autres, d'exposer, à la première occasion, en
mon nom, à la sainteté de Notre Saint-Père, les
articles suivants :

» D'abord que voici vingt ans révolus que je lis
sans interruption (3) dans l'université de Rome, avec
un labeur et une diligence incroyables : et par la
grâce de Dieu je crois avoir réussi dans cette charge
fort honorablement ;

» Que désormais mon âge, qui approche de
soixante ans, a besoin de quelque repos ; d'autant

---

(1) *Acta de regentia facultatis decretorum*, 16 mars 1552, dans du Boulay. V. aussi Riccoboni, *Gymn. Patav.*, II, 24.

(2) Le nom de Sirleto n'y est pas, mais c'est dans sa correspondance qu'elle a été retrouvée (manuscrit 2023, fonds de la reine de Suède, au Vatican) par M. Spezi ; voyez le texte à l'appendice O.

(3) Il avait bien le droit de ne pas tenir compte de la courte interruption de service (novembre 1568 à février 1569) que nous avons signalée.

que, outre quelque autre incommodité, j'ai perdu toutes les dents du haut, ce qui me rend la parole très difficile et de jour en jour affaiblit ma santé ;

» Que j'ai supporté d'infinies indignités par la perpétuelle insolence des écoliers ; lesquels, quand un homme s'est bien fatigué à dire quelque chose de bon, par des cris, des sifflets, du bruit, des injures et autres malhonnêtetés, me troublent tellement que parfois j'en perds l'esprit ;

» Que les murs des écoles se voient d'ordinaire couverts de mots abominables et de peintures semblables, au point que beaucoup de prélats, de religieux et d'autres personnes honorées, qui viennent pour m'entendre, frémissent rien qu'à les regarder, croyant, et avec raison, entrer, non dans une école, mais dans le plus infâme et déshonnête de ces lieux qu'on ne peut honnêtement nommer ;

» Que voulant blâmer ces turpitudes, j'ai été bien des fois, les années passées, bravé, menacé, jusqu'à dire publiquement que si je ne me taisais ils me balafreraient le visage ;

» Que c'est une chose manifeste que beaucoup viennent ordinairement à l'université avec des poignards ;

» Que cette année même, outre que j'ai été forcé plusieurs fois de m'en retourner sans pouvoir lire, un samedi, qui fut le 10 décembre, sur le milieu de la leçon, on me lança, avec la plus grande violence, une orange qui faillit m'enlever un œil; par suite de quoi je me retirai sans rien dire et craignant pis, au grand scandale de plusieurs prélats qui se trouvèrent présents;

» Que les chaires des docteurs sont désormais devenues pires que des piloris, si grande est l'insolence de la jeunesse;

» Que pour moi, peut-être parce que je suis de ma nature trop sensible, je ressens ces choses d'une telle manière que je vois quel mal elles pourraient me faire si je les supportais davantage;

» Que pour ces raisons je ne peux plus *lire* de bon cœur; et bien que pour servir Sa Sainteté je fusse joyeux d'exposer mille vies si je les avais, néanmoins, me jetant à ses pieds très sacrés, je la prie et supplie, pour l'amour de Dieu, de daigner me permettre de quitter la *lecture* avec son agrément, et de ne point vouloir que pour prix des fatigues endurées je passe le peu de jours qui me restent exposé continuellement aux affronts, aux mépris et aux dégoûts;

» Et si le service continu de vingt années et plus paraît à Sa Sainteté digne d'une petite récompense pour soutenir ma vieillesse et élever un pauvre jeune neveu (1) que j'ai, qui en bonté et en doc-

(1) Nous parlerons bientôt de ce neveu que Muret avait fait venir de France.

trine donne présentement de très bonnes espérances, elle fera œuvre conforme à l'infinie charité dont elle use envers tant d'autres ;

» Au cas contraire, que je ne laisserai pas de me sentir si obligé envers elle qu'avec la vie même je ne pourrais satisfaire à cette obligation, et me retirant dans quelque lieu voisin de Rome, où avec moins de dépense je puisse vivre tranquillement, je prierai Dieu continuellement, comme je dois, pour Sa Sainteté, et je ne cesserai pas, tant que je vivrai, de publier de vive voix et par écrit l'incroyable bonté de Grégoire XIII, pontife très digne de gloire, auquel N. S. Dieu accorde très longue et très heureuse vie dans ce monde et le paradis dans l'autre !

» Je supplie votre Seigneurie illustrissime et révérendissime qu'elle s'efforce d'obtenir pour moi cette grâce, et très humblement je lui baise les mains.

» De votre Seigneurie illustrissime et révérendissime, son très humble et très dévoué serviteur,

» Marc-Antoine Muret. »

Tout commentaire serait ici superflu. Certes, les désordres étaient grands dans toutes les universités du moyen âge et de la Renaissance ; mais en lisant cette lettre de Muret et la curieuse déposition d'un père de famille, que nous donnerons à l'appendice P, il faut bien conclure que l'administration romaine réussissait aussi mal que n'importe quelle autre à purger ses écoles du fléau de l'indiscipline et de la honte de l'immoralité. L'autorité toute puissante, qui veille d'un soin si jaloux sur l'orthodoxie des maîtres et des élèves, qui surveille les lectures de Muret et brûle Paleari, tolère que l'insolence des écoliers transforme l'université de Rome en un mauvais lieu où un prêtre ne peut entrer sans rougir (1), en un repaire où la vie des maîtres n'est pas en sûreté ! Du moins elle n'osa pas faire attendre à Muret sa mise à la retraite. Le *motu proprio* du 1er novembre 1584 lui assura trois cents écus d'or payables en trois fois, comme les traitements des professeurs en activité de service (2) et sur les mêmes fonds. On peut voir, au 2e vol. de l'*Histoire de l'université de Rome*, par Renazzi (appendice XXIII, p. 274 et suiv.), cette pièce rédigée

---

(1) Un autre brillant professeur de Rome, Benci, élève de Muret, signale aussi l'indiscipline des écoliers. Ses auditeurs causent et se promènent dans la salle de cours pendant ses leçons ; il pardonne à ceux qui dorment pourvu qu'ils ne ronflent pas ; s'il n'était point consolé par la présence des savants qui viennent quelquefois l'entendre, il se croirait à la tâche dans un moulin (*non ad gymnasium adire viderer quotidie, sed ad pistrinum ad diurnum opus persolvendum*) XIIIe discours, édit. de 1613.)

(2) Les échéances étaient : Noël, Paques, la nativité de saint Jean-Baptiste (24 juin).

en mauvais latin, obscur et diffus (1). De plus, **Muret** conserva ses bénéfices ecclésiastiques (2).

(1) Il y a plus de simplicité et de cœur dans les termes de l'arrêté par lequel l'autorité vénitienne accordait la retraite à Foscarini (V. l'appendice H).
(2) 71e let. du 3e liv.

CHAPITRE XX.

Sommaire.

Quelles déceptions secrètes Muret a peut-être emportées dans la retraite. — Travaux et joies de ses dernières années. — Sa bonté pour son neveu. — Sa piété. — Sa mort.

Muret était libre : L'université de Bologne lui offrit indirectement la place de Sigone, qui était mort en cette même année 1584 ; mais il refusa poliment (1).

N'emportait-il aucun chagrin dans la retraite ? Colletet, à propos des libéralités de Grégoire XIII envers le brillant professeur, dit que « le card. Hippolyte d'Este, qui estoit son protecteur et son Mécène, le rendit toujours si agréable à la cour romaine qu'il s'en fallût bien peu qu'il n'obtînt du pape le sacré titre de cardinal du saint-siège. Mais la brigue de ses ennemis ayant prévalu, Muret se contenta d'avoir été jugé digne d'un hon-

---

(1) V. la 71ᵉ let. du 3ᵉ liv.

neur que l'envie et la calomnie luy avaient injustement ravy (1). » « N'y a prestre dans Rome, dit d'autre part Joseph Scaliger, précisément à propos de Muret, qui n'aspire à l'état de cardinal, ni qui n'espère être pape (2). » Le titre d'érudit, non moins que celui d'ecclésiastique, pouvait inspirer à Muret l'espoir du cardinalat. L'exemple de Bembo et de Sadolet faisait rêver bien des savants ; sans parler de Jules-César Scaliger, qui songea un instant à se faire moine et à étudier la théologie, espérant, dit son fils, devenir pape et comptant alors déclarer la guerre aux Vénitiens pour leur reprendre Vérone, sa patrie : on se rappelle ce professeur de Rome dont la pensée du chapeau avait troublé l'esprit (3). Bandini (4) rapporte que des personnes judicieuses et sensées (*persone discrete e di senno*) jugèrent Vettori digne du cardinalat, et ajoute que leur jugement aurait probablement été ratifié par les faits si la vie de Marcel II avait été moins courte. L'année même où Muret prenait sa retraite, Vettori, remerciant Sirleto d'avoir parlé de lui au pape, rappelait qu'il était accouru à Rome à la

---

(1) Notice inédite sur Muret.
(2) 2ᵉ *Scaligerana*, dans le grand morceau sur Muret qui commence p. 179 dans l'édit. de 1668.
(3) V. ci-dessus, p. 234-235.
(4) *Memorie per servire a la vita del senator Pier Vettori*. Livourne, 1756.

mort de Jules III (1) et que la mort de Marcel Cervin lui avait fait perdre « les avantages et les honneurs qu'il aurait obtenus sans peine à cause de la bienveillance que le défunt lui avait témoignée de longue date (2). » Muret put espérer que Grégoire XIII, qui jadis avait professé lui-même, consacrerait par un suprême honneur sa piété et son talent. Depuis longtemps déjà, sans bruit et avec le recueillement d'une piété sincère, il avait acquis les connaissances que réclame la profession ecclésiastique. Nous avons déjà parlé de son goût pour la théologie; on pourrait prouver, par de nombreuses citations, combien il était versé dans la littérature sacrée (3), et l'on remplirait une page avec les textes par lesquels il justifie deux assertions qu'il avait émises sur la mort de saint Jean l'évangéliste (4). Il n'en parlait pas avec une modestie moins sincère de son peu de lumières en matière de théologie, et ne trouvait jamais qu'on lui expliquât trop simplement l'Ecriture, dont il sentait, disait-il, la beauté sans en pénétrer la profondeur (5).

(1) « Statim Julio exstincto, Romam cucurri » (Lettre du 7 octobre 1584.
(2) « Commoda et honores quos ob veterem benevolentiam ipsius erga me facile adipisci poteram. »
(3) Par ex. *Variæ lectiones*, VII, 18 ; IX, 16 ; XIV, 7 ; XII, 1, 17. *Observationes juris*, 7, 11.
(4) 21ᵉ let. du 3ᵉ liv. en date du 18 mai 1583.
(5) V. sa touchante lettre au théologien Genebrard (35ᵉ lettre du 3ᵉ liv., en date du 10 avril 1581).

Il montait dans la chaire évangélique, et le pape, dans la chapelle pontificale, l'entendit célébrer le panégyrique de saint Jean et expliquer le mystère de la Circoncision. Le premier de ces deux sermons est du 27 ou du 29 décembre 1582 ; le deuxième du 1er janvier 1584 (1). Il ne comptait pas s'en tenir à ces deux essais (2). Il disait sa messe tous les jours, sauf empêchement de santé (3). Sa piété, sa vie régulière étaient connues de tous ; il était fort en faveur auprès des cardinaux et du pape. Jamais pourtant il ne vint s'asseoir dans le sacré collège auprès de son ancien collègue Silvio Antoniano. « Muret est trop docte pour être cardinal, » avait dit un jour irrévérencieusement Joseph Scaliger (4). Est-ce la jalousie qu'excitait son talent ou l'inquiétude que pouvait inspirer l'ouverture de son esprit qui le fit écarter? Ses protecteurs jugeaient-ils simplement qu'il valait mieux le laisser racheter dans la vie privée les scandales de sa jeunesse que de les rappeler aux ennemis de l'Eglise et aux siens par une telle élévation en dignité? On hésiterait moins si l'on ne savait que depuis quelques années déjà le collège des cardinaux s'ouvrait moins volontiers aux hommes supérieurs qu'aux

---

(1) V. le 2e et le 1er discours du 2e liv.
(2) 31e let. du 3e liv.
(3) Vittorio Rossi (Erythræus) *Pinacothèque*, 1re partie, p. 14.
(4) Dans le passage cité ci-dessus p. 352.

esprits médiocres, si l'on ne voyait Vettori écarté comme Muret, si parmi les candidats plus heureux on ne comptait, pour ne rien dire de plus, d'illustres exemples de l'indulgence du saint siège. Quoi qu'il en soit, Muret avait peut-être caressé des espérances qui lui valurent une déception de plus.

La qualité d'étranger qu'il eut sans doute aussi contre lui dans cette circonstance, puisque le patriotisme du clergé n'était pas moins exclusif en Italie que celui des laïques, suffit probablement à expliquer pourquoi il n'est cité parmi les membres d'aucune académie. Tiraboschi ne le mentionne ni parmi les membres de l'académie de Saint-Charles-Borromée, fondée sous Pie IV, où siégeaient pourtant, avec le célèbre Sperone Speroni, et Ugo Buoncompagni avant de s'appeler Grégoire XIII, son ami Silvio Antoniano, et le grand seigneur qui avait accepté la dédicace de ses notes sur Properce, François de Gonzague. Il est vrai que depuis la mort de Frédéric Borromée, frère de Charles, l'académie, dans ses *Nuits vaticanes*, ne dissertait plus que sur des questions religieuses; mais alors même Muret n'y eût point été déplacé. Pour l'académie des *Intrepidi*, fondée en 1560, et celle des *Animosi*, fondée en 1576, Tiraboschi ne cite aucun nom (1),

---

(1) V. sur ces académies romaines son *Histoire littéraire*, VII° vol., 1ʳᵉ partie, p. 149-150. — A plus forte raison Scipion de Gonzague,

mais Muret ne nous dit nulle part qu'il soit agrégé à quelque savante compagnie.

Mais si Muret regretta peut-être les avantages solides du cardinalat, il dut se consoler aisément de ne pas être admis par les fondateurs d'académies à des honneurs qu'il aurait fallu payer d'une partie de ses loisirs. Il avait de grands projets pour ses dernières années. Comme s'il sentait qu'il n'avait encore produit aucune œuvre capitale, il répétait qu'il voulait, par quelque ouvrage utile, bien mériter de la postérité. A ces dernières années se rapporte sa traduction latine du deuxième livre de la *Rhétorique* d'Aristote qu'il publia en 1585, au mois de février, en rééditant celle du premier livre, antérieure de huit années. Deux ouvrages qu'il n'eut pas le temps de mettre au jour et qui se rapportent certainement à la même période sont plus importants : quatre livres de *Variæ lectiones* (1) et un commentaire de Sénèque. Ce dernier travail, embrassant tous les ouvrages du philosophe aurait eu, si la destinée l'avait permis, une grande importance dans l'œuvre philologique de Muret. Bien que Lævinus Torrentius, en lui offrant son concours, l'avertît de hâter son travail pour devancer

---

auquel Muret avait dédié le 1ᵉʳ vol. de ses *Discours*, ne chercha pas sans doute à l'attacher à l'académie des *Eterei*, quand il la fonda loin de Rome, à Padoue.

(1) Les liv. XVI, XVII, XVIII, XIX.

Juste-Lipse qui s'occupait du même auteur (1), il ne se pressait pas trop. Mais il n'eut ni le plaisir d'achever son œuvre, ni celui d'en publier même les fragments.

Citons enfin les derniers discours que Rome, à notre connaissance, ait entendus de sa bouche : l'oraison funèbre de Paul de Foix, archevêque de Toulouse, ambassadeur du roi de France auprès du saint-siège, qu'il prononça à Saint-Louis-des-Français, le 29 mai 1584 (2), et l'exhortation qu'il adressa, du haut de la chaire également, aux cardinaux prêts à entrer en conclave pour remplacer Grégoire XIII (3). En lui donnant la parole dans un moment aussi grave que celui où ils allaient choisir le chef de la chrétienté, les cardinaux honoraient non seulement son éloquence, mais sa piété. Il justifia leur choix par la franchise et la sagesse de ses conseils. Lui simple prêtre, lui étranger, lui dont aucun titre ne couvrait la hardiesse, il osa dire aux cardinaux non seulement que, n'ayant tous ni le même âge, ni la même expérience, ni la même autorité, ils n'avaient pas le droit de choi-

---

(1) Lævinus Torrentius, ecclésiastique belge, dit être moins bien disposé envers J. Lipse, depuis que celui-ci a quitté l'ancienne religion (71e let. de la correspondance de Muret, dans Lazeri, en date du 26 août 1583).

(2) 26e disc. du 1er liv.

(3) 19e disc. du 2e liv. — Ajoutez les deux sermons mentionnés ci-dessus, p. 354.

sir indifféremment parmi eux; non seulement qu'ils ne devaient écouter aucune considération personnelle, mais que s'il se rencontrait quelque homme avare, ou ambitieux, ou cruel, ou débauché, il ne fallait tenir aucun compte de sa personne (1). Or, pour qui sait comment parfois l'intrigue et la faveur recrutaient alors les cardinaux, candidats privilégiés au souverain pontificat, il y avait du courage à indiquer, même sous forme d'hypothèse et avec des corrections oratoires, les conséquences du népotisme, de l'emportement, de la corruption des mœurs. Il termine enfin par un aveu sans réticence, quand il demande à Dieu que les cardinaux ne se laissent pas « entraîner malgré eux, comme il arrive quelquefois, et sans savoir de quoi il s'agit, par l'impulsion aveugle et téméraire de quelques-uns. » C'était couronner dignement la série de ses discours, et l'on peut dire qu'une fois au moins, à la veille du moment suprême, il a puisé dans son cœur, pour dénoncer les vices des princes de l'Eglise, autant de courage qu'il y avait jadis trouvé de complaisance pour célébrer leur fanatisme.

Muret cherchait un délassement à ses graves occupations dans les joies de l'amitié. Dans les dernières années, son correspondant le plus assidu

---

(1) « Ejus ne habenda quidem ratio in his sacrosanctis comitiis esset. »

fut Paolo Sacrato, chanoine de Ferrare, neveu par sa mère de Sadolet qui l'avait beaucoup aimé et dont il avait, par son mérite, justifié l'affection (1). Muret a dit quelque part combien il regrettait de ne pas avoir connu personnellement les deux célèbres écrivains de l'âge précédent, Sadolet et Bembo ; du moins il se lia avec leurs descendants. Mais vers la fin de sa vie, il eut surtout d'étroites liaisons avec les Jésuites. Outre son ancien élève Benci, qui l'avait attiré à la vie religieuse, il fut très lié avec un de leurs professeurs, P. Perpinianus, de Valence en Espagne, avec l'historien Giov. Piet. Maffei. Par son zèle et ses égards pour leur compagnie (2), il méritait qu'un mot de lui fût une recommandation auprès de l'ordre tout entier (3). C'était à leur prière et pour l'usage de leurs écoles qu'il traduisait les deux premiers livres de la *Rhétorique* d'Aristote (4). Les notes sur Sénèque ont

---

(1) Nous avons vu Muret intervenir pour faire payer une pension due aux descendants de Sadolet, et dédier un de ses ouvrages au neveu de Bembo. — On a de P. Sacrato des lettres familières et quelques commentaires des livres sacrés (Tiraboschi, VII, 1re partie, p. 317. V. aussi Borsetti Bolani, *Hist. alm. Ferrariæ gymnasii*, 2e vol., p. 404). Agostino Superbi, *Apparato degli uomini illustri della città di Ferrara*, dit que ces lettres latines étaient lues dans les écoles publiques de France *a sua gloria immortale*.

(2) « Meo perpetuo erga vos (les Jésuites) studio atque observantia » (84e let. du 1er liv.).

(3) V. la let. précitée.

(4) V. Lazeri (Frotscher, 1er vol., p. 27-28).

été publiées l'année de sa mort par Benci, qui a aussi édité, quelques années après, le deuxième volume de ses discours. Son commentaire sur l'*Ethique à Nicomaque* nous a été conservé par deux autres Jésuites, And. Schott et Marc Velser. Le premier de ces deux savants a encore publié après la mort de Muret les quatre derniers volumes des *Variæ lectiones* et les *Observationes juris*; les commentaires sur les deux premiers livres de la *Rhétorique* d'Aristote, sur la première *Tusculane*, sur le *Pro Dejotaro*, sur le *De Officiis* proviennent de la bibliothèque du second. Aussi a-t-on dit que Muret avait appartenu à la célèbre Société. Jacques Thomasius, par exemple, dans la préface d'une édition incomplète des œuvres de Muret, et de nos jours, M. Bernays dans son excellente étude sur Jos. Scaliger, énoncent cette assertion sans hésiter, mais aussi sans la prouver. Mais si Muret avait été affilié aux Jésuites, il ne s'en serait point caché, et Benci, Schott, Velser l'auraient hautement revendiqué pour un des leurs. Or il s'exprime toujours et il est toujours traité par eux comme un ami et non comme un membre de la Société de Jésus. Aussi Niceron est-il dans le vrai, quand il appelle la croyance que Muret était Jésuite : *une imagination qui n'a aucun fondement.*

Les joies mêmes de la famille ne manquèrent pas aux dernières années de Muret, si tristes par d'autres endroits. Depuis longtemps il ne vivait plus seul. Un frère qu'il avait beaucoup aimé, nous dit-il (1), était mort laissant un fils en bas âge. Cet enfant était sans doute le filleul de son oncle, car il portait les mêmes prénoms. Muret prit au sérieux ses devoirs envers le jeune orphelin; il le fit aussitôt venir et se chargea de son éducation (2). En quelle année? On ne peut le déterminer avec une entière précision. On hésite même, pour la date de la naissance de l'enfant, entre l'année 1570, indiquée par son épitaphe, et l'année 1571 indiquée par Muret (3). L'enfant était déjà auprès de son oncle en 1577, car on devait l'emmener en Pologne (4).

Muret ne prétendait pas seulement soustraire l'enfant aux guerres civiles et à la pauvreté : il voulait faire de lui un homme pieux et instruit. Il ne se borna pas à lui donner un précepteur, Ant. Costantini, à l'envoyer aux cours des Jésuites (5);

(1) Le nom de ce frère ne figure jamais dans la correspondance de Muret; mais c'est probablement que, n'appartenant pas au monde savant, il ne correspondait avec Muret qu'en langue vulgaire.
(2) La belle-sœur de Muret survécut non seulement à son mari mais à son fils. Mais sans doute elle était pauvre.
(3) Lazeri, p. 33 du 1er vol. de Frotscher.
(4) V. la 66e let. du 1er liv.
(5) « Questo giovane... stette in casa di suo zio, che mandò il nipote alle nostre scuole » (les écoles des Jésuites). Note relevée dans les registres de la Compagnie par Lazeri, p. 34 du 1er vol. de Frotscher.

il ne dédaigna pas de relire pour lui des auteurs qu'il avait abandonnés depuis longtemps (1) et de surveiller ses travaux. Il fut tout fier le jour où l'enfant grandi en âge surprit dans une traduction de Xénophon des erreurs qui avaient échappé à un savant distingué ; c'était lui-même qui avait proposé cet examen à son neveu, et il en consignait joyeusement les heureux résultats au 20e chapitre du 17e livre de ses *Variæ lectiones* (2). En attendant, pour initier l'enfant à la fois à l'intelligence du latin et à la connaissance de ses devoirs, il lui dédiait une *Institutio puerilis* en vers (1578). Deux ans plus tard, il composait encore pour lui des sentences en vers grecs (3). Sa morale, dans ces deux opuscules, ne vise pas à la profondeur ; mais un père eût trouvé difficilement des paroles plus simples et plus touchantes que ces exhortations d'un vieux savant, d'un vieux célibataire, dont la vie n'avait pas été bien régulière et dont le cœur semblait ne devoir plus battre que pour les intérêts de la science. Nous citerons seulement la fin des sentences grecques : il nous paraît difficile de contes-

---

(1) *Var. lect.*, XVI, 3.
(2) Passage cité par Lazeri, p. 34 du 1er vol. de Frotscher.
(3) Le premier de ces ouvrages fut publié par Antoine Costantini ; le 2e fut traduit en latin par Innoc. Giscaferri. Ruhnken prétend à tort ou à raison que cette traduction et la lettre dédicatoire sont de Muret même.

ter l'émotion contenue de ce morceau : « O mon bien cher enfant, je ne te laisserai pas en mourant beaucoup d'arpents de terre, beaucoup de talents d'or, ni beaucoup de richesses, car mon père non plus ne m'en a pas laissé beaucoup, quoiqu'il fût honnête et d'honnête origine. Mais s'il plaît au ciel, je graverai dans ton cœur la pudeur et la crainte de Dieu, et je t'enseignerai avec instance et sollicitude les sciences dont j'ai été nourri moi-même quand j'étais enfant. Ç'a été pour moi un viatique de toute ma vie ; ce ne sera pour toi qu'un ornement et un charme, car tu ne seras pas forcé, avec l'aide de Dieu, par la nécessité de vivre, à te mettre au service de personne, puisque tu recevras de moi une aisance médiocre, mais suffisante... Regarde : je suis vieux, l'âge a fait tomber mes dents ; la toux, la pituite ne me quittent pas. Pourtant nuit et jour je viens à bout de travaux qui conviennent aux jeunes gens. Le matin à l'aurore j'appelle le premier les serviteurs, je demande de la lumière ; puis, comme cloué à mes livres, je sors rarement de ma maison. Que ce soit un exemple pour toi, mon cher enfant ; ne t'abandonne pas à la paresse ; mais aime la science ; et ne ménage pas tes forces, mais ménage le temps (1). »

(1) Si l'on voulait, dans ces deux ouvrages, noter les préceptes dont il avait fait un usage particulier, on verrait de quelle manière spirituelle et prudente il recommande de ne pas médire des puissants

Depuis dix ans au moins il avait le droit d'invoquer l'exemple, non seulement de son ardeur au travail, mais de sa vie régulière. Sans doute le vieil homme en lui n'était pas mort tout entier. L'esprit de charité ne conduisait pas sa plume quand il écrivait, dans le commentaire de Sénèque, que la mort l'empêcha de terminer : « Quant au rêve d'Erasme sur les grammairiens Asper et Probus, la sottise est si grande qu'il faudrait se donner de la peine pour imaginer quelque chose de plus sot (1), » ou quand, toujours acharné contre un ennemi mort, il relevait ce qu'il appelait la légèreté, l'ignorance de Lambin (2). Comme un soldat devenu moine tressaillirait sous le froc au contact d'une épée, l'érudit le plus apaisé par la religion ne reprenait pas alors impunément sa plume de combat. Mais quand l'étude ne réveillait pas son ardeur belliqueuse, la foi inspirait toutes ses pensées. Il témoignait à ses amis son affection en adressant pour eux au ciel de continuelles prières (3); il demandait en retour qu'on priât pour lui et rappor-

---

Vers 62, 63 des *Sent. gr.*), comment il définit la liberté (Vers 64-65), comment (*Id.*, vers 26, 29) il proscrit les nouveautés, comment, dans l'*Institutio puerilis*, il recommande à son neveu d'avoir toujours un visage aimable, de ne pas croire tout le monde, mais de ne pas se défier de tout le monde, afin de pas s'ôter tout crédit à lui-même.

(1) Ruhnken, II, 38.
(2) *Id.*, p. 42.
(3) Let. du 12 janv. 1583 (31ᵉ du 3ᵉ liv.).

tait à la religion ses travaux scientifiques : « Recommandez à Dieu ce malheureux vieillard, disait-il de lui-même ; demandez-lui qu'après avoir vécu tant d'années dans la fange du vice (1) je puisse, par sa grâce, au moins sur la fin de mes jours, produire et achever une œuvre qui contribue à sa gloire et à l'utilité de la postérité (2). » Depuis longtemps il rougissait au souvenir des passions qui l'avaient asservi tant d'années, souillant sa bouche, ses mains, ses oreilles et ses yeux (3); il confessait que ses désordres avaient duré plus longtemps que sa jeunesse (4). Dans ses remords sincères, il sollicitait humblement les prières de Cardulo, de Mafféi, de Benci. « Ce Benci, disait-il, qui jadis buvait mes paroles d'une oreille peut-être trop avide, qui, sorti du droit chemin, entraîné par l'imprudence de la jeunesse, a été touché par la baguette divine et conduit au sacré bercail, aujourd'hui son âme se nourrit d'aliments plus purs,

---

(1) « Qui tot annis in vitiorum sordibus vixi » (99ᵉ let. du 1ᵉʳ liv., en date du 17 décembre 1584).
(2) *Ibid.*
(3) *Poemata varia*, I, 45.
(4) « Quid puer, quid dein juvenis, quid autem Temporis jam vir male collocarim, Dulcibus dum me furiat venenis Dira voluptas. » *Ibid.* — Ces termes autorisent à penser que la vie de Muret, pendant les premières années de son séjour en Italie, avait été dissipée, mais ne permettent aucune assertion positive sur la nature particulière des désordres qu'on lui impute.

et il court dans la voie du salut, laissant, hélas! loin derrière lui son maître pusillanime (1). »

La mort vint, le 4 juin 1585, mettre à l'épreuve ces beaux sentiments. Muret ne se démentit pas : il s'était préparé à la fin suprême, et souvent déjà, quand la goutte tourmentait son pied, il disait qu'il lui faudrait bientôt sortir d'une demeure dont les fondements chancelaient. Il obtint du nouveau pape pleine et entière absolution. Trois jours avant sa mort, il communia, et auparavant il demanda pardon à tous les assistants, et son langage fut si touchant que nul ne retint ses larmes. Depuis ce jour, tant qu'il conserva la parole, il répéta au milieu des douleurs qui agitaient tout son corps : « O Jésus ! O Dieu ! » Benci, présent à son agonie, et auquel nous devons les détails précédents, a raconté en vers touchants la fin de son maître chéri. Muret expira en essayant d'articuler le nom de père, qu'il aimait à donner à celui qui avait converti son cœur (2). Il avait vécu cinquante-neuf ans et quelques mois.

---

(1) *Ibidem.*
(2) Et tamen, hæc inter, memini et memorare decorum est,
Omnia quum memorem fugissent avia mentem,
Ut tua luminibus fixisti lumina nostris,
Quem dudum oraras ne summo in tempore deessem,
Me, me cognosti et voluisti dicere patrem ;
Deseruit prior, heu ! conantem syllaba linguam,
Atque « pa, pa » tantum profers et brachia pandis.
  (*Epicedium Mureti*, dans les œuvres de Benci.)

Muret s'était fait bâtir un tombeau dans l'église française de la Trinité-du-Mont, près du grand autel, et avait composé lui-même son épitaphe, dont il avait scrupuleusement banni toute expression païenne (1). Le lendemain de sa mort, on célébra ses obsèques, et, en présence du cardinal de Pellevé, son exécuteur testamentaire (2), et du cardinal de Lorraine-Vaudemont, Benci prononça son oraison funèbre. L'héritier de Muret fut son neveu, qu'en mourant il avait recommandé au même Benci. Le jeune homme ne lui survécut que seize mois. Conformément aux intentions de son oncle, qui avait voulu qu'en suivant les cours des Jésuites il fréquentât les congrégations (3), il s'était lié avec leur compagnie ; s'il avait vécu davantage, ce qu'on a légèrement affirmé de l'oncle se serait probablement appliqué à plus juste titre au neveu : il serait sans doute entré dans l'Ordre. A la mort de son bienfaiteur, pour mieux se préserver des tenta-

---

(1) Voici cette épitaphe : « M. Antonius Muretus, Lemovix, ad Dei misericordiam obtinendam piorum precibus adjuvari cupiens, corpus suum post mortem hoc loco sepeliri jussit, adtributis mille scutatis hujus monasterii sodalibus impositoque onere perpetui anniversarii. »

(2) Le futur ligueur, bien connu par la satire *Ménippée*. Il ajouta ces mots sur le monument funéraire de Muret : « Nicolaüs de Pellevé. Card. Senonens., Testamenti executor, poni mandavit. Vixit ann. LIX, menses II ; obiit prid. non. Jun. MDLXXXV. »

(3) « Che... volle che nel Collegio frequentasse le congregationi. » (Lazeri, 1er vol. de Frotscher, p. 34, en note.)

tions (1), il vint se loger dans le collège des Jésuites pour partager au moins leur vie ; il y acquit la plus grande réputation de piété et de prudence. Mais une grave maladie l'emporta bientôt. Il laissait une assez grande fortune (2), dont il ordonna par testament que la rente servît à perpétuité à doter les pauvres filles françaises vivant à Rome qui voudraient prononcer leurs vœux au couvent de Sainte-Suzanne ; du moins c'est ce qu'on lit dans les registres de l'Ordre cités par Lazeri. Mais Benci, dans une élégie sur la mort du jeune homme (3), indique un emploi moins exclusif de cette fortune. Il dit, — et son titre de contemporain, ses étroites relations avec la famille donnent une valeur décisive à son témoignage, — que le testament réservait la part de la mère du jeune Muret, des autres parents, et que si les dots qu'il constitua devaient permettre l'entrée de pauvres filles au couvent, elles devaient aussi permettre leur entrée en ménage (4).

Il y a non moins de dévotion et plus de piété filiale, plus de tolérance, plus de cœur dans cette manière de comprendre la charité. Benci nous ap-

---

(1) « *Per tenersi più custodito* » (*ibid.*).
(2) « Molte migliaia di scudi » (*Ibid.*).
(3) La 5e de l'édit. de 1613.
(4) Joseph Scaliger dit sans explication : « Jesuitis reliquit 25000 coronatorum patrui. » (2e *Scaligerana*, p. 234 de l'édit. de 1668).

prend encore qu'outre le latin et le grec, le jeune homme possédait les mathématiques, et qu'il savait chanter et jouer des instruments ; enfin il nous apprend que pour éviter la dispersion de la bibliothèque de son oncle (1) que Muret avait voulu empêcher, il en fit don aux Jésuites. Les deux Muret reposèrent dans le même tombeau (2).

(1) « Illius immensus bibliotheca labor, » dit Benci.
(2) Voici l'épitaphe du jeune Muret ; on y remarquera qu'un des exécuteurs testamentaires était Limousin comme les Muret. « M. Ant. Mureto, magni hujus Mureti fratris filio, ætate quidem et nominis celebritate minori, spe autem et exspectatione prope pari, immatura morte præcepto, Ludovicus Rualdus, Lemovix, et M. Ant. Lanfrancus Veron. ejus testamento ad pias causas facto scripti executores posuerunt. Vixit ann. XVI, men. V ; Obiit prid. Oct. Non. MDLXXXVI » (Nous avons vu que la date de la naissance du jeune Muret, et, par suite, l'âge auquel il mourut ne sont pas parfaitement établis).

CHAPITRE XXI.

SOMMAIRE.

La renommée de Muret de son vivant et au lendemain de sa mort. — Réaction. — Ce qu'il faut abandonner dans cette renommée. — Muret, quoique très érudit, n'est pas un grand philologue, ni un profond jurisconsulte.

Pour n'être plus porté par personne, le nom de Muret ne tomba pas dans l'oubli. Parmi les innombrables élèves qui l'avaient entendu, trois surtout conservaient pieusement sa mémoire et tâchaient de faire honneur à ses leçons : c'étaient l'opiniâtre Riccoboni, le sympathique Bonciario (1), l'aimable Benci. La correspondance de ces deux derniers, qui

---

(1) Bonciario supporta héroïquement une cruelle ophthalmie qui lui coûta la vue sans l'arracher à l'étude. Vitt. Rossi (*Pinacothèque*, 1re partie, p. 99, 100) rapporte cette circonstance touchante, que quand son père, devenu veuf, voulut, à l'âge de quarante-sept ans, entrer dans la Compagnie de Jésus ; comme on ne voulait pas l'y admettre, parce que, ne sachant pas le latin, il ne pouvait être ordonné prêtre, ce fut Bonciario qui lui donna les connaissances nécessaires.

étaient fort liés (1), témoigne de leur reconnaissance pour Muret. Bonciario, après s'être fait lire (il avait perdu la vue) le deuxième volume des discours de Muret publié par Benci, écrit à celui-ci : « Avez-vous encore entre les mains quelques souvenir de mon maître (2)? » Benci répond que nul ne l'accusera de négligence quand il s'agira de publier les œuvres de ce divin esprit (3). Bonciario insiste néanmoins pour qu'on hâte la publication des lettres et des *Variæ lectiones* de Muret : « L'attente de ces deux ouvrages est pour moi un étrange tourment (4). » Benci, dans ses cours, rappelle avec enthousiasme la gloire de son maître (5). Hommage plus flatteur encore : tous ces élèves de Muret, devenus maîtres à leur tour, appliquent de leur mieux ses idées. Pour n'en donner maintenant qu'un exemple (6), Riccoboni fit contraindre les professeurs de Padoue qui enseignaient les Institutes à ne pas faire de cours chez eux aux heures où il professait l'éloquence ; il voulait que les étudiants en droit pussent suivre ses leçons, estimant que la rhéto-

---

(1) Benci, après Muret, avait été le maître de Bonciario.

(2) Magistri mei monumenta » (Lettre datée de l'avant-dernier jour des Bacchanales, 1591).

(3) Lettre du 29 avril 1591.

(4) « Torquet nos utrumque mira exspectatio » (Let. du 14 décembre 1591).

(5) V. son 12ᵉ disc. dans l'édit. de 1613.

(6) Nous aurons à revenir sur les élèves de Muret.

rique était la logique de la jurisprudence : *rhetoricam esse logicam juris civilis*. Il reprochait aux professeurs de droit qui prétendaient n'avoir rien de commun avec les professeurs d'humanités d'expliquer les gloses plus volontiers que les textes eux-mêmes pour faire montre de leur érudition et de leur esprit (1). Dans cet ennemi des bartholistes, on reconnaîtra un ancien auditeur de Muret (2).

Au siècle suivant, où la décadence des études était bien plus marquée, certains, convaincus de l'impossibilité de surpasser Muret, le copiaient effrontément. Les manuscrits de Magliabecchi racontent l'histoire du docteur Ant. Uliva de Reggio en Calabre, fort en faveur auprès des Médicis dont il touchait une pension et qui le pourvurent d'une chaire lucrative (*una buona lettura*) : pour sa leçon d'ouverture il récita presque un discours entier de Muret (3). Un de ses confrères l'en avertit, suivant la spirituelle expression de Magliabecchi ; Uliva répondit tranquillement « que c'était vrai, mais qu'il ne voulait pas mal parler, et qu'il ne se sentait pas capable de mieux parler que Muret ; enfin,

---

(1) Voir son *Historia gymnasii patavini*, IV. 16.
(2) D'autre part, on verra bientôt que ces disciples, incapables d'oublier leur maître, étaient également incapables de le faire oublier.
(3) « Recitó poco meno che una intera orazione del Mureto di che avertito... »

que peu de personnes s'en seraient aperçues (1). »

Nous savons d'ailleurs sur quel ton Canter écrivait à Muret, sur quel ton Muret pouvait s'adresser à Cujas ; nous verrons bientôt comment il est jugé par Joseph Scaliger (2). Le public ne le jugeait pas autrement. Même après sa mort, les éditions de ses œuvres se multiplient. Nous n'en ferons pas l'histoire, que l'on trouve tout au long dans la préface de Ruhnken. Bornons-nous à dire qu'outre les publications posthumes que nous avons mentionnées plus haut, on vit réimprimer en 1592 les discours, lettres et hymnes ; en 1602-1604 deux volumes de travaux philologiques ; en 1727 une mauvaise édition, soi-disant complète, publiée par Alb. Tumermannus à Vérone. Les discours, les lettres, les vers furent de nouveau imprimés à Leipzig en 1672, à Padoue en 1741. Enfin en 1789 parut l'édition la plus complète, celle de Ruhnken, à Leyde, que Frotscher a perfectionnée sur certains points lorsque dans notre siècle il a publié les discours, les lettres et les poésies, à Leipzig en 1834. N'oublions

---

(1) Biblioth. nat. de Florence. 3e vol. du 15e *codex* de la 8e classe, p. 22.

(2) Daniel Heinsius faisait dire de lui : « Heinsius vient quelquefois yvre de Lipsius, quelquefois de Muret et quelquefois d'Erasme et dit que les autres sont des Asnes » (2e *Scaligerana*, p. 152 de l'édit. de 1668). Nous n'en finirions pas s'il fallait transcrire dans le manuscrit de Colletet tous les noms des compatriotes de Muret qui durant un demi-siècle ont exalté son nom.

pas les deux éditions classiques de Tauchnitz (discours et lettres) et de Frey (choix de discours, de lettres et de *Variæ lectiones*). Ces deux dernières éditions étaient destinées à former au bon style les élèves des classes supérieures. Nous n'entendons point blâmer cet usage. Un latiniste moderne, précisément parce qu'il écrit dans une langue morte et qu'il lui faut justifier par une autorité chacune de ses expressions, puise toutes ses locutions au plus pur de l'idiome antique; aussi en une page offre-t-il à l'imitation des écoliers presque autant de tours et d'idiotismes latins que Tite-Live en un chapitre, et, pour Muret du moins, nous montrerons que par une remarquable exception l'extrême élégance ne nuit pas au bon goût, ni l'imitation à l'originalité. Mais il est piquant, à tous égards, que ce soit l'austère Allemagne qui ait porté à ce point le culte de Muret. Non seulement Ruhnken et Frotscher ont pris le peine de contrôler dans leurs notes la pureté du latin de Muret, mais nous apprenons par Ruhnken que dans la première moitié du dix-huitième siècle, Muret était commenté devant les élèves, comme un véritable classique : « Je ne voudrais pourtant pas, dit le savant éditeur, le voir reçu dans les écoles, et expliqué devant les élèves, ainsi qu'un écrivain classique (*tanquam classicum scriptorem*), comme on avait coutume de le faire au temps de ma jeunesse dans certaines écoles d'Allemagne (*ut in quibusdam Germaniæ scholis me puero fieri solebat*) (1). » Ruhnken a raison : Muret ne méritait pas cet excès d'honneur.

Aujourd'hui la critique est autrement sévère pour Muret, et c'est précisément l'Allemagne qui lui demande le compte le plus rigoureux de sa renommée usurpée. Ceux mêmes, parmi les critiques d'outre-Rhin, que leurs convictions religieuses n'arment point contre lui (2) le traitent comme un homme sans conséquence ; c'est ainsi que M. Bernhardy, dans son *Tableau de la littérature latine*, le classe parmi les philologues italiens et le compte parmi les écrivains dont les qualités comme les défauts marquent le déclin de l'érudition en Italie, sans lui savoir gré de la clairvoyance avec laquelle il avait prédit cette décadence et du talent qu'il consumait à la retarder (3).

(1) V. la préface de son édition de *Muret*, p. XXI, de Frotscher.
(2) Nous citerons plus loin les dures paroles qu'inspirent à M. Bernays les relations de Muret avec les Jésuites et le Vatican.
(3) « Il y avait bien, quand ce déclin commença, des hommes tels que M. A. Muret et Pierre Perpinianus qui déployèrent de l'élégance et du talent de style sans profondeur ni solidité ; mais les investigations sérieuses et libres s'affaiblirent tous les jours : l'enthousiasme, des Italiens pour l'antiquité s'évapora comme une fumée de jeunesse.» « Noch gab es Männer welche gleich M. A. Muretus oder Pet. Perpinianus Eleganz und stilistische Gewandtheit ohne tiefen Gehalt entfalteten, aber Ernst und Freiheit der Forschung verloren immer den Boden : die Begeisterung der Italiener für das Alterthum verduftete gleich einem jugendlichen Rauch. » P. 107. Que Muret n'eût pas entièrement échappé au mal qu'il dénonçait et combattait, nous

Au lieu donc de célébrer sur le ton de l'enthousiasme cette réputation jadis incontestée, il faut aujourd'hui plaider pour elle. Heureusement on n'est pas tenu de la défendre sur tous les points. Le plus sage est de faire un sacrifice auquel Muret n'eût jamais consenti, mais dont sa renommée profitera. Le meilleur moyen de se débarrasser d'une objection sans réplique est d'en reconnaître la justesse, pour avoir le droit de porter la discussion sur un point où l'on retrouvera ses avantages. Si Joseph Scaliger avait bien voulu admettre qu'il ne descendait pas des anciens seigneurs de Vérone, ses contemporains se seraient plus volontiers inclinés devant sa gloire d'érudit. Si nous accordons, si nous établissons même que Muret ne peut être placé parmi les grands philologues de son temps, on appréciera plus équitablement ses véritables mérites parce qu'on ne cherchera plus exclusivement dans ses œuvres ceux qu'il a vainement ambitionnés.

Notre discussion ne sera pas longue. Qu'appelle-t-on un grand philologue? Est-ce un homme d'une lecture variée, d'un esprit judicieux, qui relève en passant les erreurs de ses manuscrits, substituant à des phrases tronquées de raisonnables ou ingénieuses leçons, qui comprend bien la pensée de ses auteurs, qui éclaire çà et là leur texte par un utile

l'avouerons, mais nous insistons sur sa clairvoyance et sur son dévouement.

commentaire ou un rapprochement instructif? Non. Le philologue est autre chose qu'un homme de goût fort instruit. C'est un érudit passionné pour le sujet qu'il a choisi, qui s'y cantonne, j'allais dire qui s'y enterre, jusqu'au jour où il peut produire une œuvre qui portera éternellement son nom. Certes une vaste érudition lui est nécessaire; mais il la fait tout entière servir à son propos. Il prétend non pas montrer qu'il connaît une question et que, sur certains points, il voit plus juste que ses devanciers, mais, si c'est possible, épuiser la question et désespérer les savants de l'avenir. Noble ambition qui exige non seulement une admirable patience, mais une singulière force d'esprit. Une telle application n'est pas le fait de Muret. Chez lui ce n'est pas dédain, ce n'est pas non plus ignorance des règles de la critique philologique; c'est impuissance. On se souvient de cette page si sensée où il dit que les beaux discours passeront, tandis que les services rendus par les érudits perpétueront leur mémoire; et l'on formerait une méthode acceptable pour les juges les plus sévères, des principes de critique qu'il a énoncés çà et là dans ses ouvrages. Ainsi, dès 1554, dans son édition de Catulle, il blâmait les correcteurs trop hardis, et préférait une lacune à un supplément apocryphe (1); il re-

---

(1) V. l'édit. de Ruhnken, IIe vol., p. 715 et 835. V. aussi p. 728.

jetait des vers apocryphes, quoiqu'il en reconnût le mérite (1); il déclarait qu'il accepterait une certaine leçon, si sa conscience lui permettait d'approuver une conjecture qui ne fût point autorisée par les vieux manuscrits (2). Il savait qu'il n'y a point de vérité insignifiante et que la moindre restitution de texte est utile (3). Il a plus d'une fois violé ces principes; mais quel philologue échappe à ce reproche? Mieux vaudrait pour Muret qu'il se fût montré encore moins irréprochable, mais un peu moins superficiel. Le manque de profondeur, tel est en effet l'irrémédiable défaut de tous les ouvrages critiques de Muret. Une vive curiosité l'entraîne d'un texte à un autre, lui laissant à peine le loisir de noter au courant de la plume les réflexions qui se présentent à lui. Il n'est pas sans doute comme son élève Montaigne qui, dans ses lectures, abandonne par nonchalance ce qu'il n'a pu enlever *en une charge ou deux;* mais il court d'un pas si rapide que bien des difficultés passent inaperçues devant ses yeux. Il lui en coûte peu de satisfaire l'impatience d'un libraire. Connaissant, on peut le dire, l'antiquité tout entière, et d'un esprit trop vif pour que la lecture la plus rapide ne

---

(1) Ruhnken, p. 784. V. aussi p. 839, 861.
(2) «... si quid probare possem a quo veterum librorum abesset auctoritas » (édit. Ruhnk., II, 817. V. aussi p. 728).
(3) *Var. lect.*, VIII, 4.

lui ait rien suggéré, il a dans ses tablettes des notes sur tous les auteurs, si bien qu'au besoin il improvisera un commentaire. Nous n'exagérons pas : dans la seule année 1555, il publiera avec commentaire Horace et Térence. Ainsi s'explique le mot de ses amis qui n'y mettaient pas de malice : Il n'y a pas pour ainsi dire d'auteur ancien auquel il n'ait consacré quelques veilles. Les quatre années qu'il passa à Venise lui suffirent pour publier ses commentaires sur Catulle, Horace, Térence, les *Catilinaires*, Tibulle et Properce. Et l'homme qui expédie si lestement ces commentaires a fort peu de loisirs; c'est un professeur public. Qu'arrive-t-il? C'est qu'on dit : l'*Horace* de Lambin, le *Tacite* de Juste-Lipse, tandis que le nom de Muret n'est attaché à aucun des auteurs qu'il a publiés. C'est justice. Sans estimer ses ouvrages au poids, surtout sans exiger de simples notes publiées après sa mort l'ampleur d'un commentaire achevé, il est impossible de ne pas apprécier défavorablement ses travaux philologiques, quand on compare, simplement pour le nombre des pages, son édition de *Catulle* et celle qu'a publiée Joseph Scaliger (1).

---

(1) Il arrivait aussi à Jos. Scaliger de produire vite, du moins s'il n'a pas commis une gasconnade en déclarant que non seulement son *Catulle*, mais encore son *Tibulle* et son *Properce* qu'il publia en même temps ne lui avaient pas coûté un mois (*ne integrum quidem mensem illis tribus poetis recensendis impendimus*. Préf. de 1582). Mais aussi c'est Scaliger !

De même on peut sans doute réunir beaucoup d'observations judicieuses sur Térence en cinquante pages; mais dans un espace si restreint analyser et commenter toute son œuvre, c'est aller vite en besogne.

Il est vrai qu'alors la moindre édition coûtait encore un assez grand travail. On exigeait qu'elle eût été faite d'après quelque manuscrit, qu'elle contînt des leçons nouvelles; et comme chaque auteur n'avait été publié qu'un petit nombre de fois, le commentateur qui se fût borné à glaner parmi les remarques d'autrui ou à les rajeunir aurait été aussitôt découvert. C'était donc quelque chose que d'avoir embrassé une si vaste partie de la littérature antique, d'avoir un mot à dire sur chaque question. Cette universalité de compétence peut avoir contribué à faire illusion aux contemporains. A tout prendre, l'érudition de Muret est incontestable : Joseph Scaliger, bon juge, l'appelle un homme *docte*. Mais, ces réserves faites, on serait tenté de réduire plusieurs des éditions précitées de Muret au rang de simples livres de classe. C'est même par leur appropriation à cette destination modeste que j'expliquerais le succès qu'elles obtinrent durant la vie de leur auteur. Ces ouvrages, qu'on n'a presque jamais réimprimés depuis, tandis que les autres travaux de Muret ont été si souvent reproduits, faisaient gémir les presses des Alde.

Celle d'*Horace*, qui parut pour la première fois en 1555, fut réimprimée en 1559, en 1561, en 1564, en 1566, en 1570 ; celle de *Térence*, publiée d'abord en 1555, reparut en 1558-1559, en 1561, en 1565, en 1566, en 1570, en 1575 et, encore une fois, trois ans après la mort de Muret, en 1588. Qu'on ne croie pas que Muret cédât au désir d'améliorer des travaux imparfaits. Sauf la deuxième édition de *Térence*, qui contient quelques notes nouvelles, ces réimpressions ne sont que des transcriptions (1). Si aujourd'hui encore les savants ne les parcourent pas sans fruit, on conviendra que, par leurs mérites, peut-être faudrait-il ajouter par leurs lacunes même, ce devaient être de fort bons livres de classes. Les Jésuites, qui demandaient à l'auteur une traduction de la *Rhétorique* d'Aristote, devaient faire grand usage des textes publiés et annotés par lui.

Chose remarquable, et qui confirme nos assertions relativement au progrès de la pensée chez Muret, l'année 1562, où il fit paraître à Paris les *Philippiques* de Cicéron, marque la fin de ces publications hâtives qui ont plutôt compromis qu'établi sa réputation de philologue. Cette fois encore il avait cru que pour avoir découvert et déchiffré un

---

(1) Tous ces documents sont tirés d'Aug. Renouard, *Annales de l'imprimerie des Alde*, 3ᵉ édit., 1834.

vieux manuscrit on pouvait faire une bonne édition (1). Désormais il ne risquera plus de publication téméraire; mais il poussera presque la prudence jusqu'à l'abstention. En vingt-trois ans il ne livrera à l'impression que ses scolies sur les deux premiers livres de la *Rhétorique* d'Aristote (1577), un supplément pour une réimpression de ses *Catilinaires* (Paris, 1581), et la même année le deuxième livre des *Annales* de Tacite. Ainsi à la même époque où il se fortifie dans son dédain pour les discours d'apparat, il soupçonne le peu de valeur des éditions improvisées. Il ne s'est nulle part expliqué là-dessus; mais sa conduite semble assez explicite. Malheureusement ce n'était pas l'application seule qui avait jusque-là empêché Muret d'acquérir les qualités du philologue. Dans ses corrections, dans ses conjectures, il veut, avons-nous dit, être fort prudent. A merveille! Mais il y a une sorte de témérité, qui n'est que la clairvoyance rapide du génie, qui fait les grands restaurateurs de textes, comme les grands historiens et les grands capitaines, les Joseph Scaliger comme les Michelet et les Condé. Les hommes qui n'ont que de la raison, de la science et du goût s'interdisent cette audace féconde. Muret connaît l'antiquité et comprend ses

(1) Le commentaire de Muret pour les deux premières *Philippiques* est un peu développé; mais pour les douze autres, il occupe à peine vingt pages.

auteurs; mais il ne possède pas assez pleinement l'une, il ne pénètre pas assez profondément les autres, partant il n'est pas assez sûr de lui-même pour démêler l'indéchiffrable et expliquer l'inintelligible. Même dans ses derniers travaux on trouve du bon sens, de la finesse, de l'érudition, mais jamais ces bonnes fortunes ou, pour mieux dire, ces prodiges de divination par où Joseph Scaliger a pris rang parmi les hommes de génie. Il n'eût jamais, dans ces mots incohérents des manuscrits de Pline l'Ancien (1) : *Ut res domus ipsius*, deviné le nom de Metrodorus Scepsius (2). De même pour le commentaire. Il entend bien Aristote; mais que de difficultés il esquive ou tranche témérairement! Sur la question malaisée du sens qu'il faut attacher au fameux mot ἐξωτερικοί, il déclare que la réponse est facile, et, sans donner ses raisons, s'en tient à l'opinion commune (3). Au deuxième livre de l'*Ethique*,

---

(1) *Hist. nat.*, XXXVI, 6.

(2) Jos. Scaliger, *Comment. de Catulle*, p. 23. On verra les savantes preuves sur lesquelles il appuie son admirable conjecture.

(3) Ruhnken, III, p. 236. Il est vrai que Lambin fait de même. Mais Jean Sepuvelda et d'autres avaient discuté. — Du vivant de Muret, bien peu s'aperçurent de son infériorité relativement à Jos. Scaliger. Voici toutefois ce qu'on lit dans une lettre de Cl. du Puy à Vincenzio Pinelli : « Je vous envoie une parodie sur le *Phasèle* de Catulle faite pièça contre un de nos amis de Rome, naguères jurisconsulte et maintenant poëte (c'est Muret). Vous me mandez qu'il lit le *Thucydide* à M. d'Abin (c'est-à-dire qu'il le lui explique en particulier). Si c'est *ut morem gerat amplissimo et doctissimo Regis*

il annonce qu'il va étudier le problème antique : La vertu vient-elle de la nature ou de la pratique ou de la science? Mais sa discussion n'est ni profonde ni originale. Il cite les arguments des poètes et des philosophes pour ou contre chacune de ces opinions ; puis il conclut avec plus de bon sens que d'éclat : La nature nous invite au bien, l'instruction nous y excite ; la pratique nous amène à la vertu ; ce qu'il prouve par un nouveau luxe de citations (1).

On ne pourra pas retourner contre nous l'argument que nous tirions de la brièveté des premiers commentaires de Muret. Si les derniers sont plus développés, c'est qu'ils comprennent, outre les remarques originales de l'auteur, les explications courantes simplement destinées à l'instruction des écoliers. Une partie des notes sur Tacite qu'on lit dans Ruhnken n'ont pas d'autre prétention (2).

---

legato (d'Abin de la Rocheposay était alors ambassadeur de France auprès du pape), il fait bien, mais s'il cuide lui pouvoir enseigner quelque chose de nouveau après M. de la Scale (Joseph Scaliger), lequel lui a autrefois expliqué cet auteur, il s'abuse grandement, car l'autre le devance de 2,000 parasanges en cette matière de lettres ; mêmement je leur ai ouï dire qu'ils furent dessus un hiver entier. » V. Ménage, *Anti-Baillet*, 2ᵉ vol., p. 234.

(1) Ruhnken, III, 240.

(2) Acidalius les avait d'abord publiées à part. V. la préface de Ruhnken (Frotscher, 1ᵉʳ vol., p. XXI, XXII). Quoique l'érudition n'en soit pas bien relevée, elles offrent, dit Ruhnken, un certain agrément propre à Muret.

Quant au long commentaire sur l'*Ethique* publié par Benci, on y voit en vingt endroits que Muret songe d'abord aux étudiants qui l'entendront : c'est uniquement pour eux qu'il indique longuement les syllogismes qu'on peut faire pour soutenir que la gloire est le souverain bien (1), qu'il disserte sur l'empressement des hommes autour de l'honneur et sur l'isolement de la vertu, sur les scrupules des hommes de bien qui veulent contrôler leur vertu par l'opinion des sages, sur les jeunes gens qu'on attire au bien par l'appât de la gloire, comme on donne des gâteaux aux enfants pour qu'ils apprennent à lire (2), qu'il fouille toute l'histoire des Grecs et des Romains pour prouver que les enfants n'ont pas toujours le caractère de leurs parents, et que le malheur des premiers est incompatible avec la félicité des seconds (3); souvent même il leur adresse la parole; souvent il les prie d'être attentifs, par exemple dans sa prétendue discussion sur l'origine de la vertu, ou bien quand il examine si les jeunes gens sont ou non capables d'étudier la *Politique*. Quelquefois il indique expressément la fin de la leçon du jour (4).

(1) Ruhnken, III, p. 168.
(2) *Id.*, III, p. 179-182.
(3) *Id.*, III, p. 218-222.
(4) « Hæc quoniam a nobis copiosius alio loco tractabuntur et ho-

Ainsi, jusqu'à la fin, Muret a dû concilier la préparation de ses ouvrages avec des fonctions qui l'obligeaient à travailler vite et à ne pas dépasser la moyenne d'intelligences jeunes et inappliquées. Avant de le plaindre, rappelons-nous que d'assez bonne heure la générosité d'une puissante maison lui permit de s'affranchir de cette condition, et que s'il continua de la subir, ce fut de son plein gré, et par amour tout à la fois pour son bien-être et pour son noble métier.

Toutefois, je demanderais grâce pour une des publications philologiques de Muret, pour ces *Variæ lectiones* que Ruhnken appelle une œuvre de Phidias, *Phidiacum opus* (1); c'est en ce genre le seul livre de Muret qui, après sa mort, ait été réimprimé ailleurs que dans l'édition complète de Ruhnken (2). Bien des leçons, bien des corrections en sont aujourd'hui contestées, et des savants austères répéteraient les paroles de Joseph Scaliger : « Les Italiens, comme Victorius (Vettori) et Muret, font un chapitre tout entier, en leurs diverses leçons, d'une petite conjecture, et se moquent de

---

dierna jam disputatio satis excrevit, quod sequitur in crastinum differemus » (*Ibid.*, p. 202).

(1) V. Frotscher, 1ᵉʳ vol., p. XVIII.

(2) Il l'a été dans le 2ᵉ vol. de la *Lampas Critica* en 1664, et partiellement par F.-A. Wolf en 1791, dont Huldr. Fæsius, en 1828, compléta l'édition ; enfin, dans le 3ᵉ vol. de Frotscher, il paraît qu'il y eut aussi une édition à Lyon, en 1594.

Turnèbe, qui a plus dans un chapitre qu'eux dans tout un livre (1). » ou bien encore : « Voluit (Muretus) Italos imitari, ut multis verbis diceret pauca (2). » Mais si les savants du seizième siècle avaient bien raison de publier même les remarques sans suite que leur avait suggérées le caprice de la lecture, avouons que, pour le commun du public lettré, les *Adversaria* de Turnèbe offraient peu d'attrait. L'érudition, la langue latine avaient beau être à la mode : quoi de plus aride, de plus monotone que la prétendue variété de cette suite de petits problèmes sèchement exposés, sèchement résolus? On est soutenu dans la lecture d'une édition critique par l'intérêt croissant qu'on prend à l'auteur; mais il fallait un courage robuste pour lire jusqu'au bout ces sortes de répertoires philologiques dont chaque page vous renvoyait à un nouveau volume de votre bibliothèque; et s'il n'est pas permis aux profanes de faire des leçons aux philologues du seizième siècle sur un sujet si délicat, un philologue de ce temps là, et le plus grand de tous, me prête ses paroles pour leur dire : « Turnèbe était un très grand et très savant homme, mais j'appelle ses *Adversaria* une œuvre avortée, car il aurait pu mieux écrire; j'y reconnais pour-

---

(1) P. 179 du 2ᵉ *Scaligerana*.
(2) 2ᵉ *Scaligerana*.

tant une véritable production de Turnèbe (1). »

Muret a su introduire l'agrément et la variété dans un genre d'ouvrages aussi aride qu'utile. Dans ses *Variæ lectiones*, l'explication d'un usage antique alterne avec la restitution d'un texte, le commentaire d'un passage difficile avec un rapprochement littéraire. Les souvenirs personnels, les documents sur sa propre histoire y abondent. C'est là, par exemple, que nous avons puisé des détails intéressants sur ses relations avec Hippolyte d'Este, sur les pièges qu'il tendait aux cicéroniens. Le simple lettré y goûte un style spirituel et pur ; il prend plaisir aux fréquentes comparaisons qu'on lui suggère. Sur les vingt chapitres du premier livre, cinq indiquent des imitations d'auteurs grecs dans Horace et dans Virgile (2). Nul, avant Muret, n'avait accordé autant de place aux rapprochements littéraires. Il se borne, il est vrai, à les signaler ; mais c'est déjà beaucoup que de s'y plaire et d'y convier le lecteur. Croyons bien, d'ailleurs, que la finesse et le discernement ne datent pas de nos jours, et que, pour être moins expansifs, les hommes de goût de la Renaissance

---

(1) « Turnebus vir maximus erat doctissimusque cujus Adversaria abortivum fœtum soleo nuncupare : potuit enim melius scribere ; agnosco tamen genuinum partum Turnebi » (Jos. Scaliger, p. 98 du 1er *Scaligerana*).

(2) Les chapitres 4, 5, 10, 11, 18.

n'étaient pas toujours moins intelligents. Les rapprochements que renferment les *Variæ lectiones* prouvent une fois de plus que Muret applique une méthode sérieuse et féconde quand il préconise l'explication consécutive des auteurs grecs et des auteurs latins (1).

Mais une nouvelle preuve que Muret n'était pas fait pour la science pure se rencontre dans ses publications relatives à cette jurisprudence qu'il avait tant aimée. On trouve dans ces ouvrages (2) la même étendue de connaissances, la même intelligence, le même zèle pour les méthodes nouvelles que dans ses commentaires sur les classiques. La place de Muret est marquée dans l'histoire de la réforme des études juridiques au seizième siècle. Cent cinquante ans après sa mort, le jurisconsulte allemand Everard Otto (3) célébrait encore sa méthode et vantait les éclaircissements qu'il avait apportés à certaines lois romaines, expliquant les erreurs qui lui étaient échappées par ces mots : *labuntur aliquando et magni viri* (4). Au commencement de ce

---

(1) En avançant en âge, Muret ne sacrifie nullement les rapprochements littéraires ; on en trouvera cinq dans le dernier livre des *Var. lect.* (chap. 13, 14, 20, 21, 22).

(2) V., dans le 4ᵉ vol. de Ruhnken, les publications de Muret relatives à la jurisprudence.

(3) Everard Otto professa vingt ans à Utrecht et mourut en 1756.

(4) Ev. Otto : *Thesaurus juris romani*, IVᵉ vol., p. 4 de la préface:

siècle, Renazzi, dans son *Histoire de l'université de Rome*, exprimait avec enthousiasme la reconnaissance des Italiens pour notre compatriote (1). Mais là encore la propagande du professeur vaut mieux que les œuvres de l'érudit ; il a mieux servi ses contemporains que la postérité. Il serait d'ailleurs facile de prouver que, de même que tel de ses travaux sur les classiques, tel de ses opuscules juridiques reproduit simplement des notes destinées à une leçon publique. Peut-on en douter quand on lit, au début des notes que les amis de Muret réunirent, après sa mort, sous le titre de *Commentarius in titulos ad materiam jurisdictionis pertinentes* : « Je me propose de traiter *aujourd'hui* de la juridiction et de l'*imperium*, et de *vous* préparer dans la mesure de mes forces... (2) ; » et plus loin : « J'indiquerai demain comment il faut répondre (3). » Aussi les critiques qui, placés à un point de vue différent du nôtre, l'ont plutôt jugé sur ses écrits juridiques que d'après l'utilité de son enseignement, n'ont-ils pas souscrit aux éloges de Renazzi et d'Otto. Haubold, dans ses *Institutiones*

Les pages 4-9 sont consacrées à l'examen des principales assertions de Muret.

(1) V. ci-dessus page 236.

(2) « De jurisdictione et imperio hodie disserere institui vobisque, quantum in me erit, viam muniendi ad... » V. dans Ruhnken.

(3) « Quid respondendum sit cras dicam » (Ruhnken, IV, 299).

juris romani litterariæ (Leipzig, 1809), déclare qu'il a « beaucoup moins bien mérité du droit civil que des lettres, où il a tenu sans contestation le premier rang (1) ; » et M. Rivier, professeur de Pandectes à l'université de Bruxelles, confirme ce jugement avec toute l'autorité de la science contemporaine, en appelant, dans son *Introduction historique au droit romain* (2), Marc-Antoine Muret plus littérateur et latiniste que jurisconsulte.

Certes, la lecture des quarante-cinq pages que comprend le commentaire de Muret sur l'origine du droit et de toutes les magistratures, ou des notes plus rapides encore qu'il a composées sur divers titres des Pandectes et sur les Institutes, n'offre point l'intérêt éternel des écrits de Cujas. C'est justice de marquer le peu de profondeur de ces ouvrages. La polémique (3) et les notions élé-

---

(1) « De civili jure multo minus quam de politiori litteratura, in qua facile principatum tenuit, meritus. » Ch. Théoph. Haubold professa trente-six ans à Leipzig. Il est mort en 1824 ; l'ouvrage que nous citons fait autorité.

(2) C'est M. Rivier qui sur la bienveillante recommandation de son collègue de Paris, M. Gide, a eu l'obligeance de m'indiquer les écrits de Otto et de Haubold. »

(3) Les plaisanteries contre les bartolistes semblent un peu longues aujourd'hui ; c'est beaucoup de toute une page, dira-t-on, pour railler Barthole qui croit nécessaire d'affirmer que les femmes ne contribuaient pas à faire les lois (Ruhnken, IV, 247). Mais alors ces brocards portaient coup. Voici un spécimen assez piquant des diatribes contre les bartolistes : « Quum Accursius, qui certe moderatius insaniit quam ceteri, pauca quædam erroris et inscitiæ semina

mentaires y tiennent trop de place au gré des jurisconsultes modernes, qui lisent en savants du dix-neuvième siècle et non en écoliers du seizième. Mais nous rappellerons que, dans l'œuvre commune du progrès de la science, les penseurs profonds ne doivent pas accaparer toute la gloire au détriment de ceux qui, sans tirer de leurs propres idées tout ce qu'elles contiennent, ont combattu l'erreur et répandu le goût de la vérité. La part de Muret nous paraît assez belle, s'il faut, comme nous croyons l'avoir montré, reconnaître qu'en se vouant à la même œuvre que Cujas, il en a discrédité les adversaires et multiplié les admirateurs (1).

sparsisset, ea deinde posteriorum ingeniis, tanquam pingui ac feraci solo concepta, radices etiam egerunt ita ut in arborem excreverint, quæ longe lateque patulis diffusa ramis, quorum in singulis foliis totidem singularis stultitiæ vestigia impressa erant, tantum effecit umbræ et opacitatis ut qui sub ea jacebant veritatis lucem aspicere nunquam potuerint » (Runhken, IV, 288).

(1) V. plus haut les pages que nous avons consacrées à l'enseignement juridique de Muret à Rome.

CHAPITRE XXII.

SOMMAIRE.

Il n'est pas non plus orateur, quoiqu'il parle à merveille. — Mais il fut un écrivain véritable. — Excellence de sa latinité. — Muret et Cicéron. — Grâce et naturel de son style. — Ses lettres. — Talent de badiner. — Originalité qui frappe ses contemporains. — C'est un homme, et non pas seulement un lettré. — Il sait se faire respecter. — Il sait aussi aimer et se faire aimer.

Ainsi, avec toute son érudition et toute son intelligence, Muret ne fut ni un grand philologue ni un grand jurisconsulte. Nous ajouterons une autre concession plus ruineuse en apparence pour sa renommée, en renonçant pour lui à cette réputation d'éloquence que les contemporains ont universellement célébrée et où de nos jours on le relègue dédaigneusement. Si l'éloquence consiste dans l'émotion communicative qui livre à l'orateur l'auditoire conquis, Muret n'a jamais possédé ce glorieux privilège. J'oserais dire que nul n'a été plus disert que Muret ; mais il ne s'est pas élevé jusqu'à l'éloquence. Parmi ses contemporains, parmi ses confrères les humanistes, il s'est rencontré un véritable orateur, Aonio Paleari, la noble victime de l'Inquisition. Lisez dans le commentaire de Paleari, pour le *Pro Murena*, le beau passage sur les âmes basses qui mettent au service de leur vengeance l'espionnage et la calomnie, puis qui s'érigent en avocats des coupables hypocrites pour usurper la gloire de la miséricorde (1); la belle comparaison du sénat et des dieux (2); l'opposition de la morale stoïque et de la morale d'Aristippe; lisez surtout son admirable apologie, si habile, si sensée, si fière. Paleari n'a pas seulement de l'esprit et de la verve ; sa parole ardente, passionnée, échauffe et entraîne. Mais c'est qu'il a pris hardiment parti dans les terribles querelles de son temps ; c'est un apôtre et un martyr. De là une émotion parfois un peu fébrile, mais où l'on reconnaît presque toujours un noble cœur que la bassesse indigne et un sens droit que choquent les sophismes. Le calme et prudent Muret n'a jamais connu de tels transports. Ses qualités se sont liguées avec ses défauts pour maintenir son âme dans une sérénité peu féconde en inspirations oratoires. Trop peu courageux pour la vocation d'apôtre, il est trop judicieux pour être

---

(1) P. 231, 232 de l'édition de Gryphius.
(2) P. 338, 339, *ibid*.

fanatique autrement que par complaisance. Mais (conséquence inattendue et pourtant naturelle) l'habitude du sang-froid, qui n'est pas plus facile à perdre qu'à prendre, le suit même dans les matières littéraires. De même la peur du lieu commun est des plus honorables, et nous avons félicité Muret de substituer des leçons précises à de banales amplifications. Mais le véritable orateur, s'il ne s'enferme pas dans les lieux communs, les aborde hardiment, sûr que son génie le sauvera de la banalité. Muret se connaît. Sigone, Vettori, dont les discours d'ouverture ne sont pas à beaucoup près aussi intéressants que les siens, se jettent naïvement, et pour ainsi dire de bon cœur, dans ces vieux développements sur l'éloge des lettres. Muret, moins candide, songe avec effroi à tous les grands écrivains dont il affronte dans ces matières rebattues la redoutable concurrence. Quand l'usage lui impose de solennelles banalités, il songe avec regret aux conseils précis, aux discussions de méthodes qu'il lui conviendrait bien mieux d'aborder, aux méchancetés qu'il pourrait décocher à ses collègues, aux malices dont il pourrait égayer son cours. C'est un Gaulois érudit et non pas un orateur.

En revanche, peu d'hommes ont possédé comme lui ce talent de parole si voisin et si différent à la fois de l'éloquence. D'abord on s'accorde à reconnaître que jamais humaniste ne parla si purement la langue latine. Les remarques mêmes où Ruhnken et Frotscher ont relevé les imperfections de sa latinité prouvent également sa profonde connaissance de l'idiome antique et la liberté avec laquelle il le maniait. Pour la propriété des termes, comme pour l'élégance et la variété des tours, il est resté sans rival. Chez la plupart de ses contemporains, les difficultés que l'emploi d'une langue morte ajoutait à celles de l'art d'écrire, ont produit, entre la langue et la pensée, le divorce dont parle Cicéron; les uns, comme Vettori, Manuce, se consumaient dans un travail d'érudition et de patience pour composer des centons, et noyaient leur originalité dans des périodes sonores ou dans des banalités doucereuses; les autres ne sauvaient leur caractère propre qu'aux dépens de la pureté classique, comme Erasme, ou du bon goût, comme Juste Lipse. Aussi Erasme ne devait-il être qu'à demi estimé des puristes, et, de nos jours encore, Juste Lipse impatiente et Manuce écœure. Muret, dans la mesure de son talent, enlève tous les suffrages, parce que chez lui l'imitation des anciens est parfaite, c'est-à-dire ressemblante et vivante. Ruhnken a très finement donné la raison de sa supériorité. Après avoir fait observer que, des deux plus célèbres imitateurs de Cicéron, Pline le jeune et Manuce, le premier n'offre pas une période que le maître eût avouée, et le second a plutôt suivi qu'atteint le grand orateur, il ajoute : « Pourquoi Muret a-t-il mieux réussi? C'est que par une grâce de la nature, il avait l'esprit fait comme Cicéron, et que Pline et Manuce l'avaient fait autrement (1). »

Oui, autant qu'un homme d'esprit peut ressembler à un grand homme, un causeur disert à un orateur, Muret ressemble à Cicéron. D'une main légère et sûre, le même Ruhnken a marqué les traits qui leur sont communs : « C'est à cette conformité, dit-il, que Muret doit le bonheur d'expressions qui sait tout présenter : l'agrément des narrations, la grâce de la plaisanterie, le sentiment de l'harmonie dans la construction des périodes. La conformité de son esprit le conduisait d'elle-même sur les pas de Cicéron; Manuce, trop peu semblable à son modèle, s'égare malgré sa volonté et ses efforts (2). » La comparaison spirituelle et hardie de Ruhnken nous encourage à un rapprochement dont on voudra bien ne pas abuser contre nous : Pourquoi les citations de l'Ecriture sont-elles mieux fondues dans le style de Bossuet que dans celui de Bourdaloue? Pour la raison qui donne aux imitations de Muret un tour libre et na-

---

(1) » Nempe Mureto naturæ beneficio idem, quod Ciceroni obtigegerat ingenium : Plinio et Manutio diversa ingenii forma » (V. Frotscher, 1er vol., p. XIXe.

(2) *Ibid.*

turel que n'eurent jamais celles des cicéroniens.

Muret n'a donc été latiniste presque irréprochable que parce qu'il fut aussi écrivain de talent. Dans le cours de notre étude, nous lui avons si souvent donné la parole qu'on a pu déjà se former une idée de son style et y goûter les trois qualités de souplesse, d'agrément, de malice, par lesquelles Ruhnken caractérise excellemment sa manière d'écrire. Qu'on nous permette de ne pas multiplier les citations et de renvoyer, pour établir la première de ces qualités, à ses dissertations philosophiques (par exemple sur la divergence de Platon et d'Aristote dans la question des Idées), à son plan d'études, à ses travaux de jurisprudence. On y verra avec quel bonheur il présente les idées arides ou abstraites et comment chez lui une naturelle élégance se concilie avec la précision. Ses discours offrent, sauf dans les passages où il voudrait être éloquent, une parfaite convenance de ton; ses lettres, qu'il les consacre aux menus incidents de la vie, à ses démêlés, ou à ses travaux, ou aux devoirs de l'amitié, méritent le même éloge. Elles n'offrent pas toutes un égal intérêt; beaucoup sont de simples tributs aux exigences de la politesse (encore celles-là mêmes sont-elles beaucoup moins vides que les fades épîtres de Manuce, simples prétextes à compliments et à belle latinité). Mais aucune ne sent la page préparée d'avance pour un recueil choisi. Muret n'ignorait pas qu'elles seraient publiées un jour; il en a même édité une bonne partie, et pourtant toutes sont de véritables lettres inspirées par une circonstance présente, véritablement destinées à celui qui les reçoit et consacrées à tout ce qui intéresse les deux correspondants. Les exceptions ne sont qu'apparentes; au premier abord, on soupçonne Muret d'avoir écrit la 28e lettre du 3e livre (1) pour développer le désespoir tragi-comique du savant à qui on a dérobé des notes préparées pendant vingt années, et la suivante pour imiter le célèbre passage d'Horace sur les importuns qui assaillent l'homme en faveur auprès des grands; mais allez jusqu'au bout et vous verrez que la première se termine par une prière au correspondant de transcrire sept feuilles d'un manuscrit de Muret que celui-ci lui avait confié; les sept feuilles ont été emportées par le voleur avec les notes dont Muret déplore la perte. Pour la deuxième lettre, elle conclut aussi par une demande de service : c'est celle où, las de la vie qu'il mène à Rome, il demande si Sacrato ne connaît pas un bon placement pour ses deniers qui lui permette d'achever ses jours dans le repos à Ferrare ou à Venise. Ses contemporains affirmaient d'ailleurs qu'il ne faisait jamais de brouillon pour

---

(1) Frotscher, 2e vol., p. 176.

ses lettres, les relisait à peine et n'y corrigeait presque jamais rien (1) : précieuse garantie de la spontanéité de son style.

La spirituelle malice de sa plume éclate dans ses discours d'ouverture dont les travers de ses collègues font si souvent les frais. On n'a pas oublié ses brocards contre les bartholistes et les cicéroniens, ni la mystification qu'il fit subir un jour à des éplucheurs de latinité ; le chapitre des *Variæ lectiones* où il la raconte (2), chef-d'œuvre d'espièglerie et de bon sens, est en même temps un modèle de narration. M. Bernays a dit que Muret, « parce qu'il souriait toujours, ne riait jamais (3). » A coup sûr, Muret n'a pas la gaieté de Rabelais, bien qu'il ait eu parfois son obscénité. Mais quoique la franche gaieté, la grosse gaieté même, aient leur prix, il paraît que du temps de Muret les fous (je parle de ceux qui aiment *desipere in loco*) s'accommodaient aussi bien que les sages de son sourire et de son enjouement; témoin cet autre récit où la verve le dispute à la délicatesse du style : « Je m'irriterais contre notre Titius, si je ne craignais

---

(1) Frotscher, 1er vol., p. 107.
(2) *Var. lect.*, XV, 1
(3) « Muret war ein vollendeter Virtuose im Lächeln ; sein patronisirendes wohlwollen, sein Hohn, seine Frivolität, und, als er alt wurde, auch seine Melancholie, äussern sich im Lächeln, und verstecken sich dahinter ; aber eben weil er immer lächelt, lacht er nie. » (*Etude sur Jos. Scaliger.* p. 238.)

qu'il ne prît, pour m'apaiser, le même moyen qu'il y a deux ans. Je ne sais pour quel motif, je lui avais parlé avec un peu d'aigreur, et je lui avais dit que j'étais en colère contre lui : « Voilà une parole, dit-il, qui te coûtera cher. » Le soir même, comme mon modeste repas m'était servi, notre homme frappe à la porte :

» — Que viens-tu faire ici? lui dis-je.

» — Dîner avec toi, pour voir si je peux t'apaiser devant une table amie (1).

» — Tu peux dîner avec moi, mais tu ne m'apaiseras ni si vite ni si aisément.

Pendant le repas, il se mit à conter, à badiner avec son esprit et sa gaieté ordinaires. J'avais grand'peine à tenir mon sérieux ; mais enfin j'écoutais sans mot dire, et je m'étais fait un visage si sombre que je ne desserrais même pas les dents. Au moment de partir :

» — Es-tu encore fâché? me dit-il.

» — Bien plus encore qu'auparavant.

» Le lendemain il revient à la même heure, comme si je l'avais invité, et à ma question :

» — Pourquoi reviens-tu sans en être prié?

» Il répond :

---

(1) Ces derniers mots sont en grec, comme plusieurs des reparties de Titius ; ici φίλαν ἀμφὶ τράπεζαν est une expression homérique.

» — Les braves n'ont pas besoin qu'on les invite (1).

» — Ainsi tu crois, par des plaisanteries et des bouts de vers te faire nourrir quotidiennement? Eh bien, avis à toi! aujourd'hui je ne dîne pas.

» — Parfaitement; je vais donc manger ton bien sous tes yeux; je sais ce qu'on t'a préparé pour dîner.

» Il se trouvait que ce jour-là un ami m'avait envoyé des grives et des becfigues. Je voulais en faire accommoder une partie et garder le reste pour le lendemain. Mais, en passant, Titius avait fait accroire à mon cuisinier, homme simple et crédule, auprès duquel il est fort en crédit, qu'il fallait faire tout cuire, qu'autrement le gibier se gâterait. Il me fallut donc subir de nouveau un convive qui ne goûtait pas moins la bonne chère que la plaisanterie. A peine à table, il en dit tant que non seulement les assistants riaient à se tenir les côtes, mais moi-même, qui jouais la mauvaise humeur, je fus contraint d'éclater de rire. Il pouvait bien voir dès lors que ma colère contre lui ou bien avait été feinte, — et c'était la vérité, — ou bien était oubliée; mais il trouvait son compte à me croire encore irrité. Il revient une troisième fois; je lui demande ce que cela signifie :

(1) Αὐτόματοι δ'ἀγαθοί.

» — C'est, dit-il, pour obéir au vieux précepte : Il ne faut pas manquer trop souvent aux banquets de nos amis (1).

» — Alors, tu n'as d'autre ami que moi?

» — Tu es mon unique ami; et c'est trop peu dire. Je ne suis heureux que quand je partage ta vie et tes vivres (*nisi quum et esse et comesse una tecum licet*).

» — Et tu crois que ton absence a été longue, toi qui, hier et avant-hier, as dîné avec moi?

» — Comment! Je t'aime comme le Mède de l'histoire aimait Cyrus, et une absence de la durée d'un clin d'œil est un siècle pour moi (2).

» — Va-t'en à la male heure avec tes sottises! A d'autres! Me prends-tu pour ta dupe?

» Paroles, reproches, rien n'y a fait : il a fallu qu'il dînât avec moi. Le repas fini :

» — Dis-moi, plaisanterie à part, vas-tu recommencer tous les jours?

» — Tous les jours, jusqu'à ce que tu te déclares dûment apaisé.

» — Alors je te ferai le serment qu'il te plaira.

» Que veux-tu? si ma colère avait duré, j'imagine qu'aujourd'hui encore il serait mon convive quotidien. Aussi n'est-il rien désormais que je ne souffre

---

(1) Vers grec dont Frotscher a cherché en vain l'auteur.
(2) Encore en grec.

plutôt que de me fâcher contre des hommes qui savent si bien se venger (1). »

Cette élégance, cette grâce, cet agrément donnent au style de Muret une originalité marquée. Ces qualités sont chez lui si personnelles, que malgré son talent de professeur il n'a jamais pu les transmettre à ses meilleurs élèves, à ceux qu'il a le plus aimés. On est tout heureux de rencontrer sous forme de citations, dans le paraphrase de l'*Ethique* d'Aristote par Riccoboni, le style spirituel du maître au milieu de la prose sèche du disciple. Par contre, c'est pitié de voir Benci reprendre, pour les gâter, les développements familiers à Muret. Voyez la pauvre argumentation qu'il substitue aux raisons spécieuses et spirituelles dont le maître appuyait son paradoxe sur la peinture (2); comparez le ton décidé et sincère de Muret quand il bannit de sa chaire les discours d'apparat avec

---

(1) Frotscher, 2ᵉ vol., p. 123. — Et cette fois encore la lettre n'est pas un prétexte pour conter une anecdote; ce Titius prenait bien d'autres privautés avec Muret; il furetait dans sa bibliothèque; un instant même il s'était mis sur le pied d'emprunter des livres sans en prévenir. Il fouillait dans les papiers de Muret, transcrivait ses ébauches, et, comme si tous les genres d'indiscrétion l'eussent tenté, il en faisait part de son autorité aux amis de l'auteur. Un jour il croit y découvrir une traduction grecque des tragédies de Sénèque, publie la nouvelle, et voilà Muret assiégé par tous ses amis, et obligé de les assurer qu'il ne sait ce qu'on veut lui dire. De là la lettre dont nous avons cité la première partie.

(2) V. le 7ᵉ discours de Benci dans l'édit. de 1613.

les protestations interminables de Benci, qui, au fond, serait bien fâché qu'on lui interdît d'éblouir ses auditeurs (1). Le fond même de la méthode de Muret échappe à son fidèle élève. Benci est incapable de distinguer une leçon d'un discours, ou plutôt il ne sait faire que des discours. De même, Bonciario oppose, comme Muret, le peu de durée des harangues et poèmes en langue moderne à l'immortalité qu'assurent les travaux philologiques. Mais, ce que Muret n'eût pas dit, il prétend que de son temps la nature est épuisée, et que les œuvres originales ne peuvent absolument plus avoir le mérite des compositions d'autrefois (2). Finesse de style, bon sens exquis, Muret, malgré son bon vouloir, avait tout gardé pour lui.

Aussi son originalité avait-elle vivement frappé les contemporains : ils le mettaient à part non seulement pour l'universalité de son érudition, pour son talent de parole, mais parce qu'ils sentaient qu'il y avait en lui autre chose qu'un savant et un docteur : je veux dire un homme. Joseph Scaliger a écrit sur lui deux pages d'une impartialité frappante dans leur brusquerie et leurs apparentes contradictions (3). Scaliger s'est peint lui-même, tout en traçant le portrait de Muret : l'austérité

---

(1) V. le 12ᵉ discours de Benci dans l'édit. de 1613.
(2) Bonciario. Préface de ses lettres.
(3) P. 234 et suiv. du 2ᵉ *Scaligerana*.

puritaine, la gravité du savant, l'admiration pour les qualités de Muret, l'hostilité du sectaire, la reconnaissance pour des égards témoignés à son père et à lui-même, le dépit de quelques plaisanteries malicieuses (1) s'y balancent de telle manière que le jugement, dans son ensemble, n'est entaché ni de faveur ni de malveillance. Or, dans ces pages, auxquelles nous avons déjà fait plus d'un emprunt, comme dans tous les passages où il rencontre le nom de Muret, son jugement revient toujours à ceci : Muret était un rare et grand esprit. Après avoir rappelé que Muret avait été *pédant*, c'est-à-dire professeur de collège et précepteur (2), il ajoute : « Il avait été pédant, et d'ordinaire ces hommes-là ne sortent pas de l'or-

---

(1) Joseph Scaliger avait eu également à se louer et à se plaindre de Muret. En effet, celui-ci, en souvenir du nom de père qu'il avait donné à Jules-César Scaliger, l'appelait son frère, et pendant le séjour de Joseph à Rome conçut pour lui tant d'admiration qu'*il pouvait à peine se séparer de lui, ravi et stupéfait de sa science* (p. 76, 1ᵉʳ *Scaligerana*, édition de 1670). On sait d'autre part que Muret lui avait fait prendre des vers de sa composition pour des fragments antiques, et que, afin de se venger de cette espièglerie, Joseph Scaliger avait fait allusion, dans le distique suivant, au terrible arrêt des magistrats de Toulouse :

   Qui rigidæ flammas evaserat ante Tholosæ
   Rumetus (anagramme transparent) fumos vendidit ille mihi.

(2) Joseph Scaliger n'aimait pas le métier de pédant, étant né, disait-il, *pour commenter les auteurs et non pour caqueter en chaire et pédanter* (p. 13 du 1ᵉʳ *Scaligerana*). Etait-ce dédain sincère ou prudence? Il reconnaît qu'il n'a pas la facilité de la parole (p. 15 du 1ᵉʳ *Scaligerana*). Ne caquète pas qui veut.

nière, à moins d'avoir une âme qui ne soit point pédante ; c'était le cas de Muret, dont l'âme était vraiment royale, *qui vere regius erat* (1). » « C'était un grand homme, » dit-il encore; « c'était un très grand homme que Muret. » Dans un autre passage des *Scaligerana*, où il l'accuse d'hypocrisie, il ne peut s'empêcher de dire : « Il n'y a pas beaucoup de Murets au monde; *pauci sunt in mundo Mureti.* » Etre capable d'autre chose encore que de faire son métier, si noble qu'il soit, avoir l'esprit assez grand et assez libre pour n'être pas enfermé dans les limites presque infinies pourtant de l'érudition : voilà, ce me semble, le caractère distinctif et supérieur que les contemporains démêlaient dans Muret. Ronsard, qui trouvait, comme Joseph Scaliger, que la plupart des professeurs gardaient une marque indélébile, *incorrigibilis ineptiæ*, faisait une exception pour Muret, Turnèbe, Buchanan et Antoine de Gouvéa, *qui n'avaient rien de pédant que la robe et le bonnet* (2). Nul de ces quatre savants ne mérite mieux, je crois, que Muret de ne pas être compris dans un jugement que peut-être quelques critiques malsonnantes avaient dicté à l'irascible poète. Sa science pouvait bien être un peu superficielle, sa vertu douteuse pour quelques-uns,

---

(1) « Fuerat *pedant*, et plerumque non emergunt, nisi habeant animum non pedanticum, ut Muretus, qui vere regius erat. »
(2) De Thou, cité par Ménage, dans l'*Anti-Baillet*, II, 329.

mais c'était un savant, homme du monde. On admirait sa politesse ; le mot *humanitas* venait de lui-même sous la plume des correspondants qui voulaient reconnaître ses qualités.

Il avait même plus que de la politesse : il avait de la dignité. Dans son séjour de douze années à la cour de Ferrare, il a pu perfectionner la délicatesse de son esprit, mais il n'y a pas contracté les mœurs de la domesticité. Nous avons vu avec quelle discrétion respectueuse il s'en retira, quand Louis d'Este, héritier d'Hippolyte, ne lui offrit plus qu'une généreuse mais distraite bienveillance. Sans fronder les gouvernements de son temps, il a montré publiquement qu'il n'était pas dupe des airs de justiciers qu'ils prenaient parfois. Nous l'avons entendu avertir ses élèves qu'ils feront bien d'apprendre de Tacite l'art de vivre sans déshonneur sous les mauvais princes (1); ailleurs il déclare expressément que le prince a le droit de commander ce que le peuple commandait autrefois, mais non ce qui est contraire aux lois humaines ou divines (2). Il a, je ne sais plus où, décrit l'insolence dont les grands sont capables. Enfin, il a marqué le mépris que lui inspiraient les serviles

---

(1) V. notre commentaire sur le 14e disc. du 2e liv. prononcé le 4 nov. 1580, ci-dessus, p. 321.

(2) V. le *De constitutionibus principum*, dans Ruhnken, IV, p. 282, 283.

pratiques de l'obséquiosité italienne, en signalant comme un reste de paganisme la sotte adulation des courtisans, *inepte adulandi genus*, qui saluaient au passage *les puissances du jour en leur envoyant des baisers* (1).

Il ne se respectait pas moins dans ses relations avec ses confrères. Dans des circonstances où ses pareils oubliaient fort vite leur dignité, sa conduite, sans être fort chrétienne, sentait l'homme de bonne compagnie. Certes, les savants du seizième siècle n'en étaient plus à échanger dans leurs querelles ces furieux libelles de l'âge précédent où le fiel de la calomnie se mêlait à la fange des ruisseaux, et qu'on eût dit composés par un cuistre au sortir d'un mauvais lieu. Mais enfin les violents écrits de Jules-César Scaliger contre Erasme, Cardan, Dolet, étaient encore présents à tous les esprits, et, à la mort de Muret, l'Italie retentissait encore des disputes de L. Castelvetro avec Annibal Caro, de Sigone avec Robortello et avec Riccoboni. Robortello, pour chasser son rival de Padoue, n'avait pas reculé devant les voies de fait. Riccoboni avait par un démenti provoqué Sigone à un duel philologique, et tué son homme : Sigone était

---

(1) *Var. lect.*, X, 1. Montaigne n'a pas plus de goût pour *l'abjecte et servile prostitution de présentation* qu'il reproche à *l'usage présent* (*Essais*, I, 39),

mort de chagrin en se voyant convaincu d'avoir composé lui-même, et non retrouvé, le *Traité sur la Consolation* qu'il attribuait à Cicéron. Entre professeurs moins illustres, la haine était encore plus expéditive : un rapport manuscrit de Giulio Palaja, chancelier de l'université de Pise, expose, à la date du 12 juin 1579, que le fils de Franc. Verinus, sur l'ordre de son père à ce qu'on croit, a poignardé Pietro Gamberelli, professeur de logique; que deux professeurs, dans une dispute pour la préséance, se sont pris au collet en public; que Franc. Bonamici, professeur ordinaire de philosophie, a reçu des coups de bâton d'un homme travesti, que l'on croit envoyé par son collègue Messer Giulio de Libri, et que les docteurs viennent à l'université avec une escorte de soldats (1). Muret n'avait pas l'âme assez haute pour pardonner les offenses ou pour s'abstenir de provocation : alors le génie seul pouvait donner ce suprême bon goût (2). On se rappelle son acharnement contre Lambin; mais il n'aimait pas les disputes bruyantes et grossières, et disait spirituellement de ceux

---

(1) *Archivio Mediceo* de Florence, classe 27, n° 53, p. 282.

(2) Horace Arioste, neveu du poète, préparait une critique des vers du Tasse, son ami. Le Tasse l'ayant appris, lui écrivit que leur amitié n'en serait pas troublée, et qu'on redirait à leur propos les vers de *Roland furieux* sur les rivaux chevaleresques :

O gran bontà de' cavalieri antichi!...

qui y cherchaient la célébrité, qu'ils allaient quérir la gloire sur les grands chemins (1).

Il avait, quant à lui, une manière d'être méchant qui lui faisait, aux yeux des contemporains, plus d'honneur que la longanimité. Aux factums, aux invectives des spadassins littéraires, il avait substitué le trait malin, qui frappe sans qu'on l'ait vu traverser l'air (2), l'insulte inattendue, l'injure rapide. Vous lisez, sans penser à mal, ses scolies sur Sénèque, et tout à coup vous apprenez qu'Erasme a eu dans une certaine matière une imagination si absurde, qu'il faudrait faire effort si on voulait la surpasser par une absurdité plus grande (3). Vous venez de goûter un rapprochement littéraire : « Je sais quelqu'un, s'écrie Muret, qui, s'il vivait encore, déclarerait que je lui ai volé l'idée de cette comparaison, ou qu'il l'a un jour laissée tomber dans la rue (4). » Voilà pour Lambin ! Vous voulez protester ; mais déjà Muret songe à autre chose : « Insulte et passe, » telle est sa devise. Encore éprouve-t-il parfois les remords de l'homme d'esprit : un jour il relève ai-

---

(1) *Grassari ad famam* (V. dans Lazeri la 65ᵉ let. de la correspondance de Muret).

(2) Nous avons cité plus haut cette expression d'un contemporain à propos des rapports de Muret avec ses élèves.

(3) V. Ruhnken, II, 38. V. aussi *Var. lect.*, IX, 11.

(4) « Hoc certe quidam, si viveret, aut sibi subreptum esse, aut sibi alicubi in via excidisse diceret. »

grement une erreur de Lambin; mais aussitôt après, une erreur que lui-même avait commise lui revient à l'esprit : « Qu'on nous donne à tous deux les étrivières, dit-il, si nous sommes tous deux en faute (1)! »

Il a du reste plus de goût pour l'impertinence que pour l'insolence, et à l'impertinence il préfère encore la malice irrévérencieuse. Vettori attribuait à Nicolas de Damas, contemporain d'Auguste, le traité *De mundo*, dédié (Vettori l'oubliait) à Alexandre le Grand : « Qui, demande Muret, écrirait aujourd'hui à Priam (2)? » Le même Vettori avait justifié une mauvaise leçon, en donnant mal à propos à un terme une acception qu'il a incontestablement dans d'autres passages : « C'est, dit Muret, comme si, dans une dissertation sur le labourage, on traduisait *taurus* par la constellation du Taureau, sous prétexte que le mot est pris ailleurs dans ce sens (3). La maligne humeur des délicats, que rebuteraient de grossières injures, trouve son compte dans la méchanceté concise et spirituelle de Muret. Il savait mettre les rieurs de son côté, comme le prouve cet amusant défilé des commentateurs qui viennent proposer à

---

(1) « Vapulemus igitur ambo, si ambo deliquimus. » V. Ruhnken II, 42.
(2) *Var. lect.*, II, 8.
(3) *Var. lect.*, VIII, 14.

l'envi de mauvaises leçons pour un vers de Juvénal (1). On dirait même qu'il avait inventé, pour l'amusement des lecteurs et le supplice de ses rivaux, un ingénieux système d'alternative entre les éloges pompeux et les censures malignes : le nom de Vettori revient fort souvent dans les *Variæ lectiones*, et Muret y exalte presque aussi souvent sa science, qu'il y raille ce qu'il appelle, pour être poli, sa légèreté. Tantôt il le traite comme un des premiers érudits du siècle (2), et va jusqu'à dire que c'est par malveillance que tel savant n'a pas accepté une de ses leçons ; tantôt il le poursuit de ses critiques et de ses sarcasmes (3) : Vettori ne devait savoir s'il fallait remercier ou se fâcher.

C'était peut-être ce que Muret désirait. Il connaissait la jalousie des Italiens contre les étrangers : qui sait s'il ne voulut pas les tenir tout d'abord en respect, et si ce n'est pas pour cela qu'il fit de bonne heure sentir à un des plus éminents d'entre eux ses caresses et ses morsures ? Le choix de Vettori était heureux ; sensible aux louanges et peu enclin à la dispute (4), Vettori dissimula son mécon-

---

(1) *Var. lect.*, X, 6.
(2) V., par exemple, *Var. lect.*, I, 16 ; III, 15 ; IV, 5 ; XI, 18 ; XVII, 10.
(3) V., outre les exemples déjà donnés, *Var. lect.*, IV, 14 ; IV, 19 ; VIII, 6, etc.
(4) C'est le caractère que lui reconnaît son biographe Bandini.

tentement (1). Il paraît que Muret avait d'abord voulu s'en prendre aussi à Sigone. Il eût pu s'en repentir; déjà Sigone se préparait à venger à la fois ses injures et celles de Vettori. De communs amis s'interposèrent, et Muret avoua son tort vis-à-vis de Sigone, mais refusa d'effacer des *Variæ lectiones* les passages désobligeants pour Vettori. Ce dernier, qui avait applaudi aux projets de vengeance, dut se contenter d'une lettre un peu embarrassée où son allié d'un jour lui apprenait qu'il avait fait sa paix séparément (2). La bonne volonté d'un autre savant distingué, Gab. Faerne, envers Vettori, n'alla pas beaucoup plus loin que celle de Sigone : elle se borna à la dédicace d'une édition des *Philippiques*, protestation timide contre les épigrammes de Muret (3).

(1) Un jour il entreprit de réfuter, au 2ᵉ chap. du XXXVIIIᵉ liv. de ses *Var. lect.* (il en avait aussi composé) une opinion émise dix ans auparavant par Muret. C'était s'y prendre un peu tard. Muret lui-même ne fit paraître sa réponse qu'au bout de onze ans ; on verra du moins, en lisant le 18ᵉ chap. du XVᵉ liv. de ses *Var. lect.*, que Vettori ne perdit rien pour avoir attendu. C'est là que Muret demande, en protestant de son respect, comment il aurait pu connaître un écrivain antique qui n'a jamais existé que dans l'imagination de Vettori.

(2) (V., dans la corresp. de Vettori, deux lettres à Sigone, la 1ʳᵉ du 5 novembre (*non. nov.*) 1559, la 2ᵉ du 2 décembre (IV *non. dec.*) de la même année.

(3) V. la lettre de Manuce à Muret du 20 septembre 1561, dans la corresp. de Muret publiée par Lazeri. Faerne, dit Manuce, dédie

Somme toute, Muret faisait peur. Quels étaient au fond les sentiments de Sigone pour lui? Je l'ignore (1). Mais il est à remarquer que les trois lettres à Muret que nous avons de lui sont sur le ton d'une politesse empressée et même de la flatterie. Muret l'avait un jour prié de transmettre une lettre : « J'ai été heureux, écrit Sigone, de l'occasion qui m'a valu votre lettre, bien que le sujet n'en fût pas important; » et il ajoute : « J'apprends que vous avez une installation seigneuriale, et je m'en réjouis avec vous (2). » On peut voir également la lettre de Sigone datée du 17 février 1567. Enfin, le 20 avril 1575, il écrit à Muret : « Et je veux que vous vous persuadiez que je suis à vous autant qu'un homme peut appartenir à un autre ; je suis à vous et j'admire votre génie, j'aime votre bonté ; c'est pourquoi que Votre Seigneurie me commande

---

cet ouvrage à *Vettori quasi per ristorarlo dell'honore toltogli dalle vostre Varie Lezioni.*

(1) Le 7 oct. 1559, un mois avant que Vettori espérât trouver en lui un vengeur, Sigone écrivait à Onof. Panvinio : « Fate bene a difendere il Mureto amico nostro a spada tratta, come sapete. » Mais l'année suivante il écrivait au même Panvinio, que l'on sait à Venise : « Non quanto esso (Muret) sia mal sodisfatto della Corte, ma quanto la Corte sia mal sodisfatta di lui » (31 août 1560).

(2) « Hebbi questa cara occasione, cioè che mi scriveste anchora che di leggier cosa... Intendo che vi siete accomodato da Signore, e me ne rallegro convoi » (16 fév. 1558). — Muret était alors à Padoue dans cette vaste maison qu'il quitta pour les raisons fâcheuses qu'on a vues. — Les trois lettres de Sigone à Muret se trouvent dans la corresp. de Muret publiée par Lazeri.

sans cérémonie partout où elle voit que je puis être bon à quelque chose ; elle n'aura pas en vain compté sur moi (1). » Il emploiera toute son autorité, tout son crédit pour un protégé de Muret, « et, dit-il, s'il ne suffit pas de mon crédit, j'engagerai celui de votre seigneurie, qui n'est pas moindre que le mien, non seulement dans cette ville (Bologne), mais encore dans le monde entier... Je prie Votre Seigneurie de se conserver pour l'utilité de ce siècle et des siècles à venir (2). » Au besoin, il était de force à se défendre contre Muret, et celui-ci le sentait, mais Sigone se souciait moins encore que Muret d'engager la lutte. Peut-être même avait-il fait de prudence vertu et s'était-il mis à aimer véritablement Muret. Car le protégé dont nous parlions à l'instant écrivait à son protecteur : « Je l'ai trouvé plus affectionné à votre personne (*tui amantiorem*) que je ne l'espérais (3). » Satisfait de ces

---

(1) « E voglio che ella si persuada, che io son tanto suo, quanto può essere un uomo d'un altro, dico suo et ammiratore dell'ingegno, et amatore della bontà, et perciò Vossignoria senza ceremonie mi comandi, dove conosce che io sia buono, chè non si troverà ingannata da me. »

(2) « E se non basterà della mia (son crédit), io spenderò anchora quella di Vossignoria, la quale non è minor della mia, non solamente in questa città, ma anchora appresso tutto il mondo... Prego Vossignoria a conservarsi ad utilità di questo et del futuro secolo. »

(3) Qu'eût dit Sigone s'il eût su que c'était à ses dépens que le protégé de Muret faisait sa cour à son protecteur ? (V., dans la correspondance de Muret publiée par Lazeri, les lettres 72, 73, 74, 75);

sentiments, Muret, en 1580, voulut bien inscrire dans le 15ᵉ livre de ses *Variæ lectiones* (1) des paroles élogieuses pour Sigone.

Quant à son abstention dans la querelle soulevée par le *De consolatione* de Sigone, elle s'explique suffisamment par son aversion pour les disputes bruyantes. Il avait dit franchement à ses amis ce qu'il pensait de ce pastiche, et, dans une lettre intime à Riccoboni (2), l'avait qualifié d'*ânerie* (3). Mais quand on lui envoya les discours écrits par Sigone pour défendre l'authenticité de sa contre-façon, il refusa de les lire, pour n'être pas obligé de donner publiquement son opinion ; et lorsque Riccoboni l'appela à la rescousse, il répondit : « Mon opinion est que vous fuyiez toute espèce de *robortellisme* (allusion aux violences de Robortello contre Sigone), *à moins que vous ne soyez attaqué outre mesure*. Le

---

l'ami de Muret, qui était homme d'esprit, a écrit sur Sigone un mot qu'on pourrait appliquer à quelques-uns des plus éminents philologues du seizième siècle, sans les rabaisser : « il est né pour écrire et non pour professer. » « *Ad scribendum, non ad docendum natus est.* » — On voit par ces lettres que Vettori gardait un fond de rancune contre Muret, tout en accueillant bien son protégé.

(1) V. les chap. 1 et 14.

(2) Décembre 1583. — Riccoboni était aussi batailleur que son maître était prudent. Dans son *Gym. Pat.*, il énumère toutes les controverses dont il est sorti vainqueur. Son goût pour les vins généreux avança sa fin. (Thomasius, *Elogia virorum litteris illustrium*).

(3) « Asininam istam consolationem sub nomine Ciceronis falso editam. » Cette lettre était en italien ; nous n'en avons que la traduction latine par Riccoboni dans l'*Historia Gymnasii Patavini*.

mieux serait d'assoupir tout ce débat (1). » Toutefois la lettre est si spirituellement accablante pour le malheureux essai de Sigone qu'on peut se demander si c'est de l'eau ou de l'huile que Muret jette sur le feu, et si, en conseillant à Riccoboni d'arrêter sa polémique, il ne lui trace pas le plan d'un prochain libelle.

Jamais Muret n'a mieux pratiqué l'art de porter atteinte à la considération d'un adversaire sans se lancer dans une bruyante querelle, qu'à propos de l'édition de Tacite publiée par Juste Lipse. Il avait fort bien accueilli le jeune savant pendant les deux années que Juste Lipse avait passées à Rome (1567-1569), et celui-ci, dans ses ouvrages, le citait avec honneur, même dans les cas de dissentiment (2). Ils échangeaient des lettres affectueuses (3). Mais quand J. Lipse publia son *Tacite* (Anvers, 1574), Muret y releva beaucoup de passages qui se rencontraient avec des observations que lui-même avait notées depuis longtemps et communiquées à ses amis. Joseph Scaliger, qui n'aimait pas J. Lipse, dit nettement que Muret fut victime d'un plagiat (4). Il me semble que J. Lipse n'en

---

(1) V. l'appel aux armes de Riccoboni (1ᵉʳ déc. 1583), *Hist. Gymn. Pat.*, IV, 2, ainsi que la réponse de Muret.

(2) V. les *Var. lect.* de J. Lipse (I, 2 ; II, 2 , 4).

(3) V. les let. 59, 60, 61, 64, 65 de la corresp. de Muret dans Lazeri, et, dans Frotscher la 1ʳᵉ du 2ᵉ liv.

(4) Dans le passage des *Scaligerana* où il fait le portrait de Muret.

était pas à piller Muret. Mais enfin celui-ci le croyait coupable. Va-t-il donc se répandre en accusations violentes, en plaintes amères? Ecoutons ses malicieuses insinuations. Il vient de dire, au premier chapitre du XIe livre de ses *Variæ lectiones*, qu'il différait toujours de publier ses notes sur Tacite; il continue : « Un jeune homme des mieux doués, Juste Lipse, qui, à Rome, avait été très lié avec moi, n'a pas cru devoir attendre si longtemps. Il avait restitué le texte en beaucoup d'endroits, d'après des manuscrits qu'il avait trouvés à Rome, il avait formé quelques conjectures fines et ingénieuses : il publia un *Tacite* corrigé et commenté par lui. On m'apporta l'ouvrage. Gisbertus Oddus de Pérouse, avec qui j'avais lu soigneusement tout Tacite douze ans auparavant, et moi, nous nous mîmes à comparer et à confronter la nouvelle édition avec mes corrections antérieures; nous reconnûmes que les rencontres étaient si fréquentes qu'un homme mal informé soupçonnerait, dans la plupart des cas, un emprunt d'un critique à l'autre. Mais c'est là un soupçon que les dates suffisent à écarter, et qui ne peut atteindre un homme comme J. Lipse, dont la loyauté et la probité éga-

---

Après avoir loué le style de Muret, il ajoute : « Lipsius nihil præ illo, et invidebat illi : furatus est emendationes. *En ce mestier*, ego optime possum distinguere quid hic vel ille possit. »

lent le talent (1). » Ainsi il n'accuse pas J. Lipse ; il le justifierait plutôt ; seulement, remarquez la maladresse volontaire de la justification fondée sur les dates : il sait très bien que l'antériorité de son travail est précisément la plus forte présomption contre J. Lipse. En tout cas, le monde savant est averti des merveilleuses concordances des deux commentaires. La leçon donnée (à tort ou à raison), Muret ne tenait pas à engager une contestation en règle. Quand J. Lipse réclama, déclarant n'être pas assez Abdéritain pour ne pas entendre les paroles précitées, il répondit par une lettre empressée, où, tout en maintenant l'étrangeté de coïncidences dont tout le monde, d'après lui, était frappé, il autorisait J. Lipse à changer comme il lui plairait, les lignes accusatrices ; s'il ne les modifiait pas lui-même, c'était, disait-il, que sa paresse, bien connue de J. Lipse, était incapable d'un tel effort ; puis il n'avait pas chez lui un seul exemplaire de son livre ; il pressait donc son ami de se charger de cette correction, et ne voulait pas envoyer la suite de son ouvrage à Plantin (qui imprimait alors cette partie des *Variæ lectiones* de Muret) avant que le début du chapitre en question n'eût été amendé (2). Une telle offre était inac-

---

(1) *Var. lect.* de Muret, XI, 1.
(2) 74ᵉ let. du 3ᵉ liv., p. 220 du 2ᵉ vol. de Frotscher. La date de

ceptable : Muret colorait de raisons passablement effrontées le refus de se rétracter. Néanmoins, Juste Lipse se paya de ces mauvaises raisons, et ils échangèrent des protestations d'amitié (1). Il est vrai que plus tard, au dernier chapitre des *Electa*, J. Lipse releva, avec une spirituelle vivacité, les insinuations de Muret, raillant ces sortes de confiscations d'un auteur ancien au profit d'un critique, qui ne permet plus aux autres de le commenter, rappelant avec bon sens et dignité l'impossibilité d'éclaircir des accusations de plagiat où l'affirmation du plaignant se heurte à la dénégation de l'accusé. Mais cette réponse se fit un peu attendre (2), et Muret n'y est pas nommé. Ajoutons que, par un délicat hommage à la mémoire de Muret, l'année qui suivit sa mort, il mit dans sa bouche ses théories sur la prononciation du latin (*De recta pronuntiatione lat. ling.*), et proclama hautement le profit qu'il avait autrefois tiré à Rome de sa société (3).

1576, que cette lettre porte dans les éditions, est évidemment fautive; il faut lire 1579 ou 1580.

(1) V. p. 142 du 2ᵉ vol. de Frotscher la lettre de J. Lipse, dont la date véritable est 29 nov. (3 *kal. dec.*) 1581, et, à la page précédente, la réponse de Muret.

(2) La *Nouvelle biog. génér.* dit que le 2ᵉ liv. des *Electa* date de 1582, mais l'édition des ouvrages critiques de J. L. publiée en 1585 porte : « J. Lipsii opera omnia quæ ad criticam proprie spectant quibus accedit *Electorum* liber secundus novus nec ante editus. »

(3) Muret aurait peut-être avoué les théories que Juste Lipse le

Ainsi, Muret s'était universellement acquis la réputation d'un homme de bonne compagnie et d'un homme dont l'inimitié était dangereuse. Mais on reconnaissait que, s'il savait haïr, il savait aussi aimer. Que dans sa correspondance on fasse aussi large que l'on voudra la part des compliments de politesse, il n'en restera pas moins qu'il a été vingt ans l'ami de P. Manuce, et que la mort de ce dernier a seule séparé Muret d'un homme dont il eût pu être jaloux. La mort seule a aussi terminé la liaison qui depuis vingt-cinq ans l'unissait à Paolo Sacrato. Jusqu'au dernier jour, les lettres qu'il adresse en France portent des paroles affectueuses pour les amis de sa jeunesse : Ronsard, Dorat. On connaît la vivacité de sa reconnaissance pour le cardinal Hippolyte qui l'avait protégé, pour Benci qui l'avait converti. D'ailleurs pouvait-il être un pur égoïste, ce professeur si dévoué à son métier, qui avait le droit de dire à son auditoire, après vingt ans d'enseignement à Rome : « Tels ont toujours été mes sentiments..... que je n'ai jamais préféré mes intérêts aux vôtres (1)? » Nous avons vu la fidélité de ses meilleurs élèves aux

---

chargeait d'exposer, mais il eût pesté intérieurement contre le style qu'il lui prêtait. — Sur le différend de Muret et de J. Lipse, on peut encore voir une lettre du second à Benci en date du 1er avril 1584.

(1) « Eo semper animo fui ut... nunquam rationes meas vestris anteposuerim. » 17e disc. du 1er liv. à la date du 4 nov. 1583.

idées de leur maître. Nul professeur, en ce siècle, ne s'est plus profondément attaché l'élite de son auditoire. Quand ses disciples affrontaient l'épreuve de l'enseignement, il suivait leurs débuts avec intérêt, les priant de lui écrire souvent, surtout si, dans leurs études, ils rencontraient quelques difficultés (1). Son obligeance envers tout savant qui recourait à ses lumières était inépuisable (2).

Dira-t-on que c'était tout plaisir et tout profit que de se former, au prix de quelque travail supplémentaire, une clientèle de lettrés? Mais quand, en 1570, déjà célèbre dans toute l'Europe, il ne dédaignait pas de corriger de sa main les solécismes d'un enfant dont il avait découvert et garanti les heureuses dispositions, quand il prenait sur les loisirs de ses vacances pour stimuler son zèle par des lettres fréquentes (nous en avons cinq pour le seul mois de juillet), il n'était pas sûr, j'imagine, de tirer beaucoup de gloire de cette obscure complaisance (3). En souvenir du passé de Muret, les

(1) Lettre de Bonciario à Muret, datée de Pérouse, 1580.
(2) V., sur son obligeance, la 33ᵉ et la 52ᵉ let. du 1ᵉʳ liv., la 6ᵉ du 2ᵉ, la 29ᵉ, la 75ᵉ, la 76ᵉ du 3ᵉ, la 4ᵉ du *Supplément*, la 56ᵉ des lettres publiées par Lazeri. Rappelons-nous aussi l'histoire de Titius, et la bibliothèque de Muret ouverte à tous les amis. D'autres savants se sont montrés aussi complaisants. Voyez, par exemple, sur la bonté de Cujas, le 2ᵉ *Scaligerana* à la page 86. Mais l'obligeance de Muret ne perd pas de son prix pour lui avoir été commune avec le grand Cujas.
(3) On manque de documents sur cet enfant, qui s'appelait Aless.

railleurs suspecteront peut-être cette tendre affection qui le déterminait, le jour où il recevait cinq ou six lettres, à répondre tout d'abord à celle du jeune élève; ils s'étonneront de cette protestation : « Ne va pas croire que ton père même te chérisse plus que moi (1)! » Mais l'excès de la défiance n'égare pas moins que l'excès de la crédulité. A cette date, Muret est revenu de ses erreurs, et il me paraît sincère quand il assure l'enfant *qu'il a pour lui des dispositions et une affection vraiment paternelles* (2). Ne peut-il avoir été ravi en croyant découvrir une vocation littéraire ? « Tu te demanderas peut-être pourquoi je te porte une affection si vive : que je meure, si je peux l'expliquer autrement que parce qu'il me semble avoir remarqué en toi un esprit hors du commun, et, si tu le veux, né pour ce qui est grand (3). » Il y a, en effet, un accent paternel dans les excellents conseils qu'il

---

Ripario et auquel sont adressées les lettres 58, 59, 60, 61, 62, 63, 64, 65 du 1ᵉʳ liv. et les 6 premières du *Supplément*. Il semble qu'il était d'une humble naissance, que Muret répondit à la famille de sa vocation ; on voit pourtant qu'il était connu dans la maison d'Hippolyte d'Este. Il avait un précepteur qui ne donnait pas toujours une entière satisfaction.

(1) 63ᵉ let. du 1ᵉʳ liv. V. Frotscher, II, p. 99.
(2) 62ᵉ let. du 1ᵉʳ liv. V. Frotscher, II, p. 99.
(3) « Ac si quæras quæ sit causa hujus erga te tanti amoris mei, ne vivam si aliam adferre possum, quam quod videor mihi animadvertisse in te ingenium excellens, et, si tu volueris, ad omnia summa natum « (63ᵉ let. du 1ᵉʳ liv., immédiatement après la phrase où il dit que Riparío lui est aussi cher qu'à son père.

donne à l'enfant pour le porter au travail, au mépris des plaisirs coupables *qui s'enfuient laissant la honte après eux*, pour lui apprendre à choisir ses amis. Il exige que le jeune élève pousse vivement ses études, mais sans compromettre sa santé (1); il ne veut pas que le précepteur corrige ses lettres avant de les lui envoyer (2), car il prend le même plaisir aux incorrections du débutant qu'un père aux premiers bégaiements de son fils (3). Il se fâche d'ailleurs quand l'écolier pèche par étourderie, et s'indigne quand il semble encore ignorer les lois de la grammaire (4). Il le gronda un jour par ce charmant billet qui respire une véritable bonté : « J'ai reçu tes trois lettres; dans la dernière il y avait des négligences telles, qu'on voyait bien qu'en l'écrivant tu songeais à autre chose. Je te les montrerai à mon retour (toutes ces lettres sont datées de Tivoli), et je te tirerai l'oreille pour qu'à l'avenir tu sois plus attentif et que tu évites au moins les solécismes que ne commettent pas les petits enfants à leur première leçon. Toutefois, que cet avertissement ne te chagrine pas; car j'en veux à ton étourderie et non à ta gaieté (5). »

---

(1) V. la 59e let. du 1er liv.
(2) V. 59e let. du 1er liv.; dans Frotscher, II, p. 98.
(3) V. 58e let. du 1er liv.; dans Frotscher, II, p. 97.
(4) V. 5e let. du *Supplément*.
(5) V. 64e let. du 1er liv., Frotscher, II, p. 100.

Un jour l'honnête Manuce avait écrit à Muret qu'il allait envoyer son fils Girolamo à Epidaure pour commencer son éducation auprès d'un bon professeur nommé Bosio, ne pouvant lui-même s'abaisser à cet humble travail (*me ad hæc humilia demittere*) (1). Muret, qui n'avait alors ni patrie ni famille, s'était néanmoins senti ému : « Au sujet de votre fils Girolamo, répondit-il, je suis fort surpris et, pour dire la vérité, j'ai peine à approuver votre dessein. Un si jeune enfant, l'envoyer si loin de vous! Vous n'êtes pas ému de la traversée qui ébranle et abat souvent des hommes faits et formés? Croyez-moi, je suis très ému; j'aime tout particulièrement cet enfant : d'abord parce qu'il est à vous, puis parce qu'il a une vivacité merveilleuse. Et je songe aux dangers que le pauvre petit a déjà courus quand sa vie fut menacée presque avant qu'il eût connu les joies de la vie. Enfin je demande de tout mon cœur à Dieu et aux puissances célestes de faire tourner à bien votre projet (2). »

(1) V. lettres de Manuce, III, 12.
(2) « De Hieronymo tuo valde equidem miror, et vere ut dicam, vix consilium in ea re tuum laudare possum. Tantillum puerum tam procul ablegari! Neque te navigatio commovet, quæ concutere ac dejicere etiam homines confirmatæ ac corroboratæ ætatis solet? Mihi crede, valde commoveor : amo enim puerum illum insigniter, tum quia tuus est, tum quia mirifice festivus. Et mihi venit in mentem, quæ ille jam pericula misellus subierit, pæne prius in vitæ discrimen adductus, quam sentire posset, quid jucunditatis esset in

Le tendre intérêt qu'il témoigne à l'écolier novice dont nous l'avons vu corriger les fautes, les soins qu'il prodigue à son neveu, prouvent la sincérité des sentiments qu'il exprime ici à Manuce. Cet homme de tant d'esprit n'a pas manqué de cœur.

---

vita. Deum tamen cœlestesque omnes ex animo comprecor ut fortunent quod agis » (2ᵉ lettre du 1ᵉʳ liv. ; dans Frotscher, II, p. 155).

CONCLUSION.

Dans un état civilisé, les délits sont recherchés plus exactement que dans un état barbare; mais l'équité y tempère plus efficacement les arrêts de la justice. On peut de même mesurer les progrès de la critique à l'alliance de plus en plus intime de la sévérité et de l'indulgence dans les jugements qu'elle prononce, ou plutôt l'accroissement de sa sévérité comme de son indulgence n'est que l'effet d'une justice mieux informée et plus perspicace. Si la critique moderne, par l'examen rigoureux auquel elle soumet les renommées d'autrefois, nous prépare quelque désillusion en révélant les faiblesses des hommes qui avaient surpris l'admiration de leurs contemporains, elle nous ménage parfois d'agréables surprises en signalant chez ces mêmes hommes, poursuivis après leur mort par une réaction excessive, des qualités ou des vertus que les contemporains mêmes n'avaient pas nettement démêlées. Elle pense avec raison qu'il n'y a guère de gloire, de probité sans tache; mais elle estime non moins justement que chez un auteur de graves imperfections ne détruisent pas le talent qu'elles diminuent, et que chez l'homme le vice peut entacher l'âme sans la corrompre absolument. Dans le petit nombre des hommes qui ne sont pas, comme dit Fénelon, médiocres pour le bien comme pour le mal, il en est qui portent à la fois en eux-mêmes de basses inclinations et de généreux sentiments, et chez qui le bien et le mal, ces ennemis éternels, vivent dans une paix apparente. Mais alors même que la placidité native de l'âme ainsi partagée ne permettrait pas aux inclinations opposées de s'attaquer bruyamment, elles se font une guerre sourde, jusqu'à ce que les unes prévalent sur les autres. C'est déjà beaucoup pour l'honneur d'un caractère quand cette lutte se termine à l'avantage du bien, même si quelques-uns des mauvais penchants survivent à sa victoire.

Telle a été l'histoire de Muret. Il est entré dans la vie avec une ardeur effrénée pour le plaisir, et un goût dangereux du bien-être; il apportait dans des études austères une légèreté d'esprit encouragée par une intelligence rapide et une parole facile. A vingt-huit ans, condamné à mort, puis accueilli par la patrie des cicéroniens, il semblait à la fois perdu pour la France, pour la vertu et pour la science. Mais deux nobles sentiments et une qualité précieuse l'ont sauvé : je veux dire, d'une part, l'amour du travail et l'amour de sa profession; d'autre part, un jugement droit et fin. Par là, tandis que la vie, suivant le mot d'Aristote, rapetisse la plupart des hommes, l'âge a sans cesse élargi son esprit, élevé son cœur; et quand il est mort, je crois que, par ses travaux et son repentir, il avait mérité que la France et l'Italie, sans oublier ses fautes, se souvinssent surtout de ses services.

APPENDICES

APPENDICE A.

Muret a-t-il professé à Paris en 1546 ?

Si le motif pour lequel nous avons écarté l'hypothèse d'un premier séjour de Muret à Paris, en 1546, semblait insuffisant contre l'affirmation de Ménage et de Niceron, nous ferions observer que, sur la première période de la vie de Muret, nous n'avons guère de témoins tout à fait bien informés que lui-même. Qui croirait que l'intime ami de sa vieillesse, Benci, que le fils de l'illustre conseiller de sa jeunesse, Jos. Scaliger, ne sont pas des guides infaillibles pour l'histoire de sa vie ? Pourtant, Benci, qui, du reste, au dire de Joseph Scaliger, ignore des particularités importantes de la vie de son maître, outre son assertion hasardeuse touchant le professorat de Muret à Limoges et à Agen, place l'unique séjour de Muret à Paris, avant celui qu'il fit à Poitiers, Bordeaux, Auch, Toulouse. Or, il est certain qu'en 1551-1552, c'est-à-dire après son séjour à Bordeaux, Muret était à Paris. Quant à Jos. Scaliger, il croit que Muret alla directement de Villeneuve-d'Agen à Bordeaux, de là à Paris, puis à

Toulouse, et ne parle pas de son séjour incontestable à Poitiers. Sur le point même qui nous occupe en ce moment, si Benci, dans son oraison funèbre, croit que Muret vint de bonne heure à Paris, Jos. Scaliger retarde ce voyage.

Ménage et Niceron ont produit chacun leur argument pour établir l'invraisemblable séjour de Muret à Paris en 1546. Ménage prétend que Muret et Buchanan furent collègues à Paris; or, Buchanan a quitté la France en 1547; Muret serait donc venu à Paris avant cette année. Niceron repousse cet argument par une réfutation qui n'est pas valable : il dit que Muret ne put être collègue de Buchanan, par la raison qu'il avait douze ans quand le savant Ecossais quitta la France. C'est qu'il ne se rappelle que le départ de Buchanan en 1534. Mais Ménage a raison d'admettre un second séjour de Buchanan dans notre pays, qui se termine en 1547; seulement, comme le fait observer Lazeri (V. l'éd. Frotscher, I, 4), nous savons, par Buchanan lui-même, qu'en 1552, il était de retour à Paris. Muret a donc pu y être son collègue sans y être venu avant 1551.

Voici l'argument de Niceron : ce serait Gélida, ancien collègue de Muret à Paris, qui l'aurait attiré à Bordeaux; or, Gélida devint principal du collège de Guyenne en 1547; il avait donc connu Muret à Paris avant cette année. Mais dans les pages que nous consacrons à l'enseignement de Muret à Bordeaux, nous montrons qu'il n'est pas impossible qu'il soit arrivé au collège de Guyenne avant que Gélida en prît la direction. Si Niceron s'est aventuré en admettant que Gélida fut l'introducteur de Muret à Bordeaux, il a pu se tromper aussi en admettant qu'il avait été son collègue à Paris.

Lazeri dit que le séjour de Muret à Paris, en 1546, lui est suspect : il a bien raison.

APPENDICE B.

A Paris, Muret professait-il au Collège royal ou dans un collège particulier, en 1551-1553 ?

Il est certain que Muret professa au collège du cardinal Lemoine (1), puisque non seulement Ménage (2), mais Lambin (3) l'affirment. Mais il aurait pu, comme Ramus, professer à la fois dans un collège particulier et au collège Royal. Les expressions par lesquelles il désigne ses occupations à Paris sont peu précises : *eadem publice docueram Lutetiæ* (4), dira-t-il, par exemple ; ou bien il nous apprendra qu'il a jadis expliqué le *De divinatione* publiquement *in academia parisiensi* (5). Par explications publiques, il faut ici entendre simplement celles du professeur, par opposition à celles du précepteur ou du répétiteur. Du reste, dans les collèges, il y avait quelquefois des leçons où les

---

(1) Il y eut, d'après Ménage, pour collègue Buchanan, auquel Hofman, dans son *Lexique*, ajoute Turnèbe. Cela est moins certain quoiqu'il ait été lié avec ces deux hommes (Buchanan a écrit quelques vers d'éloges pour les *Juvenilia* ; Muret, le citant quelque part sans le nommer, l'appelle *homo ingeniosissimus et eruditissimus*. — Pour Turnèbe, Muret lui a communiqué quelques notes vers 1553. Voyez *Var. lect.*, X, 18 ; plus tard, il lui dédiera son édition des *Philippiques* en souvenir de *sa vieille amitié*. Mais nulle part il ne dit avoir été le collègue de l'un d'eux).

(2) *Anti-Baillet.*
(3) *De recta pronuntiatione linguæ latinæ.*
(4) *Var. lect.*, X, 8.
(5) Scolies sur Térence. *Œuv. de Muret*, Ruhnken, II, 689.

élèves du dehors étaient admis : par exemple, le cours de grec au collège de Guyenne (1). L'anecdote, rapportée par Benci, qui veut que le roi et la reine (Henri II et Catherine de Médicis), soient allés quelquefois entendre Muret, ne prouve rien : le roi et la reine, comme l'a dit Ménage, ont pu aller l'entendre dans un collège particulier (2). Le discours qu'il prononça, le 5 février 1552, sur l'excellence de la théologie fournit peut-être une indication plus concluante ? Non. Lazeri, Ruhnken, Frotscher admettent que les personnes qui ont chargé Muret du discours, dont l'autorité est puissante sur lui, et ne doit pas l'être moins sur tous, seraient les *præfecti Parisiensis Athenæi*. Mais, si Muret avait les hautes relations que suppose l'anecdote relatée par Benci et confirmée implicitement par Félibien, dans son *Histoire de Paris* (3), c'est peut-être à la cour, dans l'entourage du cardinal de Lorraine, que Muret a été prié de prendre la parole. On pourrait prétendre aussi que ces auditeurs, dont la compétence en pareille matière embarrasse Muret (4), sont des prélats, des docteurs, et qu'il parle en Sorbonne.

(1) *Histoire du collège de Guyenne*, Gaullieur, p. 220.

(2) Le bonhomme Colletet, par un piquant anachronisme, appelle ce roi et cette reine Charles IX et Elisabeth d'Autriche : le futur Charles IX avait alors de deux à quatre ans ; et Colletet s'écrie : « *O bon Dieu ! quel Roy et quelle Reyne et que ce siècle est heureux dont les Princes sont philosophes ou les philosophes sont Princes!* » Colletet ne dit pas que Muret ait enseigné au Collège royal ; il nomme seulement *l'académie de Boncourt et plusieurs autres collèges de l'Université.*

(3) Cité par M. Waddington, dans son étude sur Ramus. Félibien compte Ramus, Muret, Turnèbe, Dorat parmi les hommes estimés de Henri II.

(4) « At vos, viri optimi, quos partim hujus præstantissimæ disciplinæ (la théologie) verticem consecutos, partim illius sacris imbutos atque initiatos videmus » (*Discours* de Muret, I, 1, vers la fin).

APPENDICE C.

Muret poète français.

On lit dans la biographie manuscrite de Muret, par Colletet, que M. Tamizey de Larroque a bien voulu me communiquer : « Puisque je le mets icy au rang de nos poètes, encore suis-je obligé de m'expliquer sur ce point. Il composa véritablement plusieurs vers français, et quoy qu'il ne se soit pas donné la peine d'en faire un recueil, si est-ce que l'on en rencontre plusieurs de sa façon dans les œuvres de quelques-uns de ses amis.

» Ceux qui ont lu la *Médée*, de Jean de la Péruse, se peuvent souvenir que Muret l'honora d'un sonnet qui commence ainsy :

> Bons Dieux, qu'est-ce que j'oy ? Quel esclatant tonnerre
> Vient estonner mes sens ; plus fièrement grondant
> Que celluy qui s'esmeut quand de son foudre ardent
> Jupiter accabla les enfants de la terre ?

» Lorsque Gaspard d'Auvergne publia sa version du *Prince de Machiavel*, il crut que son travail n'auroit qu'à peine le *génie* de l'immortalité, si les vers de Muret n'en honoroient le frontispice. Aussy, fut-ce pour lui que notre poète composa ces autres vers :

> Les immortels nostre vie ont comprise
> En peu de jours, encor souvent advient
> Que, quand le goust le plus doux nous en vient,
> Elle est soudain par le destin surprise, *etc.*, *etc.*

» Ceux qu'il composa encore en faveur des vers amoureux d'Olivier de Magny, tesmoignent bien, s'il s'y fût appliqué davantage, qu'il n'y eût guères moins réussy que dans sa poésie latine. En voicy le commencement :

> Vers amoureux, vers doucement sonnez.
> Certains tesmoins d'une gentille flâme,
> Qui des oyans pénétrez jusqu'à l'âme,
> Tant qu'on les void de merveille estonnez.
> Vers si polis, vers si bien entonnez, *etc., etc.*

» Mais surtout ceste ode de longue haleine qu'il fit pour Jacques Gohorry, sur la traduction du Xe *livre d'Amadis*, imprimé à Paris, l'an 1557, ne laisse pas de me confirmer dans la creance où je suis que ce bel esprit estoit capable de tout. Elle commence de la sorte :

> Laissez le double couppeau,
> Muses, céleste trouppeau,
> Et venez voir la merveille
> D'un de vos plus favoris
> Qui du milieu de Paris
> Toute la France réveille.

» Et le reste qui, pour estre escrit d'un style assez rude, véritablement, ne laisse pas de contenir plusieurs belles et nobles expressions qui nous peuvent persuader que, s'il eust aussy bien cultivé sa langue maternelle que les langues estrangères, il tiendroit un rang très illustre parmy nos meilleurs autheurs françois. »

Colletet ajoute quelques lignes plus loin : « Il composa encore quelques discours françois. » Nous n'avons trouvé aucune autre trace de ces discours.

APPENDICE D.

Muret professa-t-il les humanités à Toulouse ?

D'après l'*Histoire générale du Languedoc*, des Pères Vic et Vaissette (XXXVIII, 24), Muret, « qui étudiait alors le droit à Toulouse, tint, dans le collège de l'Esquile, une école d'humanités. » Ce collège était un des deux établissements dont Henri II, en 1551, avait décrété la fondation pour remplacer plusieurs petits collèges que la même ordonnance supprimait. La mesure avait été prise à la demande des Toulousains : les deux nouveaux collèges devaient enseigner les langues hébraïque, grecque, latine et les arts libéraux. Ils allaient donc s'élever auprès de l'université de Toulouse, comme le collège royal en face de l'Université de Paris. Aussi, en 1553, le syndic du clergé de Toulouse se plaignit-il que le nouvel enseignement menaçât de faire tort à celui de la théologie, du droit civil et du droit canon. On n'en tint compte, et, dit l'*Histoire générale du Languedoc*, un des deux collèges, celui de l'Esquile, était déjà bâti en 1556 ; et cette même année, le 8 octobre, la ville, par la bouche du premier président de Mansencal, priait Jacq. du Faur, abbé de la Caze-Dieu, Toulousain, président des enquêtes au Parlement de Paris, de chercher de bons régents. Du Faur fit venir à Toulouse Turnèbe, qui y resta peu de temps. Or, si c'est seulement en 1556 que l'on s'enquit de professeurs pour ce collège, si, comme le disent encore Vic et Vaissette, l'autre collège date de 1567, Muret, qui passa en Italie en 1554, ne put enseigner ni dans l'un ni dans l'autre.

APPENDICE E.

Efforts du sénat de Venise pour assurer la tolérance religieuse aux étudiants de l'université de Padoue.

Beaucoup d'Allemands étudiaient à Padoue. Le sénat de Venise avait fort à faire pour protéger leur liberté de conscience contre le clergé appuyé par le pape, dont l'alliance était souvent nécessaire à la politique de la République. Quelquefois aussi les délégués du sénat témoignaient une fâcheuse complaisance pour l'Inquisition; mais toujours l'autorité supérieure intervenait, ne demandant aux Allemands, qui ne s'interdisaient peut-être pas toujours les provocations, que de ne point causer de scandale. Du reste, en général, les magistrats de Padoue entraient dans les intentions du sénat.

Voici, sur cette matière, quelques documents assez curieux tirés, pour la plupart, des archives de l'université de Padoue et empruntés aux *Actes de la nation allemande* (Faculté des arts, tome I; ce tome se rapporte aux années 1553-1591) ou aux *Lettres* de la même nation.

A la page 60 du tome précité de ces *Actes*, on lit les assurances de tranquillité données par les magistrats de Padoue aux Allemands. Le *préfet* (1) de Padoue a fait venir le *Conseiller* des *Légistes*, de cette nation, et l'a prié d'interdire à ses compatriotes l'accès des églises pendant les offices, de leur recommander de se tenir chez eux, d'éviter les controverses, la propagande et le désordre (*mala vivendi consuetudine*). Le conseiller qui sait que la

---

(1) Par les dénominations antiques de *préfet* et de *préteur*, les textes latins du temps désignent le *podestat* et le *capitaneo*.

nation allemande n'est pas tranquille du côté de l'évêque demande si, à ce prix, elle vivra en sûreté à Padoue. Le préfet répond : *securissimamente* (1560 ou 1561).

Au verso de la page 60 se trouve l'histoire de l'arrestation d'un certain Balthasar Weidacherus (?), précepteur des fils du baron Gaspard de Herberstein. Ce précepteur était, devant le *palatium* ou curie, avec un tailleur à qui il achetait des vêtements, quand on l'invite à se rendre auprès du préteur. Celui-ci le renvoie à l'évêque disant qu'il n'a rien à faire avec cet homme (*nihil sibi rei esse cum isto homine*). Conduit chez l'évêque, il y est retenu. Des étudiants allemands demandent des explications à l'évêque, qui répond que Balthasar est un clerc qui porte des vêtements laïques et qu'il donne chez lui de mauvais exemples contraires à la foi catholique (*Et contra fidem catholicam domi suæ multis modis esse malo exemplo aliis*) ; qu'ainsi, ce n'est pas sans motif qu'il a été arrêté. La nation allemande à qui le préfet venait, on l'a vu, de promettre la sécurité, délibère. Députation à Venise ; les députés se rendent chez l'ambassadeur de l'Empereur, qui dit que c'est une affaire délicate, surtout à cette époque (*negotium arduum esse, præsertim hoc tempore*), et qu'il espère à peine que Venise fasse quelque chose contre un évêque, de crainte de blesser le pape, avec qui elle va signer un traité ; il conseille une entrevue avec les réformateurs de Padoue et la rédaction d'une supplique qu'il présentera avec les députés. Ceux-ci vont trouver Nicolas da Ponte, qui leur dit : « Je n'accorderai jamais, jamais, jamais (il répète le mot jusqu'à trois fois), que l'évêque ait quelque droit sur vous. (*Se nunquam concessurum nunquam, nunquam, nunquam, ter enim repetiit hoc verbum, ut episcopus aliquid juris in nos habeat*). » Il leur promet de parler au doyen ; puis, quand ils reviennent, il leur dit : « Retournez tranquillement à Padoue ; vous n'avez absolument rien à craindre. La seigneurie de Venise a adressé aux très illustres préteur et préfet une lettre par laquelle vous saurez à quoi vous en tenir désormais. (*Revertimini feliciter Patavium ; estis tutissimi ; domini enim Veneti ad clariss. Prætorem et præfectum litteras dederunt ex quibus quid vobis posthac expectandum sit cognoscetis.*) » Les députés retournent à Padoue et vont trouver le préfet, qui congédie tout le monde pour leur donner audience, et leur dit : « La seigneurie de Venise voit d'un mauvais œil la conduite de l'évêque à l'égard de votre concitoyen. Le préteur et moi nous sommes allés le trouver et nous l'avons vivement blâmé et repris. Il croit avoir eu de justes motifs et n'avoir point outrepassé son devoir ; néanmoins, je vous promets la sécurité... L'évêque, de son côté, en pareille matière, procédera, dorénavant, avec plus de réserve. (*Domini Veneti ægre ferunt factum ab episcopo in vestrum... Ego quoque et prætor ea de re episcopum convenimus, non leviter objurgantes et reprobantes facta. Ille vero justas se habuisse causas putat et officii sui terminum non transgressum fuisse ; promitto tamen ego vobis securitatem... Episcopus quoque in ejusmodi rebus tractandis posthac magis caute procedet.*) » Les députés vont alors chez le préteur qui leur dit n'avoir rien encore reçu de Venise, mais qui leur garantit la sécurité : « Si la seigneurie de Venise, ajoute-t-il, m'autorise à vous donner grand comme ceci de liberté (il montrait son coude), je vous en donnerai grand comme cela (et il montrait son épaule.) (*Et si dominium Venetorum (monstrabat enim cubitum), tantum libertatis sit concessurum, tantum (humerum ostendens), se nobis daturum.*) » La nation allemande veut faire relâcher le précepteur arrêté. L'évêque, qui a fait incarcérer ce précepteur, écrit au baron de Herberstein, qu'il ne peut rendre la liberté au prisonnier, que cela dépend du Très Saint Père, auprès duquel le précepteur a été accusé et qui a ordonné son arrestation. Le bruit court que l'évêque a dit qu'il avait droit sur les laïques comme sur les clercs, et qu'il fera encore arrêter d'autres Allemands. Nouvelle députation à Venise. Le doge répond que Venise aime les étudiants allemands comme ses enfants; qu'elle les protègera et leur accordera toute liberté, pourvu qu'ils continuent à en user sans scandale. La seigneurie écrit dans ce sens aux magistrats de Padoue pour le précepteur; Venise remet l'affaire au légat impérial.

Viennent ensuite, dans les mêmes *Actes*, la lettre de l'évêque et celle du baron de Herberstein. La lettre du baron est d'une fermeté, d'un bon sens, d'une modération remarquables.

Déjà, quelques années auparavant, la nation allemande avait dû réclamer protection contre une audacieuse tentative. En 1555, elle avait adressé aux *Réformateurs* de l'université, parmi lesquels figurait alors le protecteur de Muret, Girolamo Ferri, une longue supplique dont nous détacherons les passages suivants : « Le 2 août, jour fixé pour l'élection du recteur, les membres de notre nation se réunirent en grand nombre dans le prétoire, suivant l'usage, pour déclarer, en bonne et due forme, leurs suffrages aux très illustres administrateurs de la cité, d'autant que, cette année, c'était aux ultramontains (1) à choisir le recteur. Nous présentions donc au préteur et au préfet notre conseiller pour la confirmation de ses pouvoirs ; à ce moment, des hommes de la faction adverse (qui n'avaient pourtant pas le droit de nous faire opposition puisqu'ils n'étaient pas ultramontains), sous

---

(1) C'est-à-dire aux Allemands, puisque nous sommes en Italie.

un prétexte de religion, entreprirent de le siffler et de le chasser comme indigne de prendre part à l'élection ; pendant ce temps, le préteur en personne nous interrogeait tour à tour et nous demandait d'attester par serment que nous vivions pieusement et catholiquement. Comme cela nous semblait tout à fait nouveau et inusité, et que, par cet interrogatoire, on nous empêchait, les uns après les autres, de voter, après de longues querelles, écrasés par la multitude et les clameurs de nos adversaires, nous fûmes chassés de la manière la plus blessante et la plus ignominieuse. Après avoir si honteusement éconduit notre nation qui, depuis longues années, présidait souverainement aux élections, ils obtinrent, sans peine ni opposition, ce qu'ils voulaient ; pour recteur, au lieu d'un ultramontain qu'exigeaient les statuts, ils prirent un homme de deçà les Alpes (1), et pour comble d'indignité, ils nous enlevèrent le siège de conseiller, que le droit et une longue tradition nous réservaient, et le donnèrent, non pas à des ultramontains, ce qu'on aurait pu à la rigueur supporter, mais, au mépris de toute équité et de tout usage, aux Piémontais, comme si, depuis que le monde existe, les Piémontais avaient jamais été comptés parmi les ultramontains..... (2). » La nation allemande souhaitait un

---

(1) Scipion de Ponte, Napolitain. V. les Actes de la nation allemande, Faculté des arts ; année 1553-1591, tome I, p. 7 et suiv. On y trouvera tout le détail de cette affaire et des intrigues préalables, rédigé par Georges Cellarius, le conseiller évincé dont il vient d'être question.

(2) « Quum ad 4 non. Augusti Rectoralibus Comitiis indictus esset dies et natio nostra frequens in prætorium pro more convenisset ut suffragia sua Clariss. hujus Urbis moderatoribus firma rataque exhiberet ; eoque magis quia ad Ultramontanos Rectoris curandi potestas hoc anno pertinebat ; quum coram Prætore et Præfecto Consiliarium

accommodement, « mais on finit par nous répondre ouvertement que ce qui s'était passé étant conforme aux statuts et aux lois, on ne reviendrait pas là-dessus, et que personne n'y pouvait rien changer; bien plus, le recteur Magnifique ajoutait qu'il nous fallait ou sortir de l'Italie ou, pour répéter ses paroles, être papistes. » La nation allemande recourt avec confiance à l'équité du sénat : « Qui, au nom des dieux (1), a jamais, dans cette florissante République, inquiété un Allemand sous prétexte de religion ? A supposer que les statuts exigeassent cette enquête, puisque le vénérable sénat de Venise, qui peut abroger aussi bien qu'établir les lois, *protège et défend sans cesse tous les Allemands, particulièrement ceux qui viennent chercher ici moins encore l'instruction que la li-*

nostrum confirmandi gratia sisteremus, tum adversæ factionis homines (qui tamen jure nobis opponere non poterant, quum Ultramontani non essent) Religionis nomine eum veluti indignum qui comitiis interesset explodere et abigere ceperunt, ipso interim Prætore de singulis interrogante, et ut juramento de vita pie catholiceque testaretur postulante. Hoc quum plane novum et inusitatum nostris hominibus videretur, atque, eadem plane ratione singuli a suffragiis ferendis arcerentur, tandem post multas rixas adversariorum multitudinè et clamoribus oppressi, cum summa ignominia et dedecore fuimus expulsi. Nostra igitur natione tam turpiter evicta in cujus nutu et auspiciis tota comitiorum ratio multis jam annis semper stetit, facile adversarii, nemine insistente, id quod volebant impetrarunt et Rectorem suum quem Ultramontanum esse statuta exigebant, ex Citramontanis designarunt; quod indignissimum est, Consiliarium, et jure et longa consuetudine nationi nostræ debitum, nobis eripuerunt illumque non Ultramontanis, quod aliquo pacto ferri potuisset, sed Pedemontanis quos nemo unquam, ex quo nati sunt homines, intra Ultramontanos commemoravit, dederunt contra omnem æquitatem et morem majorum. »

(1) La gravité de la circonstance ne peut corriger du paganisme littéraire le savant rédacteur de cette lettre.

berté, puisqu'il les accueille tout en sachant que la plupart ont en matière religieuse des opinions différentes, à la seule condition qu'on ne puisse les convaincre d'impiété ni de sédition, il montre clairement que cette loi ne s'applique pas aux Allemands (1). » Ceux-ci protestaient qu'une affaire de cette conséquence, qui embarrassait les plus grands princes de l'Europe (*quæ maximos quosvis Europæ principes sollicitos habet*) n'eût pas dû être traitée par des hommes pervers, et qui peut-être savaient à peine à quelle religion ils appartenaient (*ab hominibus improbis et qui vix forsitan cui religioni sint addicti nôrunt*). C'était une indignité, *res mehercule indigna*, qu'on eût marqué des Allemands de cette flétrissure dans une république dont tous les autres peuples élevaient jusqu'au ciel la franche liberté : *in hac republica quam libertatis immunitatisque nomine ceteræ nationes in cœlum efferunt laudibus.* « Si votre sagesse, illustres Réformateurs, n'efface pas cette tache, il n'y a personne d'assez insensé pour ne point mieux aimer vivre dans une autre université avec plus de commodité pour ses études et à moins de frais, au lieu de rester dans une ville où on lui ravit sa liberté, ses honneurs, pour ne lui laisser que la honte. S'il faut abso-

---

(1) « Quis enim, proh deorum fidem ! unquam Germano homini in hac florentissima Republica religionis nomine negotium exhibuit? Quod si vel statuta ipsa hoc inquirant, tamen cum sanctissimus ille Senatus Venetus, qui ut leges condere, sic abrogare et antiquare pôtest, Germanos semper omnes et eos præsertim qui huc non tam studiorum causa, quam libertatis et immunitatis spe conveniant suscipiat, foveat et amplectatur, quorum tamen majorem partem in iis quæ religionem concernunt diversas opiniones esse novit, ita, tamen, ut nec impietatis nec seditionis nomine a quoquam coargui possent, satis equidem manifesto ostendit legem illam in Germanis locum non habere. »

lument vivre ici, nul n'est assez dégénéré, assez abject pour ne point réclamer les mêmes droits, les mêmes privilèges et franchises dont jouissent les autres, pour ne pas lutter énergiquement en vue de recouvrer la liberté (1). » La religion qu'ils avaient sucée avec le lait de leurs mères, ils ne pouvaient, à leur entrée en Italie, s'en dépouiller comme d'un vêtement : *religionis ... quam ut cum materno lacte hausimus, sic in primo statim Italiæ ingressu veluti vestem exuere non possumus*. Ils essayaient d'exciter la sévérité habituelle du sénat contre les promoteurs de troubles. Enfin ils concluaient en demandant que si l'on ne revenait pas sur ce qui venait de se passer, au moins on les assurât pour l'avenir : « Qu'au moins à l'avenir nos ennemis ne se permettent plus de nous ravir par une semblable chicane nos suffrages et notre conseiller (2). »

Une peste qui interrompit les communications entre Venise et Padoue retarda le règlement de cette querelle. Les Allemands adressèrent en vain une nouvelle lettre le 1er décembre (*Lettere della nazione german. Artisti*, t. I, ann. 1565-1639, p. 4, verso). Par bonheur pour les Allemands, le 1er décembre, le recteur choisi par leurs ad-

---

(1) « Quod nisi vestra prudentia, Gymnasiarchæ amplissimi, elu tur, nemo tam vecors est, qui non malit in ceteris Italiæ Academiis majori cum commoditate studiorum et rei familiaris minori dispendio ... quam hic sublata libertate honoribus omnibus ereptis cum summo (*un mot illisible*) et infamia vivere. Nemo tam degener aut abjectus qui non, si omnino hic illi vivendum sit, eodem jure cum ceteris esse velit, iisdem privilegiis et immunitatibus frui atque (*mot illisible*) libertate recuperanda strenue depugnare. »

(2) « Modo ne in posterum simili calumnia vel suffragia nostra intercipere, vel Consiliarium retinere præsumant » (*Lettere della nazione germ. Artisti*, tome I, ann. 1565-1639, p. 2 et suiv.).

versaires décampa sans payer son hôte, ni ses fournisseurs : *insalutato hospite, insalutatisque creditoribus aufugit.* Le 23 du même mois, le sénat ordonna que l'on procédât à l'élection d'un nouveau recteur et que les Allemands recouvrassent leur plein droit de suffrage. L'affaire paraît toutefois s'être réglée par un compromis. Au mois d'avril 1556, on élut pour recteur le Piémontais qui avait été substitué au conseiller allemand évincé, et celui-ci recouvra ses pouvoirs (*Actes de la nation allemande.* Faculté des arts, année 1553-1591, 1er volume, *loco citato*).

Il faut avouer que l'autorité ecclésiastique devenant chaque jour plus pressante, le gouvernement vénitien osa de moins en moins protester formellement contre les décrets inquisitoriaux du saint-siège. Dans la pratique, il ferma sans doute les yeux sur l'hétérodoxie des étudiants; mais il dut feindre d'accepter en principe les ordonnances de Rome. C'est ce que montre l'affaire du Formulaire de Pie IV. Le 4 mars 1565, une bulle pontificale avait astreint tous les candidats au doctorat en théologie, en médecine et en droit, en Italie et hors de l'Italie, à prêter serment sur tous les articles de la foi romaine (*nisi in omnes articulos pontificiæ religionis juret*). La nation allemande s'était remuée pour obtenir que le sénat déclarât la bulle de nul effet à l'endroit des siens. Après une longue attente, elle sut que dans une conversation avec quelques-uns de ses membres, un réformateur de l'université avait déclaré incidemment, le 3 juillet, que, vu son affection singulière pour les Allemands, il s'emploierait pour qu'avant trois mois la bulle fût abrogée à leur égard ou du moins adoucie (1). Mais cette promesse ne rassura pas

---

(1) « Pro suo singulari favore erga Germanos sponte promisit se operam daturum ut inter trium mensium spatium ratione Germanæ

absolument les Allemands (1). De fait, une députation envoyée à Venise par la faculté de droit en fut pour ses frais (2). Les Allemands persistèrent à étudier à Padoue (3); mais en 1577 on constatait déjà que beaucoup d'entre eux ne prenaient plus leurs grades, et l'on attribuait cette abstention au serment confessionnel. Une nouvelle tentative pour obtenir l'abolition de ce serment échoua, parce que, dit-on, le mandataire n'avait pas pris assez l'affaire à cœur. Mais à la même époque quelle nation italienne, quelle nation catholique s'en tenait à entraver pour les hérétiques l'accès des grades universitaires? (Sur la tentative des Allemands en 1577, voir le même tome des mêmes *Actes*, p. 91, 92). Ils reconnaissent eux-mêmes qu'on les laissait bien tranquilles; quand, en 1575, ils voulurent prendre feu parce qu'on avait refusé l'ensevelissement en terre sainte à Giac. Paleocappa, recteur de l'école de philosophie et médecine, qui faisait gras les jours maigres, un d'entre eux les calma par ces paroles sensées : « Les Vénitiens diront que vous êtes bien exigeants, vous qui, non contents des privilèges con-

nationis, ipsius Bullæ vis infringatur, aut saltem aliquo modo mitigetur » (Actes déjà cites de la nation allemande, même tome, p. 40).

(1) Le rédacteur des Actes la faisait suivre de cette réflexion : « quid autem sit futurum eventus denique ostendet. »

(2) La Faculté des arts n'avait pas voulu envoyer de députation avant de connaître l'accueil fait aux légistes : « Et quidem prudens fuisse consilium eventus declaravit; omnes enim re infecta, sumptibus non exiguis Patavium sunt reversi » (V. le même tome des mêmes Actes, p. 44, *verso*).

(3) On sait qu'en 1578 ils demandèrent à Muret de venir enseigner parmi eux; il n'est pas inutile de se rappeler le mauvais vouloir qu'ils rencontrèrent en cette occasion auprès de certains magistrats. Les Actes de leur nation attestent néanmoins leur présence à Padoue de longues années après.

cédés par une indulgence singulière, prétendez qu'ils mettent aujourd'hui le comble à la colère déjà bien vive que leur conduite envers vous inspire au pape, et qui, lorsqu'ils vous accordent de n'être soumis ni de votre vivant ni après votre mort à aucune des cérémonies romaines, voulez qu'ils contraignent les prêtres et moines catholiques à vous admettre à leurs sacrements (1). »

Un incident de l'année 1579 montre bien comment le zèle catholique de certains fonctionnaires se trouvait tempéré par le calme de certains autres, peut-être à la plus grande joie de Venise, qui contentait le pape par les démonstrations des premiers, et assurait la paix de son université par le flegme des seconds. Le 30 janvier, un magistrat fit venir les personnes qui logeaient des Allemands, et, en présence de l'inquisiteur, leur déféra le serment; on leur demanda les noms et lieux de naissance des Allemands qui logeaient chez elles, s'ils allaient à la messe, s'ils l'écoutaient bien, s'ils vivaient en catholiques, s'ils faisaient maigre les jours obligatoires, et, dans le cas contraire, s'ils mangeaient de la viande devant les Italiens, s'ils disputaient sur la religion avec eux. Puis le magistrat qui faisait l'enquête, après avoir exigé le secret sur cet interrogatoire, alla faire de grandes plaintes (*atrocissimas in senatu querelas*) à Venise contre les Allemands. Le sénat écrivit au podestat Justiniani, pour qu'il exhortât les Allemands à vivre sans scandale. On leur reprochait de tourner le dos aux prêtres, quand ils allaient à l'église, d'y garder leurs chapeaux, de ne pas témoigner dans la rue de déférence aux ecclésiastiques, d'avoir de force porté de la viande sous les lèvres et sur les dents de per-

(1) Mêmes Actes, même tome, p. 76.

sonnes qui n'en voulaient pas manger les jours maigres, de ne point s'approcher des sacrements, et cependant de vouloir être enterrés en terre sainte, de montrer aux catholiques des livres prohibés. Le podestat leur fait reprocher tout cela par un tiers; il leur ordonne de faire appeler un prêtre dans leurs maladies, autrement ils n'auraient ni médecins ni sépultures. Par mauvaise foi, il prend pour un aveu une réponse du Conseiller de la nation allemande. Au contraire, le *capitaneo* fait un discours sur l'affection de Venise pour cette nation, sur la réserve (*modestia*) des Allemands, et dit que, moyennant qu'il n'y ait pas de scandale, Venise accroîtra la liberté au lieu de la diminuer. Il ne souffle pas mot de sépulture, ni de confession, ni de livres (1).

Le gouvernement vénitien accordait au saint-siège de plus grandes satisfactions dans la cité dominante (*città dominante*) qu'à Padoue. Le 16 mai 1567 (2), il prenait des mesures pour que tous les maîtres qui enseignaient les lettres latines ou autres fussent personnes religieuses de bonne vie et mœurs : *persone religiose di buona vita et buoni costumi*. Tous les maîtres, même ceux qui donnaient des leçons privées chez les particuliers (*etiam quelli che particolarmente insegnano in casa dei privati*), même ceux qui enseignent l'écriture et l'arithmétique (*scrivere et abbaco*) devaient, dans l'intervalle d'un mois, se présenter au révérendissime patriarche de Venise, « qui prendrait sommairement une diligente information de leur vie, de leur religion et de leurs mœurs (3); et, s'il leur trouvait

---

(1) Mêmes Actes, même tome, p. 113.
(2) Archives des Frari, Reg° Terra, n° 111, p. 733.
(3) Faudrait-il voir dans le rapprochement des mots, *diligente* et

les bonnes qualités susdites, leur délivrerait un certificat conforme, avec lequel ils pourraient continuer leur profession, sans lequel ils ne le pourraient (1). » Ceux qui, le délai expiré, enseigneraient sans être pourvus du certificat seraient punis par trois mois de prison, par l'interdiction pour deux ans d'habiter Venise et son territoire, et par l'interdiction perpétuelle de tenir école publique ou privée dans l'Etat tout entier (2). »

Mais je crois bien que ce décret ne fut pas appliqué : l'Allemand qui fit entendre raison aux étudiants protestants de Padoue en 1575, c'est-à-dire huit ans après, était professeur à Venise. Il est vrai que plus tard, entraînée par l'exemple, la République imposa l'orthodoxie dans les écoles de Venise. Une affiche, qui forme la page 330 de la *Busta* S, des archives des Frari, contient un décret du 26 août 1720 ajoutant aux devoirs des maîtres l'obligation d'enseigner une fois par semaine la doctrine chrétienne, afin que les enfants soient élevés dans la crainte de Dieu et le respect et l'obéissance convenables envers le prince sérénissime (3). Par contre, on

---

sommairement, une invitation au Patriarche à ne pas trop ouvrir les yeux ?

(1) «... al Reverendissimo Patriarca nostro, il quale debba pigliar della vita, religione, et costumi loro diligente informatione summariamente, et secondo che habbiano le buone qualità soppradette, debba darli una fede sua di haverli trovati tali, con la quale poi possano continuar detto essercitio, et senza la quale non sia licito. »

(2) « Sotto pena di star mesi tre in priggione serrati, et di bando di questa Città et suo destretto, per anni dui continui, et esser privati di poter mai più essercitar detto officio di tener scola publica o privata, così in questa Città e suo destretto, come in tutti li luoghi di stato nostro. »

(3) « Che siano obligati un giorno alla settimana insegnare la dot-

sait qu'à la même époque où les Jésuites étaient bannis de France, ils le furent aussi des Etats vénitiens ; les communes s'appliquèrent aussitôt à les remplacer dans la direction des écoles. Un décret du 30 décembre 1774 (1) vient à cet effet au secours de la commune de Padoue, et affirme (assertion également instructive si elle est exacte ou si elle est exagérée) que les élèves affluent dans les écoles substituées à celles des Jésuites. Enfin, en 1787, un décret qui confirme l'obligation pour les maîtres du certificat délivré par l'autorité ecclésiastique et soumet au même contrôle les livres et les méthodes, interdit aux membres du clergé de tenir école publique, à moins d'avoir suivi eux-mêmes l'enseignement donné par l'Etat (2).

APPENDICE F.

Sur les nobles Vénitiens qui professaient à Venise.

Les nobles Vénitiens qui aspiraient à professer dans leur cité étaient assujettis au concours, comme les candidats qui ambitionnaient les chaires de Padoue. Quand, par exemple, il fallut trouver un suppléant pour le patricien Ant. Cornaro, professeur de philosophie et théo-

---

trina christiana alli scolari, perchè siano educati col santo timor di Dio, e nella dovuta reverenza e ubbidienza al serenissimo principe » (26 août 1720).

(1) Page 774 de la Busta S, des Archives des Frari.

(2) « Resta proibito a Chierici veneti di tener scuola aperta dovendo tosto dimetterla che l'avessero intrapresa, nel che si terrà vigile il Magistrato ; publica intenzione essendo, che compier abbiano prima la propria loro istruzione delle Pubbliche scuole, con tanta pubblica cura istituite, e con tanto dispendio e sollecitudine mantenute. » (Arch. des Frari. Busta S, p. 347.)

logie à Venise, on décréta que tous les nobles qui voudraient concourir pour la chaire devraient se faire inscrire dans un délai de trois jours à la chancellerie (1). C'est également par un concours que l'on pourvoit à la suppléance du patricien Seb. Foscarini (2). Ces nobles, d'ailleurs, ne renonçaient pas aux emplois politiques. Les congés pris par Ant. Cornaro et Seb. Foscarini avaient précisément pour cause des missions officielles qui envoyaient le premier à Vicence comme podestat (3), et le deuxième dans l'île de Chypre comme ambassadeur (4). De même pour Ant. Giustiniani, professeur de philosophie et de théologie à Venise, à qui un décret du 24 janvier 1501 conserva sa chaire pendant son ambassade auprès du roi d'Espagne, attendu qu'il *exposait sa vie pour sa patrie* (5). Le décret relatif à Ant. Giustiniani lui réserve même expressément ses appointements, à charge par lui de se faire remplacer. La République n'accordait pas cette faveur aux professeurs qu'elle autorisait à s'absenter momentanément pour leurs affaires personnelles, ou qu'elle prêtait aux souverains étrangers, fût-ce au pape, qui réclamaient leurs lumières.

APPENDICE G.

La Commission de l'instruction publique dans les Etats vénitiens.

Le passage de fonctions universitaires à des fonctions

---

(1) 8 juin 1490, Busta 343-S, p. 465. Arch. des Frari.
(2) 20 juin 1521, Busta S, p. 469. Arch. des Frari.
(3) V. le décret précité de la Busta 343-S, p. 465.
(4) V. le décret précité de la Busta S, p. 469.
(5) Arch. des Frari, Busta S, p. 467.

politiques, et *vice versa*, que nous signalions dans le précédent appendice, avait des inconvénients que dénonce et corrige le décret suivant du 29 juin 1557.

« Les intérêts de l'université de Padoue, qui importent à notre Etat et l'honorent, comme tout homme compétent peut s'en convaincre, sont troublés et endommagés parce que depuis plusieurs années on est obligé de faire si souvent élection de Réformateurs, que parfois les élus ne restent pas deux ou trois mois en charge et ne peuvent, dans un si court délai, se bien informer et pourvoir avec opportunité aux choses nécessaires, comme cela se pratiquait quand ces Réformateurs duraient deux ans de suite en charge. En conséquence, il sera décidé que, nonobstant le décret de 1551 de notre grand Conseil, les susdits Réformateurs qui seront élus à l'avenir ne devront pas sortir de charge, même s'ils sont élus pour tel collège, magistrature, conseil ou office que ce soit dans cette cité, mais devront rester en charge deux années de suite, lesquelles finies on devra les remplacer suivant l'usage... » Ce décret fut ratifié dans le grand Conseil le 11 juillet (1).

---

(1) « Le cose del studio di Padoa, che sono di quella importantia et honor al stato nostro, che da ogni pratico può ben esser considerato, vengono a passar con disordine e danno, poichè da pochi anni in qua si convien far così spesso elettion delli reformatori di quel studio, che tal volta non durano doi o tre mesi per uno, et non pono in così breve spatio ben informarsi, et opportunamente proveder a quanto è necessario, come si solea far quando essi reformatori duravano nel carico preditto per doj anni continui, però :

» L'anderà parte, che non ostante la parte del 1551, 20 Zener del nostro mazzor cons° li reformadori predetti, che saranno eletti nel advenir non debbano uscir di quel carico se ben sarano eletti, o di collegio, o in altro magistrato, cons° o qual si voglia officio in questa città, ma debbano continuar in quel carico per anni doj con-

APPENDICE H.

Concours pour les chaires universitaires à Venise et à Padoue. — Egards du gouvernement vénitien pour les professeurs. — Comment il accueille les réclamations des candidats aux grades universitaires contre les décisions des jurys d'examen. — Son zèle pour l'instruction publique.

Chez nous les aspirants aux fonctions universitaires se trouvent classés une première fois par ordre de mérite le jour où ils obtiennent le grade de licenciés, une seconde fois quand ils obtiennent le titre d'agrégés. A une époque où aucun des grades universitaires ne se donnait au concours, le gouvernement vénitien était si pénétré de la nécessité de comparer les mérites des candidats, qu'on le voit, à des dates fort éloignées les unes des autres, prendre des mesures pour les éprouver. On trouve des décrets sur ces concours au quinzième, comme au seizième, comme au dix-septième siècle (1). Ces concours étaient fort solennels; l'exorde de Muret dans le discours d'épreuve qu'il prononça le prouve assez. Le sénat comprenait toutefois que quand un homme avait fait ses preuves il était superflu de lui demander des garanties.

---

tinuj, liqual finiti, si debba poi far in luogo suo secondo il consueto » (Senato I. Reg° 41. Terra 1557-58, p. 30 tergo).

(1) V., par exemple, Busta S, p. 363, un décret du 22 avril 1463. V. Busta S, 343, p. 465, un décret du 8 juin 1490. V. Senato, I, Reg°, 42, Terra 1559-1560, le décret du 14 janvier 1559; et Busta S, p. 543, un décret de 1603 (Arch. des Frari).

Il semble en effet que ni Sigone ni Alde le jeune ne furent soumis à l'épreuve du concours, et que le premier fut nommé sur la foi de sa réputation parmi la jeunesse et les maîtres; le second sur la foi de l'instruction qu'il avait reçue de son illustre père, Paul Manuce (1). Mais ces exceptions répugnaient au gouvernement.

Lorsqu'au lendemain de la ligue de Cambrai, qui avait contraint de suspendre pendant trois années l'enseignement public, *non sine publico dedecore et jactura*, quelques magistrats proposèrent de nommer Greg. Amaseo professeur de littérature latine et Musuro professeur de littérature grecque, le Conseil préféra ouvrir un concours (2). Le même Gregorio Amaseo avait été nommé sans concours, quelques années auparavant, pour remplacer Georg. Valla qui venait de mourir. « Cette nomination ayant été faite contrairement à la coutume de la cité, qui est qu'avant de conférer ces chaires on éprouve plusieurs compétiteurs qui ensuite doivent être l'objet d'un vote du Conseil pour que le plus érudit soit

---

(1) V. le décret du 4 novembre 1552, Busta S, p. 392 où l'on déclare avoir eu information de la suffisance de Sigone *da diverse vie*; nous rappelons d'ailleurs dans notre texte que Sigone dit que le gouvernement, en le nommant, avait *ratifié pour ainsi dire la prérogative des étudiants*. V. aussi le décret du 7 juin 1578, Busta S, p. 405, où l'on fait choix d'Alde le Jeune parce qu'il a toute sa vie étudié la littérature et qu'il est élève de son père, de sorte qu'on peut espérer qu'il réussira de tout point dans l'enseignement, *in modo che si può sperare che sia per far ogni buona riuscita nel legger*. Un certain Rizzo paraît aussi avoir été nommé sur la demande des étudiants et sur sa réputation : *dovendosi proveder d'un buon lettor per satisfattion di quei scholari, quali havendo raccordato più volte l'eccellente messer Zuan Rizzo, havendosi di esso Rizzo havuta buona informatione, è a proposito di condurlo al detto luogo*.

(2) Décret du 23 janvier 1511, Busta S. p. 377.

choisi, fut suspendue par l'avogador Franç. Foscari, patricien (1), » et un concours fut ordonné (2).

Mais une fois sûr du mérite des professeurs, le gouvernement vénitien les traitait avec plus d'égards qu'aucun des gouvernements de ce temps-là. Je ne parle pas des augmentations de traitement qu'il accordait en récompense des bons services : c'était là une nécessité à laquelle se résignaient les pouvoirs les plus indifférents ; mais je parle des termes pleins d'affection et d'estime dans leur franche brièveté dont il honorait leur dévouement. Y a-t-il beaucoup de gouvernements qui avouent, du vivant d'un fonctionnaire, que ses services honorent ses concitoyens et que sa renommée n'est pas indépendante du traitement qu'il touche ? Le 28 novembre 1530, un décret déclarait que Battista Egnazio ayant professé de longues années « avec grand concours, satisfaction et utilité des étudiants, et honneur non vulgaire de cette ville, à cause de sa singulière doctrine et qualité, il est bien convenable, puisqu'on vient de porter de 100 à 160 ducats les appointements d'Ant. Tilesio, qui professe seulement dans l'école de la Chancellerie, de faire en sorte que le Dr Egnazio, professeur principal de la même science, aux appointements de 150 ducats, ne soit pas dans une infériorité de traitement et par suite de renommée, *car la renommée dépend du traitement ;* d'autant que,

---

(1) « Quæ deliberatio quia facta fuerat contra consuetudinem hujus civitatis nostræ, quæ est, quod antequam hujus modi lecturæ conferantur, fiat periculum plurium competitorum qui postea ballotari debeant in hoc Cons°, ut eruditior deligatur, suspensa fuit per virum Nobilem S^r. Francum Foscari, tunc advocatorem nostrum Comnis. »

(2) 30 nov. 1503. Busta 343-S, p. 372.

vu la rareté actuelle des personnes instruites et éloquentes, on donne aujourd'hui à Padoue et à Bologne à ces professeurs, non plus 150 ducats, comme autrefois, mais 300 (1). » Et l'on vota 200 ducats pour Egnazio (2). Quelle franchise encore et quel accent généreux dans ce décret relatif à Sigone : « L'excellent messer Carlo Sigone, de Modène, qui professe le cours public d'humanités dans notre cité, n'a pas seulement répondu à l'attente et à l'opinion qu'on avait de sa doctrine, mais l'a surpassée, ayant professé et professant encore au milieu d'un nombreux auditoire, et à la satisfaction des étudiants; il y apporte tout le zèle et toute l'application possibles, comme chacun peut le savoir et comprendre ; aussi convient-il qu'on lui fixe un traitement tel qu'il puisse, d'une âme plus tranquille, continuer ses travaux habituels et ses leçons pour l'utilité publique, suivant l'usage observé envers de semblables professeurs dans notre cité (3). »

(1) Reg° Terra, n° 26. C. 77, p. 383. Archiv. des Frari.
(2) V. encore un décret du 10 janvier 1561 *in Rogatis*, c'est-à-dire du Conseil des *Pregadi* ; et Senato I, Registro 39, Terra 1553-54, un décret du 16 sept. 1553 relatif à Guido Panciruola. Sur les expressions flatteuses dont le gouvernement honorait le mérite, voir Senato I, Registro 42, 1559-60, p. 76, deux décrets du 17 nov. 1559 concernant l'un M. Antonio da Genova, l'autre, Gab. Fallopio. Voir encore Senato I, Registro 39, Terra 1553-54, p. 90, tergo. Arch. des Frari.
(3) « L'ecc.te M. Carlo Sigonio da Modena, il qual leze la lettion publica di humanità in questa nostra città, ha nell' officio suo di legere non solamente risposto all' espettatione, et opinione, che si haveva della dottrina sua, ma etiandio l'ha superata, havendo letto, et tutta via legendo la detta lettion con molta frequentia, et satisfattion de scolari, nel che egli usa ogni diligentia, et industria, come ogn'uno può sapere, et intendere, per le qual cose, è conveniente che gli sia constituito tal salario, chel possa con l'animo più quieto continuar nelli consueti studi, et lettioni soe a publica utilità si

Et les appointements de Sigone sont portés de 160 à 220 ducats. Mais nul décret n'est plus touchant que celui du 1er avril 1530, qui autorise Seb. Foscarini, fatigué par l'âge, à se faire remplacer : « Il a toujours été de règle dans notre Etat de récompenser ceux qui ont longtemps et fidèlement servi, dans la profession des lettres comme dans celle des armes ; en conséquence, notre cher patricien Seb. Foscarini, docteur, ayant professé à Saint-Jean-du-Rialto plus de vingt-cinq ans, à la grande satisfaction universelle et à son grand honneur, de manière que les années s'ajoutant à la faiblesse de sa complexion, les leçons assidues et fréquentes lui sont fort nuisibles, on doit raisonnablement avoir pour lui les égards habituels et que dans des cas semblables on a observés dans notre cité ; en conséquence, il sera décidé que le susdit patricien de Venise Seb. Foscarini, docteur, aura la faculté de prendre un suppléant qui soit docte, capable, et agréable aux étudiants, et qui enseigne à sa place quand il ne pourra le faire, à la charge d'être payé par lui, de façon que Notre Seigneurie n'ait aucun accroissement de dépenses, afin que par ce moyen il puisse éprouver quelque goût de notre faveur pour la conservation de sa vie vieillie à notre service (1). »

come è stato sempre solito di farsi nelli professori di tal sorte di lettere in questa città nostra » (Arch. des Frari. Senato, I, R° 39. Terra 1553-54, décret du 19 janv. 1553, p. 90 tergo et 91).

(1) E stà sempre istituto del stato nostro ricognoscer quelli che longamente et fidelmente ne hanno servito si nella profession di lettere come in quella della arme, unde avendo il Dil° Nob. nostro Seb. Foscarini Dr letto la lettura a S. Zuan de Rialto più di anni 25 con grande satisfattion universale et onor suo, in modo che per li anni accresciuti alla sua non molto gagliarda complexione si è di grandissimo nocumento l'assiduo et frequente leggere ; per il che ragione-

Citons encore, autant pour la singularité du fait que comme preuve des égards témoignés aux professeurs méritants, un privilège accordé, le 18 décembre 1545, à un docteur parisien pour l'exploitation d'une méthode d'enseignement qu'il avait inventée : « Nous accordons à messer Antonio Catalano, docteur parisien, que pendant les dix prochaines années il ne soit licite à personne, sauf sa permission, d'enseigner la grammaire suivant sa méthode, soit dans une école publique soit dans une école privée, ni d'imprimer ni de faire imprimer cette méthode à Venise ou dans un autre lieu de la République, ni d'en vendre des expositions imprimées ailleurs, sous peine de 200 ducats pour tout contrefacteur, avec perte de l'ouvrage ; l'amende sera partagée par tiers entre le dénonciateur, le magistrat chargé de l'exécution et le docteur Antonio, requérant (1). »

volmente se li die aver quel debito rispetto, che si suol aver et in simili casi è stà osservà in questa città nostra, però :

L'anderà parte che al prefº Nob. nostro Seb. Foscarini Dr sia concesso che'l possi mettere uno substituto che sia dotto sufficiente, et grato alli studenti, el qual abbi a leggere in loco suo, quando lui non potrà leggere, et sia da lui pagato, sicchè la S. N. non abbia più spesa di quello che l'ha al precedente, acciò con questo mezzo possi sentir qualche gusto della gratia nostra a conservation della vita sua invecchiata nelli serviti nostri » (Busta S, p. 658).

(1) « Che sia concesso a D. Antonio Catalano Dr Parisiense che per anni X prossimi non sia lecito ad alcuno senza permissione sua insegnar ad altri la grammatica in quel nuovo modo che egli la insegna tenendo scola publicamente over privatamente, nè stampar, nè far stampar questo suo modo in Venezia nè in altro luogo del Dominio, nè altrove stampato in quello vender, sotto pena di D. 200 a chi in modo alcuno contrafarà et etiam di perdere l'opera, la qual pena sia divisa per 3º tra l'accusator, quel Magistrato over Rezimento che farà l'esecutione, et lui Dottor Antonio supplicante » (Busta 343-S, page 387. Arch. des Frari).

Le sénat donnait encore une précieuse marque d'estime aux professeurs en faisant respecter les décisions des jurys d'examen. Un certain Giov. Battista di Turlani, de Cittadella (1), prétendit un jour que son fils avait été injustement refusé dans un examen par les docteurs de la faculté de droit.

La Seigneurie renvoya sa réclamation aux Réformateurs de l'université de Padoue. Ceux-ci entendirent dans plusieurs audiences les secrétaires de la faculté et les avocats du requérant. La faculté, pour toute défense, exposa ses statuts, qui lui accordaient le droit d'admettre ou de refuser souverainement les candidats. Les Réformateurs émirent l'avis qu'on ne devait pas déroger à la tradition (2). Deux jours après, le doge Franc. Donato adressait au podestat et au capitaine de Padoue une lettre qui résumait le débat et concluait ainsi : « Suivant le conseil des hommes doctes et distingués ci-dessus mentionnés, et désireux de maintenir tous les privilèges, droits, juridictions dudit collège, nous déboutons de sa demande Giov. Battista comme réclamant des choses injustes et nouvelles, et nous déclarons que les décisions prises contre lui et son fils ont été bien et dû-

---

(1) Petite ville au nord de Padoue.

(2) « In vero, » disent les Réformateurs de l'université, « havemo chiaramente conosciuto essere in mero et libero arbitrio, et facultà di essi Ecc^{mi} Dottori di admettere et approbare, overo reprobare, et reicere a loro beneplacito, quelli che dimandano esser admessi nel loro Coll^o, nè havemo veduto che *mai in alcun tempo* tal loro reprobationi siano state revocate in dubio avanti la Serenità vostra, nè di alcun altro Magistrato, come ne pare che non debbano esser revocate. » 30 janvier 1549. Archives de l'Université de Padoue : « Ducali, Parti, Decreti dell' Ecc^{mo} senato e Ecc^{mi} Rettori... » 1447-1775, p. 7.

ment rendues, et qu'il n'y a point lieu de les attaquer (1). »

Le zèle du gouvernement vénitien pour l'instruction publique n'est pas moins digne d'être signalé. D'autres Etats, avant notre siècle, ont pu avoir l'ambition de recruter de brillants professeurs et de fonder des universités célèbres, mais nul n'a désiré si vivement faire pénétrer l'instruction gratuite dans tous les rangs. Nous avons cité à la fin de notre V^e chapitre un décret du 23 mars 1551 qui instituait des chaires de littérature et de grammaire, et en même temps chargeait deux nobles et un *contadino* par quartier d'exciter les enfants à suivre les leçons. Un décret de novembre 1567, qui règle certaines difficultés d'exécution, insiste pour que les maîtres soient répartis dans la ville, de telle manière que tous les jeunes gens puissent les suivre. Les professeurs devront ne point faire payer les élèves; ils leur feront faire et corrigeront devant eux des imitations ou des lettres (2). Une affiche de 1626, qui forme la page 317 de la *Busta* S, et qui vise une délibération du sénat du 4 novembre 1578, impose aux professeurs de quartiers deux leçons tous les jours ouvrables : l'une le matin de trois heures, l'autre l'après-midi de trois ou deux heures, suivant les saisons ; les textes d'explication seront, pour le matin, les lettres familiè-

---

(1) « Sequentes consilium præfatorum studiosorum hominum sane præstantissimorum, cupientesque Privilegia, Jurisdictiones juraque omnia dicti collegii semper salva esse, Decrevimus missum facere ipsum Joannem Baptam, tamquam injusta novaque petentem et quæ adversus eum, filiumque suum Placuit Collegio decernere, jure ab eo potuisse fieri, neque ea in dubium revocari debere, statuimus. »
V. le recueil précité, fin du verso de la page 7 et recto de la page 8.
V., sur une affaire analogue, même recueil, verso de la page 8.

(2) Busta S, page 315. Arch. des Frari.

res de Cicéron ; pour le soir, Térence. Les professeurs logeront d'habitude dans les maisons où ils professent, afin d'être prêts à l'heure des cours ; une enseigne apposée à la maison portera ces mots : « Ici on enseigne la grammaire et les humanités gratuitement par décret de l'excellentissime sénat et par ordre des excellentissimes seigneurs Réformateurs de l'université de Padoue (1). » A la fin du dix-huitième siècle, ce zèle pour l'instruction populaire n'était pas affaibli : le 25 septembre 1778 on ordonnait aux députés d'une certaine commune de trouver *un lieu décent et convenablement situé* pour une école. « Le maître devra traiter tous les enfants, de quelque condition qu'ils soient, avec un même zèle et une même affection, sans distinction aucune ni préférence. Les députés de la commune devront visiter l'école au moins une fois par semaine, et, s'ils y trouvent quelque désordre, en faire part au gouvernement pour s'en tenir toujours à ses délibérations (2). »

APPENDICE I.

Ecole de la Chancellerie à Venise. — Le gouvernement vénitien établit des cours de politique.

Une des innovations de notre siècle a été la création d'une Ecole des sciences politiques. Venise, bien avant que l'on s'avisât chez nous d'instituer des écoles militaires, avait compris la nécessité de former des jeunes gens

---

(1) « Qui s'insegna grammatica et humanità senza premio per decreto dell' eccellentis. senato et ordine delli Eccellentis. Signori Reformatori del studio di Padoa. »
(2) Busta S, page 752. Arch. **des Frari**.

en vue des fonctions administratives. A coup sûr elle n'avait pas, dès le quinzième siècle, inventé les sciences modernes du droit international, de la législation comparée, etc., etc. ; mais c'était déjà quelque chose que de choisir, en vue des carrières administratives, un petit nombre de jeunes gens dont l'instruction serait suivie de près et dont un professeur serait chargé d'apprécier le zèle et la capacité. Venise depuis longtemps entendait que sa Chancellerie, « par laquelle passaient toutes les affaires publiques et secrètes de l'Etat, s'appuyât sur des personnes capables et suffisantes » (quod..... *Cancellaria nostra per quam transeunt omnia facta status nostri et privata et publica foret fulcita personis sufficientibus et idoneis)*, et qui en toutes circonstances, au dedans comme au dehors, pussent être employées utilement et inspirer la plus entière confiance (*Quæ in omnibus casibus tam intus quam extra possent utile exerceri ac de eis haberi posset plenissima confidentia*). Elle avait donc chargé des magistrats de choisir douze jeunes gens qui, moyennant une indemnité annuelle de dix ducats, s'engageraient à suivre des cours à eux destinés. Le professeur était tenu d'étudier leurs facultés et de déclarer à l'autorité, sous peine de perdre ses appointements, ceux d'entre eux qui ne seraient pas aptes à apprendre, pour qu'on les remerciât et qu'on les remplaçât par d'autres (1). Ainsi s'exprime un décret du 7 juin 1567 (2).

L'école de la Chancellerie existait d'ailleurs bien avant ce décret. Elle datait du 7 juin 1446. Le 5 décembre 1508,

---

(1) « Sub pœna privationis salarii teneatur denotare dominio qui non erunt apti ad discendum, et dominium teneatur illos cessare et alios eorum loco subrogare. »

(2) Archives des Frari, reg° terra, n° 43, *carte* 147, page 733.

on ordonnait déjà au professeur, pour que l'Etat *ne supportât pas une dépense inutile et infructueuse* (1), de remettre au Conseil des Dix, sous la foi du serment et sous peine de perdre ses appointements, une note secrète sur la capacité ou l'incapacité des élèves (2). Sans doute, l'enseignement donné aux futurs agents de la République ressemblait bien à celui qui formait les simples lettrés : la grammaire, la rhétorique (3), des imitations des lettres de Cicéron (4). Mais quand on voit comment le gouvernement comprenait la philosophie morale dont il imposait l'enseignement aux professeurs de philosophie naturelle, quand on l'entend spécifier que la morale, outre l'éthique, comprend l'économie et la politique, et réserver deux leçons par semaine à l'exposition de ces trois sciences capitales (5), il est impossible de ne point penser que les élèves de la Chancellerie ont dû recevoir, outre l'instruction littéraire commune à tous, une préparation spéciale. Un décret du mois d'octobre 1553 exprime formellement l'intention de faire enseigner les principes de la politique : le professeur de philosophie naturelle, outre son cours, devra donner, le vendredi et le samedi, une leçon de philosophie morale, « c'est-à-dire expliquer l'*Ethique*, l'*Economique* ou la *Politique* d'Aristote, suivant qu'il semblera préférable, afin que les hommes appren-

---

(1) « *Ne dominium nostrum inutili et infructuosa impensa gravetur in ipsis juvenibus.* »

(2) « *Sub debito sacramento quod ei dari debeat et sub pœna privationis salarii sui teneatur dare secretam noticiam de hoc capitibus Consilii Decem* » (Archives des Frari, Busta S, p. 376).

(3) V. le décret précité du 7 juin 1567.

(4) V. le décret précité du 5 décembre 1508.

(5) Archives des Frari, décret du 8 mars 1571, Busta S, p. 483.

nent par telles leçons à se gouverner eux-mêmes, à conduire leur maison et *aussi la République* (1). »

Ces leçons données aux élèves de la Chancellerie ne semblent pas avoir été publiques, non que le professeur qui les donnait bornât toujours ses soins aux futurs secrétaires de l'Etat ; car si un décret précité du 28 novembre 1530 oppose Tilesio, qui enseigne seulement à la Chancellerie, à Egnatio, professeur principal qui professe un cours public (2), un décret également précité du 5 décembre 1508 ordonne au professeur de la Chancellerie d'instruire aussi les fils des nobles et les fils des simples citoyens qui viendront l'entendre (3). Mais, dans ce dernier cas, les deux auditoires devaient être séparés. Le décret du 30 avril 1530 s'exprime ainsi : Le professeur sera tenu, « outre la leçon aux élèves de notre Chancellerie, de faire aussi un cours public dans notre ville de Venise pour l'universel profit des nobles et des bourgeois (4). »

APPENDICE J.

Deux notes rédigées par Muret au nom du cardinal Hippolyte d'Este et destinées à être mises sous les yeux du pape (Bibliothèque Barberini à Rome, XXX, 79, p. 45 et suiv.).

Pro promotione.

« Bme Pr, Diligenter et attente audivi ea quæ a Rmo pro-

---

(1) *Ibid.*, senato I, reg° 39 terra, 1553-1554, p. 56.
(2) Reg° Terra, n° 26, C° 77, p. 383.
(3) Busta S, p. 376.
(4) « Essendo obligato ultra la lectione a quelli della Cancelleria nostra, etiam publicamente leggere una lettione in questa città nostra di Venezia per universal utilità dei nobili et cittadini » (Busta S, p. 655) (Arch. des Frari).

tectore dicta sunt : quibus perpensis ac consideratis, censeo eum qui a rege Ch^{rmo} nominatur ad episcopale munus admitti sine ullo periculo posse. Primum enim natus est genere illustri, iisque majoribus qui cum ceteris virtutibus, tum pietate erga Deum et observantia erga sedem applicam perpetuo excelluerunt. Hoc ego plurimum apud nos valere debere arbitror..... Est et hoc in magna nobilitate commodi, quod affert auctoritatem qua nihil efficacius est ad populum in officio continendum. Nec illud quidem parum momenti habet quod plura et magna munera publica cum laude sustinuit; et eorum nonnulla in ea ipsa civitate in qua si S. Vestræ videbitur episcopatum gesturus est. Jam populus ille eum spectare, ab ejus nutu pendere, ad illius imperium mores suos componere assuevit et incredibili quadam in eum esse benevolentia dicitur..... Vanum est quod objicitur ita eum in magnarum rerum occupatione semper occupatum ac districtum fuisse ut toto pectore aliis omnibus omissis in (*mot illisible*) studia incumbere et ad excellentem doctrinæ magnitudinem pervenire non potuerit; sacri autem Tridentini concilii legibus definitum esse ut qui ad episcopatum promovendus est aut Theologiæ sit aut Juris Pontificii doctor aut certæ publicæ alicujus Academiæ testimonio ut excellenti doctrinæ copia instructus commendetur. Ego autem, B^{me} P^r, si semper homines reperiri possent omni ex parte tales quales a sacrosancto descripti informatique sunt, nullis aliis Ecclesiarum gubernacula committenda censerem. Sed existimo pios illos patres fecisse sibi ut in aliis rebus plerosque laudatissimos scriptores fecisse novimus, proposuisse nobis speciem et exemplar quoddam Episcopi numeris omnibus absoluti; non quod multos plane tales facile reperiri posse confiderent : sed ut quo quisque propius ad illud exemplar accederet, eo præstantior et ad subeundum Episcopi munus magis idoneus haberetur. Nam si cui quid absit eorum quæ illi requirunt, etiam si ei cetera omnia abunde sint, nullum admittere ad Episcopatum volumus, brevi sane futurum, ut multas Ecclesias rectoribus carere videamus. Itaque non ii soli admittendi in quibus ea omnia insunt, sed ne illi quidem repudiandi in quibus eorum quam paucissima absunt. Hoc posito, quod mihi quidem verissimum videtur, existimo illam tantam doctrinæ copiam, quæ in hoc non esse dicitur, sanctitate vitæ, auctoritate ipsius apud illum populum, caritate atque observantia populi erga eum, aliis rebus sarciri compensarique posse. Non enim, ut opinor, ab episcopo illud exigimus ut de abditis et reconditis in Theologiæ obscuritate quæstionibus accuratas et exquisitas disputationes instituere, non ut omnia obscura illustrare, ambigua distinguere, ardua explanare possit: quæ qui præstent etiam in iis qui aliis omnibus curis soluti totum vitæ suæ tempus in studiis consumpserunt, paucissimi reperiuntur: satisque esse ducimus si populo sibi commisso, quid credendum, quid agendum, quid sperandum sit ostendere, cum ad illa omnia non voce magis quam auctoritate et exemplo incitare posse videatur. Dictum est a veteribus mores dicentis plus valere ad persuadendum quam orationem. Ipsi Apostoli qui religionem nostram per totum orbem disseminaverunt, non tam eruditione et eloquentia quam innocentia et integritate vitæ insignes fuerunt. Et in Conciliis generalibus legimus acerrimos hæreticos qui ab eruditissimis hominibus redargui et confutari non potuerant, interdum ab Episcopis non illis quidem admodum eruditis sed vitæ sanctitate præstantibus concussos et elingues redditos esse. Ad summam si nihil aliud quam aliquem Theologiæ aut Juris Pontificii doctorem quærimus, non erit difficile Regi aliquem ex eo genere nominare : sed videndum etiam atque etiam est, si hunc repellamus, ne non facile alius quisquam æque illi populo gratus, æque ad Ecclesiam illam regendam appositus reperiatur. »

Un autre rapport, peut-être inachevé, plus court dans tous les cas, et sur le même sujet, présente les mêmes idées. On y trouve toutefois un curieux passage sur la valeur des grades universitaires du temps :

« Uti ad populi salutem aliena doctrina (episcopus) potest; aliena sanctitate vitæ, aliena auctoritate, amore populi erga alium non potest..... Et vero si res ipsas expendere, non ad opinionem omnia dirigere volumus, quis est qui nesciat quam facile sit hoc tempore homini qui modo prima elementa non ignoret, ad Doctoratus, ut aiunt, gradum promoveri ? Ita loquimur, quasi nesciamus ista omnia nomina vulgo venalia esse : et quasi exempla desint eorum qui earum artium doctores creati sint quarum vix nomina ipsa emendate pronuntiare potuissent. Quorum si hic aliquid simile facere voluisset, valde scilicet ei difficile erat data exigua pecunia reperire a quibus isto titulo decoraretur. Ingenue ac simpliciter agere maluit et eo digniorem illum judico cui faveamus. Doctores, Bme Pr, facile reperiuntur; viri vere boni et graves, et auctoritate præditi, qualis hic esse dicitur, non facile reperiuntur. »

APPENDICE K.

Rapport du coadjuteur du recteur de l'université de Rome, Silvio Antoniani (1566). (Documents

tirés de l'*Armario VII delle Miscell. dell' Archivio Vaticano*, tome 93, par l'abbé Murani.)

Silvio Antoniani se plaint, dans une lettre à *Illustrissimi e Reverend*^{mi} *Signori* (1), de l'archibedeau : « Che chiamandosi egli Bidello Puntatore, ed essendo questo il suo proprio carico, non ne fa nulla. Più volte ho trovato o in fatto mancarvi alcuno lettore, ho comandato al bidello che formasse un libro, et notasse chi mancava, et me lo facesse poi vedere, ad effetto di farne dimostrazione, nè mai ha voluto ubidirmi. E obligato ad introdurre i Lettori nelle scuole, moltissime volte sono andato allo studio, et non ve l'ho trovato, non tenendo egli conto alcuno per picciolo guadagno abandonar lo studio. Et quante volte i Dottori habino ad entrare per loro medesimi, tutti lo possono dire. » Le même Antoniani émet le désir que la chapelle soit mieux tenue, que le recteur intervienne aux examens de doctorat.

Un peu plus bas : « I lettori, parlando in generale, sono valenti uomini, et per questa parte non ha nostro studio alcuna cagione di inviduire ad alcun altro, ma pochissimi sono quelli che habbino il leggere per fine principale, et essendo gli stipendii picioli, si distrahono in altre cose. Fra i Teologi vaca il luogo di Servita : ho informatione Maestro Angelo d'Arezzo et Maestro Jacomo da Butrio esser valenti huomini, ma il card. Vitelli più tempo fa mi ordinò che si proponesse il Procuratore dell' Ordine, il qual intendo esser dotto, ma inferiore a quei due. » Un tel est bon, dit Antoniani ; mais, suivant

(1) Probablement les cardinaux qui composaient la commission de surveillance de l'université.

quelques autres, il pourrait être meilleur; une augmentation serait à proposer pour un tel. « La lettione di M. Durando in greco e medicina è stravagante et di niun frutto...... Il medico Giscaferreo me dicono esser uomo di buona intelligenza; pare nondimeno che habbia havuti pochi scolari, forse per haver nel primo anno havuto troppo gagliardo incontro d'un concorrente come Maestro Ippolito. »

Immédiatement après ce qui précède : « Il Mureto è necessario far ogni opera per ritenerlo. » Le traitement de Muret est indiqué *sc.* (*scudi*) 100 : « Il Cesareo è antico lettore et valente nella sua professione; ma quello che se ne sia stata cagione, li scuolari hanno la sua scola per il campo delli strepiti, et questo è di maggiori disturbi ch'io m'habbia; sarebbe molto espediente riconoscerlo come soldato emerito, et quando non si potesse altrimenti, giudicarei minor male, che quella lettione fosse alla mattina..... »

« Lo stimolo dei Lettori è la speranza degli Augumenti et perciò se non vedranno una somma di danari, che stia per questo, et che ciascuno ne possa sperare, s'intepidiscono assai, et rallentano la diligenza.

» Et quanto ai costumi, se ben forse per altri tempi se ne è havuto qualche poco di mal sentore, hora le cose passano assai modestamente, et quelli che hanno pratica degli altri studii, tengono i scolari nostri in comparatione degli altri per molto quieti..... »

A la page 9 du document ci-dessus, Silvio Antoniani, coadjuteur du recteur, écrit : « Lascio di dire a V. S. illustriss. che mentre si legge, io non lascio quasi passar giorno che non mi appresenti nello studio, et vi stia per molte hore, et molto spesso mattina et sera comparendo hora molto a buon hora, et hora molto tardi per contener ciascun in officio. Importa poi grandemente lo intervenir spesso, come io faccio, a le lettioni d'ogni sorta di Dottori, perchè questo è uno stimolo ai più lenti, et gli altri hanno molta consolatione che le fatiche loro siano vedute. »

APPENDICE L.

Comment le gouvernement de Venise maintient la discipline dans le corps enseignant.

Voici, à ce sujet, une lettre des Réformateurs de l'université de Padoue aux magistrats de cette ville (1) :

« Nous avons appris (2) avec beaucoup de peine que

(1) Arch. des Frari. Senato I, Reg° 40, Terra 1555-1556, p. 25, tergo et suiv.

(2) « Havemo inteso con non picciola molestia nostra quel studio trovarsi hora in gran disordine per non esser osservate le constitutioni, et statuti di quello, nè meno la reformation di essi fatta dal senato nostro del 1543. Al che volendo noi al tutto che si provedi cosi per dignità della S. N. come per decoro utile et beneficio di esso studio, havemo voluto con l'antedítto senato nostro scrivervi le presenti, imponendovi efficacemente che senza diminutione alcuna facciate osservar ciascun delli p^{ti} statuti e reformation da quelli a chi spetta, esseguendo senza alcun rispetto contra li dottori, et scholari inobedienti le pene in essi statuti dichiarite, et sopra tutto farete che si osservino li statuti disponenti, che non si faccia alcuna festa infra annum, che non sia descritta nel statuto et reformatione sop^{ta} et publicata dal bidello; nè parimente si faccia vacatione alcuna, senon per quei giorni, che sono limitati nelli detti statuti, et sarano publicate dalli bidelli. Ma che andar debbino li Dottori, et star nella catedra per quelle hore, che sono tenuti, sotto pena alli scolari, che facesser strepito, o turbassero a muodo alcuno la lettion di pagar lire cento, et altre pene come nella reformation p^{ta} si contien, et alli dottori di esser appontati, et retenutoli il danaro in camera per quei giorni che mancassero di legger, et descendessero dalla catedra

l'université se trouve présentement dans un grand désordre parce qu'on n'y observe plus les constitutions et statuts, ni la réforme qu'y a faite notre Sénat en 1543.

inanti il tempo limitato, oltra le altre pene pecuniarie nel statuto contenute, nè li vaglia escusatione alcuna; et siano tenuti li bidelli sotto pena di privatione immediata dell'officio loro dar in nota così li scolari che faccessero disordini, o tumulti, come li dottori che non osservassero quanto è sop^{to}, et di più farete osservar il statuto, che dispone circa il tempo, che li dottori legenti dieno star in catedra, facendo che detti dottori legano un' hora, una et mezza, et over due hore secondo le obligation de ciascuno; et nelli giorni che ordinariamente si deve legger non permetterete a muodo alcuno che si faccino conventi, dispute, nè principii di sorte alcuna, facendo intender questo voler nostro alli priori di quei coll^i et altri a chi spetta, che così debbino esseguir. Ma detti conventi siano fatti in giorno di feste, over di vacantie. Et in caso che nell'esseguir questo voler nostro et osservantia di statuti di quel studio nostro, nascesse alcuna difficultà cercarete con la prudentia et diligentia vostra di superarle tutte, et occorrendovi qualche dechiaratione, o nuova provisione sopra queste essecution potrete dar notitia alli Reformatori del studio p^{to}; volemo appresso che recepute le presenti chiamate a voi ambi li Rettori, over vice Rettori de scholari; et bidelli, alli qual facciate intender questo constante voler nostro et che essi debbino intimare così alli dottori, come alli scholari, che volemo, che siano servati in omnibus li statuti loro, et esseguite le pene contra i transgressori irremissibilmente. Perchè non è conveniente che godino i privilegii et esentioni, che sono loro concesse per detti statuti, senon osservano anco quel tanto, che per essi vien ordinato a beneficio et utile loro particolare; alli quali Rettori, et bidelli farete dar copia autentica della presente nostra deliberatione con ordine espresso, che osservino diligentemente quanto vi commettemo.

» Et quest'ordine nostro volemo che per voi, et successori vostri perpetuis temporibus sia notificato, et intimato alli Rettori de' scolari, et bidelli ogn'anno al principio del studio, facendo registrar le presenti in quella cancelleria a memoria delli successori. Intendete la mente nostra, però operarete di modo, che a quanto predicemo se dia compita essecutione. »

A quoi voulant pourvoir tant pour la dignité de Notre Seigneurie, que pour l'honneur, l'utilité et le bien de l'université elle-même, nous avons voulu, d'accord avec le Sénat, vous écrire les présentes, vous chargeant formellement de faire observer sans exception chacune des précédentes constitutions et réformes par ceux que cela regarde, en prononçant sans aucun égard contre les docteurs ou étudiants en défaut les peines fixées dans ces statuts; et surtout vous ferez observer les statuts qui défendent de faire dans le courant de l'année aucune fête qui ne soit inscrite dans les statuts et réformes susdites, et publiée par le bedeau; semblablement qu'on ne fasse aucune vacance sinon les jours fixés dans les statuts et annoncés par le bedeau. Il faut que les docteurs viennent à l'université et soient en chaire à l'heure où ils y sont tenus, avec peine, pour les étudiants qui feraient du bruit et troubleraient la leçon d'une manière quelconque, de payer 100 livres, et autres peines marquées dans la réformation, et pour les docteurs d'être pointés et de subir une retenue d'appointements pour les jours où ils ne feraient pas leur cours et descendraient de chaire avant le temps fixé, outre les autres peines pécuniaires contenues dans les statuts. Qu'aucune excuse ne soit admise et que le bedeau soit tenu, sous peine de privation immédiate de son office, de remettre la liste aussi bien des écoliers qui feraient des désordres ou tumultes que des docteurs qui n'observeraient pas les règles susdites. De plus, vous maintiendrez l'observation du statut qui règle le temps que les professeurs doivent rester dans leurs chaires, en faisant qu'ils professent une heure, une heure et demie ou deux heures, suivant les obligations de chacun, et les jours de cours vous ne permettrez en aucune manière qu'on fasse des assemblées, argumentations ou examens d'aucune sorte, déclarant notre volonté aux prieurs de ces collèges et autres à qui il conviendra et qui devront s'y conformer. Ces assemblées devront se tenir les jours de fête ou de vacance. Au cas où, dans l'exécution de notre volonté et dans l'observation des statuts de l'université, il naîtrait quelque difficulté, vous chercherez, avec votre prudence et diligence, à la surmonter ; et si cette exécution entraîne quelques déclarations ou réserves, vous pourrez en donner connaissance aux réformateurs de l'université. Nous voulons ensuite qu'au reçu des présentes, vous convoquiez les recteurs ou vice-recteurs et les bedeaux, auxquels vous déclarerez notre constante volonté, et qu'ils doivent intimer aux docteurs comme aux étudiants que nous voulons voir leurs statuts observés de tout point et les peines contre les délinquants irrémissiblement appliquées. Car il n'est pas convenable qu'ils jouissent des privilèges et des exemptions à eux accordés s'ils n'observent pas des règlements pris dans leur intérêt et bénéfice particulier. Vous ferez donner copie authentique des présentes aux recteurs et aux bedeaux, avec ordre exprès qu'ils observent tout ce que nous avons transmis.

» Et cet ordre nous voulons que par vous et vos successeurs à perpétuité il soit notifié et intimé aux recteurs et aux bedeaux chaque année, au commencement des cours, faisant inscrire les présentes dans la Chancellerie, pour la mémoire des magistrats à Venise. Vous entendez notre pensée ; vous travaillerez donc à ce que complète exécution soit donnée à ce que nous avons dit. »

Au siècle suivant, l'autorité ne réprimait pas moins soigneusement la négligence des personnes chargées de l'instruction publique. Les maîtres de quartier, sans cesser de toucher leur salaire, en étant venus à n'avoir ni élèves ni écoles, le gouvernement nommait une commission, composée d'un noble et d'un *cittadino*, par quartier (1). De même pour les privilèges et franchises universitaires, il les faisait respecter, mais il n'en permettait pas l'extension abusive. Il déclarait nettement, quand une loi récente de finances rendait une méprise possible, que les appointements des professeurs étaient exempts de tout impôt et dîme (2); mais quand des docteurs de la Faculté des arts de Padoue lui demandaient à conserver la jouissance de leurs privilèges, tout en faisant élection de domicile à Venise, il congédiait purement leur député (3). De même il coupa court aux tentatives de troubler l'ordre de préséance, établi entre les Facultés de l'Université (4).

APPENDICE M.

Le cardinal Sirleto.

Le rôle du cardinal Sirleto paraît avoir été assez important. Il fut, ce semble, un des promoteurs ou des contrôleurs les plus actifs de la littérature catholique, pendant la dernière moitié du seizième siècle. Nous avons vu deux savants Belges, inquiétés pour leurs citations, recourir à lui. C'est également à lui, que nous voyons un au-

---

(1) Décret du 15 février 1655, Busta S, page 324. Archives des Frari.
(2) Délibération du 29 novembre 1618, Busta S, p. 742. Archives des Frari.
(3) Voir, Archives de l'université de Padoue. Ducali. Ann. 1555, p. 15, à la date du 16 sept., cette décision du gouvernement; la requête infructueuse des docteurs *non résidants* se trouve à la page suivante sous la date du 13 août.
(4) V. le recueil précité, p. 33.

teur demander pourquoi l'autorité vient de suspendre l'impression d'un de ses ouvrages (1). C'est dans sa correspondance que l'on trouve cette curieuse consultation rédigée par Sigone, à propos des documents relatifs à la vie de saint Pétrone, patron de Bologne, où, au milieu d'une discussion scientifique, Sigone laisse échapper les considérations suivantes : « L'opinion de Prosper détruit toute la vie de saint Pétrone au grand scandale de l'Église, offense la très illustre cité de Bologne, et fait que de saint Pétrone on ne saura plus qu'une chose, à savoir, qu'il fut évêque de Bologne et homme de bien, tandis que celle de Gennade est d'accord avec la renommée et les écritures de la ville (2). » Sirleto était membre de la commission de censure à laquelle Denys Zanebius, dont la commission venait d'expurger l'édition de Polydore Virgile, adresse les plus édifiantes félicitations sur la tâche dont elle est chargée.

Hâtons-nous de dire que si le cardinal Sirleto a contribué à fausser ou à entraver la science, il n'en aimait pas moins l'étude, telle qu'il la comprenait, et qu'il déployait pour ceux qui s'y vouaient dans l'esprit orthodoxe, un zèle sincère. Son érudition était aussi variée qu'étendue (3). Au moment où il fut élevé au cardinalat (1565), il venait de tomber malade, *par suite de continuelles études qu'il poursuivait parmi les graves affaires dont*

---

(1) Bibliothèque du Vatican, fonds de la reine de Suède, manusc. n° 2023, page 239.

(2) « Essendo che quella (opinione) destrugge tutta la vita di S. Petronio con scandalo della chiesa, offesa ill^{ma} città di Bologna et fa che di S. Petronio non si saprà se non che fu un vescovo di Bologna, huomo da bene, et questa si conforma con la fama et scritture della città » (*Ibid.*, p. 246).

(3) V. l'art. *Sirleto* dans la *Nouv. biogr. gén.*

il était chargé (per i continui studii che Ella tra i gravi negozii mai tralascia) (1). C'est sur lui que Mutius Papirius comptait, pour fonder définitivement à Rome, des archives chrétiennes (2). Les notes innombrables qu'il avait prises sur les auteurs sacrés et profanes étaient à la disposition des savants. Vettori lui avait dû de nombreuses communications (3). A plus forte raison, le savant jésuite Pierre de Hondt (4) obtenait-il de lui des documents favorables à la gloire de la Vierge Marie (5). Le médecin Sophianus de Crète, invité par les étudiants grecs de Rome à venir leur enseigner leur langue, lui écrivait d'Espagne une lettre greco-latine pour lui demander conseil (6). Il s'intéressait aux besoins des savants peu fortunés. Il avait été de ceux qui essayèrent inutilement d'obtenir du saint-siège un présent pour Manuce, quand l'illustre imprimeur quitta Rome, abreuvé de dégoûts (V. la corresp. de Manuce). Un certain Alf. Ceccarelli, de Bevagna, près Spolete, lui adressait cette lettre pressante : « Monseigneur illustrissime et révérendissime, je viens prier encore votre seigneurie illustrissime d'intercéder auprès de N. S. le pape, afin que, pour l'amour de Dieu, il veuille me marier une fille et donner quelque pension à mon fils, qui est au séminaire ; car je lui promets, si je vis, comme

---

(1) Lett. de Giul. Ant. Santoni (ou Santori) à Sirleto, manuscrit précité, p. 301.

(2) Manusc. précité, p. 256.

(3) V. *Anecdota litteraria ex manuscriptis codicibus eruta*, 1783, vol. IV, p. 329, et le manuscrit précité du Vatican, p. 356. Notons qu'il avait aidé Vettori à expurger Boccace.

(4) En latin Petrus Canisius, né à Nimègue en 1521, mort à Trente en 1597.

(5) Manusc. précité, p. 70-71.

(6) *Ibid.*, p. 123.

j'espère, de faire connaître au monde de grandes choses, et je donnerai à V. S. illustrissime, outre les livres que je vais lui offrir, d'autres livres que j'ai chez moi, parmi lesquels il y en aura un qui vaut un trésor, en faveur du saint-siège apostolique; et de nouveau je reviens à vous prier, car, je suis certain que si vous voulez, vous pouvez me faire faire ces aumônes par N. S. ; et avec ces prières, en demandant à Dieu, pour vous, toute sorte de bien, avec le respect que je dois, je baise vos sacrées mains.

» De votre seigneurie illustrissime et révérendissime,
» Le très humble serviteur,
» Alf. CECCARELLI, de Bevagna (1). »

Comme protecteur des savants orthodoxes, il avait parfois à essuyer les offres de service de personnes, qui rappellent un des *Fâcheux*, immortalisés par Molière. M. *Caritidès* n'a rien à remontrer à cet Antonio Polo, qui écrit à Sirleto que si sa santé, « ou du moins la libéralité des

---

(1) « Illmo et R^{mo} mons. mio, Torno a pregare V. S. ill^{ma} intercedere presso a nostro Signore che per amor di Dio voglia maritarmi una figliuola, e dar qualche pensione al mio figliuolo che sta nel seminario, chè io gli prometto, se ho da vivere come spero, di palesar al mondo gran cose, e donarò a V. S. ill^{ma} oltre questi libri che gli darò adesso, altri libri che ho a casa, fra li quali ce ne sarà uno che vale un thesoro in favorem della s. Sede Apostolica; et di nuovo la torno a pregar, che son certo che se lei vuole, mi può far far queste elemosine da N. S. Et con questi prieghi pregandole da Iddio ogni bene con quella riverenza che debbo gli bacio le sacrate mani.
» Di V. S. ill^{ma} et R^{ma},
» Humiliss. Servitore,
» Alfonso Ceccarelli da Bevagna. »
Ibid., page 64. — Ceccarelli finit mal ; il fut condamné à mort sous Grégoire XIII pour avoir altéré des documents historiques qu'il avait employés.

princes vertueux et *des dignes prélats* le lui permettait, il voudrait, *à la stupeur du monde,* faire connaître en peu de temps la facilité des sciences et l'ignorance des mauvais écrivains, et non pas en beaucoup de volumes, mais en un seul, comme il a déjà commencé, et exposer toute la sainte théologie et l'éclaircir méthodiquement par le témoignage des saints Pères, des vrais docteurs et des esprits divins de l'Église du Christ, *de telle manière que personne, à l'avenir, n'ait à écrire sur ces matières, ni, pour ainsi dire, à en parler* (1). »

APPENDICE N.

Lettre d'un professeur de Florence, échappé des mains de l'Inquisition, au duc de Toscane (2).

« Grand duc sérénissime, mon unique seigneur et patron, à la louange de Dieu j'ai été délivré, non par l'Inquisition, mais par le pape avec la mention suivante :

---

(1) « Con stupor del mondo in poco tempo faria conoscer la facilità delle scienze, et l'ignoranza de' mali scrittori, et vorria non in molti volumi ma in un solo come ho già cominciato disponer tutta la sacra Theologia et con methodo dechiararla con testimonio di santi Padri, veri dottori e spiriti divini della chiesa di $\overline{XRO}$, in modo che alcuno più per l'avvenire non havesse nè a scriverne, nè quasi a parlarne » (*Ibid.*, page 277).

(2) « Ser^{mo} Gran Duca, unico S^{re} et p. mio : A laude d'Iddio, son stato liberato, non dalla Inquisitione, ma dal Papa. con l'infrascritto rescritto : liberetur ut alii ; fù fatto il rescritto in camera dello stesso pontifice ; et letto alla presentia di S. S^{tità} nella congregatione ; mi hanno detto i padri che si trovaro presenti che io sono obligato a ringraziare S. S^{tà} perchè disse : liberatelo, liberatelo ; è un grandissimo uomo ; il sappiamo noi. Stasera, credo, sarò introdotto dentro alla camera, e sadisfarò a questo mio dovuto officio. Lunedi mi metterò in viaggio, e me ne verrò a servire V. Al. Ser^{ma} in lettica perchè son vecchio; non per colpa mia, come Ella molto bene sa, sarò

Qu'il soit délivré comme les autres. L'ordre a été rédigé dans la chambre même du pape, et lu en présence de Sa Sainteté, dans la congrégation. Les Pères qui étaient présents m'ont dit que je dois des remerciements à Sa Sainteté, attendu qu'il a dit : Mettez-le en liberté, en liberté ; c'est un très grand homme, nous le savons. Ce soir, je crois, je serai introduit dans la chambre pontificale, et je satisferai à mon devoir. Lundi je me mettrai en voyage, et je m'en viendrai servir Votre Altesse sérénissime en litière, parce que je suis vieux ; non par ma faute, comme vous le savez bien, je serai forcé de perdre (*c'est-à-dire de manquer*) un petit nombre de leçons ; ce seront les premières que j'aie perdues en neuf ans de service ; je suis sûr, sans en douter aucunement, que Votre Altesse sérénissime ne me l'imputera pas. En attendant, je m'incline très humblement pour baiser l'extrémité de vos vêtements sérénissimes, et je prie Dieu qu'il vous donne longue et heureuse vie.

» De Rome, 5 novembre 1583.

» D. V. S. Sérénissime,

» Serviteur très humble,

» Hieronime Borri. »

sforzato a perdere qualche piccolo numero di lettioni, che saranno le prime, ch' io habbia perduto, in 9 anni della mia servitù ; son sicuro, senza dubitarne punto, che V. Al. Ser^{ma} non mi lo metterà a conto ; intanto humilissimamente mi inchino a basciarle le parti estreme delle sue Ser^{me} vestimenta, e prego Iddio che le dia lunga e felice vita.

» Di Roma. A di 5 di nov. 1583.

» Di V. S. Ser^{ma}.

» Serv^{re} Humilissimo. »

(Florence, *Arch. Mediceo, Notizie storiche-letterarie*, Busta 764).

APPENDICE O.

Le gouvernement vénitien supprime un instant la chaire de littérature grecque de Venise.

Cette suppression eut lieu à la mort du professeur Sozomène, et voici les motifs dont on l'appuya : « Reconnaissant le peu d'utilité qu'il y aurait à donner un successeur au docteur Sozomène, vu le petit nombre de ceux qui s'appliqueraient à l'entendre, comme aussi la difficulté de trouver des personnes capables de bien faire le cours (1), » le gouvernement embrasse un autre parti, *altro partito*, et décrète le remplacement de la chaire de grec par une chaire de rhétorique (2). »

APPENDICE P.

Lettres de Muret à Alde le jeune, fils de Paul Manuce (3).

Nous citerons intégralement le texte de ces lettres, mais nous n'en donnerons en français qu'une analyse, ayant traduit dans notre récit les passages les plus intéressants.

---

(1) « Riconoscendosi il poco frutto, che apportarebbe lo rinovarla (la lettura di greco) per la rarità di quelli che s'applicassero ad udirla, come anche la difficoltà nell'incontrare persona perita per ben esercitarla. »

(2) 3 juin 1636. Arch. des Frari, Reg° Terra, n° 43, C° 147, p. 637. Le décret fut exécuté le 12 juillet par la nomination d'Ant. Rocco, comme professeur de rhétorique. Arch. des Frari. Busta S, p. 420.

(3) Lettres inédites copiées, sur ma prière, à la bibliothèque de l'Ecole de médecine de Montpellier, par mon ami, M. Aulard, professeur de littérature française à la Faculté de Poitiers.

PREMIÈRE LETTRE (1).

Les premières phrases sont relatives à des fautes d'impression commises par les ouvriers d'Alde dans les discours de Muret. Puis vient le passage traduit au chapitre XVII, p. 304-305, où Muret éclaire Alde le Jeune sur

(1) « Mio come figliuolo, ho havuto i fogli delle orationi, et alla prima occhiata ho dato in uno errore tale che di necessità bisogna ristampare il foglio ; et è nel K alla sesta decima facciata, dove ha vendo io scritto così : «Quae ista, malum, latina eloquentia est ; aut quando quisquam veterum istud iter ad eloquentiam tenuit ? Mihi quisquam eloquentiam vocat, cum genera causarum, etc., » i vostri compositori saltando da un *quisquam* all'altro, han tralasciato una righa intera ; et poco sotto, dove era : De conformandis orationis partibus, han fatto *de confirmandis*. Qui errores ut tollantur a te etiam atque etiam peto, et ut detur opera ne quid tale admittatur.

» De re tua vix audeo quidquam aut sperare aut polliceri. Ita hic in dies omnia refrigescunt. Tentabo tamen sed caute et pedetentim : non ut te cupere ostendam, quo nihil esset alienius, sed ut demonstrem ad dignitatem vobis pertinere. Sed mihi crede, mirus est in his etiam qui eruditionis opinione ad honores amplissimos pervenerunt, neglectus litterarum. Utut est, captabo tempora : et, quoties erit occasio, eos de te sermones injiciam, qui commovere istorum animos aut possint, aut posse videantur.

» Se il primo foglio de' versi non è stampato, desidererei che i titoli del signore duca di Mantova si accomodassero in questo modo :

AD SERENISSIMUM PRINCIPEM GULIELMUM
MANTUAE ET MONTIS FERRATI DUCEM ET CET.

» Perchè a sua Altezza non si da più dell'Illmo et Ecc^{mo}, ma del serenis^{so}, et quando ben bisognasse ristampare un mezzo foglio, la prego che così faccia : ne incurramus in ejus odium, cujus benevolentiam aucupamur.

la tiédeur du gouvernement pontifical pour les gens de lettres.

Muret revient ensuite sur les détails de l'impression de ses œuvres, et conclut par ces paroles affectueuses : « Mais qu'il soit fait en ceci et en tout le reste suivant votre commodité; pour moi, peu m'importe. J'estime plus une drachme de votre commodité que cent de mon ambition. Soyez assuré que je vous aime sincèrement, et sur ce je vous prie de faire état de moi. » Et il signe : *Votre père et serviteur*. En tête de chacune de ces lettres, il appelle Alde *mon presque fils*.

DEUXIÈME LETTRE (1).

Muret s'y réjouit de la guérison d'Alde, souhaite

» Il primo volume della filosofia si haverà (?) presto : ma mi miraviglio che delle epistole mie non s'è fatto altro. Pure facciasi, et in questa et in ogn' altra cosa, quanto vi torna commodo : che quanto a me non importa. Et stimo più un dramma di commodità vostra, che cento pesi d'ambitione mia. Sappiate certo ch' io vi amo sinceramente; et con questo me racc^{do} (sic). Di Roma alli 26 di Febraio.

» Come padre et servitore,
» M. Muret. »

(1) « Aldi mi, si vales, bene est. M' allegro che finalmente vi siate liberato dal m... (probablement *male*; on a rogné le papier avec des ciseaux en cet endroit). Governatevi me (??) regolatamente d'ogni cosa, ne recidas. Che la vita degli huomini malamente si può chiamar vita se non è congiunta con sanità.

» Ancora io desidererei che noi facessimo vita insieme : ma del mio venir costà prope præcisa spes est : trovandomi di quà inchiodato con cinquecento scudi di provisioni et cerca (sic) altretanti d'uffitii. Superest che noi vediamo il modo di tirarvi in quà. Il che facilmente potrebbe riuscire. M' è stato di qualche danno il non poter presentar a principio di quest' anno santo le mie orationi e i versi a molti di questi signori i quali me ne fanno grandissima insqu'Alde soit appelé à Rome, l'entretient de l'édition de ses œuvres.

tanza, et quasi più de' versi che dell' orationi. Desidero che tutto vada in un volume, et che il titolo della prima facciata sia questo :

M . Antonii . Mureti . I . C . et . Civis . R .
Orationes... (Io non mi ricordo più quante siano, ma nota si il numero).
Ejusdem interpretatio quinti libri Ethicorum Aristotelis.
Ejusdem hymni sacri, et alia quædam poematia.

» Poi desidero che al principio de gli hinni, si faccia un nuovo principio, talmente che si possa presentar separato, in questo modo :

M. Antonii . Mureti . I . C . et . civis . R .
Hymni . Sacri . et . Alia . Quædam .
Poematia . Ad . Illustriss . et Excellentiss .
Principem . Gulielmum . Ducem . Mantuae .
Marchionem . Montisferrati . et cet.

» Causam cur ita velim, videre te puto. Et vi prego, quanto più posso, della prestezza. Nam, ut accurate, ad te, non minus quam ad me, pertinet. Con l'occasione di presentar di questi libri alli Illustrissimi Morone, Alciat, Sirletto, S. Sisto, Guastavillano (?), Castillano, io mo..........rò (le corps du mot est illisible) dolcemente con tutti il ragionamento de' casi vostri.

» Il principio del Cesare mi piace. Il Terentio non item. Quelle etimologie de' nomi non mi piacciono, parte per esser cosa troppo bassa, et utile solo a' pedanti, parte, perchè vi sono degli errori : come sarebbe a dire : *rubens*, che non è parola latina. Come ἀπὸ γῆς γλυκέρας, *a dulcedine* : che ognuno s'imaginerà che γλυκέρα voglia dir *dulcedo*, il che non è : et alcuni altri. Nè e buon modo di dire *a* χρυσοῦ per dire ἀπὸ τοῦ χρυσοῦ; nè quello *a* χρεμεστοῦ et simili. Vellem hæc omisisses. Ce ne sono ancora de gli altri. Havete ancora lasciato incorrere in quell' errore, *symbolum dedit*, dove bisogna leggere *symbolam*. Et così corressi io più di quindici anni sono.

» Sed hæc sera jam sunt.

» D'imagini di Terentio, non c'è cosa che vaglia. Et omnia ista venusta quidem sunt, sed tamen πάρεργα. Attendiamo alle cose serie e d'importánza : bella carta, bel carattere, et sopra ogni cosa, accu-

TROISIÈME LETTRE (1).

C'est une lettre de présentation pour un gentilhomme parisien qui va à Venise.

QUATRIÈME LETTRE (2).

Il n'y est question que de l'impression des ouvrages de

rata correttione. Dove queste due cose concorreranno, non si cercherà imagini di Terentio. Quæ viva nusquam est, ficta nihil habeauctoritatis.

» Il Giacoboni vi saluta. Et io vi abbraccio di tutto cuore. Di Roma alli 15 di Gennaio, 1575.

» Come padre et servitore,
» Marc' Ant. Mureto. »

(Cette lettre, comme la suivante, est adressée à Venise; la première était adressée à Bologne).

(1) « Son mill' anni che non ho nuova di vostra signoria, et ne ho di malissima voglia, temendo che la sua indispositione seguiti: il che mi darebbe dispiacere infinito. Di gratia, consolatemi quanto prima potete, con due righe di man vostra.

» Portator della presente è un gentiluomo Parigino, nobile e gentile al possibile, il quale desidera di conoscere V. S. et per mezzo suo veder si quid Venetiis erit cognitu dignum. Io gli ho detto quanto noi siamo amici, et quanto la mia raccommandatione varrebbe appresso di lei. Di gratia fate ch' egli habbia occasione di ringraziarmi. Che io farò il simile quando vi verrà voglia di raccommandarmi qualch'uno. Et con questo bacio la mano a V. S., desiderandole ogni contentezza. Di Roma alli 20 di Nov. 1579.

» Di V. S.
» Servitore e come padre,
» Marc' Ant. Mureto. »

(2) « Per le due poste passate non ho scritto a V. S. et me ne vergognerei se certe occupationi mie, dalle quelle non son ancora fuori, non fossero bastanti a servirmi di scusa appresso ogn' uno.

Muret. C'est là que se trouve le passage sur le cardinal, qui garde pour lui les manuscrits dont on lui demande d'autoriser la circulation (Voir chap. XVII, p. 305).

Hora responderò alla sua... (?) delli X del passato quanto più brevemente potrò a capo per capo. Dispiacemi infinitamente dell'infirmità sua. Ma mi consolo sperando che ormai se ne sia riavuta.

» Aspetto l'epistole mie però con commodità di V. S.

» L'orationi desidero che s'abbiano verso i X di decembre per un certo rispetto mio; et se V. S. vuole che il libretto vada (un mot illisible) in groppa, me ne contento. Vorrei... che vi si facesse un principio nuovo in modo che i versi da se potessero mandarsi al Serm° Duca di Mantova.

» Delle annotationi sopra Cicerone, neque sic neque usquam ulla futura tibi in me est mora. Et non accade ringratiarmene: che i ringraziamenti non debbono haver luogo nell'amicitia nostra.

» In questa... di Cesare trovo tanta difficultà ch'io non l'havrei mai creduto. Non si trova mulatiere (?) che voglia pigliarne il carico, se non si ha la licenzia. Ho tentato di ottenerla dal Card. Cornaro (?): il quale mi disse che voleva prima veder la... et io fui avertito sotto mano, che s'egli la vedeva facilmente la riterrebe per se, onde mi sono risoluto, se V. S. non commanda altro, di aspettare che il clariss°. Andr. Piepol. mandi vi la... robbe sue: con le quali haverò buonissima commodità d'inviarla.

» Blossio (?) Gionti (?) non è comparso. Se verrà non mancherò di mandar a vostra signoria i... Ma vorrei sapere s'ella ne ha mai gustato. Già sono due anni che me ne sono mandati da (mot illisible) et non mi parvero cibo molto delicato. Pur non omnes eodem sunt palato. Respondi ad omnia. Et certi travagli d'animo ne quali... mi trovo, se ben non son di gran momento, pure mi tengono talmente occupato, che per hora non posso esser più longo. Bacciole la mano, et desidero haver nuova della ricuperata sanità sua. Di Roma alli 2 d'Ottobre 1574.

» Di V. S. come padre et servitore,
» Marc' Ant. Mureto. »

LETTRE DE SIRLETO A PAUL MANUCE.

Nous donnons aussi une lettre affectueuse de Sirleto à Paul Manuce, qui se trouve à la même bibliothèque (1).

APPENDICE Q.

Requête de Muret pour demander sa retraite.

Cette lettre se trouve dans la correspondance de Sirleto, à qui elle était sans doute adressée (2). Elle a été

---

(1) Sirleto à Paolo Manutio.

« Io ho sentito per due cause piacer grande della lettera che V. S. mi ha scritta delli 14 del presente, primo per la satisfattion sua, nel riveder la patria, consorte, figliuolo et altri cari amici co' quali consolandovi spero che N. S. Iddio le farà gratia di ricuperar la sanità per poter meglio continuar negli soliti studj per util publico come ha fatto sempre. Mi son poi rallegrato molto per l'istesso scriver suo, nel qual mi par ogni volta di ritrovar non so che di più che non si possa dir meglio ; onde ho desiderio che in questa sua absentia mi consoli con alcuna delle sue lettere con aver securtà sempre ch' io sia per far per lei in ogni occasione come per (un mot illisible). Et prego Iddio le conceda sanità et di goder di suoi studii. Di Roma a 28 di Ottobre 1570.

» Di V. S.
                    » Come fratello,
                        » Card. Sirleto. »

(2) Bibliothèque du Vatican, fonds de la reine de Suède, n° 2023, page 236. Voici le texte de la lettre :

« Illma et R^{mo} Monsignor mio col^{mo}, supplico V. S. Illma et R^{ma} che a tanti favori ch' ella m'ha fatto già in altre occorrenze, si degni aggiungere questo, il qual terrò per maggior di tutti, d'esporre colla prima occasione in nome mio alla santità di N. S. gli articoli seguenti.

publiée, avec d'autres documents, par feu le professeur Gius. Spezi, *scrittore greco nella biblioteca Vaticana.* (Rome, 1862). C'est M. Corvisieri, directeur des archives

» Prima, che venti anni son già passati, ch'io leggo di continuo nello studio di Roma, con fatica e diligenza incredibile : e per grazia di Iddio, credo essere riuscito in quel carico assai honestamente.

» Che horamai l'età mia vicina a sessant' anni ha bisogno di qualche riposo : massime havendo, oltra qualche altra incommodità, perso tutti i denti della parte superiore, da due in poi, il che mi dà gran difficultà nel parlare : e di giorno in giorno mi rende manco sano.

» Ch'io ho sopportato infinite indignità dalla perpetua insolenza delli scolari : i quali quando l'uomo s'è ben affaticato per dir qualche cosa di buono, con gridi, fischi, strepiti, villanie et altre disonestà mi conturbano talmente ch' io non so tal volta dove m'habbia il cervello.

» Che le mura delle scuole ordinariamente si veggono piene di motti tanto abominevoli, et di pitture simili, che a molti prelati, a molti religiosi, et altri uomini honorati, i quali vengono per udirmi, viene horrore solamente di guardarle, parendo loro, e giustamente, d'entrare non in una scuola, mà nel più infame e disonesto di quei luoghi, i quali non possono honestamente nominarsi.

» Che volendo io riprendere queste bruttezze, sono stato molte volte, gli anni passati, bravato, minacciato, infin' a dire publicamente, s'io non taceva, che me sfregierebbono il viso.

» Ch'è cosa chiara, che molti vengono ordinariamente nello studio con pugnali.

» Che questo anno istesso, oltra l'essere stato sforzato alquante volte di tornarmene senza poter leggere, un sabbato che fu alli X dicembre, sul mezzo della lezione, fu tirato con grandissimo impeto un melangolo contra di me con manifesto pericolo di cavarmi un occhio : ond' io mi ritirai senza dir altro, temendo di peggio con gran scandalo d'alcuni prelati, che vi si trovarono presenti.

» Che le catedre de' dottori horamai son diventate peggio che berline : tanta è l'insolenza della gioventù.

» Che io per essere di natura forse troppo sensitivo, apprendo queste cose talmente, ch' io conosco quanto danno potrebbono farmi, sopportandole più.

de Rome, qui l'avait indiquée à M. Spezi et qui me l'a signalée. La traduction est ci-dessus, p. 345 et suiv.).

APPENDICE R.

Déposition d'un père de famille sur la moralité des étudiants de Rome (1).

« Mon révérend seigneur, pour satisfaire à V. S. R.,

» Ch'io per questi rispetti, non posso più leggere con buon animo : e benchè per servire sua Santità mi contenterei di mettere mille vite a rischio, se tante n'havessi, nondimeno, buttandomele a s^{mi} piedi, la prego e supplico, per amor d'Iddio, che si degni permettermi che con buona gratia sua, io lasci la lettura : nè voglia che per premio delle fatiche durate, io passi questa poca età che m'avanza esposto a perpetuo scorno, vilipendio è mala sadisfattione.

» E se la perpetua servitù di 20 anni e più parerà a sua Santità degna di qualche poco di rimuneratione per sostentare la mia vecchiezza, e allevare un povero nipotino mio, il quale e in bontà e in dottrina dà horamai bonissima speranza di sè, farà opera conforme all' infinita carità ch' ella usa verso tanti altri. Caso che nò, ch'io non lascierò per questo di sentirmi tanto obligato a lei che con l'istessa vita non potrei sadisfare all' obligo; et ritirandomi in qualche luogo vicino a Roma, dove con manco spesa, possa quietamente vivere, pregarò Iddio di continuo, come debbo, per sua Santità : nè cessarò mentre ch'io vivo, di predicare et in voce et in scritti l'incredibil bontà di Gregorio XIII Pontefice degnissimo di gloria, al quale N. S. Dio conceda in questo mondo lunghissima e felicissima vita, et il Paradiso nell' altra.

» Prego V. S. Illma et R^{ma} che si sforzi di ottenere per me questa grazia e humilissimamente le bacio le mani.

» Di V. Illma et R^{ma}.

» Humilissimo e devotissimo servitore,

» Marc' Ant. Mureto. »

(1) On nous pardonnera sans peine de ne pas traduire les passages

sur tout ce qu'elle m'a demandé sous la foi du serment, pour ne pas manquer à la vérité et pour vous obéir, je dis que trois ou quatre jours avant qu'on fît cette leçon dans l'université, Aless. Finetti mon fils, âgé de seize ans environ, me dit en substance : « Messire, on doit, dans l'université, lire une leçon carnavalesque, scélérate, où il y aura des choses criminelles. » Je lui demandai sur quelle matière roulait ce discours ; il me dit qu'il traitait de sodomie, et qu'il interprétait la loi en mauvais sens, et il m'allégua certaines lois qui parlaient de ce vice. De plus, il me dit que les étudiants avaient demandé au professeur la permission de lire cette leçon, en lui exposant que c'était une harangue carnavalesque *d'Ano et di Priapo*, et que les étudiants disaient que le professeur leur en avait donné la permission par écrit ; je ne sais si c'est exact. Mon dit fils me dit de plus que parmi les étudiants, qui étaient au nombre de trente ou quarante, on faisait, dans certains lieux, des assemblées où l'on exposait que « *res sodomicæ erant præferendæ Veneri naturali et reprobabant rem Veneream cum feminis ac laudabant masturbationem,* » et qu'il s'était trouvé une fois presque forcé. Le jour même où fut lue la leçon susdite, me trouvant avec mon seigneur le professeur, avec six ou sept docteurs qui allaient parler à l'Illustriss. de Nâp. pour le compte de l'université, je lui dis tout ce que je savais et lui parlai de la leçon précitée, le priant de vouloir bien l'empêcher ; et il ne me semble pas qu'il me répondît rien ; après que j'eus parlé avec le card. de Nâp., je m'en allai, et ne m'y trouvai ni moi ni mon fils.

où le déposant a cru devoir s'exprimer en latin, ni même certains mots italiens.

Voilà tout ce que je sais; je dépose pour la vérité. En foi de quoi j'ai soussigné, ce 6 février 1555.

» C'est ainsi en vérité. Je l'atteste et le jure (un mot illisible), moi

» Giustiniano FINETTI, »

(probablement le professeur de la faculté de médecine que nous avons mentionné dans notre texte) (1).

(1) « R^{do} Mons. Per sodisfar a V. S. R. di quanto mi ricerchò sotto'l giuramento che la mi ha dato, et per non manchare alla verità, et obedirla, dico che tre over 4 giorni prima si facesse quella lettione nel studio, Alessandro Finetti mio figliuolo di età d'anni 16 in circa, il quale studia in legge me dissè simil parole in sustanza: « Messer, nel studio si deve recitar una lettione carnavalesca scelerata, dove si faran sceleratezze et questioni, » et io domandai a mio figliuolo che materia conteneva questa oratione; me disse che era di sodomia, et che tirava la legge in improbum sensum et mi allegò certe leggi che parlavano (un mot illisible) de hoc vitio, et di più me disse che gli scolari havevan chiesto licenza al Dottore di recitar detta lettione, esponendo a S. S. R^{da} che era carnavalesca d'Ano et de Priapo, et che gli scolari dicevano ch'il Dottor gli haveva dato licenza, et in scriptis, ch'io non lo so et il detto mio figliuolo me dissè di più che fra gli scolari che erano di n° 30 over 40 si faceva in certi luoghi congregatione dove si disputava che res sod^{om} erant præferendæ Veneri naturali et reprobabant rem Veneream cum feminis ac laudabant masturbationem, et ch' egli si era ritrovato una volta quasi forzato. Et in quel medesmo giorno che fù recitata la sopradetta lectione ritrovandomi con Mons. Dottore con 6 over 7 Dottori ch'andavamo a parlar all' ill^{mo} di Nap. per conto del studio le dissi quanto sapevo et ho detto disopra della sopradetta lettione, pregando SS. R. volesse impedirla et parmi che egli non mi rispondesse cosa alchuna; dopo che hebbi parlato col Cardinal di Nap. mi n'andai, et non mi vi trovai n' io nè mio figliuolo; questo è quanto io so et depongo per la verità, et in fede mi sono sottoscritto questo di 6 di feb^r 1555.

» Ita per veritatem Testificor et juro (un mot illisible) ego Justinianus Finettus. »

(*Archivio di stato di Roma. Miscellanea*, carte sciolte. Liasse de manuscrits non numérotés et relatifs à l'instruction publique, à la librairie, etc.).

FIN.

TABLE DES MATIÈRES

CHAPITRE PREMIER.

Naissance de Muret. — Sa famille. — Ses études capricieuses. — Son admiration pour J.-C. Scaliger. — Ses débuts dans l'enseignement. — Il mène de front les plaisirs, la poésie et l'étude. — Muret à Bordeaux et à Paris..   1

CHAPITRE II.

Muret et les chefs de la Pléiade. — Lacunes, originalité, mérite de son *Commentaire sur les amours de Ronsard.* — Muret poète érotique. — Netteté du plan, originalité d'une des idées de son discours sur la précellence de la théologie. — Muret esprit hardi et ferme à sa façon.   23

CHAPITRE III.

Muret emprisonné à Paris. — Il professe prématurément le droit à Toulouse, mais dès lors Douaren fait fond sur lui. — Condamnation scandaleuse à Toulouse. — Pourquoi l'innocence de Muret est invraisemblable. — Sa fuite en Italie.   46

CHAPITRE IV.

Vettori, Sigone, Manuce comparés à Politien, Sadolet, Bembo. — L'Italie, au temps de Muret, possède de savants érudits, mais n'a plus de grands esprits. — Muret subit son influence dans la composition de ses ouvrages, mais résiste comme professeur . .   62

CHAPITRE V.

Muret à Venise. — Tolérance religieuse du sénat. — Muret admis à demander une chaire. — Examen imposé aux candidats. — Discours d'épreuve de Muret. — Quelle chaire il semble avoir occupée à Venise.   70

CHAPITRE VI.

Muret se lie avec Manuce. — Comment il convient de lire ses discours d'ouverture. — Sa déclaration de guerre aux scolastiques et aux cicéroniens. — Vettori, Sigone, Paleari sont des érudits consciencieux, professeurs sans vocation. — Muret, plus professeur qu'érudit, prend la peine de se former des méthodes d'enseignement et combat pour les défendre.. 84

CHAPITRE VII.

Travaux publiés par Muret à Venise. — Ses dédicaces. — Il oppose la gloire durable des restituteurs de texte à la réputation éphémère des poètes ou orateurs latins modernes. — Ses relations avec les patriciens de Venise. — Rapports conservés avec la France. — Il se lie avec Lambin.. 101

CHAPITRE VIII.

Muret négocie pour entrer dans la maison du cardinal d'Este. — Il quitte Venise. — Fâcheux bruits sur ce départ. — Hésitation du cardinal. — Muret professeur particulier à Padoue. — Ses travaux. — Bons offices de Lambin. — Mauvais bruits qui courent à Padoue. — Désespoir de Muret. — Il s'arrange toutefois avec le cardinal. 113

CHAPITRE IX.

Hippolyte II comprend le rôle de protecteur des gens de lettres. — Néanmoins Muret a perdu en quittant Venise et Padoue pour Ferrare. — Il publie la 1re partie de ses *Variæ Lectiones*. — Tendresse de Manuce pour Muret.. 134

CHAPITRE X.

Muret devient l'orateur officiel de la France auprès des papes. — Importance relative de ses harangues. — Il accompagne le cardinal d'Este en France au début des guerres de religion. — Sa tranquillité d'esprit, ses loisirs, ses travaux pendant son séjour en France. — Procédé indélicat de Lambin. — Haine mortelle que lui voue Muret. 146

CHAPITRE XI.

Muret professe à Rome. — Obscurité de ses collègues. — Il a l'instinct, non les préjugés de sa profession. — Ses divers succès. — Il passe à l'enseignement du droit. — Comment il comprend l'étude de la législation romaine. — Muret et Cujas. — Grâce à Muret, les Italiens appellent la nouvelle méthode la méthode française. — Adresse du discours qui inaugure son enseignement du droit.................... 167

CHAPITE XII.

Emplois délicats confiés par le card. d'Este à Muret. — Avilissement des grades universitaires en Italie. — Affection du cardinal pour Muret. — Pourquoi Muret interrompt un instant son cours. — Le *Bidello puntatore* et le coadjuteur du recteur de l'université de Rome.................... 188

CHAPITRE XIII.

Réputation européenne de Muret. — Il condamne les discours de lieux communs. — Ses harangues sur la victoire de Lépante et sur la Saint-Barthélemy. — Les savants orthodoxes et l'Inquisition. — Parti choisi par Muret. — On le laisse tranquille, mais on ne lui permet pas de lire Eunape à la bibliothèque du Vatican. 211

CHAPITRE XIV.

Il se laisse ramener à l'enseignement de l'éloquence. — Discours mordant contre les cicéroniens. — Sincérité de son anti-cicéronianisme. — Mort d'Hippolyte. — Douleur et gratitude de Muret ; son chagrin quand le nouveau cardinal d'Este lui accorde la même faveur mais non la même amitié............... 234

CHAPITRE XV.

Comment il essaie de retenir dans l'étude des lettres les amateurs des carrières lucratives. — Il s'échappe de la rhétorique et revient à la philosophie. — Il lutte contre l'indifférence pour le grec. — Sa méthode pour inviter à la comparaison des littératures grecque et latine. — On lui ordonne d'abandonner l'explication de Platon. Comment les cours de Muret avaient pu, dans certains cas, donner ombrage. — La routine et les textes d'explication. — Insubordination des élèves. — Comment il réhabilite les auteurs latins de la décadence.................... 258

CHAPITRE XVI.

Une leçon de Muret. — Nouveaux travaux qui l'acheminent vers l'entrée dans les ordres. — Ordination de Muret. — Sa piété sincère, quoique son âme reste profane par quelques côtés. — Son habileté à se faire contraindre par son auditoire et autoriser par ses chefs à expliquer de l'Aristote. — Apogée de sa célébrité..... 283

CHAPITRE XVII.

Chagrin de Muret témoin de la désertion des études littéraires. — Un instant il songe à quitter Rome pour la Pologne ou pour Padoue. — Le pape le retient par sa libéralité. — Mais bientôt on lui ordonne d'abandonner l'explication de la *Politique* d'Aristote pour celle de la *Conjuration de Catilina*.. 301

CHAPITRE XVIII.

Après de longues instances, il obtient d'expliquer Tacite, dont il réfute excellemment les détracteurs. — Ses tentatives variées pour réveiller l'indifférence de la jeunesse romaine. — Il réfute, sans en méconnaître la force, les objections contre l'étude des langues anciennes. — Plan d'éducation tracé par Muret. 319

CHAPITRE XIX.

Train de vie de Muret. — Premières velléités de quitter ses fonctions. — Délabrement de sa santé. — Indignes procédés des étudiants de l'université de Rome. — Sa requête pour obtenir sa retraite est accueillie 335

CHAPITRE XX.

Quelles déceptions secrètes Muret a peut-être emportées dans la retraite. — Travaux et joies de ses dernières années. — Sa bonté pour son neveu. — Sa piété. — Sa mort. 351

CHAPITRE XXI.

La renommée de Muret de son vivant et au lendemain de sa mort. — Réaction. — Ce qu'il faut abandonner dans cette renommée. — Muret, quoique très érudit, n'est pas un grand philologue, ni un profond jurisconsulte.. 370

CHAPITRE XXII.

Il n'est pas non plus orateur, quoiqu'il parle à merveille. — Mais il fut un écrivain véritable. — Excellence de sa latinité. — Muret et Cicéron. — Grâce et naturel de son style. — Ses lettres. — Talent de badiner. — Originalité qui frappe ses contemporains. — C'est un homme, et non pas seulement un lettré. — Il sait se faire respecter. — Il sait aussi aimer et se faire aimer.. 393

CONCLUSION. 428
APPENDICES. 431

FIN DE LA TABLE DES MATIÈRES.

ERRATA

Page 2, note 1, ligne 8, *au lieu de :* patrine, *lire :* patriae.
Page 8, ligne 3 de la note commencée à la page précédente, *au lieu de :* sædi, *lire :* sæcli. — Quatre lignes plus bas, *au lieu de :* de me, *lire :* De me.
Page 23, 4ᵉ ligne, *au lieu de :* où, *lire :* ou. — Note 2, *au lieu de :* V. ci-dessus, p. 2, note 2, *lire :* V. ci-dessus, p. 2, note 1.
Page 48, note 3, *au lieu de :* bibliothèque, *lire :* Bibliothèque.
Page 59, note 3, *au lieu de :* Maret, *lire :* Moret. — Même page, note 4, *au lieu de :* Ménagiana, *lire :* Menagiana.
Page 147, note 1, *au lieu de :* 1560, *lire :* 1650.
Page 207, note 1, *au lieu de :* (scudi 200), *lire :* (scudi 100).
Page 275, 3ᵉ ligne, *au lieu de :* vous, *lire :* nous.
Page 383, note 3, 2ᵉ ligne, *au lieu de :* Sepuvelda, *lire :* Sepulveda.
Page 415, note 2, 3ᵉ ligne, *au lieu de :* convoi, *lire :* con voi.
Page 466, 23ᵉ ligne, *au lieu de :* certæ, *lire :* certe.

www.ingramcontent.com/pod-product-compliance
Lightning Source LLC
Chambersburg PA
CBHW051132230426
43670CB00007B/770